# 高等学校实验室安全制度选编

主　编　冯建跃

副主编　闻星火　郑春龙　高惠玲

　　　　朱育红　张银珠

ZHEJIANG UNIVERSITY PRESS
浙江大学出版社

# 《高等学校实验室安全制度选编》编委会

# 前　言

实验室作为高校实验教学和科学研究的重要基地，是全面实施综合素质教育、培养学生实验技能、知识创新和科技创新能力的重要场所。我国著名物理学家冯端院士曾经说过“实验室是现代化大学的心脏”，正是说明了实验室对于高校的重要性。随着国家对教育投入的增加，我国高等教育事业快速发展，近些年来，高校实验室建设得到进一步的重视和加强，教学科研实验室的类型和数量在不断增加，已有实验室中的仪器设备也在快速增加。与此同时，实验室的管理和使用过程中出现了许多新情况、新问题，实验室事故时有发生，实验室安全和校园环保工作面临着越来越大的压力和挑战。

近年来，“以人为本”的理念不断深入人心，人们对生命价值的认识日益深刻，政府部门和高校对实验室安全环保工作日趋重视。但由于我国高校的实验室安全环保工作总体起步较晚，工作基础薄弱，实验室安全工作中还存在着许多问题，管理水平也参差不齐。

制度建设是高校依法治校的基础。从高校实验室安全管理的现状来说，相关的管理制度建设缺乏体系、种类不全、内容简浅、职责不明、可执行性差的现象还较为普遍。为了进一步推进我国高校实验室安全环保工作，帮助各高校健全完善相关的规章制度，使得高校实验室安全环保工作做到“有法可依、有章可循”，中国高教学会实验室管理工作分会特别组织编印了《高校实验室安全管理制度选编》。

基于中国高教学会实验室管理工作分会 2012 年学术研究计划重点项目（《高校实验室安全管理标准体系的研究》，编号：**SY**2012－09）的研究，课题组通过向高校开展安全制度征集、网络检索等途径，共收集到 80 多所高校的 300 余个规章制度，经过课题组成员的整理、研究、筛选，最后确定了其中的 73 个规章制度入选本书；另外还收录了《浙江省高等学校实验室安全管理办法》(2013)，这是政府主管部门最早发布的实验室安全管理行规性文件。这些制度的内容涵盖综合管理、应急预案、化学安全、生物安全、辐射安全与特种设备、环境保护与废弃物处置等 6 个主要方面以及其他相关内容。其中第一编收录了来自 17 所高校的 21 个制度及浙江省的高校实验室安全管理办法，主要包括实验室安全与环保管理、责任追究与奖惩、教育培训与考试、安全检查、实验室准入等内容；第二编收录了 6 所高校的 9 个安全事件应急预案；第三编收录了 8 所高校的 11 个化学安全管理制度；第四编收录了 7 所高校的 8 个生物安全管理制度；第五编收录了4所高校的6个有关辐射安全和特种设备管理的制度；第六编收录了5所高校的6个有关环境保护与废弃物处置的管理制度；第七编收录了7所高校的12个管理制度，主要包括消防安全、职业卫生、个体防护、加热设备、冰箱、实验室分级管理等内容。

以上收录的安全管理制度，有部属高校的也有地方高校的，有近期发布的也有早几年发布的。应该说，这些实验室安全环保制度在各自高校都发挥了较好的作用，但不一定完全适用于其他高校，我们只是为了给有需求的高校提供参考和借鉴而编印了这本制度选编，希望这些高校有选择地吸收，制订既符合国家法律法规及安全工作基本要求，又适应于各高校实际的实验室安全管理制度，而不是简单地照搬照抄。另外，本书还收集了现行的相关法律法规、标准等名录作为附录，可以供有需要时查阅。

衷心感谢全国各相关高校的大力支持和无私奉献！本书的出版还得到中国高等教育学会、浙江省教育厅、浙江省高校实验室工作研究会的大力支持，在此深表感谢！

受编者水平和收集、筛选、编写时间等客观条件限制，本书难免存在不足和值得商榷之处，特别是选编内容分类及涵盖面可能不一定合适，某些学校的好制度也可能未能收录到位等。敬请批评指正。

**编　者**

2016年8月

# 目 录

## 第一编 综合管理



## 第二编 应急预案

## 第三编　化学安全



## 第四编　生物安全



## 第五编　辐射安全与特种设备

## 第六编 环境保护与废弃物处置



## 第七编 其 他



## 附 录

# 第一编

# 综合管理

# 中山大学实验室安全与环境保护管理办法

中大设备〔2015〕1号

## 第一章　总　则

**第一条**　为了加强学校实验室安全与环境保护(以下简称“环保”)工作,防止和减少实验室安全事故,保障师生员工的人身安全和财产安全,保护环境,确保学校教学、科研活动的正常进行,根据《中华人民共和国环境保护法》、《高等学校实验室工作规程》(原国家教委第20号令)和《广东省教育厅关于高等学校实验室安全建设与管理暂行规定》(粤教装备函〔2013〕9号)等有关规定,结合学校实际,制定本办法。

**第二条**　本办法所指“实验室”是指隶属学校或依托学校管理的从事教学、科研等活动的各级、各类实验场所。实验室安全工作包括用电安全管理、设备使用安全管理、危险品安全管理、辐射安全管理、生物安全管理、实验室废物安全与环保管理,以及相关规章制度与管理机制建设、教育培训与考核等。

## 第二章　实验室安全管理体制与职责

**第三条**　我校实验室安全与环保工作实行学校、二级单位、实验室三级管理责任体制,各司其职,层层落实责任。

**第四条**　学校成立中山大学实验室安全管理委员会,下设实验室安全办公室和实验室安全专家小组。

(一)实验室安全管理委员会负责领导和统筹全校实验室安全与环保工作,设主任1名,由主管校领导担任,成员由主管校领导、相关职能部门和各校区管委会负责人组成,每届任期四年。其主要职责是:贯彻落实国家及地方关于实验室安全与环保工作的法律法规;组织制定学校实验室安全与环保工作规划及方针政策;研究审议实验室安全与环保工作重要事项;指导督查学校有关部门落实相关工作。

(二)实验室安全办公室是实验室安全管理委员会的日常办公机构,办公室设在设备与实验室管理处(以下简称“设备处”),主任由设备处负责人兼任,成员由相关职能部门工作人员组成。其主要职责是:执行实验室安全管理委员会的决议;组织协调相关部门开展实验室安全与环保管理的专项工作;组织协调实验室安全专家小组开展技术咨询与服务工作;指导督查各二级单位做好实验室安全与环保工作的制度建设、教育培训及隐患整改等工作。

(三)实验室安全专家小组主要负责实验室安全与环保工作的技术咨询与服务,小组成员由校内外实验室安全相关领域的专家组成,组长由小组成员推选产生。其主要职责是:对学校实验室安全的设施建设、制度建设和事故处置等提供咨询意见;协助做好实验项目和实验室建设项目的安全风险评估工作；参与实验室安全检查、教育培训与考核等工作。

实验室安全管理委员会及其下设实验室安全办公室和实验室安全专家小组的具体职责按《中山大学实验室安全管理委员会组织办法与工作规程》执行。

**第五条**　设备处是学校实验室安全与环保工作的主要职能部门，在学校实验室安全管理委员会的领导下，负责开展各项具体工作，主要职责是：

（一）组织制定学校实验室安全与环保工作的规章制度和安全事故应急预案。

（二）统筹协调和组织实施学校实验室安全与环保建设、运行和管理工作，指导监督各单位执行规章制度，重点负责设备使用安全、化学品安全、辐射安全及化学废物管理等工作。

（三）组织开展实验室安全教育和业务培训，定期组织开展学校实验室安全检查、隐患整改和应急演练工作。

（四）受理学校实验室安全事故报告，配合政府相关部门做好实验室安全事故的调查、处置工作。

保卫处负责学校实验室消防安全及治安安全工作，生物安全办公室负责学校实验室生物安全工作，其职责按学校相关管理规定执行。

**第六条**　各二级单位（以下简称“各单位”）主要负责人是本单位实验室安全与环保工作的第一责任人，对本单位的实验室安全与环保工作负全面责任，需与学校签订《中山大学实验室安全工作责任书》。各单位可根据需要组建实验室安全与环保工作领导小组，由单位主管领导担任组长，领导本单位的实验室安全建设、运行和管理工作。各单位的主要职责是：

（一）在学校实验室安全办公室的指导下，根据本单位的专业、学科特点，制定实验室安全与环保管理制度、技术规范和安全事故应急预案。

（二）组织开展本单位实验室安全与环保建设和管理的各项工作。

（三）组织开展本单位各类人员的实验室安全与环保教育和业务培训。

（四）负责本单位实验室安全隐患和安全事故的报告、警示，并组织落实隐患整改和配合做好安全事故处置工作。

**第七条**　各实验室负责人是所在实验室安全与环保工作的第一责任人，对本实验室的安全与环保工作负全面责任。省部级以上重点实验室应设置实验室安全与环保工作小组。实验室的主要职责是：

（一）在学校实验室安全办公室和所在单位的指导下，根据本实验室的专业、学科特点，制定具体的实验室安全与环保管理制度、技术规范和安全事故应急预案。

（二）组织开展本实验室安全与环保建设和管理的各项工作。

（三）组织开展本实验室各类人员的安全与环保教育和业务培训。

（四）负责本实验室安全隐患和安全事故的报告、警示，并组织落实隐患整改和配合做好安全事故处置工作。

**第八条**　建立实验室安全员制度。各单位、实验室应指定工作认真负责、熟悉实验室安全管理规定、技术规范和应急处置业务的专职人员担任实验室安全员，其主要职责是：

（一）检查实验室的日常活动，监督实验室安全管理制度、技术规范和操作规程的落实情况，制止违规行为。

（二）及时发现实验室存在的安全隐患并向单位和实验室主要负责人以及学校实验室安全办公室报告。

（三）做好实验室安全工作日志和安全事故记录，并归档备查。

**第九条** 凡进入实验室的任何人员，均需严格遵守实验室各项规章制度，服从实验室管理人员的指挥和管理。

## 第三章 实验室安全与环保管理制度

**第十条** 实验室准入制度与项目安全审核制度。

（一）实验室准入制度。各单位应根据学科特点和单位实际，建立健全并落实实验室人员准入制度。实验室工作人员必须通过上岗培训并考核合格后方可上岗；对涉及危险化学品、剧毒品、放射性物质、特种设备和高致病性病原微生物等有特殊资格要求的岗位，必须配备符合相应上岗资质的专业技术人员；进入实验室工作和学习的师生，需经过实验室安全教育和安全操作规程培训，学生还须考试并签订《实验室安全责任书》后，方可进入实验室开展工作。

（二）实验项目安全审核备案制度。凡涉及剧毒化学品安全、生物安全、辐射安全、特种设备安全等具有较大安全风险的科研项目和教学实验项目，实施前应就项目所涉及危险品类别和数量、安全风险因素、实验环境条件、实验室和人员资质要求、实验方案设计、安全保障措施等进行申报，经所在单位审核并提出项目实施的可行性意见后报学校实验室安全办公室审核备案。学校实验室安全办公室可组织专家对项目进行安全评估，对不具备安全实施条件的项目，及时发出暂停实施通知。各单位应加强对备案项目的实施过程监管，督促相关实验室和项目组落实安全措施，确保项目安全。具体规程另行制定。

（三）实验室建设与改造项目安全审核制度。新建、改建、扩建实验室项目立项前，相关职能部门和申请单位应加强项目的安全审核工作，按照国家有关设计规范要求，对实验室的建筑选址、场地布局、配套设施、仪器装备、实验过程和实验产物等各方面的安全风险因素进行严格把关，将实验室的安全风险防范前移到规划、设计和施工前期阶段，确保实验室安全建设和安全运行。具体规程另行制定。

**第十一条** 实验室安全与环保管理的基本要求。

（一）安全责任人明示制度。实验室的每间实验用房应指定安全责任人，负责日常安全与环保工作的监督和检查。各单位应将每间实验室的名称、责任人、联系电话等信息统一制作标示牌并置于明显位置。

（二）实验室应依据国家法律法规、行政规章和学校规章制度，结合自身学科特点和管理要求，制定本实验室的安全与环保管理制度，张贴或悬挂在显眼处。

（三）实验室应建立卫生值日制度，保持实验室清洁整齐，仪器设备布局合理，实验材料摆放有序，实验室废物处理规范，不在实验室堆放杂物，保持消防通道畅通。

（四）实验室应制定仪器设备使用管理制度、操作规程及注意事项，并明示。

（五）实验室应按照国家法律法规、行政规章、学校规章制度严格管理各类危险品[包括放射性同位素及其废弃物、剧毒化学品、麻醉和精神药品、医疗用毒性药品、易制毒化学品、易燃易爆品、高致病性病原微生物菌（毒）种等]，危险品的领取、保管和使用等环节应当有完整、规范的记录。应当根据账物相符原则，定期对危险品进行全面核对盘查。

（六）放置危险品的场所必须加强安全保卫工作。应根据危险品的性质采取相应等级的安全防护措施，设置相应的警示标识，并按照学科性质的不同，为实验人员配备必需的劳保和防护用品，以保证实验人员的安全与健康。

（七）严禁在实验室区域从事吸烟、烹饪、用膳和娱乐等与实验室无关的活动，与实验室工作无关的人员不得进入实验室，实验室内严禁留宿。

（八）实验结束或离开实验室前，必须按规定采取结束或暂离实验的措施，并关闭仪器设备、水、电、气和门窗等。

（九）实验室废物必须按有关规定进行分类管理和规范处置。

（十）实验室工作人员应定期对各种安全防护设施、设备进行检查并做好情况记录，做好日常维护以确保其处于正常工作状态。

（十一）实验室须制定安全事故应急预案并张贴或悬挂在显眼处。一旦发生火灾、爆炸或危险品被盗、丢失、泄漏、严重污染和超剂量辐照等安全事故，须立即采取有效应急措施，同时向设备处和保卫处报告，必要时向当地公安、环保、卫生等行政主管部门报告。事故的经过和处理情况应详细记录并存档备查。

（十二）根据《关于从事有毒有害健康工种人员营养保健的管理办法》（中大设备〔2005〕1号）的规定，从事有毒有害健康工种的人员享受相应的营养保健待遇。

**第十二条**　用电安全管理。

（一）实验室电器及其线路的安装应符合《电气装置安装工程施工及验收规范》等有关国家标准的要求。

（二）实验室内不得擅自改装、拆修配电箱、电源插座等设施，不得乱接、乱拉电线，不得使用闸刀开关、木质配电板和花线，不使用劣质或不合格的低压电器产品。

（三）实验室内应使用空气开关并配备必要的漏电保护装置，电气设备应配备足够用电功率的电线，不得超负荷用电；电气设备和大型仪器设备须保证正确的接零或接地，严禁将实验室仪器设备的外壳与室内的金属管道直接连接。

（四）实验室内不得有裸露的电线头，电源开关箱内不得堆放物品，以免触电或燃烧。对实验室电气设备，包括线路、开关、插座等应定期检查及保养，及时更换破损器件，防止绝缘老化、接触不良、过负荷等因素引发事故。禁止在一个插座或移动插线板上插用多个用电负荷，尤其是插接大功率的电热装置。

（五）实验室内应警惕发生电火花或静电，在使用可能构成爆炸混合物的可燃性气体时尤需注意。

（六）使用高压动力电时，应穿戴绝缘胶鞋和手套，或用安全杆操作；发生人体触电时，应立即切断电源或用绝缘物体将电线与人体分离后，再实施抢救。

（七）空调、电热器、计算机、饮水机等设备不得在无人情况下开机过夜；确需过夜或连续运行的设备，应采取必要的安全保护措施。

**第十三条**　仪器设备使用安全管理。

（一）实验室的仪器设备应定期进行安全检查并做好记录，发现隐患及时清除，较大隐患应向实验室负责人报告并做好防护措施。

（二）各单位应根据仪器设备的性能要求，提供符合规范的安装使用场所；并根据仪器设备的不同情况落实防火、防盗、防潮、防热、防冻、防尘、防震、防磁、防腐蚀、防辐射和防泄密等安全技术措施；重型仪器设备的安装必须考虑楼板的承重能力，一般应安装在建筑首层。

（三）大型、精密、贵重仪器设备应有专人保管，定期进行校验、校准和维护保养，并做好使用和维护保养记录；应注意贵重仪器设备的停水、停电保护，防止因电压波动或突然停水、停电而造成仪器设备损坏；应装置防雷设施以保证雷雨天气时仪器设备的安全；遇极端恶劣天气不适宜开机时，应停止仪器设备的使用。

（四）仪器设备发生故障应及时组织修复，并做好维修记录。一般仪器设备的维修、拆卸需经实验室负责人同意，由具备专业维修知识的人员进行；贵重仪器设备的维修应由生产厂家及专门维修公司进行。

（五）不得使用机械温控类有霜或无霜型冰箱储藏易燃、易爆物品；严禁将易燃、易爆物品和杂物等堆放在烘箱、箱式电阻炉和冰箱（冰柜）等附近。

（六）应选用密封电炉、加热套（碗、板）、水浴锅、油浴和沙浴设备等作为化学实验的加热设备，严禁使用开放式明火电炉。

（七）对于锅炉、压力容器、压力管道、起重机械、电梯、厂内机动车等特种设备，在购置、使用和处置等各环节须严格执行国家和学校有关规定，履行法定的审批手续，按规定进行设备年检；特种设备使用人员，必须通过质量技术监督部门认可的培训和考核并取得特种设备作业人员资格证书。

（八）严格按照有关规定正确使用高压气瓶。不得对气瓶瓶体进行焊接和更改气瓶的钢印或颜色标记；各种气瓶必须定期进行技术检验，不得使用过期、未经检验和不合格的气瓶；气瓶应当靠墙直立放置，并采取防倾倒措施；气瓶应避免曝晒，远离热源、腐蚀性材料和潜在的冲击，也不得放置于走廊和门厅，以防人员紧急疏散时受阻或发生其他意外事件。

（九）各实验室应增强信息安全意识。注意保护教学科研活动中实验技术参数、观测数据、实验分析结果及新的科学发现等资料，加强计算机的安全管理，重要的数据资料应定期进行备份；不得在与互联网连接或未采取保密措施的计算机上制作、传输和存储保密信息。

（十）其他有关特种设备安全管理的具体规定按《中山大学特种设备安全管理办法》执行。

**第十四条** 危险化学品安全管理。

（一）危险化学品的购置、领取、保管、使用、转移和废物处置等各个环节须严格按照国家法律法规和学校的有关规定执行。

（二）剧毒化学品、爆炸品以及麻醉和精神药品、医疗用毒性药品等特殊物品，应严格执行双人保管、双人双锁、双人收发、双人领取和双人使用的“五双”管理制度，防止发生被盗、丢失、误领、误用等安全事故。

（三）对于危险气体（如氢气、一氧化二氮、乙炔、乙烯、氨气、液化石油气、氯气、硅烷和一氧化碳等）的使用和存放场所，须制定安全操作规程和注意事项，严格落实各项安全措施。应经常检查气体管道、接头、阀门及器具是否泄漏，配备必要的检测与报警装置；易燃、易爆气体和助燃气体（氧气等）不得混放在一起，并应远离热源和火源，保持存放场所的通风。

（四）使用和储存易燃、易爆物品的实验室，应根据实际情况安装通风装置，严禁吸烟和使用明火，实验室应有“严禁烟火”的警示标识，配置必要的消防、冲淋、洗眼、报警和逃生设施，并有明显标识。

（五）不得在实验室内存放超量化学品。各种化学品应按特性和使用频率分类分区存放，并定期盘查，存放的化学品要有目录清单并注明存量及盘查日期等，化学品的包装容器或包装物的标签、标识要清楚。

（六）其他有关危险化学品安全管理的具体规定按《中山大学危险化学品管理办法》执行。

**第十五条** 辐射安全管理。

(一)核技术利用单位须取得环保主管部门颁发的许可证。放射性同位素和射线装置的购置、保管、使用、转移、处置等各环节须严格按照国家和学校的有关规定执行。

(二)核技术利用单位须指定专人负责保管和管理放射性同位素和射线装置，放射性同位素应严格遵守“五双”管理制度。

(三)辐射工作人员必须参加环保主管部门认可的辐射安全培训机构组织的培训并通过考核，应定期接受个人剂量监测、职业体检及再培训。

(四)辐射工作场所须加强安全保卫工作，采取必要的防盗、防火、防水、防射线泄漏、防丢失和防破坏等措施；场所的入口处必须设置“当心电离辐射”警告标识牌和工作指示灯，必要时应设专人警戒，防止无关人员接近；放射性同位素和射线装置存放场所应设置“当心电离辐射”警告标识牌。

(五)辐射工作场所须做好日常的辐射监测和记录，辐射工作人员在工作时须佩戴个人剂量计，使用放射性同位素和射线装置时应严格按操作规程进行操作，并做好个人安全防护。

(六)核技术利用单位产生的放射性废物须按规定进行处置或送贮，不得直接排入下水道或混装到其他废物中；含放射源的射线装置报废处置前，须由专业人员取出放射源。

(七)其他有关辐射安全管理的具体规定按《中山大学辐射安全与防护管理办法》执行。

**第十六条**　生物安全管理。

(一)生物安全实验室的设备设施、个人防护设备、材料(含防护屏障)等须符合国家相关标准和要求，其中生物安全三级和四级实验室须取得国家认可资质，生物安全一级、二级实验室应向地级以上市卫生主管部门备案。

(二)生物安全实验室不得擅自改建或改动实验室的布局和用途，确需改建或变更设置的，须对生物安全影响进行论证评估，经政府主管部门批准或备案后，报学校生物安全办公室备案。

(三)有关微生物的研究工作，应按其危害程度分类，分别在相应的生物安全防护级别一级、二级、三级和四级实验室(BSL-1，BSL-2，BSL-3，BSL-4)中进行，涉及高致病性病原微生物的研究工作须在有资质的三级和四级实验室中进行，所开展的实验活动须按规定报国家、省级卫生或兽医主管部门审核批准；其他有关病原微生物的研究工作分别在一级和二级实验室中进行。

(四)生物安全实验室应按规定建立并维持风险评估和风险控制程序，对所有拟从事的活动进行风险评估，并将风险评估报告报学校主管部门备案。开展新的实验室活动前，应进行风险评估；改变经过评估的实验室活动(包括相关的设施、设备、人员、活动范围、管理等)，应重新进行风险评估。

(五)生物安全实验室须按规定制定相关管理制度和事故应急预案，实验室负责人应指定专人督促制度的执行，建立生物安全管理体系文件，组织岗前生物安全培训与考核，必要时，建立工作人员健康监护和免疫接种档案。

(六)实验室应按要求对各项活动进行记录，对操作危险因子的行为要进行全过程的监督和记录，严格按规定进行生物安全操作以及废物处置。

(七)高致病性病原微生物菌(毒)种的购置、领取、保存、使用、转移和处置等各环节的管理，要严格按照国家和学校的有关规定执行，落实“五双”管理制度。

(八)其他有关生物安全管理的具体规定按《中山大学实验室生物安全管理实施细则》

执行。

**第十七条** 实验室废物管理。

（一）实验室要严格按照有关规定和行业标准做好实验室废气、废液、固体废物的处理工作，不得随意排放，不同性质的实验室废物不得混装存放。

（二）新建、改建、扩建实验室时，须将有毒有害物质的处理列入总体施工方案中统筹考虑；涉及放射性废气、废液、固体废物治理的工程项目，在履行各种报批手续的同时，须取得经环保主管部门批准的环境影响评价文件后方能启动，工程竣工后须通过环保主管部门验收。

（三）放射性废物在处理前须由有资质的测量单位进行污染检测。放射性活度达到解控水平的可按普通实验室废物进行处理；放射性活度高于解控水平的放射性废物，要上报所在单位和学校主管部门，并由有资质单位进行回收和处置。

（四）废弃危险化学品应按化学特性分类收集，并存放在指定的专用容器中，由有资质单位定期进行回收和处置。

（五）产生有害废气的实验室，必须按规定要求安装通风、排风设施，必要时应安装废气吸附和处理装置，以保持实验室通风和空气达标，防止对环境造成污染。

（六）生物性废物和医疗类废物（包括动物残体等）应严格按照相关规定和行业标准进行消毒、灭菌处理，分类收集存放，由有资质单位定期进行回收和处置。

（七）其他有关实验室危险化学废物管理的具体规定按《中山大学危险化学废物管理办法》执行。

**第十八条** 安全与环保检查制度。

（一）学校实验室安全办公室是学校实验室安全与环保检查整改工作的监管协调单位。定期组织开展实验室安全检查工作，记录检查情况；对存在严重安全隐患的实验室，应向所在单位发出整改通知，限期整改；对存在重大隐患且未及时落实有效防护措施的实验室，予以通报批评并可责令其暂停运行，直至整改完成。

（二）各单位、实验室应建立健全实验室安全与环保检查制度，须经常开展检查和督查工作，及时发现并消除安全隐患，检查和整改情况应如实记录并备查。

（三）各实验室应落实日常检查制度。各单位每学期应至少进行 2 次例行检查，并督促落实安全隐患的整改措施，检查和督查记录需存档备查，对需要学校有关部门协助完成整改的隐患，应及时向相关职能部门提交报告。

**第十九条** 奖惩制度。

（一）实验室安全与环保工作纳入学校对相关单位及教职工的考核评价内容。由学校实验室安全办公室负责组织开展实验室安全与环保管理工作评比活动，对实验室安全与环保工作表现突出的单位和个人，给予表彰；对未按规定履行职责、违反上述管理制度的单位和个人，责令整改并根据相关规定进行处罚。

（二）出现以下情况时，学校视情节严重程度，对相关单位和个人给予通报批评、警告、记过、记大过、降级、撤职、留用察看、开除等处分；如造成损失的，责令赔偿；对导致重大安全事故，造成严重后果的，追究单位负责人和直接责任人的责任；构成违法的，由有关部门依法追究其法律责任：

1. 不遵守国家、学校相关管理规定者。

2. 未经许可，擅自启用被封实验室者。

3.不按规定进行项目安全审核备案,或故意隐瞒实验室安全隐患和安全事故者。

4.指使或强令他人违反国家和学校有关规定,冒险作业者。

5.由于玩忽职守、失职渎职、管理不到位或不重视等人为原因导致安全隐患未及时整改,并因此酿成实验室安全事故,给国家、学校和个人造成声誉或利益上的重大损失,甚至人员伤亡的。

## 第四章 附 则

**第二十条** 本办法自2015年4月10日起施行,由中山大学实验室安全办公室负责解释,未尽事宜,按国家和地方相关法律法规执行。

# 华东理工大学实验室安全环保管理规定(试行)

校实〔2016〕4号

## 第一章　总　则

**第一条**　实验室是进行实验教学和从事科学研究的重要基地,是学校育人的主要场所之一,为防止实验室安全环保事故的发生,根据国家相关法律法规,规范管理、强化责任,特制定本规定。

**第二条**　本规定适用于学校所有学院、实验室、中心等开展教学、科研和使用危险化学品、放射性物质、特种设备、实验动植物及病原微生物的实验场所。

**第三条**　实验室安全环保坚持"预防为主、安全第一"的工作方针,坚持"集中领导、责任分担"、"横向到边,纵向到底,全面覆盖"的原则,实行分管校长统一领导下的分级负责制,建立学校、二级单位、实验室、实验者四级安全管理体系,逐级签订安全责任书,层层压实安全责任。

**第四条**　安全环保办公室是学校实验室安全环保工作的综合监管部门,履行以下职责:

1.负责全校实验室安全环保管理制度的制定;

2.及时发布或传达上级主管部门的有关精神,落实相关要求,组织实施校级安全环保教育培训;

3.监督检查各单位实验场所的安全环保工作,组织定期和不定期的安全环保检查,建立安全检查工作台账,发布《实验室安全检查通报》,督促安全环保隐患的整改;

4.行使安全环保奖励和处罚的职能。

**第五条**　学院院长是本单位实验室安全环保工作的第一责任人,组建由相关院领导具体负责的实验室安全环保管理队伍,履行以下管理职责:

1.建立、健全本单位实验室安全环保责任体系和规章制度;

2.制定实验室安全事故应急预案并进行演练;

3.督促各实验室做好安全环保工作;

4.进行实验室安全环保的定期、不定期检查,落实安全隐患整改;

5.组织本院实验室安全环保教育培训,配合学校职能部门落实本院实验室安全环保教育考核,严格执行实验室安全准入制度;

6.确定本单位各实验室的安全环保责任人:各实验室主任应为本实验室安全环保责任人,当主任不明确时,应指定主要负责人为实验室安全环保责任人;

7.其他实验室安全相关工作。

**第六条**　各实验室安全环保责任人,在日常工作中履行以下管理职责:

1. 分解实验室安全环保管理责任，做到责任落实到人，并督促执行；根据实验室的特点制定本实验室相关规章制度（包括操作规程、仪器操作说明、应急预案、值班制度等），并张贴在实验室显著位置；

2. 落实实验室日常安全环保检查工作，及时整改安全环保隐患；

3. 结合科研实验项目的安全环保要求，做好实验室安全环保设施的建设和管理，落实危险作业和危险性物品（包括特种设备、危险化学品、剧毒品、易制毒品、易制爆品、危险性气瓶、病原微生物等）的安全管理，以及危险废弃物、废弃化学品的安全处置，并建立危险性物品使用管理台账；

4. 加强实验人员管理，对所有进入实验室工作学习的人员进行安全基本常识、仪器设备操作、实验流程及防护、意外事故处理等方面的安全教育培训，指导危险性实验的开展；

5. 严格落实用房负责人制度，用房负责人负责本室的水、电、燃气、蒸汽、门、窗等设施的每日检查，发现问题及时报修；做好室内环保安全及设备物资保管和室内一般仪器设备的日常检查维护，发现隐患及时整改。

## 第二章 个人防护安全

**第七条** 执行实验室安全准入制度。任何人（包括学校在籍学生、交流生或其他临时工作人员等）进入实验室之前，必须经过学校安全教育考核合格后，由所在学院、实验室、导师进行安全意识和安全知识的“三级安全教育”，建立《“三级安全教育”卡》（附件1）档案。

**第八条** 进入实验室的所有人员应根据各实验室特点和工作特性规范着装、穿着实验防护服、佩戴相应的个人防护用品。进入实验室、仓库和设备维修区域等可能造成眼部伤害的区域必须穿着实验服，佩带防护眼镜、手套等。

严禁穿着露趾鞋、布鞋、高跟鞋以及不能盖住整个脚背的其他鞋子进入实验室；不得穿短裤、裙子等不能对身体起到良好防护作用的衣物进入实验室；头发长度达到肩膀的必须束起来方可进入实验室。实验防护服和手套在离开实验场所后需脱下，以免造成交叉污染。

**第九条** 实验室内不准存放私人物品，不得在实验室从事与实验无关的活动，禁止携带和使用手机，禁止在仪器室、贮藏室和实验场所吸烟、饮食。

**第十条** 实验室应建立卫生值日制度，保持实验室窗明几净，实验台、凳、橱、柜、仪器、设备放置整齐、保持清洁，公共场所不堆放杂物，保证门口、走廊通畅。

**第十一条** 在首次使用新工艺、新技术、新设备以及新产品实验之前，都应进行危险性分析，制定相应的安全环保制度、操作规程、应急措施和防止污染环境等措施，对操作人员进行安全技能培训后，在导师现场指导下才能进行工作。

**第十二条** 对实验过程中发生异常时可能会发生火灾、爆炸或人身伤害等危险事故的危险性实验，所使用的设备、化学品及其实验程序等必须经指导老师检查，确认安全和正确无误后方可进行实验；在禁止烟火的实验室里进行易燃易爆类特别危险的实验，必须在实验前向学院安全管理人提出书面申请，经学院批准并采取可靠的防范措施后方可进行实验。

**第十三条** 本科生进行实验时必须有指导老师在场；研究生进行的实验须经老师同意，并至少2人在场。夜间做实验须有教师值班。实验过程中实验者不得离岗，严禁单人进行实验操作。未经院级单位安全责任人审批严禁进行过夜实验。

**第十四条** 重要节假日及特殊时间节点对实验室实行运行申报备案制度。

## 第三章　水电气及消防安全

**第十五条**　实验室要严格执行学校《防火安全管理规定》和《用房安全管理规定》，未经院级单位安全责任人与职能部门的批准，不得安装使用火炉、燃气炉、开式电炉、电取暖器和大功率的电加热器，不得私拉私接电线。普通实验楼内禁止做高压实验。

**第十六条**　各类实验室的结构和设施必须符合有关规定，实验室需要安装水龙头和电源插座时，应报院级单位安全责任人与后勤保障处审核同意后，由专门技术操作人员实施。安装燃气管道应报院级单位安全责任人、安全环保办公室、后勤保障处审核同意后由燃气公司操作。电线铺设和电器设备安装必须符合《低压用户电气装置规程》和实验室安全管理的有关要求，由电工规范施工。禁火场所动用明火，需报保卫处批准，待采取有效的防范措施后方可进行。实验室装修或改变用途的必须符合消防安全要求，须向保卫处申报消防审核，经批准后实施。

**第十七条**　金属焊接、电工、压力容器作业、场(厂)内专用机动车驾驶等特殊工种，应经过专门培训，取得《特种作业安全操作证》才能独立上岗操作，并及时在安全环保办公室备案。

**第十八条**　实验室原则上除使用电冰箱外，其他仪器设备在通电或通水时应有人值班管理。人一旦离开则应及时切断电源和水源。

**第十九条**　加强电冰箱使用管理，确保安全。非防爆电冰箱内禁止存放易燃、易爆、低沸点、强腐蚀等化学品。所有电冰箱禁止存放性质相互抵触的化学品和私人物品。

**第二十条**　实验一旦结束，要收拾好各类试剂、器材、工具和图书资料，试剂要放回药品柜(不得存放在通风橱内)，清理好场地，切断电源，熄灭火种，关好水、燃气龙头及门窗后，方可离开。实验室每天下班后要进行安全检查，拉闸断电、关闭水源、关窗锁门。不准把实验室钥匙交给本科学生。

## 第四章　化学危险品安全

**第二十一条**　化学危险品的采购、提运、储藏、保管和使用应严格遵守学校《化学危险品管理办法》。

## 第五章　贵重物品安全

**第二十二条**　对稀有金属、贵重物品要登记注册，落实安全防盗措施，在使用过程中要坚持收、发、领、退制度。

**第二十三条**　贵重金属材料必须由两人同时领用，用后废渣、废料要按规定妥善回收处理。

**第二十四条**　对机密文件、图纸、重要科研资料，要确定专人负责，严格登记、保密、传递使用手续。

## 第六章　压力容器安全

**第二十五条**　压力容器必须按规定进行定期检验及年度安全检查，其安全附件也应按相关规定进行定期检验，凡未经安全检测，未取得安全合格证的（含新购置的压力容器）不能投入使用。压力容器的使用单位，应在操作过程中明确操作要求，建立压力容器管理与操作责任制。制定应急救援预案，定期演练，并加强日常维护和保养。

**第二十六条**　压力容器的操作必须严格按使用说明书进行，不得违规操作。

**第二十七条**　若压力容器的主要受压元件发生裂缝、变形、泄漏等危及安全现象，应马上停止操作并及时采取应急措施。

**第二十八条**　各种气体钢瓶的使用严格遵守以下规定：

1. 每个气体钢瓶应有完整标签，不得擅自更改气体钢瓶的钢印和颜色标记；
2. 气体钢瓶使用前应进行安全状况检查，对盛装气体进行确认；
3. 气体钢瓶的放置地点不得靠近热源，防止暴晒，盛装易起聚合反应或分解反应气体的钢瓶，应避开放射性射线源；
4. 气体钢瓶立放时应采取防止倾倒措施；
5. 瓶内气体不得用尽，必须留有剩余压力，永久气体钢瓶的剩余压力，应不小于0.05MPa；
6. 液化气体钢瓶应留有不小于0.5%～1.0%规定充装量的剩余气体；
7. 在可能造成回流的使用场合，使用设备上必须配置防止倒灌的装置，如单向阀、止回阀、缓冲罐等；
8. 运输和装卸气体钢瓶时，必须佩戴好瓶帽，使用专用气体钢瓶搬运工具，并按规定固定，轻装轻卸，严禁敲击、碰撞；
9. 气体钢瓶周围严禁明火与产生电火花的电器，不准使用各类加热器；
10. 氧气瓶禁油，各类有毒、有害、易燃、易爆气体钢瓶要关紧阀门，防止泄漏；
11. 各类有毒、有害、易燃、易爆气体钢瓶要定室定点使用，不准擅自更改存放地点；并且同一现场、同种气体钢瓶不得超过两瓶；
12. 必须指定专人负责各类气体钢瓶的申领、保管和使用；
13. 学校统一购置和管理各类钢瓶，其使用单位及使用人，必须严格按气体钢瓶的安全管理规范执行，自行负责气体钢瓶使用后的最终无害化安全处置。

## 第七章　仪器设备安全

**第二十九条**　实验室仪器设备应按技术要求合理调试和使用。严格按有关技术资料（或使用说明书）维护保养，确保正常运行。

**第三十条**　实验室内的仪器设备应备原配插头、插座。安装调试时应检查其规格、质量及连接情况，如不符合要求应及时更换或改正。

**第三十一条**　仪器设备在安装完毕拟通电之前，需两人以上再次严格对照说明书，确认无误才能通电，并做好记录以备检查。

**第三十二条**　大型贵重仪器及特种危险设备必须有专人负责。专管人员应具有一定的技术水平，并保持相对稳定，专管人员要建立与完善仪器设备安全操作制度，并承担相应的安全职责。

**第三十三条** 实验室内的烘箱、冰箱、电炉仅用作教学科研，不得挪作他用。烘箱、电炉要严格按其说明书及制度使用操作，且在使用过程中使用人不准离开。

**第三十四条** 烘箱、冰箱、电炉等电器设备周围不得堆放化学危险品及易燃物。应保持通道畅通，一旦发生事故立即切断电源，并采取相应措施，抑制事故扩散，并及时向有关部门报告。

**第三十五条** 实验室不准使用私人生活的加热装置，也不准将实验室加热装置用于私人生活。因实验需要必须使用开式电炉的，需经院级单位安全责任人批准并到保卫处备案。准用的各类电炉必须由专人负责，定点使用，并妥善保管。

## 第八章 辐射安全

**第三十六条** 辐射安全主要包括放射性同位素和射线装置的安全。

**第三十七条** 在购买放射性同位素或含源仪表、射线装置前必须向安全环保办公室进行申报，并在安全环保办公室指导下办理相关手续，进行环境影响评价，在取得环保部门颁发的《辐射安全许可证》后方能使用。在使用过程中接受相关部门的监管。

**第三十八条** 放射性实验室（含放射性工作场所，下同）要设专职安全管理人员，负责本实验室的辐射安全工作。放射性实验室必须制定严格的管理制度和详细的仪器设备操作规程，并严格按照操作规程对仪器设备进行操作。

**第三十九条** 加强放射性实验室的安全及警示设施的建设，凡是使用放射性同位素和射线装置的实验室，入口处必须张贴醒目的放射性危险标志或者显示工作信号；放射性同位素存放场所要安装相应的监控设备和报警装置。放射性同位素的使用与保管必须双人双锁，做好出入库及使用记录，确保账物相符。

**第四十条** 放射性废弃物的处置必须由环保部门认可的有资质的公司进行统一处理。

**第四十一条** 放射性场所的工作人员需定期参加环保部门开展的辐射安全与防护知识培训考核，做到持证上岗，定期参加职业病体检和接受个人剂量监测。

**第四十二条** 各辐射利用单位必须加强辐射安全管理，不断完善辐射安全和防护制度。定期做好工作区域和环境辐射水平测量工作，做好辐射安全与防护设施的定期检查（包括年检、半年检、月检），检查及维护中的记录应加以规范（包括内容、方法、检测人、状态），应急预案应及时更新信息，规范各类资料的归档工作（环境监测、个人剂量监测、人员培训、水质监测、放射源台账等）。

**第四十三条** 使用放射性同位素和射线装置的单位，应当根据可能发生的辐射事故的风险，制定本单位的应急方案，做好应急准备。做好放射性同位素与射线装置安全和防护状况年度评估，发现安全隐患的，应当立即进行整改，并将年度评估报告于次年年初上报安全办。

## 第九章 生物安全

**第四十四条** 生物安全主要涉及病原微生物和实验动植物，未经学校批准，不得在校内实验室进行相关实验。

**第四十五条**　学校成立生物安全委员会，相关生物实验室生物安全的管理应严格遵守学校《实验室生物安全管理办法》。

## 第十章　实验室环保

**第四十六条**　各实验室要高度重视环保工作，进行的各项实验要严格遵守学校《环境保护管理办法》，保障师生员工的身体健康，防止污染和其他公害；根据"谁污染、谁治理"的原则做好"三废"处理，对在实验过程中产生的废液严格按照学校《实验室废液收集细则》收集处理。

## 第十一章　实验室搬迁、调整安全与环保

**第四十七条**　各实验室在搬迁、调整或涉及人员离校过程中，必须遵从"谁主管，谁负责"的原则，强化主体责任，保证安全、文明搬迁。杜绝各类安全隐患，保持良好的环境卫生。

**第四十八条**　搬迁、调整过程中涉及钢瓶、压力容器等特种设备，必须归属明确、责任到人。

**第四十九条**　搬迁、调整过程中涉及化学品，尤其是危险化学品除注意安全迁移外，不得随意丢弃、遗留。处置废弃化学品必须按照"谁使用，谁负责"的原则，严禁乱丢、乱倒废弃化学品或遗留不管。

**第五十条**　搬迁、调整过程中难以及时处置的废弃化学品，可以组织学科内专家协同处理，也可请职能部门协调送市内有专业处理资质的单位处理，费用自理。

**第五十一条**　人员离校必须及时做好设备交接工作，及时处置遗留废弃化学品，做到文明离校。

## 第十二章　事故处理与责任追究

**第五十二条**　实验室如发生安全事故，应立即启动应急预案，积极采取有效措施及时处置，防止事态扩大和蔓延，减少损失；发生被盗、火灾、中毒、人身重大伤害、污染、精密贵重仪器和大型设备损坏等重大事故应保护好现场，按规定立即上报，并积极配合调查和处理。

**第五十三条**　学校保卫处、安全办等有关部门对安全事故应及时查明原因，分清责任，做出处理意见，提出追究直接责任人、间接责任人、责任事故单位的初步处理意见，报校长办公会讨论做出处理决定。对造成严重后果和社会影响的，追究肇事者、主管人员和学院主管领导责任，如学院责任不明确，将追究学院第一责任人责任；根据情节轻重及责任人对错误的认识态度，给予批评教育、经济赔偿、行政处分等处罚；触犯法律的交由司法机关依法处理。

**第五十四条**　学校在安全检查中发现，或接到举报得以核实，对违反本规定的实验室或个人，情节较轻的令其限期整改，同一实验室相同情节 2 次被责令整改，或情节较重（详见附件 2），将给予实验室安全警告。一年内，累计被 2 次安全警告者，对实验室实施封门至少 1 周，直至整改完成、验收合格，对导师进行通报批评；累计被 3 次安全警告者，由科研院、研究生院暂停该实验室负责人和导师的科研项目申请及研究生招生资格 1 年，直至整改合格。

**第五十五条**　学生违反实验室安全相关规定，学校要按照学生违纪处分规定给予相应

的纪律处分;造成后果导致自身伤害自行承担责任,如对他人造成伤害和财产损失承担赔偿责任;造成严重后果或属于严重违法行为的,交由司法部门依法处理。

**第五十六条** 学校做出处理决定后,应及时通知事故责任人所在单位。事故处理结果由所在单位负责人及时通知事故责任人。若事故责任人对事故的认定与处理有不同意见,在接到处理决定后 5 个工作日内以书面形式向校工会或学生申诉处理委员会提出申诉。申诉期间,原处理决定不停止执行。

**第五十七条** 对于在实验室安全管理方面有如下突出贡献的单位和个人,学校将给予表彰和奖励:认真履行职责,未出现重大安全事故的;发现重大事故隐患,积极采取措施补救、排除险情,避免伤亡事故发生或使国家财产免遭重大损失的;事故发生时,在确保自身安全情况下奋力抢救生命和国家财产的。

## 第十三章 附 则

**第五十八条** 各学院、系所、中心应根据国家、地方的有关规定及本条例,结合本单位实际,制定相应的管理具体办法,并定期检查,督促落实。

**第五十九条** 本规定自发布之日起施行,原学校《实验室安全环保管理规定》(校实〔2007〕3 号)、《加强实验室安全管理的补充规定》(校实〔2013〕6 号)、《实验室临时工作人员安全管理条例》(校实〔2009〕5 号)和《关于加强研究生实验工作安全管理的若干补充规定》(校通字〔2000〕第 19 号)同时废止。以往其他规定与本规定不符的以本规定为准。

**第六十条** 本规定由学校安全环保办公室负责解释。

附件:1. 华东理工大学"三级安全教育"卡

2. 实验室违规较重情节

附件 1

## 华东理工大学“三级安全教育”卡

学院：　　　　　　　　　　　　　实验室：

<table>
<tr><td>姓名</td><td></td><td>性别</td><td></td><td>编号</td><td colspan="3">（学号、工号或临时登记号）</td></tr>
<tr><td>学历</td><td></td><td colspan="3">单位或班级</td><td colspan="3"></td></tr>
<tr><td>指导老师</td><td></td><td colspan="3">校安全教育证号</td><td colspan="3"></td></tr>
<tr><td>学院安全教育内容</td><td colspan="7">1. 安全工作方针、政策、法律法规。<br>2. 学校、学院安全工作各项规章制度。<br>3. 本学院安全工作及实验室特点。<br>4. 一般消防知识。<br>5. 学院（学校）安全工作正、反两方面经验教训。<br><br>教育者签名：　　　　　　　　　　　　　　　　被教育者签名<br>年　月　日　　　　　　　　　　　　　　　　年　月　日</td></tr>
<tr><td>实验室安全教育内容</td><td colspan="7">1. 本专业实验室环境安全、设备性能特点。<br>2. 本专业实验室安全管理各项规章制度。<br>3. 本专业实验室安全防护、灭火器材等配备情况，使用注意事项及安全防护职责范围。<br><br>教育者签名：　　　　　　　　　　　　　　　　被教育者签名<br>年　月　日　　　　　　　　　　　　　　　　年　月　日</td></tr>
<tr><td>指导老师安全教育内容</td><td colspan="7">1. 课题研究内容所涉及安全知识、安全操作规程。<br>2. 实验过程中所使用的设备、装置安全防护要求，实验过程中可能发生的问题及注意事项。<br>3. 新项目、新材料、新工艺、新技术、新设备安全实验知识及个人防护措施。<br><br>教育者签名：　　　　　　　　　　　　　　　　被教育者签名<br>年　月　日　　　　　　　　　　　　　　　　年　月　日</td></tr>
<tr><td colspan="2">教育考核时间</td><td></td><td>考核成绩</td><td></td><td>考核负责人签名</td><td colspan="2"></td></tr>
<tr><td>备注</td><td colspan="7"></td></tr>
</table>

注：备注栏填写调岗后教育、事故记录或奖惩记录；本卡可根据“校安全教育证号”从学校“安全教育考试网”直接打印。

附件 2

## 实验室违规较重情节

| 序号 | 内　容 |
|---|---|
| 1 | 基础安全违规行为 |
| 1.1 | 未落实实验室安全环保责任人 |
| 1.2 | 实验室卫生状况不佳影响实验室安全 |
| 1.3 | 未落实用房负责人 |
| 1.4 | 在实验楼内停放自行车、助动车，造成消防通道堵塞 |
| 1.5 | 穿露趾鞋或暴露脚背的鞋、短裤、裙子进入实验室，披着长头发未束起 |
| 1.6 | 未按要求规范穿戴个人防护用品(实验防护衣、防护眼镜、手套等) |
| 1.7 | 将饮料、食品带入实验室 |
| 1.8 | 在实验室内使用明火类电暖器 |
| 1.9 | 电吹风使用完毕未及时拔掉电源 |
| 1.10 | 违规购买国家管控化学品、生物制品等 |
| 1.11 | 使用燃气时未使用专用燃气管、燃气管两端未有效紧固 |
| 1.12 | 单人进行实验 |
| 1.13 | 其他造成实验室严重安全隐患的违规行为 |
| 2 | 化学品安全违规行为 |
| 2.1 | 易制毒、易制爆等国家管控化学品使用、暂存不规范 |
| 2.2 | 将实验室用品带出规定使用区域，增加交叉污染风险的 |
| 2.3 | 在非防爆冰箱内存放低闪点易燃易爆化学品的 |
| 2.4 | 将实验废弃物随意丢弃在生活垃圾桶 |
| 2.5 | 化学品试剂无标签或标签模糊 |
| 2.6 | 实验室存放超量化学品 |
| 2.7 | 未配备使用化学品的 MSDS 和 SOP 的 |
| 2.8 | 其他违反化学品安全相关法律法规规章制度的行为 |
| 3 | 电气安全违规行为 |
| 3.1 | 使用与实验室电气线路不匹配的用电器 |
| 3.2 | 电源线、插头、插座老化未及时更换的 |
| 3.3 | 烘箱、马弗炉及其烘箱周围堆放易燃物、可燃物的 |
| 3.4 | 用电器、插座使用不规范的 |
| 3.5 | 私拉电线 |
| 3.6 | 其他造成实验室严重安全隐患的电气安全违规行为 |
| 4 | 特种设备安全违规行为 |
| 4.1 | 压力容器等特种设备未按要求备案、年检的 |
| 4.2 | 压力容器等特种设备管理不规范的 |
| 4.3 | 气体钢瓶未固定或未放入气瓶柜中，气体钢瓶没有清晰标签 |
| 4.4 | 气体钢瓶靠近烘箱、电炉等热源 |
| 4.5 | 气体钢瓶横放使用 |
| 4.6 | 私自购买、运输、充装气体钢瓶 |
| 4.7 | 将气体钢瓶内的气体用尽，不留余气 |
| 4.8 | 可燃气体气瓶与助燃气体气瓶混放在同一间实验室 |
| 4.9 | 使用、放置可燃气体气瓶的实验室门外无警示标志 |
| 4.10 | 其他违反特种设备安全相关法律、法规、规章制度的行为 |
| 5 | 其他影响实验室安全的违规行为 |

# 华中师范大学实验室技术安全与环保管理办法

华师行字〔2013〕555 号

## 第一章 总 则

**第一条** 实验室技术安全、环境保护工作是确保学校教学、科研工作顺利进行的前提条件。为了加强实验室安全管理，根据国家《危险化学品安全管理条例》、《中华人民共和国环境保护法》、《放射性同位素与射线装置放射防护条例》、《高等学校实验室工作规程》等法规，特制定本办法。

**第二条** 本规定适用于学校各类实验室、特种设备使用场所以及放射性物质使用场所等的技术安全与环保管理。

## 第二章 实验室技术安全与环保管理机构及职责

**第三条** 学校成立实验室技术安全与环保工作领导小组，下设日常工作管理办公室，挂靠实验室与设备管理处，办公室主任由实验室与设备管理处负责人兼任。负责制定和完善实验室技术安全管理规章制度；建立健全校、院（所、中心）、实验室三级安全管理队伍；进行实验室环境安全防护条件建设，及师生个人防护装备等保障工作；负责开展实验室安全教育，推进实验室准入制度的实施；负责全校特种设备安全管理工作；配合学校保卫部门进行实验室技术安全检查与监管。

**第四条** 各院（所、中心）行政正职领导是所在单位实验室技术安全与环保管理工作第一责任人；各院（所、中心）主管实验室工作的领导是所在单位实验室技术安全与环保管理工作的直接责任人，下设专职或兼职实验室技术安全与环保管理员，层层落实管理责任制，切实做到“谁主管谁负责，谁管理谁负责，谁使用谁负责”。在实验室工作的教师、实验技术人员，都有开展技术安全与环保教育、进行相应管理和紧急处理相关事故的责任，对自己所在岗位的技术安全与环保管理负直接责任。

## 第三章 实验室技术安全管理

**第五条** 学校各类实验室根据本单位的仪器设备技术特点，制定相应的技术安全管理制度、操作规程，实验室人员必须严格按照操作规程进行实验。大型仪器设备操作必须经过培训，持证上岗，避免因误操作导致仪器设备损坏和人身伤害。

**第六条** 加强实验室消防安全管理。各实验室必须配备适用足量的消防器材，消防器材由学校保卫处统一配备。实验室消防工作应以预防为主，杜绝火灾隐患。实验室人员须了解本实验室中各类易燃易爆物品的特性及相关消防知识，并定期进行必要的演练。

**第七条** 电气设备或电源线路必须按规定装设，要充分考虑室内的用电设备、器具的用电量和插座位置，不得乱接、乱拉电线，禁止超负荷用电；不得擅自改装、拆修电气设施；配电箱内不得堆放物品，以免造成触电或燃烧；实验室的装修、改造和日常管理都必须遵守学校的相关用电规定，加强用电安全管理。

**第八条** 加强实验室危险化学品的安全管理。危险化学品的管理工作流程包括：计划审批与购置、储存与保管、领用与使用、回收与销毁、应急事项报告。危险化学品管理必须做到“四无一保”，即无被盗、无事故、无丢失、无违章、保安全。对于危险化学品中的毒害品，严格落实“五双”制度，即“双人保管、双人领取、双人使用、双把锁、双本账”。剧毒品必须精确计算用量，必须是一日一次的用量，严禁存放在实验室，更不得带出实验室。任何实验室不得私自接收校内外单位转让和赠送的剧毒或易制毒化学品，也不得将危险化学品转送、转让给其他单位和个人，或用于实验室以外的用途。

**第九条** 各单位应加强对易燃、易爆、腐蚀、助燃、剧毒压缩气体的管理。使用单位须向有资质的供应商购买高压气瓶，在购买后须按要求建立相应的技术档案。高压气瓶要存放在符合技术安全要求的地方（单独房间或防爆柜内），固定好，并张贴警示标识。化学性质相抵触容易引起燃烧、爆炸的不同类高压气瓶严禁混合存放。高压气瓶不可靠近热源和火源；可燃、助燃气瓶使用时与明火的距离不得小于 10 米。高压气瓶应按期进行技术检验和日常维护，发现有不正常现象要及时处理；不得使用过期、未经检验和不合格的气瓶。

**第十条** 放射性实验室或单位必须制定严格的管理制度，并设专人负责本实验室的放射性安全工作。从事特种作业的人员必须接受安全技术培训，通过考核并持有证书才能上岗。取得证书者，按要求年限进行复审。购买放射性同位素、放射源或含源仪表、射线装置等必须严格遵守申报制度，接受安全部门和环保部门的检查与管理。

**第十一条** 加强对实验动物的养殖、采购、运输、实验和回收处置等过程的规范管理，严格做好实验动物的安全检疫工作。对实验教学人员和学生要采取必要的安全教育和防护措施，严格按照操作规程进行实验。

**第十二条** 节假日或夜间（晚 11 时之后）进行实验教学和研究实验，事先必须经实验室主任批准，并在院主管安全领导处备案后方可进行；学生做实验时，必须有指导教师在场。

**第十三条** 凡涉及保密科研项目实验室，环境和设施必须符合保密要求；实验室承担的涉密科研项目的测试数据、分析结论、阶段成果和各种技术文件，均要按科技档案管理规定进行保管和使用，任何人不得擅自对外提供资料。各单位应经常对实验室工作人员进行保密教育，定期对保密工作的执行情况进行认真检查，杜绝泄密事故。

**第十四条** 新建、改扩建实验室工程项目，新设备购置及新技术、新工艺的采用，旧设备改造等都必须做好安全与环保认证。一定要按照学科专业特点和教学科研需求，以人为本，进行科学设计，达到绿色、环保、节能的要求，以确保师生健康，并减少资源浪费。

## 第四章 实验室技术安全检查与教育

**第十五条** 建立实验室技术安全监督和检查的长效机制，实验室与设备管理处和保卫处须定期和不定期开展实验室技术安全的专项检查工作，堵塞漏洞，排除隐患，特别是对实验安全的重点部位和薄弱环节进行重点监管，确保安全。各实验室必须定期进行安全检查，并有安全检查记录可查，实验室人员必须熟练掌握本实验室各类安全事故防范应急预案。

**第十六条** 严格执行实验室安全准入制度，凡申请进入实验室工作的各类人员须经过实验室技术安全与环保培训且通过学校组织的专项考试合格后方可进入，实验室与设备管理处、教务处、研究生院、学工部、保卫处、教学科研单位等相关单位各司其职，协同工作，共同落实实验室安全准入工作。

**第十七条** 各院(所、中心)定期对进入实验室学习与工作的学生、教师、外来研究人员组织安全教育，进行培训和考核，增强安全意识和自我防范能力，确保相关人员全面掌握实验技术规范、操作流程和安全防护知识。每年新进各类教师、学生必须参加“实验室技术安全与环保教育考试”，考试时间为每年 11 月的第二周，考试合格者，与学院签订“安全责任承诺书”，领取实验室准入证，才能进入实验室进行学习和研究工作。“实验室技术安全与环保教育”课程作为综合素质课，根据各专业具体情况可设 0.5～1 个学分。

## 第五章 环保、计量认证及劳动保护

**第十八条** 有毒有害废液和废物处理工作按照“分类收集、定点存放、专人管理、集中处理”的工作原则，各单位不得随意倾倒有毒、有害化学废液，不得随意掩埋、丢弃固体化学废物和残余实验动物。新建和改扩建实验室时，必须将有害物质、有毒气体的处理列入工程计划一起施工，妥善处置。

**第十九条** 实验室应有符合实验条件的良好的通风、除尘及空气调节设施，保证室内的温度、湿度及空气清新度能满足实验要求，并有效防止疾病传播，杜绝安全隐患。

**第二十条** 教师、实验技术人员、学生做实验时，应穿戴必要的防护服。使用危险化学品时，按规定穿防护服装，佩戴手套、护目镜等。

**第二十一条** 实验室工作和学习人员要保持个人卫生，遵守个人防护规程，禁止在实验室内饮食、吸烟或在实验室的容器内存放食物。

**第二十二条** 实验室须重视仪器、仪表、工具的计量认证和计量管理工作，按国家相关规定，确保实验数据的合法性、准确性和可靠性。

**第二十三条** 采取必要的防护措施，加强对高温、低温、辐射、病菌、噪声、毒性、激光、粉尘、超静等对人体有害环境的监督和劳动保护工作。依据有关规定，从事有害健康工种的人员享受相应的营养保健待遇、劳动防护用品、定期体检等。

## 第六章 附 则

**第二十四条** 各单位要根据本办法，结合各自专业要求和本单位具体情况，制定相应的管理制度及实施细则，并张贴在醒目处，严格监督执行。

**第二十五条** 对于违反本办法及相关管理规定，造成安全与环保事故的，学校给予相应处分；触犯法律的移送司法机关处理。

**第二十六条** 本办法自通过之日起施行，由学校实验室与设备管理处负责解释。

# 同济大学实验室安全管理工作规定

同济实〔2015〕1号

为了保障校园及师生安全，确保学校教学、科研等工作的正常进行，根据国家有关政策法规精神及学校实验室安全工作实际，特制定同济大学实验室安全管理工作规定如下：

**第一条** 本规定中的"实验室"是指同济大学全校范围内开展教学、科研工作的各类实验场所，包括各类公共实验室（含教学实验室、国家及省部级重点实验室等）、教师科研实验室及其他校内实验室等。

**第二条** 学校实行实验室安全工作分级、分类管理制度。

校、院（系、所、中心）、实验室及进入实验室工作的师生员工各负其责，责任到人，通过加强各职能部处、各院系的协同管理，对各实验室实行安全责任全覆盖。

**第三条** 按照实验室实际情况，根据涉及的安全责任属性和范围不同，将全校实验室分为四类：

第一类为含有危险化学品、放射源及其他重点安全设施的实验室，包括材料、环境、化学、生命、医学、物理等实验室；

第二类为含有特种设备、放射装置等设施的实验室，包括海洋、机械能源、汽车、交通等实验室；

第三类为除第一、第二类外的普通理工科实验室；

第四类为人文社科类实验室。

**第四条** 各实验室必须认真贯彻"安全第一、预防为主"的方针，根据各实验室的具体情况，制定相应的安全管理规定、操作规程及应急预案，并应在醒目位置上墙公示。

**第五条** 各院（系、所、中心）正职领导是所在单位实验室的第一安全责任人，并明确单位分管领导为单位的安全责任人，院（系）其他领导负有关心和重视本单位实验室安全工作的相关责任。

**第六条** 单位第一安全责任人和单位分管的安全责任人主要责任包括：负责落实本单位实验室安全管理相关规定，建立本单位实验室安全管理队伍和责任体系；制定本单位实验室安全相关管理制度、应急预案及工作计划，并组织实施；定期、不定期组织实验室安全检查，及时消除安全隐患。各院（系、所、中心）落实至少一名正式教职工为专（兼）职实验室安全管理员（简称安全员）。安全员负责协助院系具体落实实验室安全相关规章制度、做好日常安全检查、实验室人员（包括学生）安全教育、实验室安全相关信息报送、实验室安全事故应急演练及应急处理等日常工作。

**第七条** 教学、科研公共实验室的主任或教师课题组实验室的责任教授为所在实验室安全管理的直接责任人，对所在实验室安全管理工作全面负责。各实验室应设专职或兼职的实验室安全管理员，负责所在实验室的日常安全管理工作，实验室安全管理员须经过培训，具备一定的安全知识和应急处置技能。进入实验室学习或工作的师生员工为实验室安全的具体责任人。

**第八条** 全面签署实验室安全协议。

院(系、所、中心)正职领导代表所在单位与学校签订《实验室安全责任书》;实验室主任或教师课题组责任教授代表所使用实验室与院(系、所、中心)签订《实验室安全责任书》;进入实验室工作的师生员工与实验室主任或教师课题组责任教授所在实验室签订《实验室安全责任书》。确保实验室安全责任逐级落实到位。

**第九条** 学校实行实验室安全检查与督导制度。

学校建立并不断完善实验室安全检查和督导制度。学校实验室与设备管理处、保卫处等部门代表学校组织实验室安全专家督导组,采取定期和不定期相结合的方式,对全校各类实验室进行安全检查和督导。国家法定节假日前和每学期放假前,院(系、所、中心)应进行例行的安全检查,平时按照实验室安全管理规定要求进行定期和不定期检查,并做好记录。实验室安全员或任课老师须在实验前、后对实验室进行安全检查并做好记录后,才能开始或结束实验。

**第十条** 各院(系、所、中心)应建立实验室安全管理检查台账[《同济大学院(系)实验室安全检查表》]制度,记录每次检查情况。对发现的问题和隐患进行梳理,分清责任并积极整改;每次检查结束后,各学院(系、所、中心)须将检查结果形成简要报告,报送实验室与设备管理处备案。各实验室若发现安全隐患,要及时采取措施进行整改。发现严重安全隐患或一时无法解决的安全隐患,须向所在学院(系、所、中心)、实验室与设备管理处、保卫处报告,并配合学校采取措施积极整改。对发现的安全隐患,任何单位和个人不得隐瞒不报或拖延上报。

**第十一条** 实验室安全检查及督导方式。

针对本办法第三条所述各类实验室,实验室与设备管理处、保卫处等将组织实验室安全专家督导组,定期进行实地安全检查和督导,学校负责安全工作的领导及有关职能部门将定期、不定期进行抽查,并对《同济大学院(系)实验室安全检查表》进行抽查和核对,把检查结果作为考核及奖惩的重要依据。

对第一类实验室,设置专职安全员,由实验室与设备管理处核算工作量,专职安全员每周按照《同济大学院(系)实验室安全检查表》至少进行一次检查并记录;每间实验室应设置安全管理员,每天按照《同济大学实验室安全检查自查表》进行检查并记录。

第二类实验室设置专职(兼职)安全员,每周按照《同济大学院(系)实验室安全检查表》进行一次检查并记录,每间实验室设置安全管理员,每天按照《同济大学实验室安全检查自查表》进行检查并记录。

第三类实验室设置兼职安全员,每两周按照《同济大学院(系)实验室安全检查表》至少进行一次检查并记录,每间实验室设置安全管理员,每周按照《同济大学实验室安全检查自查表》进行检查并记录。

第四类实验室设置兼职安全员,每两周按照《同济大学院(系)实验室安全检查表》进行一次检查并记录。

**第十二条** 学校实行实验室安全教育培训及考试制度。本科新生、研究生新生在入学报到时,需要按照规定完成实验室安全教育培训,并考试合格;学校把实验室安全教育培训纳入对新进教师、新聘研究生导师、博士后、留学生、进修生及其他来校交流人员进行培训的重要内容。对于有较高实验室安全要求的实验室,相应院系应组织针对本专业的实验室安全培训和考试，经考核通过者方可允许进入实验室工作。本科学生做教学实验时，须有教师或实验室技术人员在场指导。每学期的第一次实验课，或研究生进入科研实验室前，必须进行安全教育。毕业论文或研究生进行单独实验应由导师批准，并在实验前进行必要的安全教育。

对进入实验室工作的师生员工要落实和加强“防火、防盗、防毒、防爆”等安全教育，对有可能导致危险发生的实验，实验室应发放安全操作规范告知书，进入实验室人员应认真仔细阅读，并签字确认，实验室安排人员监护并落实安全防范措施。

**第十三条** 严格执行同济大学危险化学品安全管理办法。

各实验室确因需要而使用易制毒、易制暴、剧毒和危险化学品时，要严格按照相关规定进行采购、使用、保管和处置，同时要有可靠的防范措施，并应建立危险品台账管理制度，做好详细记录备查。

各有关实验室应严格按照规定要求使用和处置易燃、易爆、自燃、氧化、过氧化、有毒和腐蚀等危险化学品。严禁烟火，不准吸烟或动用明火。要做好防火、防盗、防爆、防毒、防腐蚀的工作。需要少量存储易燃、易爆物品的，必须符合安全存放的要求（具体应参照国家《危险化学品安全管理条例》），在实验室入口处醒目位置安放危险实验室警示牌，在存放危险品容器上张贴相应的危险品标签。

实验室安全员应加强危险化学品的安全管理和日常检查，并对进入实验室的教师和学生进行培训，使教师和学生能够严格按照规定采购、使用、存储和处置危险化学品。

**第十四条** 实验室的特种设备（如压力容器、行车等）使用应严格遵守国家、上海市及同济大学实验室特种设备安全管理的有关规定，严格做好验收、年检等工作，并指定专人持证上岗，确保使用安全。对上岗人员必须按规定进行培训，并经考核合格后持有合格的上岗证，方能上岗操作，严禁无证上岗操作。实验室需建立特种设备运行档案，确保安全实验。

**第十五条** 实验室放射性物品的使用及保存必须符合国家及上海市有关法律、法规的规定（具体应参照《中华人民共和国放射性污染防治法》），严格执行放射性辐射的安全保护制度。

**第十六条** 严格按照规定处置实验室废弃物。

实验室在实验中产生的各种有毒有害废弃物不得未经处理任意排放、丢弃，各实验室应指定专人按照废弃物处理的有关规范集中收集封存并妥善保管，实验室与设备管理处负责联系有关部门定期上门回收处理。

**第十七条** 加大实验室安全建设投入，加强信息化管理及有关安全防范措施。

学校、院系应加强对实验室安全建设的投入，加强实验室安全的信息化建设，建立并推广与校园卡一卡通关联的实验室门禁制度。重要的实验室，除要有物防、技防措施外，还应有人防措施。要设置专人值班制度。对值班人员要加强责任心的教育，对因责任心不强而造成被盗等事故的，要追究领导和值班人员的责任。

**第十八条** 实验室必须按规定配齐对口、专业的消防器材。

消防器材要放在明显和便于取用的位置，周围不得堆放杂物，注意经常检查、及时更换并建立记录制度。严禁将消防器材移作他用，并保持消防通道畅通、整洁。

实验结束前清理好实验台、各种器材、工具、资料，切断电源，熄灭火源，关好门窗和水龙头，对易燃物品、纸屑等杂物，必须清扫干净，消除隐患。

实验室严禁使用电炉等电加热取暖设备。因教学、科研工作必须使用电炉等设备，要经安全员同意，注意安全。停电或停用后要及时切断电源。用电设备周围不得堆放杂物，电源线不得有任何裸露、破损，要随时加强检查，发现问题及时处理。

**第十九条**　实验室如发生安全事故，必须按照学校突发事件应急预案管理办法进行处置，在事故发生后及时将情况上报所属院(系)、保卫处和实验室与设备管理处。

**第二十条**　实验室安全管理的考核和奖惩。

学校将对各院系的实验室安全工作进行定期考核，对实验室安全管理工作优秀的单位和个人，学校将予以表彰，并根据考核结果每年给予一定量的业绩补贴作为奖励。

对于管理不到位，并导致实验室安全事故者，将按照有关规定追究责任人的责任。

对整改不力的，将根据情况分类处理：

对于安全督导发现实验室安全隐患，责令整改未能按期完成的，将给予黄牌警告。

对于两次责令整改未能加以重视，并发现继续存在严重隐患的，将停止实验室使用，直至整改完成，验收合格后方可再次启用。

对于长期存在安全隐患，且整改不力，两次责令整改无效的教师科研实验室，将通报批评，由科研院、研究生院暂停该实验室负责人的科研项目申请资格和研究生招生资格，直至整改合格；并根据造成的实际后果，由实验室与设备管理处将调查结果报有关部门或委员会，按照有关法规和规章追究责任人的相应责任。

**第二十一条**　本规定由实验室与设备管理处负责解释，经校长办公会批准，自印发之日起实施，原《同济大学实验室安全工作规定》(同实〔2010〕047 号)同时废除。

# 华中农业大学实验室安全规程

校发〔2009〕96 号

## 第一章　总　则

**第一条**　为了加强学校实验室安全管理，维护正常的教学、科研秩序，保障师生员工人身和学校财产的安全，依据国家有关法律法规和安全生产部门有关规定，制定本规程。

**第二条**　实验室安全管理贯彻“预防为主”的方针，坚持“教育先行、明确责任、齐抓共管、群防群治”的原则，确保实验室安全。

## 第二章　易燃气体安全

**第三条**　要定期检查使用易燃气仪器的点火装置和内部通气管道，如有异常应停止使用。启用长期未用的仪器，一定要先检查后使用。

**第四条**　使用易燃气的实验室，钢瓶与设备的距离应在 10 米以外。使用易燃气体管道的实验室，要在室内设置检测、报警装置。

**第五条**　要警惕实验室内发生电火花或静电引起可燃性混合气体爆炸。当发现实验室有可燃气泄漏时，应立即停止使用，迅速打开门窗并撤离人员，在未完全排除前，不准点火，也不得接通电源。

**第六条**　要定期检查易燃气的管道、阀门等，可用肥皂水或洗涤剂涂于接头处或可疑处，也可用气敏测漏仪等设备进行检查，禁止用明火试漏。

**第七条**　实验人员离开实验室前，应检查使用过的易燃气器具是否完全关闭或熄灭，以防内燃。室内无人时，禁止使用易燃气器具。

**第八条**　在易燃气器具附近，严禁放置易燃易爆物品。存放易燃气瓶的地方，要通风良好。使用时应装上回闪阻止器，防止气体回缩。

**第九条**　实验人员必须掌握易燃气体的化学特性(几种特殊气体的性质见附件 2)。充装有互相抵触、可引起燃烧、爆炸气体的气瓶(如氢气瓶和氧气瓶)，不能同车搬运或同存一处。

## 第三章　高压气瓶安全

**第十条**　高压气瓶装车运输时，应妥善加以固定，避免途中滚动碰撞；装卸车时应轻抬轻放，禁止采用抛丢、下滑或其他易引起碰击的方法。

**第十一条**　搬动气瓶时，应装上防震垫圈，旋紧安全帽，保护开关阀，防止其意外转动和减少碰撞。可以用特制的小推车，用手平抬或垂直转动，绝不允许用手执开关阀移动。

**第十二条** 高压气瓶必须分类分处保管，直立放置时要固定稳妥；气瓶要远离热源，避免暴晒和强烈震动；实验室内存放气瓶一般不得超过2瓶。

**第十三条** 高压气瓶上选用的减压器要分类专用，安装时要旋紧螺扣，防止泄漏；开、关减压器和开关阀时，动作必须缓慢；使用时应先旋动开关阀，后开减压器；用完后，先关闭开关阀，放尽余气后，再关减压器。不可只关减压器，不关开关阀。

**第十四条** 操作使用高压气瓶时，操作人员应站在与气瓶接口处垂直的位置上。经常检查有无漏气，注意压力表读数。

**第十五条** 氧气瓶或氢气瓶等，应配备专用工具，严禁与油类接触。操作人员不能穿戴沾有各种油脂或易感应产生静电的服装手套操作，以免引起燃烧或爆炸。

**第十六条** 用后的气瓶，应按规定留0.05MPa以上的残余压力。可燃性气体应剩余0.2～0.3MPa（约2～3kg/cm$^2$ 表压），$H_2$ 应保留2MPa，不可用尽，以防重新充气时发生危险。

**第十七条** 各种气瓶必须定期进行技术检查。充装一般气体的气瓶3年检验一次；如在使用中发现有安全附件不全或已损伤的，应提前进行检验（高压气瓶常识见附件3）。

## 第四章 实验室防火安全

**第十八条** 实验室要以预防为主，杜绝火灾隐患。实验人员要了解各类有关易燃易爆物品知识及消防知识。遵守防火规则。

**第十九条** 在实验室、过道等处，须经常备有灭火器材，如石棉布及各类灭火器等。

**第二十条** 电线及电器设备起火时，必须先切断总电源开关，再用四氯化碳灭火器灭熄，并及时通知供电部门。不许用水或泡沫灭火器来扑灭燃烧的电线电器。

**第二十一条** 人员衣服着火时，立即用湿毛巾之类物品蒙盖着火者，用水扑灭，也可倒地压灭。

**第二十二条** 易燃液体着火或台面小范围起火时，应立即拔去电器插头，再用湿石棉布或湿抹布扑灭明火。范围较大的火情，应立即用泡沫灭火器或干粉灭火器扑灭。精密仪器起火，应用四氯化碳灭火器。

**第二十三条** 易燃气管道或开关装配不严，引起着火时，应立即关闭通向漏气处的开关或阀门，切断气源，然后用湿布或石棉布覆盖至火焰熄灭。

## 第五章 电器设备使用安全

**第二十四条** 使用符合安全标准的插头插座，需要接线盒时应注意负载匹配，避免负荷过重。开机先检查电源开关，防止似接非接状况，如有故障，应先排除后，方可接通电源。

**第二十五条** 使用电子仪器设备时，应先了解其性能，按规程操作，若电器设备发生过热现象或糊焦味时，应立即切断电源。

**第二十六条** 电源中断或人员较长时间离开房间时，要切断电源开关，尤其是要注意切断加热电器设备的电源开关。严禁电器设备长时间运行而无人值守。

**第二十七条** 电源或电器设备的保险烧断时，应先查明烧断原因，排除故障后，再按原负荷选用适宜的保险丝进行更换，不得随意加大或用其他金属线代用。

**第二十八条** 实验室内不应有裸露的电线，注意保持电线和电器设备的干燥，防止线路和设备受潮漏电。应接地线的设备要妥善接地,以防止触电事故。

**第二十九条** 实验时应先插上插头接上电源,再开启电器设备;实验结束时必须先关闭电器设备开关,再切断电源。

**第三十条** 实验室工作人员不得擅自移动电器设施,或随意拆修电器设备。使用高压动力电时,应穿戴好绝缘胶鞋、手套,或用安全杆操作。

## 第六章 传动设备安全

**第三十一条** 传动设备外露转动部分必须安装防护罩。必要时应挂“危险”等类警告标识。

**第三十二条** 操作车床、钻床等人员必须换穿工作服,禁止穿着裙装、短裤和披散长发上机。

**第三十三条** 设备启动前应检查保护装置和安全附件,其处于完好状态,才能启动。

**第三十四条** 使用离心设备要选择好合适的转头,做好离心材料的配平;拆卸高速转头一定要使用专用工具。

**第三十五条** 设备运转中出现异常现象或声音,必须及时停车检查,排除故障后方能重新开车。

**第三十六条** 定期检修、拧紧连接螺钉等,检查运转部件,检查所用润滑油是否符合标准。

## 第七章 一般性急救

**第三十七条** 实验人员烧伤急救

普通轻度烧伤,可擦用清凉乳剂于创伤处,并包扎好;略重的烧伤立即送医院处理。

躯干受到化学烧伤时,应迅速解脱衣服,清除残存在皮肤上的化学药品,用水多次冲洗缓解后送医院救治。

眼睛受到化学品灼伤时,要立即用蒸馏水冲洗眼睛,冲洗时须用细水流,且不能直射眼球,应尽快到眼科医生处就治。

**第三十八条** 实验人员中毒的急救

对中毒者在送往医院之前,尽快将患者从中毒物区域中移出,尽快弄清致毒物质,协助医生排除患者体内毒物。如遇患者呼吸停止或心脏停跳时,应立即施行人工呼吸、心脏按压,直至医生到达或送到医院抢救。

**第三十九条** 实验人员触电的急救

如有人触电时,应立即切断电源,或用绝缘物体将电线与人体分离后,再实施抢救。患者呼吸停止或心脏停跳时,应立即施行人工呼吸或心脏按压,并尽快送往医院救治。

## 第八章 附　则

**第四十条** 实验室剧毒物品安全使用见《华中农业大学剧毒物品安全管理办法》;放射安全防护见《华中农业大学放射防护管理办法》;消防、安防按国家和学校有关规定执行。

**第四十一条** 本规定由学校国资设备管理处负责解释。

**第四十二条** 本规定自印发之日起实施。

附件 2

## 几种特殊气体的性质和安全

(1)乙炔:乙炔是极易燃烧、容易爆炸的气体。含有 7%～13%乙炔的乙炔—空气混合气,或含有 30%乙炔的乙炔—氧气混合气最易发生爆炸。乙炔和氯、次氯酸盐等化合物也会发生燃烧和爆炸。

如发现乙炔气瓶有发热现象,说明乙炔已发生分解,应立即关闭气阀,并用水冷却瓶体,同时最好将气瓶移至远离人员的安全处加以妥善处理。

发生乙炔燃烧时,绝对禁止用四氯化碳灭火。

(2)氢气:氢气密度小,易泄漏,扩散速度很快,易和其他气体混合。氢气与空气混合气的爆炸极限:空气含量为 18.3%∶59.0%(体积比),此时,极易引起自燃自爆,燃烧速度约为 2.7 米/秒。

氢气应单独存放,最好放置在室外专用的小屋内,以确保安全,在实验室内应放置气瓶柜内。

(3)氧气:氧气是强烈的助燃烧气体,高温下,纯氧十分活泼;温度不变而压力增加时,可以和油类发生急剧的化学反应,并引起发热自燃,进而产生强烈爆炸。

氧气瓶一定要防止与油类接触,绝对避免让其他可燃性气体混入氧气瓶;禁止用(或误用)盛其他可燃性气体的气瓶来充灌氧气;氧气瓶禁止放于阳光曝晒的地方。

(4)氧化亚氮(笑气):具有麻醉兴奋作用,受热时可分解成为氧和氮的混合物,如遇可燃性气体即可与此混合物中的氧化合燃烧。

附件 3

## 高压气瓶常识

a. 在钢瓶肩部,用钢印打出下述标记

制造厂/制造日期/气瓶型号/工作压力/气压试验压力

气压试验日期/下次送验日期/气体容积/气瓶重量

b. 为了避免各种钢瓶使用时发生混淆,常将钢瓶上漆上不同颜色,写明瓶内气体名称。

各种气体钢瓶标志

| 气体类别 | 瓶身颜色 | 字样 | 标字颜色 | 腰带颜色 |
|---|---|---|---|---|
| 氮气 | 黑 | 氮 | 黄 | 棕 |
| 氧气 | 天蓝 | 氧 | 黑 | |
| 氢气 | 深绿 | 氢 | 红 | 红 |
| 压缩空气 | 黑 | 压缩空气 | 白 | |
| 液氨 | 黄 | 氨 | 黑 | |
| 二氧化碳 | 黑 | 二氧化碳 | 黄 | 黄 |
| 氦气 | 棕 | 氦 | 白 | |
| 氯气 | 草绿 | 氯 | 白 | |
| 石油气体 | 灰 | 石油气体 | 红 | |

# 浙江大学实验室安全管理办法

浙大发设〔2010〕5号

## 第一章 总 则

**第一条** 为保障师生员工人身安全,维护教学、科研等工作的正常秩序,创建"平安校园",根据《高等学校实验室工作规程》(原国家教委令第20号)、《高等学校消防安全管理规定》(公安部令第28号)、《危险化学品安全管理条例》(国务院令第344号)等有关法规和规章,以及《中共浙江大学委员会浙江大学关于深化"平安校园"建设工作的实施意见》(党委发〔2010〕67号)、《浙江大学关于开展实验室安全专项整治活动的实施意见》(浙大党办〔2009〕48号)等文件精神,制定本办法。

**第二条** 本办法中的"实验室"是指全校开展教学、科研的实验场所,是学校开展教学科研工作的重要场所。实验室安全工作是校园综合治理和平安校园建设的重要组成部分,包括实验室准入制度与项目安全审核制度建设、危险化学品的安全管理、生物安全管理、辐射安全管理、实验废弃物安全管理、仪器设备安全管理、水电安全管理、安全设施管理、实验室内务管理以及环境保护等多方面的工作。创建安全、卫生的实验室工作环境是各学院(系)、直属单位、研究所(实验室)、各级领导以及广大师生员工的共同责任和义务。

**第三条** 校长是实验室安全工作的第一责任人,学校贯彻"以人为本、安全第一、预防为主、综合治理"的方针,实行分管副校长领导下的分工负责制;根据"谁使用、谁负责,谁主管,谁负责"的原则,落实分级负责制。

**第四条** 各单位要定期组织开展实验室安全教育和宣传工作,丰富师生的安全知识,营造浓厚的实验室安全校园文化氛围,提高教职工、学生安全意识。

**第五条** 实验室安全工作是教师、实验技术人员和管理人员岗位评聘、晋职晋级、年度考核、评奖评优的重要指标之一,与学生评奖评优挂钩,实行"一票否决制",具体按《浙江大学实验室安全责任追究办法》执行。

## 第二章 实验室安全管理体系及职责

**第六条** 学校成立实验室技术安全工作委员会,由分管副校长担任主任,成员由相关职能部门、校区管委会和有关专家组成。根据工作需要,委员会可下设若干专业工作小组。委员会的主要职责是:全面贯彻落实国家关于高校实验室安全工作的法律法规,制定学校实验室安全工作方针和规划;确定实验室安全工作政策和原则,组织制定实验室安全工作规章制度、责任体系和应急预案;督查和协调解决实验室安全工作中的重要事项;研究提出实验室安全设施建设的工作计划、建议和经费投入,协调、指导有关部门和专业工作小组落实相关工作。

**第七条** 实验室与设备管理处(以下简称"实验室处")作为实验室安全工作的主要职能部门,按照政府主管部门和学校综治委的要求,在学校实验室技术安全委员会的指导下,组织开展并检查落实做好全校实验室安全管理工作。其主要职责为:负责制定、完善全校性实验室安全规章制度,及时发布或传达上级部门的有关文件;指导、督查、协调各相关单位做好实验室安全教育培训和安全管理工作,重点是化学、辐射、生物等实验室的安全管理工作;定期、不定期组织或参与实验室安全检查,并将发现的问题及时通知有关单位,或通报有关职能部门,督促安全隐患的整改,必要时报学校实验室技术安全委员会研究决策;组织开展全校性的实验室安全工作年度先进评比。

**第八条** 各校区管委会要协调做好实验室安全的监督、检查、教育和管理工作;各相关职能部门要做好与实验室安全相关的工作,包括加强对实验用房的安全性审批,加强实验室的安全基础设施建设和改造,加强对科研实验项目的安全性评估和申报工作的指导,加强对实验废弃物的规范化管理和处置,加强对危险化学品、剧毒品、放射性物质以及病原微生物购置、使用、储存和处置的全程监管等。

**第九条** 各学院(系)、直属单位主要负责人是本单位的实验室安全工作第一责任人,全面负责本单位的实验室安全工作。其职责为:组织成立实验室安全工作领导小组,落实实验室安全分管领导、实验室与安全秘书等人员,建立实验室安全责任体系;制定本单位的实验室安全工作计划并组织实施;筹集资金,加大对实验室安全设施建设与改造工作的投入。

各学院(系)、直属单位要确定本单位分管实验室安全工作的分管领导,其职责为:建立、健全实验室安全责任体系[包括学院(系)和研究所(实验室)两级]和规章制度(包括各种制度规定、操作规程、应急预案等);组织、协调、督促各下属单位做好实验室安全工作;定期、不定期组织实验室安全检查,并组织落实隐患整改工作,对于不整改的或出现严重安全问题的实验室,由所在单位实验室安全工作领导小组决定予以封门整改;组织本单位实验室安全环保教育培训,实行实验室准入制度;组织、落实对本单位科研和实验项目安全状况评价、审核工作;及时发布、报送实验室安全环保工作相关通知、信息、工作进展等。学院(系)实验室与安全秘书协助分管领导做好本单位实验室安全的具体工作。

**第十条** 各研究所(实验室)负责人是本所(室)实验室安全责任人,其职责为:负责本所(室)安全责任体系的建立和规章制度(包括操作规程、应急预案、实验室准入制度、值班制度等)的建设,组织、督促相关人员做好实验室安全工作;组织、督促教师做好科研和实验项目安全状况的申报工作;定期、不定期开展检查,并组织落实安全隐患整改;根据上级管理部门的有关通知,做好安全信息的汇总、上报等工作。各研究所(实验室)安全员协助所(室)负责人做好相关安全工作。

**第十一条** 每位实验用房使用者是本房间的直接安全责任人,其职责为:负责本实验用房安全日常管理工作;结合科研实验项目的安全要求,负责健全实验用房相关安全规章制度,落实值班制度;建立本实验用房内的物品管理台账(包括设备、试剂药品、剧毒品、气体钢瓶、病原微生物台账等);根据实验危险等级情况,负责对本实验用房工作人员进行安全、环保教育和培训,对临时来访人员进行安全告知;定期、不定期搞好卫生和检查,并组织落实安全隐患整改;结合科研实验项目的安全要求,做好本实验用房安全设施的建设和管理。

**第十二条** 在研究所(实验室)学习、工作的所有人员均对实验室安全工作和自身安全负有责任。须遵循各项安全管理制度,做好科研和实验项目安全状况自我申报工作,严格按照实验操作规程或实验指导书开展实验,配合各级安全责任人和管理人做好实验室安全工作，排除安全隐患，避免安全事故的发生。

所有进入实验室工作的师生员工需接受实验室安全知识培训，参加学校相关部门或所在院系组织的实验室安全环保教育考试，考试合格者方可进入实验室工作；了解实验室安全应急程序，参加突发事件应急处理等演练活动；知晓应急电话号码、应急设施和用品的位置，掌握正确的使用方法。学生导师要提高实验室安全责任意识，切实加强对学生的教育和管理，落实安全措施；学生须严格遵守落实实验室规章制度，配合实验室管理工作。临时来访人员须遵守实验室的安全规定。

## 第三章　实验室安全管理主要内容

**第十三条**　实验室准入制度与项目安全审核制度

（一）建立、落实实验室准入制度。各单位需根据本学科和所室的特点，加强师生员工和外来人员的安全教育，建立、落实实验室准入制度，通过相关部门或所在院系组织的实验室安全教育考试者方可进入实验室学习、工作。

（二）建立科研项目安全审核制度。各单位要对存在安全危险因素的科研项目进行审核，尤其面对承担化学、生物、辐射等具有安全隐患的科研项目从严进行审核和监管，其实验室应具备相应的安全设施、特殊实验室资质等条件。

（三）建立实验室建设与改造项目安全审核制度。各单位在申报或批准同意新建、扩建、改造实验场所或设施时，应建立好审核把关的工作流程，必须充分考虑安全因素，加强实验室使用者和设计者、建设者之间的交流沟通，广泛听取意见，严格按照国家有关安全和环保的规范要求设计、施工；项目建成后，须经安全验收并完成相关的交接工作、明确管理维护单位后方可投入使用。

**第十四条**　危险化学品的安全管理

危险化学品是指按照国家有关标准规定的爆炸品、压缩气体和液化气体、易燃液体、易燃固体、自燃物品和遇湿易燃物品、氧化剂和有机过氧化物、有毒品和腐蚀品等。各单位要按照国家法律法规以及学校的相关规定，加强所有涉及危险化学品的教学、实验、科研和生产场所及其活动环节的安全监督与管理，包括购买、运输、存贮、使用、生产、销毁等过程。特别要加强气体钢瓶、剧毒品、易燃易爆、易制毒品、易制爆品的管理。

**第十五条**　生物安全管理

生物安全主要涉及病原微生物安全、实验动物安全、转基因生物安全等方面。各单位要按照国家法律法规以及学校的相关规定，规范生化类试剂和用品的采购、实验操作、废弃物处理等工作程序，加强生物类实验室安全的管理，责任到人；加强生物安全实验室的建设、管理和备案工作，获取相应资质。

**第十六条**　辐射安全管理

辐射安全主要包括放射性同位素（密封放射源和非密封放射性物质）和射线装置的安全。各涉辐单位必须按照国家法规和学校的相关规定，在获取环保部门颁发的《辐射安全许可证》后方能开展相关工作；需加强涉辐场所安全及警示设施的建设，加强辐射装置和放射源的采购、保管、使用、备案等管理，规范涉辐废弃物的处置。涉辐人员需定期参加辐射安全与防护知识培训，持证上岗，定期参加职业病体检（1 次/年）和接受个人剂量监测（1 次/季）。

**第十七条**　实验废弃物的安全管理

要加强实验室排污处理装置(系统)的建设和管理,不得将实验废弃物倒入下水道或混入生活垃圾当中;实验废弃物要实行分类存放,做好无害化处理、包装和标识,按照学校的相关规定,定时送往相应的收集点,由学校有关职能部门联系有资质的单位进行处置。放射性废弃物严格按照国家环保部门的法律法规进行处置。

**第十八条** 仪器设备安全管理

(一)各单位要加强各类仪器设备的安全管理,定期维护、保养各种仪器设备及安全设施,对有故障的仪器设备要及时检修,仪器设备的维护保养和检修等要有记录。对冰箱、高温加热、高压、高辐射、高速运动等有潜在危险的仪器设备尤其要加强管理;对精密仪器、大功率仪器设备、使用强电的仪器设备要保证接地安全,并采取严密的安全防范措施,对服役时间较长的设备以及具有潜在安全隐患的设备应及时报废,消除安全隐患。

(二)各单位要加强仪器设备操作人员的业务和安全培训,按照操作规程开展实验教学和科研工作。国家规定的某些特殊仪器设备和岗位需实行上岗证制度。

(三)对于自制自研设备,要充分考虑安全因素,并严格按照设计规范和国家相关标准进行设计和制造,防止安全事故的发生。

**第十九条** 水电安全管理

(一)实验室内应使用空气开关并配备必要的漏电保护器;电气设备应配备足够的用电功率和电线,不得超负荷用电;电气设备和大型仪器须接地良好,对电线老化等隐患要定期检查并及时排除。

(二)实验室固定电源插座未经允许不得拆装、改线,不得乱接、乱拉电线,不得使用闸刀开关、木质配电板和花线。

(三)除非工作需要,并采取必要的安全保护措施,空调、计算机等不得在无人情况下开机过夜;电热器、饮水机一律不得开机过夜。

(四)化学类实验室一般不得使用明火电炉,如确因工作需要且无法用其他加热设备替代时,可以在做好安全防范措施的前提下向实验室处提出申请,经现场审核取得《明火电炉使用许可证》后方可使用。

(五)实验室要杜绝自来水龙头打开而无人监管的现象,要定期检查上下水管路、化学冷却冷凝系统的橡胶管等,避免发生因管路老化、堵塞等情况所造成的安全事故。

**第二十条** 安全设施管理

具有潜在安全隐患的实验室,须根据潜在危险因素配置消防器材(如灭火器、消防栓、防火门、防火闸等),烟雾报警、监控系统、应急喷淋、洗眼装置、危险气体报警、通风系统(必要时需加装吸收系统)、防护罩、警戒隔离等安全设施,建立实验废水处理系统,配备必要的防护用品,并加强实验室安全设施的管理工作,切实做好更新、维护保养和检修工作,做好相关记录,确保其完好性。

**第二十一条** 实验室内务管理

(一)每个实验用房必须落实安全责任人,各单位必须将实验室名称、责任人、有效联系电话等信息统一制牌,并放置在明显位置,便于督查和联系。

(二)实验室应建立卫生值日制度,保持清洁整齐,仪器设备布局合理。要处理好实验材料、实验剩余物和废弃物,及时清除室内外垃圾,不得在实验室堆放杂物。

(三)实验室必须妥善管理安全设施、消防器材和防盗装置,并定期进行检查;消防器材不得移作他用,周围禁止堆放杂物,保持消防通道畅通。

（四）各单位必须安排专人负责实验室钥匙的配发和管理，不得私自配置钥匙或借给他人使用；使用电子门禁的大楼和实验室，必须对各类人员设置相应的权限，对门禁卡丢失、人员调动或离校等情况应及时采取措施，办理报失或移交手续；各单位或各实验大楼必须保留一套所有房间的备用钥匙，由单位办公室或大楼值班室保管，以备紧急之需。

（五）严禁在实验室区域吸烟、烹饪、用膳，不得让与工作无关的外来人员进入实验室，不得在实验室内留宿和进行娱乐活动等。

（六）按照学科性质的不同需要，要给实验人员配备必需的劳保、防护用品，以保证实验人员的安全和健康。

（七）实验结束或离开实验室时，必须按规定采取结束或暂离实验的措施，并查看仪器设备、水、电、气和门窗关闭等情况。

**第二十二条** 对以上条款未涵盖的实验室安全工作按国家有关实验室安全法律法规和规章制度加强管理。

## 第四章 实验室安全检查与整改

**第二十三条** 加强实验室安全与卫生检查

（一）学校、学院（系）、研究所（实验室）须建立实验室安全与卫生检查制度，经常组织定期或不定期检查和督查。

（二）各学院（系）、研究所（实验室）应建立实验室安全与卫生管理检查台账，记录每次检查情况；对发现的问题和隐患进行梳理，分清责任并积极整改；每次检查结束后，各学院（系）须将检查结果形成报告，报送实验室处，实验室处将予以网上通报。

（三）实验室处负责对全校实验室安全工作进行指导、监督和检查。被检查单位必须主动配合。对违反国家有关法律法规、学校规章制度和存在严重安全隐患的实验室，实验室处将予以网上通报或发出《整改通知书》，要求限期整改。对于不整改或出现严重问题的实验室，将进行封门，直至整改完成。

**第二十四条** 安全隐患整改

发现实验室存在安全隐患，要及时采取措施进行整改。发现严重安全隐患或一时无法解决的安全隐患，须向所在学院（系）、保卫处、实验室处报告，并采取措施积极进行整改。对安全隐患，任何单位和个人不得隐瞒不报或拖延上报。

## 第五章 附 则

**第二十五条** 实验室发生意外事故，应立即启动应急预案，做好应急处置工作，保护好现场，并及时报告保卫处及实验室处。事故所在单位应写出事故报告，交保卫处及实验室处，并配合调查和处理。

**第二十六条** 对因各种原因造成实验室安全事故的，将按照学校相关规定予以责任追究。

**第二十七条** 各有关单位应根据本办法，并结合实际情况另行制定相应的实施细则或管理规定。本办法未尽事项，按国家有关法律法规执行。

**第二十八条** 本办法自发布之日起施行，《浙江大学实验室安全与环境卫生管理办法》（浙大发设〔2007〕10 号）同时废止。本办法由实验室技术安全工作委员会负责解释。

# 浙江大学实验室安全责任追究办法(试行)

浙大发设〔2010〕6号

## 第一章　总　则

**第一条**　为进一步加强学校实验室安全管理,有效预防和减少实验室安全事故的发生,保障师生员工的生命、财产安全,促进学校事业健康、稳定、快速地发展,依据国家有关法律法规和《浙江大学实验室安全管理办法》(浙大发设〔2010〕5号)、《浙江大学教职工行政处分规定》(浙大发人〔2008〕33号)、《浙江大学学生违纪处分规定》(浙大发本〔2009〕113号)等文件精神,制定本办法。

**第二条**　学校实验室技术安全工作委员会负责制定全校性的实验室安全与环保建设工作方针和规划,确定相关的管理工作原则和政策,督促和协调解决实验室安全与环保工作中的重要事项,负责学校实验室安全事故的责任认定、经济损失数额和赔偿比例的认定工作。

**第三条**　学校实验室安全工作贯彻"以人为本、安全第一、预防为主、综合治理"的方针,坚持"谁使用、谁负责,谁主管、谁负责"原则,逐级建立实验室安全责任体系,确定各级、各个实验室房间的安全责任人,履行实验室安全工作职责。若因未尽职责或管理不当等工作失误而造成实验室安全事故的,依据本办法对事故责任人和相关人员追究相应的责任。

## 第二章　责任追究的种类及其运用

**第四条**　实验室安全工作责任追究种类:

(一)书面检查;

(二)诫勉谈话;

(三)通报批评;

(四)取消评优评奖、升职升级资格;

(五)责令经济赔偿;

(六)行政处分;

(七)移送司法机关。

以上责任追究的种类可以单独使用,也可以合并使用。需要给予党纪处分的按照有关规定执行。

**第五条**　实验室安全工作责任追究对象:

(一)直接责任人;

(二)研究所(实验室)负责人和安全员;

(三)学院(系)、独立研究院、直属单位负责人及其实验室与安全秘书(或安全员);

（四）职能部门负责人和管理人员；

（五）校级责任领导。

**第六条** 学院（系）、直属单位的相关人员有以下行为之一、且未造成严重后果的，视职责履行情况和情节给予直接责任人通报批评或警告处分；给予研究所（实验室）负责人和安全员书面检查、通报批评；给予学院（系）、独立研究院、直属单位实验室与安全秘书（或安全员）书面检查、诫勉谈话、通报批评；给予学院（系）、独立研究院、直属单位负责人书面检查、诫勉谈话、通报批评。

（一）违反国家法律法规、学校和本单位实验室安全管理规定，或指使、强令他人违反国家法律法规、学校和本单位实验室安全管理规定，冒险作业的；

（二）未履行安全职责，或发现安全隐患未及时采取整改措施和报告上级领导，或接到相关报告后未采取有效措施的，或未经许可擅自启用被封实验室的；

（三）发生造成财产损失或人身伤害的实验室安全事故后隐瞒不报，或不如实反映事故情况，或未及时将事故报告上级领导和有关职能部门的；

（四）不服从、不配合政府部门、学校职能部门、本单位、校实验室工作督查组等日常安全管理和检查的；

（五）责任单位未进行实验室安全设施定期检修和维护的；

（六）未根据政府部门或学校管理部门和学院（系）、独立研究院、直属单位的要求及时排查、消除安全隐患的，或未组织、督促、协助消除安全隐患的。

**第七条** 学院（系）、直属单位的相关人员有以下行为之一，并给学校或他人财产造成损失（2 万元以下）、或有人员受轻伤及以下后果的，视职责履行情况和情节给予直接责任人警告或记过处分，同时取消其一年内各类评奖评优、升职升级资格；给予研究所（实验室）负责人和安全员通报批评、警告处分，同时视情节取消其一年内各类评奖评优、升职升级资格，取消该研究所（实验室）一年内各类评奖评优资格；给予学院（系）、独立研究院、直属单位实验室与安全秘书（或安全员）通报批评或警告处分，同时视情节取消其一年内各类评奖评优、升职升级资格；给予学院（系）、独立研究院、直属单位负责人通报批评或警告处分，同时视情节取消其一年内各类评奖评优、升职升级资格，取消该学院（系）、独立研究院、直属单位一年内各类评奖评优资格；对于造成经济损失的，由所在学院（系）、独立研究院、直属单位和相关责任人赔偿相应损失，具体比例由学院（系）、独立研究院、直属单位确定。

（一）由于违反国家各级部门和学校的有关规定、操作失误、玩忽职守、失职渎职、管理不到位等原因，造成实验室安全事故发生的；

（二）因未履行安全职责或发现安全隐患未及时采取整改措施和报告上级领导的，或接到相关报告后未采取有效措施，从而造成安全事故发生的；

（三）由于责任单位未进行实验室安全设施定期检修和维护，从而造成安全事故发生的。

**第八条** 学院（系）、直属单位相关人员因违反国家各级部门和学校有关规定、操作失误、玩忽职守、失职渎职、管理不到位等原因致使实验室发生严重安全事故，造成人员伤亡（重伤以上）或给学校、他人财产造成损失达 2 万元以上的，视职责履行情况和情节给予以下处分：

（一）给予直接责任人警告、记过、记大过、降级、撤职、开除留用察看或开除等处分，同时取消其两年内各类评奖评优、升职升级资格；

（二）给予研究所（实验室）负责人和安全员警告、记过、记大过、降级或撤职等处分，同时取消其两年内各类评奖评优、升职升级资格，取消该研究所（实验室）两年内各类评奖评优资格；

（三）给予学院（系）、独立研究院、直属单位实验室与安全秘书（或安全员）警告、记过、记大过、降级或撤职等处分，同时取消其两年内各类评奖评优、升职升级资格；

（四）给予学院（系）、独立研究院、直属单位负责人警告、记过、记大过、降级或撤职等处分，同时取消其两年内各类评奖评优、升职升级资格，取消该学院（系）、独立研究院、直属单位一年内各类评奖评优资格，并减少其一年内的升职升级名额；

（五）对于造成经济损失的，由各级责任单位和相关责任人赔偿相应损失，具体比例由学校实验室技术安全工作委员会确定。

**第九条** 与实验室安全工作相关的职能部门负责人和管理人员有以下导致发生实验室严重安全事故，造成人员伤亡或给学校、他人财产造成重大损失行为之一的，视职责履行情况和情节给予直接责任人和职能部门负责人书面检查、诫勉谈话、通报批评、警告、记过、降级或撤职等处分，并取消其一年内各类评奖评优、升职升级资格；同时取消该职能部门一年内各类评奖评优资格；对于造成经济损失的，由各级责任单位和相关责任人赔偿相应损失，具体比例由学校实验室技术安全工作委员会认定。

（一）接到上级部门、学校有关通知和文件后，未及时发布或通知相关单位，致使事故发生的；

（二）接到学院（系）、独立研究院、直属单位提交的属于本部门工作职责范围内的实验室安全隐患专题书面报告后，未及时帮助解决，致使事故发生的；

（三）未及时履行实验室安全的相关职责或违反有关规定，致使事故发生的。

**第十条** 对于校级领导责任，如因领导不力、管理失职、渎职而致使实验室发生严重安全事故的，按上级有关部门的相关规定进行处理。

**第十一条** 以上行为涉嫌犯罪的，依法移送司法机关追究刑事责任。

## 第三章 责任追究权限和程序

**第十二条** 责任追究种类为书面检查、通报批评、赔偿经济损失的，由学校实验室技术安全工作委员会认定责任后直接决定，书面通知相关部门和单位执行；

责任追究种类为诫勉谈话、取消评奖评优和升职升级资格的，由学校实验室技术安全工作委员会认定责任后，提请学校组织人事部门和相关单位决定执行；

责任追究种类为行政处分的，由学校实验室技术安全工作委员会进行责任认定后提出处理建议。被追究责任人为教职工的，按《浙江大学教职工行政处分规定》（浙大发人〔2008〕33号）执行；为学生的，按《浙江大学学生违纪处分规定》（浙大发本〔2009〕113号）执行。

需移送司法机关追究法律责任的，按法律规定程序处理。

**第十三条** 对校级领导干部的责任追究权限与程序，按上级有关部门的相关规定执行。

**第十四条** 教师或学生对所受行政处分不服的，可分别按《浙江大学教职工行政处分规定》和《浙江大学学生违纪处分规定》相关规定提起申诉。

## 第四章 附 则

**第十五条** 本办法未尽事项，按国家有关法律法规执行。本办法条款如与国家颁布的法律法规相抵触，按国家法律法规执行。

**第十六条** 本办法自发布之日起施行，由学校实验室技术安全工作委员会负责解释。

# 西南交通大学实验室安全责任追究办法(试行)

西交校资实〔2016〕3 号

## 第一章　总　则

**第一条**　为进一步加强我校实验室安全管理,有效预防实验室安全事故发生,保障人身和财产安全,促进教学科研正常开展,依据国家相关法律法规,以及《高等学校实验室工作规程》、《西南交通大学实验室安全管理办法》等文件精神,制定本办法。

**第二条**　学校安全生产工作领导小组主要负责学校安全生产工作的组织领导和统筹协调,落实上级主管部门有关安全生产工作的要求,研究决定涉及学校安全生产相关的重大问题,协调处理需要学校层面解决的安全隐患,研究提出对安全事故责任人、相关人员、相关部门的责任追究意见。

**第三条**　学校实验室安全工作按照“安全第一、预防为主”的工作方针,坚持“一岗四责”、“谁使用、谁负责;谁主管、谁负责”原则,逐级建立实验室安全责任体系,确定各级、各个实验室房间的安全责任人,履行实验室安全工作职责。因未履职尽责或因管理不当等工作失误而造成实验室安全事故的,依据本办法对事故责任人和相关人员追究相应责任。

## 第二章　责任追究范围

**第四条**　实验室安全工作责任追究种类。

(一)针对人员:

1)书面检查;

2)诫勉谈话;

3)通报批评;

4)取消评优评奖、升职升级资格;

5)责令经济赔偿;

6)行政处分;

7)移送司法机关。

(二)针对二级单位:相关单位年度工作考核“一票否决”。

以上责任追究的种类可以单独使用,也可以合并使用。需要给予党纪处分的按照有关规定执行。

**第五条**　实验室安全工作责任追究对象。

(一)相关人员:

1)直接责任人(含学生);

2)实验室负责人、研究生导师、实验指导教师、科研团队负责人;

3)二级教学科研单位第一负责人、二级教学科研单位第一负责人根据工作需要指定的实验室安全分管领导;

4)职能部门负责人和管理人员;

5)校级责任领导。

(二)相关单位:

1)发生事故的二级教学科研单位;

2)负有监管不力、失职渎职等责任的职能部门。

**第六条** 实验室安全事故分级。

(一)一般实验室安全事故:导致学校或他人财产损失1万元(含)至2万元(含),或人员轻伤,或消防车进入校园;

(二)较大实验室安全事故:导致学校或他人财产损失2万元至10万元(含),或有人员重伤,或有毒有害试剂、病原体、放射源等管理不善造成5人(含)以下急性中毒、致病;

(三)重大实验室安全事故:导致学校或他人财产损失10万元以上,或2人(含)以上重伤,或有毒有害试剂、病原体、放射源等管理不善造成5人以上急性中毒、致病,或人员死亡。

## 第三章 人员责任追究

**第七条** 二级教学科研单位的相关人员有以下行为之一、且未造成严重后果的,视职责履行情况和情节轻重给予以下处分:

| 责任追究对象 | 责任追究种类 |
|---|---|
| 直接责任人(含学生) | 通报批评、警告 |
| 实验室负责人 | 书面检查、通报批评 |
| 研究生导师、实验指导教师、科研团队负责人 | 书面检查、通报批评 |
| 二级教学科研单位第一负责人 | 书面检查、诫勉谈话、通报批评 |
| 实验室安全分管领导 | 书面检查、诫勉谈话、通报批评 |

(一)违反或指使他人违反国家法律法规和学校实验室安全规章制度,冒险作业;

(二)未履行安全职责,或发现安全隐患未及时采取整改措施并上报,或接到相关报告后未采取有效措施,或未经许可擅自启用被封实验室;

(三)发生造成财产损失或人身伤害的实验室安全事故后隐瞒不报,或不如实反映事故情况,或未及时将事故报告上级领导和有关职能部门;

(四)不服从、不配合政府部门、学校职能部门、本单位的实验室安全管理和检查等工作;

(五)未进行实验室安全设施、特种设备的定期检修和维护;

(六)未严格执行危险化学品和易制毒化学品管理规定;

(七)未根据政府部门、学校职能部门、本单位的要求及时排查、消除安全隐患的,或未组织、督促、协助消除安全隐患;

(八)未开展实验室安全教育培训,未严格落实实验室安全准入制度。

**第八条** 二级教学科研单位的相关人员有以下行为之一的,视职责履行情况和情节轻重给予以下处分:

| 责任追究<br>责任种类<br>追究对象 | 一般实验室安全事故 | 较大实验室安全事故 | 重大实验室安全事故 |
| --- | --- | --- | --- |
| 直接责任人(含学生) | 教职工处以警告、记过；学生处以警告、严重警告、记过。同时取消其一年内(从宣布处分之日起开始计算,下同)各类评奖评优、升职升级资格 | 教职工处以警告、记过、降级、撤职、开除；学生处以警告、严重警告、记过、留校察看、开除学籍。同时取消其两年内各类评奖评优、升职升级资格 | 教职工处以开除；学生处以开除学籍 |
| 实验室负责人 | 通报批评、警告。同时取消其一年内各类评奖评优、升职升级资格 | 警告、记过、降级、撤职。同时取消其两年内各类评奖评优、升职升级资格 | 降级、撤职。同时取消其三年内各类评奖评优、升职升级资格 |
| 研究生导师、实验指导教师、科研团队负责人 | 通报批评、警告。同时取消其一年内各类评奖评优、升职升级资格 | 警告、记过、降级、撤职。同时取消其两年内各类评奖评优、升职升级资格 | 降级、撤职。同时取消其三年内各类评奖评优、升职升级资格,暂停研究生招生资格或指导学生实验资格三年 |
| 二级教学科研单位第一负责人 | 通报批评、警告。同时取消其一年内各类评奖评优、升职升级资格 | 警告、记过、降级、撤职。同时取消其两年内各类评奖评优、升职升级资格 | 降级、撤职。同时取消其三年内各类评奖评优、升职升级资格 |
| 实验室安全分管领导 | 书面检查、诫勉谈话、通报批评。同时取消其一年内各类评奖评优、升职升级资格 | 警告、记过、降级、撤职。同时取消其两年内各类评奖评优、升职升级资格 | 降级、撤职。同时取消其三年内各类评奖评优、升职升级资格 |

(一)违反国家法律法规和学校实验室安全规章制度、违规操作、玩忽职守、失职渎职、管理不到位等原因,造成实验室安全事故；

(二)未履行安全职责或发现安全隐患未及时采取整改措施并上报,或接到相关报告后未采取有效措施,造成安全事故；

(三)未进行实验室安全设施、特种设备的定期检修和维护,造成安全事故；

(四)未严格执行危险化学品和易制毒化学品管理规定,造成安全事故。

**第九条** 相关职能部门负责人和管理人员有以下行为之一,导致实验室发生本办法所定义的较大及以上安全事故或事故后果扩大的,视职责履行情况和情节轻重给予书面检查、诫勉谈话、通报批评、警告、记过、降级、撤职等处分。

(一)接到上级部门、学校有关通知或文件后,未及时发布或通知相关单位,致使发生较大及以上实验室安全事故或事故后果扩大；

(二)接到二级教学科研单位提交的实验室安全隐患报告后,在本部门工作职责范围内未及时解决,或未及时通知其他职能部门处理,致使发生较大及以上实验室安全事故或事故后果扩大；

(三)未认真履行实验室安全的相关职责或违反有关规定,监管不力、失职渎职,致使发生较大及以上实验室安全事故或事故后果扩大。

## 第四章 二级教学科研单位和职能部门责任追究

**第十条** 发生本办法所定义的一般及以上实验室安全事故的二级教学科研单位，当年年度工作考核实行“一票否决”制度：

（一）发生一般实验室安全事故，当年本单位实验室工作考核的实验室安全分值为零。

（二）发生较大实验室安全事故，当年本单位实验室工作考核分值为零，二级教学科研单位年度工作考核结论最高为二等，且不得参评任何单项考核奖励。

（三）发生重大实验室安全事故，当年本单位年度工作考核结论直接降为最低等，且不得参评任何单项考核奖励。

（四）一年内第二次发生实验室安全事故，按本条追究方式升档处罚，即一般事故按较大事故、较大事故按重大事故处理。发生第三次及更多实验室安全事故，由学校安全生产工作领导小组按照从严从重的原则提出处理建议。

**第十一条** 对本办法所定义的较大及以上实验室安全事故或事故后果扩大负有主要责任的职能部门，当年部门工作考核实行“一票否决”制度：

（一）对较大实验室安全事故负有主要责任，当年部门年度工作考核结论最高为二等，且不得参评进步奖、奉献奖等单项考核奖励；

（二）对重大实验室安全事故负有主要责任，当年部门年度工作考核结论直接降为最低等，且不得参评进步奖、奉献奖等单项考核奖励。

## 第五章 其他责任追究

**第十二条** 责令经济赔偿的，二级教学科研单位、相关责任人、职能部门的赔偿额度按下文中责任追究程序执行。

**第十三条** 校级领导因领导不力、管理失职致使实验室发生严重安全事故或事故后果扩大的，按上级部门的意见或决定进行处理。

**第十四条** 涉密实验室发生泄密事故的，按照国家法律法规追究责任。

**第十五条** 以上行为触犯法律的，依法移送司法机关追究责任。

## 第六章 责任追究权限和程序

**第十六条** 对学校发生的实验室安全事故，发现一起查处一起。资产与实验室管理处会同其他相关职能部门进行初步调查，提出对相关责任人和责任单位的处理建议，以及责令经济赔偿额度建议，由学校安全生产工作领导小组办公室复核后提交学校安全生产工作领导小组研究，按程序报学校审批。学校安全生产工作中的渎职和腐败行为，由学校监察处负责牵头查处。

**第十七条** 需移送司法机关追究法律责任的，按法律规定程序处理。

**第十八条** 对校级领导干部的责任追究权限与程序，按上级部门的相关规定执行。

**第十九条** 由于科学研究实验的实践性、未知性和探索性，实验人员已事先向二级教学科研单位第一负责人提出书面申请(申请中需对该实验的操作步骤、应急预案、防护措施等做出说明)并获批同意,同时有证据表明实验人员已按申请书认真、细致、规范地采取了安全防护措施,但仍然发生无人员伤亡的事故,相关人员可以提出减免责任追究的申请。减免责任追究仅限于获得书面同意的科学研究实验项目或活动,不适用于教学类或服务类的实验项目或活动。

**第二十条** 教职工或学生对所受行政处分不服的,可在收到处分决定后10个工作日内向学校提起申诉。

## 第七章 附 则

**第二十一条** 本办法未尽事项,按国家有关法律法规执行。本办法条款与国家法律法规相抵触者,按国家法律法规执行。

**第二十二条** 本办法自发布之日起施行,由资产与实验室管理处负责解释。

# 北京理工大学安全生产工作条例

## 北京理工大学令第 85 号

### 第一章　总　则

**第一条**　为进一步加强我校安全生产工作的监督管理,明确我校各单位和各类人员在安全生产工作中的职责,确保师生员工生命和学校财产安全,促进教学、科研、生产的健康发展,参照《中华人民共和国安全生产法》和上级有关规定,结合我校实际情况,制定本条例。

**第二条**　本规定中的生产工作是指教学、科研、生产、基本建设和后勤服务等各类活动。安全生产工作是指不造成人员伤亡,不造成职业病以及不造成财产损失的生产工作。本条例适用于在我校范围内从事上述各类活动的单位和个人。生产活动中有关消防安全、交通安全等另有规定的,适用其规定。

**第三条**　安全生产的主要工作是安全生产责任制、安全生产管理规章制度和应急预案的制定并监督执行、安全教育培训、重大危险源监控、安全生产隐患排查治理、安全费用提取及使用(安全生产经费投入)、安全生产标准化实施。

**第四条**　我校安全生产工作贯彻“安全第一,预防为主,综合治理”的方针,坚持“管生产,必须管安全”和“谁主管、谁负责”的原则。

### 第二章　管理体系

**第五条**　安全生产领导小组

1.学校设立安全生产领导小组,组长、副组长由校领导担任,成员由校各有关职能部门和相关单位负责人组成。

2.安全生产领导小组对全校安全生产工作实施统一领导、组织协调、监督检查。

3.安全生产领导小组下设办公室,挂靠学校实验室与设备管理处,负责安全生产领导小组的日常工作,实施、协调和落实安全生产领导小组决定的事项。具体职责是:拟定校安全生产年度工作要点和工作总结;组织校安全生产大检查和专项督查;召开校安全生产工作会议;组织落实校安全生产工作中的各项事宜。

**第六条**　安全生产监督管理部门

1.学校设置安全生产监督管理机构,配备专职安全生产管理人员,对全校安全生产工作实施综合监督管理。

2.学校生产活动中的交通、消防等设有专门职能部门的,相应的安全监督管理工作由该部门组织落实。

**第七条**　党政机关部门

1. 对本部门内部(含下属和挂靠单位,下同)的安全生产工作全面负责。

2. 组织落实职能范围内的安全生产工作,并负监督管理职责。

**第八条** 院级单位(含校直属单位,下同)

1. 各单位成立安全生产工作领导小组,对本单位的安全生产工作实施组织领导和监督管理。

2. 组长由本单位行政正职领导担任,副组长由本单位分管安全生产工作的副职领导担任,成员由各系、部、中心(含按系级管理的实验室、车间等)主任组成。

3. 领导小组设秘书一人,负责协调落实本单位安全生产的日常工作。

**第九条** 学校实行安全生产责任制,定期与学校党政机关部门和院级单位签订安全生产责任书,各相关单位应与其挂靠单位签订安全生产责任书。

**第十条** 学校建立校园安全督查制,由学校聘任和委派安全督查员,并直接对校安全生产领导小组负责。

## 第三章 领导职责

**第十一条** 校领导职责

1. 校长是学校安全生产工作的第一责任人,担任校安全生产领导小组组长,对学校安全生产工作全面负责。其主要职责是:保证党和国家有关安全生产工作的方针、政策与法律、法规在学校的贯彻执行,提出全校安全生产工作总体要求;把安全生产工作列入学校议事日程,为安全生产工作提供组织、财力、物力保证。

2. 主管安全生产工作的校领导对学校安全生产工作负主要领导责任,主持校安全生产领导小组的日常工作。其主要职责是:贯彻执行国家安全生产法律法规,组织落实上级布置的安全生产工作任务,负责审定学校安全生产工作计划、规章制度以及相关文件;部署并组织监督、检查学校安全生产工作;定期召开校安全生产领导小组会议和校安全生产工作会议。

3. 分管其他工作的校领导对各自分管工作范围内的安全生产工作负领导责任。其主要职责是:做好分管工作范围内的安全生产工作,督促所分管部门和单位落实安全生产职责;在各自职能范围内,对安全生产相关工作给予积极支持。

**第十二条** 党政机关部门负责人职责

1. 部门正职领导是本部门内部安全生产工作的第一责任人,对本部门内部的安全生产工作实施监督管理;对本部门职能范围内的安全生产工作负监督管理职责。

2. 部门副职领导对分管工作范围内的安全生产工作负监督管理职责。

**第十三条** 院级单位主要负责人职责

1. 单位行政正职领导是本单位安全生产第一责任人,对本单位安全生产工作的组织领导和监督管理全面负责。

2. 单位分管安全生产工作的副职领导履行安全生产组织管理职责,对本单位安全生产工作负主要领导责任。

3. 单位分管其他工作的副职领导对各自分管工作范围内的安全生产工作实施监督管理,负领导责任。

## 第四章　部门职责

**第十四条**　学校办公室应把安全生产工作作为学校建设与发展的重要工作，认真进行部署与总结，制定相关政策时，要充分考虑安全生产工作的需要；负责及时批转下发上级有关安全生产工作的文件，并督促检查承办情况，及时向上级有关部门呈办学校安全生产工作的报告；及时转达校内各单位报送学校的有关安全生产方面的报告、报表、简报、信息等；在组织对部门和单位工作进行考核时，把安全生产工作列入考核指标体系。

**第十五条**　党委组织部应将安全生产工作纳入干部培训、考核、晋升等工作体系；教育干部自觉遵守安全生产规章制度，并把单位安全生产工作纳入考核领导班子和干部的重要内容。

**第十六条**　党委宣传部要协助安全生产监督管理部门做好安全生产宣传工作，充分利用校园电视、广播、报纸、橱窗、网络等媒介广泛开展宣传教育活动。

**第十七条**　纪委监察室负责对安全生产规章制度的执行情况实施监督，对严重违规违纪人员按照有关规定进行处理。

**第十八条**　保卫处负责学校消防、交通等安全的监督管理、组织落实、事故处理等工作；负责保护事故现场，并组织或参加安全生产事故及其灾害事故的调查工作；履行上级业务主管部门赋予的有关安全生产工作职责；负责监督学校的监控设施、消防设施等安全生产相关设备设施的正常使用。

**第十九条**　保密处协助学校相关单位对各保密场所的安全生产工作实施监督管理；在实施保密方案时，要充分考虑保密场所安全通道等安全生产相关要求。

**第二十条**　学生工作处

1.在新生入学教育和日常思想教育中，向学生宣传国家以及学校安全生产方面的规章制度，增强学生自我保护意识。

2.研究制定有关学生工作方面安全规章制度，并组织实施；要把学生遵守安全生产法规作为评优评奖重要内容之一。

3.组织或协助有关部门对学生在生产活动中的事故进行调查和善后处理。

**第二十一条**　发展规划处在编制学校建设发展规划时，要同时提出安全生产要求，把提升学校本质安全水平列入计划。

**第二十二条**　研究生院

1.在新生入学教育和日常思想教育中，向学生宣传国家以及学校安全生产方面的规章制度，增强学生自我保护意识。

2.研究制定有关学生工作方面安全规章制度，并组织实施；要把学生遵守安全生产法规作为评优评奖重要内容之一。

3.组织或协助有关部门对学生在生产活动中的事故进行调查和善后处理。

4.在制定和审查实验教学、工程训练等实践教学大纲时，应将安全生产教育列入计划，并督促执行。

5.在教师培训、教学检查、工作考核、教学管理等过程中要体现安全生产方面的要求。

6.将教学过程中涉及师生安全的事项作为教学评估与监督的一项重要指标。

**第二十三条**　教务处

1.在制定和审查实验教学、工程训练等实践教学大纲时,应将安全生产教育列入计划,并督促执行。

2.在教师培训、教学检查、工作考核、教学管理等过程中要体现安全生产方面的要求。

3.将教学过程中涉及师生安全的事项作为教学评估与监督的一项重要指标。

**第二十四条** 科学技术研究院

1.科研、生产工作中要高度重视安全生产工作,坚持安全第一的原则。

2.组织开展大型科研试验和危险性较大的科研项目时,要进行安全论证和采取安全防护措施,并落实安全负责人。

3.签订和审查合同时,要严格执行国家安全生产相关法律法规,并明确双方的安全责任。

**第二十五条** 人事处

1.按照国家规定,合理配备安全生产管理人员,使人员编制、人员素质与所担任的任务相适应。

2.将安全生产培训列入教职工培训计划,并协同安全生产监督管理部门做好相关培训工作。

3.在分配职工从事特种作业和有害健康作业时,应严格执行劳动保护和女工保护方面的规定,并考虑从业人员身体素质等条件。对职业禁忌症人员和因工伤、职业病不能从事原来工作的职工,应妥善安排适当工作。

4.把安全生产工作作为职工晋升、评奖的主要考核内容之一。

5.参加安全生产事故的调查和处理,执行对事故责任者按学校相关规定做出的处理决定。

**第二十六条** 国有资产管理处对学校房屋等国有资产组织安全验收和鉴定,负责学校房屋资源的安全保障;工程招标过程中要审查承包单位的相关安全资质、安全证书;签订合同时,要严格执行国家安全生产相关法律法规,并明确双方的安全责任;负责组织对招标工程的安全验收和鉴定。

**第二十七条** 实验室与设备管理处

1.承担学校安全生产领导小组办公室工作。

2.监督安全生产法律、法规和国家标准、行业标准的执行,贯彻上级有关安全生产指示精神;研究制定学校综合性安全生产规章和协助制定安全技术操作规程,并监督实施情况。

3.对学校安全生产实施综合监督管理,监督各职能部门的安全生产规章制度的建立和执行情况。负责监督管理全校实验室的安全生产工作。

4.监督检查各单位安全生产隐患整改情况,对需学校协调整改的重大安全隐患,提出整改建议并报告有关校领导研究解决。

5.组织学校安全生产宣传教育工作,会同有关部门做好各级各类人员的安全教育和培训工作。

6.监督落实师生员工劳动防护工作,负责有害健康工种和工伤的认定工作。

7.协助组织、指挥和协调安全生产应急救援工作;组织或参与对生产安全事故的调查处理,负责工伤事故的统计、分析、报告。

8.对全校特种设备的安全运行实施监督管理,并做好年度检测检验工作。

9.物资采购过程中要审查供货单位和物资的相关安全资质、安全证书;签订合同时,要严格执行国家安全生产相关法律法规，并明确双方的安全责任；负责组织对所采购物品的安全验收和鉴定。

10.承办学校交办的安全生产工作其他事项。

**第二十八条**　财务处根据国家和上级规定，确保安全生产工作、安全技术改造和安全科技所必需的运行经费纳入年度预算，并监督专款专用。要严禁劳动防护用品以任何货币形式替代实物发放。

**第二十九条**　审计室负责对全校安全生产技术改造相关经费使用情况的审计。

**第三十条**　基建处

1.对承包单位、基建承建单位的安全生产工作负全面监督管理责任。

2.负责审查承包、承建单位的安全资质，严格执行国家安全生产相关法律法规，合同中要明确安全生产责任，对承包、承建单位的安全生产实施统一协调、管理。

3.根据“谁用工，谁负责”的原则，严格落实对外用工的安全管理和教育培训，严格执行特种作业、动用明火等规章制度。

4.确保新、改、扩建工程项目严格执行安全生产“三同时”规定，项目审批和验收要符合安全生产方面的法律法规。对新建设备设施，要协助使用单位落实相关人员培训工作。

5.工程招标过程中要审查承包单位的相关安全资质、安全证书；签订合同时，要严格执行国家安全生产相关法律法规，并明确双方的安全责任；负责组织对所招标工程的安全验收和鉴定。

**第三十一条**　校工会

1.宣传贯彻国家有关职业安全卫生方针政策，监督和协助校安全生产监督管理部门做好安全生产工作。

2.关心从业人员劳动条件的改善，反映广大教职工有关安全生产的合理要求，向学校提出建议。

3.参与教职工伤亡事故的调查和处理，维护教职工的合法权益。

**第三十二条**　后勤集团

1.对后勤所属单位的安全生产工作负全面监督管理责任。

2.负责审查承包、承建单位的安全资质，严格执行国家安全生产相关法律法规，合同中要明确安全生产责任，对承包、承建单位的安全生产实施统一协调、管理。

3.根据“谁用工，谁负责”的原则，严格落实对外用工的安全管理和教育培训，严格执行特种作业、动用明火等规章制度。

4.确保新、改、扩建工程项目严格执行安全生产“三同时”规定，项目审批和验收要符合安全生产方面的法律法规。

5.后勤集团负责组织制定所属单位的各项安全生产规章制度和规程，并对所属单位的安全生产工作负全面监督管理责任。确保学校水、电、暖、交通车辆等设施的安全运行。

**第三十三条**　校医院

1.负责职业病防治工作。对从事有害健康工种人员，按规定进行定期或临时性健康检查，建立职业病和有害健康工种人员健康档案。

2.负责做好安全生产事故中的人员抢救工作。

**第三十四条**　资产经营公司

1.学校资产管理工作中要高度重视安全生产工作，坚持安全第一的原则。

2.签订和审查合同时,要严格执行国家安全生产相关法律法规,并明确双方的安全责任。

3.资产经营公司对校办企业的安全生产负全面监督管理责任,并与校办企业签订安全生产责任书。组织并督促各单位完善有关制度、组织安全检查、落实安全防范措施、及时消除事故隐患;会同有关部门做好校办企业安全生产事故的调查处理工作。

**第三十五条** 新设部门应适时与学校签订安全生产责任书;其他未列部门的安全生产职责比照本规定第七条和安全生产责任书中的条款执行;凡机构调整,其安全生产职责随调整后的职能履行相应职责。

## 第五章 院级单位职责

**第三十六条** 贯彻执行上级有关安全生产的规章制度和落实学校安全生产工作任务,建立健全本单位安全生产管理制度,组织落实本单位安全生产工作,对本单位安全生产工作实施全面监督管理。

**第三十七条** 在本单位各场所、各危险点均应设立专(兼)职安全员岗,负责日常生产活动中安全生产的监督管理工作。

**第三十八条** 制定安全生产检查制度,定期开展安全生产检查,对存在隐患及时整改。及时报告本单位安全生产状况和存在问题,并提出改进建议。

**第三十九条** 积极开展安全生产宣传教育和培训工作,不断提高师生员工的安全素质,确保本单位特种作业人员持证上岗。

**第四十条** 保证本单位设备设施的安全运行;落实特种设备、危险设施的安全负责人;对新建设备设施,及时落实相关人员的安全生产培训工作。

**第四十一条** 对下属单位的安全生产工作进行监督指导,定期与下属单位签订安全生产责任书。

## 第六章 安全生产管理人员职责

**第四十二条** 校安全生产督查员

1.安全督查员受学校聘任和委派,对全校的安全生产工作情况进行全面督查。

2.对违章违规行为或存在安全隐患的操作,当场予以制止和纠正;对存在的事故隐患,及时通报有关职能部门。

3.接到影响安全生产的违法违纪、违章违规情况的举报,进行实地检查,将检查核实结果通报被举报事项的所属单位和学校安全生产监督管理部门。

4.对发现的问题,处理意见及整改情况做出书面记录或留下影像资料,对需学校其他部门或单位协助进行整改的问题,提出意见和建议,一并移交校安全生产领导小组办公室并责成处理。

5.对单位和个人的严重违章违规现象且不予整改的行为,对学校安全生产监督管理职能部门人员的工作不力的情况,直接向分管校领导报告。

**第四十三条** 校安全生产监督管理部门安全生产管理人员

1.宣传贯彻国家有关安全生产法律、法规、方针政策和学校安全生产规章制度,并对执行情况进行监督检查。

2.忠于职守，坚持原则，掌握安全生产管理知识，熟悉安全生产相关技术；对全校安全生产实施综合监督管理。

3.按照学校和上级单位的要求进行实验室安全生产检查，发现违章操作，当场制止和纠正；对检查中发现的事故隐患提出整改意见，对于重点隐患及时签发整改通知书，督办落实整改事宜。

4.开展安全生产宣传、教育和培训工作，负责特种作业人员的培（复）训监督管理工作，并监督检查特种作业人员持证上岗情况。

5.及时报告安全生产事故，按照学校事故调查处理办法对事故进行调查处理。

6.对学校安全生产工作进行调查研究，并提出建议，供学校决策参考。

**第四十四条**　院级单位安全生产管理人员

1.贯彻执行上级有关安全生产的规章制度，落实学校布置的安全生产工作，并负责监督检查实施情况；做好本单位安全生产工作记录，做好安全生产相关资料管理工作。

2.参加学校安全生产会议和活动，及时报告本单位安全生产状况和存在问题，并提出改进建议；指导本单位专（兼）职安全员开展安全生产管理工作。

3.积极开展安全生产宣传教育，协助学校有关部门，做好特种作业人员的培（复）训工作，做到特种作业人员持证上岗。

4.确保本单位设备设施的安全运行。对于特种设备、危险设施落实安全负责人，有效期届满前向学校主管部门提出定期检验要求，保证特种设备的按时年检。对新建设备设施，要落实相关人员的培训工作。

5.定期开展本单位的安全生产检查，及时纠正违章作业，对检查出的安全隐患及时报告并组织整改。发现有危及师生生命安全或其他危险情况时，有权责令停止作业。

6.对本单位使用的房屋和大型设施进行改造、维修，须经基建、消防、安全生产、国有资产等职能部门审批后方可施工。

7.做好本单位劳动防护用品的发放工作，指导职工正确佩戴和使用劳动防护用品。

8.组织或协助安全生产事故的调查处理。

**第四十五条**　各生产活动场所专（兼）职安全员

1.执行学校安全生产规章制度，完成上级部署的工作任务，掌握有关安全技术知识，做好本场所的安全生产管理工作，及时反映本场所的安全状况，提出改进安全生产工作的建议。

2.督促本场所从业人员遵守有关安全生产规章制度和安全操作规程，切实做到不违章指挥，不违章作业，不违反劳动纪律。

3.协助开展对从业人员的安全教育培训，保证特种作业人员持证上岗；监督从业人员正确使用劳动保护用品。

4.经常检查本场所的安全设施及作业现场环境，检查规章制度及警示标志是否齐全；发现事故苗头及时制止并报告，直至隐患排除；发生事故，保护现场，参加或配合事故的调查处理。

## 第七章 从业人员职责

**第四十六条** 从业人员指在我校从事教学、科研、生产、基本建设和后勤服务等活动的校聘各类人员。

**第四十七条** 从业人员应树立“安全第一，预防为主”的思想，在从业范围内，履行工作场所和工作岗位规定的安全生产职责，对自己所在岗位的作业行为负直接责任。

**第四十八条** 从业人员在作业过程中，应严格遵守有关安全生产规章制度和安全操作规程，服从管理，正确佩戴和使用劳动防护用品；作业前要检查设备及配套设施的安全情况；完成作业后，必须清理设备和场地，切断电源、气源、水源，熄灭火种，关好门窗，确保安全后，方可离开作业场所。

**第四十九条** 从业人员发现事故隐患或者其他不安全因素，应当立即采取措施，消除隐患，并向本单位安全管理人员或者本单位负责人报告。从业人员有权拒绝违章指挥。

**第五十条** 从业人员应对安全设施、仪器、仪表、工具和各种安全、保险装置定期维护和检修；发现设备有异常情况应立即报告，严禁设备设施带故障运行。

**第五十一条** 从业人员应接受安全生产教育和培训；特种作业人员经培训、考试合格并取得操作资格证书后持证上岗。

**第五十二条** 发生安全生产事故，从业人员应及时报告，保护现场，并如实向事故调查人员提供情况。

**第五十三条** 外出从事生产活动的各类人员，根据属地管理原则，遵守属地单位及生产活动场所的安全生产规定。

## 第八章 安全生产措施与保障

**第五十四条** 学校将安全生产工作纳入发展计划，建立和完善安全生产责任制，定期召开安全生产工作会议，分析、布置、督促和检查学校的安全生产工作，并保障安全生产的必要投入。各主管部门须定期组织有关人员对本部门分管的工作进行安全检查，对查出的事故隐患要责令专人落实，限期整改；发现重大、特大事故隐患的，要责令立即排除，不能立即整改的，要加强防范、严格管理，并及时上报。

**第五十五条** 从事生产活动的单位和个人必须遵守安全生产法律、法规和相关标准，要建立健全教学、科研、生产经营安全管理制度，建立本单位需要的安全管理机构或配备安全管理人员，明确工作职责，保障安全投入，不断改善劳动条件。各单位必须根据自身的情况和特点，制订相应的安全环保管理制度和岗位安全操作规程，张挂在醒目的地方，并严格执行。

**第五十六条** 实行各种形式的经济承包时，承包合同中必须有保障劳动者安全和身体健康的内容，并应明确规定各自应负的安全责任。

**第五十七条** 各单位的安全第一责任人、分管安全工作的领导、专（兼）职安全管理人员，必须接受安全教育、参加安全培训，以具备安全管理和处理事故的能力。各单位要有计划地对劳动者进行与其职业相关的安全教育培训，劳动者必须按规定参加安全知识培训。特殊工种操作人员必须参加有安全生产监督管理部门认可的安全培训，并经考核合格后持证上岗。法律、法规中另有规定的按其规定执行。

**第五十八条** 劳动者有权拒绝执行管理人员违章指挥、强令冒险的作业要求，有权对违反安全生产法律、法规、规章制度以及危害生命安全和身体健康的行为做出批评、检举和控告。工会在发现行政方面违章指挥、强令从业人员冒险作业，或者教学、科研、生产经营过程中有明显的重大事故隐患或职业危害时，有权提出纠正意见和改进建议。

**第五十九条** 新建、改建、扩建工程项目，要按国家有关要求进行安全预评价，并应具有相应的劳动安全卫生设施。劳动安全卫生设施必须与主体工程同时设计、同时施工、同时投入生产和使用。初步设计审查和竣工验收，应当有技安、消防等部门参加。

**第六十条** 涉及人体健康和人身财产安全的设备、设施的设计、制造、安装、使用、检验、维修、改造和报废，应当符合国家有关法律、法规、标准和技术规范。对高温、辐射、噪声、毒性、激光、粉尘、超净等有害人体健康的场所和环境要加强监督治理和定期检查。各单位应提供和配备符合国家标准或行业标准的劳动防护用品，教育和督促相关人员按规定正确使用劳动防护用品，禁止劳动防护用品移作他用。

**第六十一条** 生产、经营、储存、运输和使用危险化学品、易燃易爆物品的单位必须严格遵守国家有关法律、法规、标准和规定，建立健全危险化学品、易燃易爆物品的安全管理制度及安全操作规程。

**第六十二条** 进行易燃易爆、有毒有害性的教学、科研、生产、开发项目，从立项开始必须建立安全性评审制度。

**第六十三条** 积极推行安全生产科学管理，逐步建立完善的安全生产管理体系。

## 第九章 安全生产监督检查

**第六十四条** 学校安全生产监督管理部门和其他有关部门应当依照法律、法规和本条例，对学校各单位和个人执行安全教学、科研、生产、经营、管理的情况进行监督检查。

**第六十五条** 安全监督检查人员在履行监督检查时，可进入有关单位以及教学、科研、生产、经营场所与事故现场，查阅有关文件和资料，询问有关当事人员，但不得影响正常的教学、科研、生产、经营秩序。任何单位和部门不得以任何理由拒绝安全监督检查人员的检查或调查。

**第六十六条** 安全监督检查人员应当忠于职守，坚持原则，秉公执法，认真做好监督检查工作。

## 第十章 事故的应急救援与调查处理

**第六十七条** 各有关单位要针对可能发生的人身伤亡和重大财产损失的安全生产事故制定应急预案，经安全生产领导小组审查后，报校长审批执行。应急救援预案主要包括应急救援组织及其职责、应急救援启动程序、紧急处置措施方案、应急救援组织的训练及定期演练、应急救援设备器材的储备和经费保障。

**第六十八条** 安全生产事故发生后，当事人或事故现场有关人员应及时采取自救、互救措施，以减少人员伤亡和财产损失，并保护好事故现场，同时向上级主管领导和有关职能部门报告。有关人员接到事故报告后应迅速组织抢救，防止事故扩大，并按事故报告规定如实上报事故情况，不得隐瞒、谎报或故意拖延不报，不得破坏事故现场和毁灭有关证据。

**第六十九条** 事故处理依照政府规定的有关处理权限进行。

**第七十条** 发生安全生产事故后要严格实施“四不放过”原则，即事故原因没查清不放过、整改措施没落实不放过、有关人员没受教育不放过、责任人员没处理不放过。学校事故调查组由学校实验室与设备管理处、保卫处、工会、人事处、纪检监察办公室等部门组成。事故调查组应当查明事故发生的原因、过程、人员伤亡和经济损失情况，确定事故责任者，提出事故处理意见和防范措施的建议，并写出事故调查报告。

**第七十一条** 事故调查结束后，调查组应当提交《伤亡事故调查处理报告书》。

## 第十一章 安全生产的奖励与惩处

**第七十二条** 安全生产工作评比每年进行一次，由学校安全生产领导小组组织评选，学校每年将拨出专项经费对先进集体和个人进行表彰和奖励，表彰和奖励以“责任风险、压力大小、人员多少”进行评比。

**第七十三条** 对符合下列条件的集体或个人给予表彰和奖励：

1.按照本条例要求，建立健全本单位的安全生产管理体系、明确各级人员安全生产职责、安全生产措施保障有力、定期开展安全生产监督检查。

2.单位领导重视安全生产工作，认真贯彻执行安全生产法律、法规、制度，全员切实履行安全生产工作职责。

3.单位安全生产日常工作有计划、有措施、有落实、有检查、有总结。

4.在改善劳动条件，防止伤亡事故、消除职业危害方面取得显著成效或者有重大贡献的。

5.在安全教学、科研、生产、经营、管理等方面取得科研成果、获得上级部门表彰，或者提出切合实际、行之有效并被采纳的合理化建议者。

6.发现事故征兆，及时采取果断措施避免事故发生，或在事故隐患处置、事故抢险救护中表现突出的有功单位或个人。

7.制止违章指挥、违章作业，使国家和人民利益免受重大损失的个人。

8.考核评比期间，单位所属各类人员无违反安全生产规章制度的行为，未发生安全生产事件和事故。

奖励方法：授予荣誉称号和发给一次性奖金。

**第七十四条** 安全生产事件和事故处理的种类：

①书面检查；

②诫勉谈话；

③通报批评；

④停止实验、生产，进行安全整顿；

⑤经济赔偿和经济处罚；

⑥暂停评优评奖资格；

⑦行政处分。

以上处理的种类可以单独使用，也可以合并使用，其中，经济处罚的具体实施细则另行规定。

**第七十五条** 有下列行为之一的，为违规行为：

1. 不认真落实有关职能部门和本单位下发的《安全检查通报》和《安全隐患整改通知单》及其他安全生产隐患整改意见的单位和个人；

2. 未按照有关职能部门和本单位的要求，限期采取整改措施和报告上级领导的单位和个人；

3. 未经许可擅自启用被封实验室或设备的单位和个人；

4. 对涉及职业危害因素或劳动安全危险设施的新、改、扩建项目没有上报学校安全生产监督管理部门，或没有做到职业卫生或劳动安全设施与主体工程同时设计、同时施工、同时投入生产和使用而造成安全隐患的单位和个人；

5. 不服从、不配合政府部门、学校职能部门、本单位等日常安全管理和检查的单位和个人；

6. 责任单位和个人未进行实验室安全设施定期检修和维护的；

7. 未根据政府部门或学校监督管理部门和本单位的要求按时排查、消除安全隐患的单位和个人。

根据职责履行情况和情节，对上述行为相关责任人可采取的处理种类有①—⑤类。

**第七十六条** 有下列行为之一的，为严重违规行为：

1. 由于违反国家各级部门和学校的有关规定，管理不到位、管理不善、操作失误等原因，造成安全生产事件或轻微事故发生的。

2. 因未履行安全职责，或发现安全隐患未及时有效整改和报告上级领导的，或接到相关报告后未采取有效措施，从而造成安全生产事件或轻微事故发生的。

3. 由于责任单位未进行实验室安全设施定期检修和维护，从而造成安全生产事件或轻微事故发生的。根据职责履行情况和情节，对上述行为责任人可采取的处理种类有③—⑦类。

**第七十七条** 由于违反国家各级部门和学校的有关规定，管理不到位、管理不善、操作失误、玩忽职守、失职渎职，未履行安全职责或发现安全隐患未及时有效整改和报告上级领导，或接到相关报告后未采取有效措施，以及责任单位未进行实验室安全设施定期检修和维护等造成安全生产一般及以上事故发生的，移送司法部门处置，并根据职责履行情况和情节，对上述行为责任人采取④—⑦类处罚。

**第七十八条** 有下列情况之一的相关责任人和责任单位从重或加重处理：

1. 同样安全隐患问题一年内再次出现的。

2. 针对严重违规违纪行为，学校下发隐患整改通知单后，仍不按期整改的。

3. 针对可能造成人员伤亡事故的，经学校上级主管部门告知后，仍不整改的。

**第七十九条** 有下列情况之一的单位和个人，在年终安全生产考核评比中实施一票否决制：

1. 学校下发的《实验室安全检查通报》中针对学院和个人提出的安全隐患，在一年内重复出现两次及以上的。

2. 对单位和个人提出的安全隐患，限期内仍未有效整改的或制定可操作性的整改方案的。

**第八十条** 造成安全生产事故的直接责任教师，依据学校的有关规定处理。

**第八十一条** 从事危险品科研人员，因违规造成一般及以上事故的，停止一切涉及危险品的科研实验至少两年。

**第八十二条** 凡违反本办法造成经济损失的，由各级责任单位和相关责任人赔偿相应损失，赔偿方案由学校安全生产领导小组认定。

**第八十三条** 本条例所指的事故级别为：

（一）特别重大事故，是指造成30人以上死亡，或者100人以上重伤（包括急性工业中毒，下同），或者1亿元以上直接经济损失的事故；

（二）重大事故，是指造成10人以上30人以下死亡，或者50人以上100人以下重伤，或者5000万元以上1亿元以下直接经济损失的事故；

（三）较大事故，是指造成3人以上10人以下死亡，或者10人以上50人以下重伤，或者1000万元以上5000万元以下直接经济损失的事故；

（四）一般事故，是指造成3人以下死亡，或者10人以下重伤，或者1000万元以下100万元以上直接经济损失的事故；

（五）轻微事故，是指造成3人以上轻伤，或者100万元以下10万元以上直接经济损失的事故；

（六）安全事件，是指造成3人以下轻伤，或者10万以下直接经济损失。本条所称的“以上”包括本数，所称的“以下”不包括本数。

## 第十二章　附　则

**第八十四条** 本条例由校安全生产领导小组负责解释。

**第八十五条** 本条例自颁布之日起施行。

# 北京理工大学安全生产经济奖惩实施细则

校发〔2013〕14号

## 第一章　总　则

**第一条**　为进一步加强北京理工大学安全生产工作建设，促进安全生产规章制度和规范标准的实施，保障师生员工在安全生产过程中的安全和健康，减少各类伤害事故，根据国家相关规定和《北京理工大学安全生产工作条例》(北京理工大学第85号令)，结合学校安全生产工作实际情况，制定学校安全生产经济奖惩实施细则。

**第二条**　本细则适用于学校全体教职员工、博士后和各类聘用人员。在校学生按照指导教师负责制承担相应责任。

**第三条**　安全生产领导小组办公室负责安全生产经济奖惩办法的实施，对安全生产成绩突出的单位进行奖励，对违反安全生产法律法规的单位和个人扣发奖金或津贴。

## 第二章　奖　励

**第四条**　学校安全生产工作评比每年进行一次，具体评选条件和奖励方法详见《北京理工大学安全生产工作条例》第七十二条和第七十三条。

**第五条**　针对与学校签订安全生产责任书的单位，根据其完成安全生产职责情况，经学校安全生产领导小组评审，对相关单位进行安全生产工作考核，结果分为不合格、合格、优秀三个等级，其中，"优秀"单位的比例控制在10%以内，对优秀单位给予5000元的经济奖励。

## 第三章　经济处罚

**第六条**　下列情况对直接责任人扣发三个月津贴，对所在单位一次性处罚1000元。

1.同样安全隐患问题经学校检查通报后，一年内再次出现的；

2.针对严重违规违纪行为，学校下发隐患整改通知单后，不按期整改的；

3.经学校上级部门书面告知的安全隐患，未按期整改的；

4.未经学校相关安全生产监督管理职能部门同意，购置、运输、储存、使用、合成、处置爆炸品、剧毒品、放射性物品的；

5.擅自在未经学校保卫处和安全生产监督管理职能部门同意的场所，运输、存储、使用、合成爆炸品的；

6.特种设备与射线装置及其安全附件未在安全生产监管职能部门登记备案而擅自使用的。

**第七条**　下列情况对直接责任人扣发六个月津贴，对所在单位一次性处罚2000元，受到行政处分的人员，按照学校有关行政处分规定进行经济处罚。

1. 由于违反国家各级部门和学校的有关规定，管理不到位、管理不善、操作失误等原因，造成安全生产事件或轻微事故发生的；

2. 由于责任单位未进行实验室安全设施检定和维护，从而造成安全生产事件或轻微事故发生的；

3. 由于违反第六条中相关规定，从而造成安全生产事件或轻微事故发生的。

**第八条** 下列情况对直接责任人扣发一年津贴，对所在单位一次性处罚 10000 元，受到行政处分的人员，按照学校有关行政处分规定进行经济处罚。

1. 由于违反国家各级部门和学校的有关规定，管理不到位、管理不善、操作失误等原因，造成一般及以上安全生产事故发生的；

2. 由于责任单位未进行实验室安全设施检定和维护，从而造成一般及以上安全生产事故发生的；

3. 由于违反第六条中相关规定，从而造成一般及以上安全生产事故发生的。

## 第四章 处罚工作流程

**第九条** 由学校安全生产领导小组办公室提供依据，统一下发处罚通知书，并将处罚通知书报校人事处和财务处执行。

## 第五章 附 则

**第十条** 本《细则》若与上级规定不一致的，以上级规定为准。

**第十一条** 各类事故的分类，按照《北京理工大学安全生产工作条例》执行。

**第十二条** 《细则》的解释权属学校安全生产领导小组。

# 天津大学实验室安全责任追究暂行办法

天大校资产〔2012〕6 号

## 第一章　总　则

**第一条**　为进一步加强学校实验室安全管理，保证实验室工作人员及实验学生的人身安全，创造良好的实验工作环境，防止实验事故发生，保证教学、科研工作的正常进行，促进学校事业健康、稳定、快速地发展，依据国家有关法律法规和《天津大学实验室安全管理办法》（天大校资产〔2012〕5 号）、《天津大学学生违纪处分规定》（天大校发〔2012〕42 号）等规定，制定本办法。

**第二条**　本办法适用于实验室危险化学品、特种设备、辐射、生物、仪器设备的安全责任追究。实验室消防安全责任追究参考《天津大学消防安全管理办法》（天大校发〔2010〕10 号），实验室用电安全责任追究参考《天津大学关于加强用电管理的若干规定》（津大校发〔2006〕59 号）。

**第三条**　学校实验室安全工作坚持“安全第一，预防为主”的方针，贯彻“谁主管、谁负责”，“谁使用、谁负责”的原则，逐级建立实验室安全责任体系，确定各级安全责任人，履行实验室安全工作职责。

## 第二章　实验室安全责任的认定和处理

**第四条**　实验室安全责任追究对象：

（一）直接责任人；

（二）实验室负责人；

（三）院级单位管理人；

（四）院级单位责任人。

**第五条**　实验室安全责任追究种类：

（一）书面检查；

（二）通报批评；

（三）取消评优评奖；

（四）经济赔偿和处罚；

（五）行政处分；

（六）移送司法机关。

以上处理的种类可以单独使用，也可以合并使用。需要给予党纪处分的按照有关规定执行。

**第六条** 对有以下行为之一且未造成严重后果的，视情节给予相关责任人书面检查或通报批评，给予责任单位通报批评。

（一）实验室管理制度不健全、安全责任不明确，经上级机关或学校职能部门指出两次以上不改正的；

（二）违反国家法律法规、学校和本单位实验室安全管理规定进行危险操作，或指使、强令他人违规冒险进行危险性操作的；

（三）不服从、不配合实验室安全监督、检查和管理的；

（四）未根据要求及时排查、消除实验室安全隐患的，或未组织、督促、协助消除实验室安全隐患的；

（五）发现实验室安全隐患未及时采取整改措施和报告上级领导，或接到相关报告后未采取有效措施的；

（六）发生造成财产损失或人身伤害的实验室安全事故后隐瞒不报，或不如实报告事故情况，或未及时将事故报告上级领导和有关职能部门的；

（七）责任单位未进行实验室安全设施定期检修和维护的；

（八）事故发生后，为隐瞒、掩饰事故原因，推卸责任，故意破坏或伪造事故现场的；

（九）违章购买、租用、储存、使用压力容器、危险性气瓶和其他特种设备的；

（十）未经备案私自购买使用剧毒、易制毒、爆炸类或其他危险性化学品的；随意倾倒实验废液和丢弃实验废物的；

（十一）未经安全许可私自购买转让放射性物质或设备的；

（十二）私自开展动物实验或进行病菌培养的；

（十三）实验过程脱岗，造成仪器设备损坏或其他安全事故的。

**第七条** 有第六条行为且造成严重后果的，已受到相关监管部门对单位或个人罚款一万元以下的，学校不再给予个人行政处分和经济处罚；如果对单位或个人罚款一万元以上（含一万元）的，学校根据情节，给予相关责任人行政处分和经济处罚；涉嫌犯罪的，依法移送司法机关追究刑事责任。

**第八条** 因违反国家各级部门和学校有关规定、操作失误、失职渎职、管理不到位等原因致使实验室发生安全事故的，根据造成的后果分别按 A、B、C、D 四个等级追究。

（一）重大实验室安全责任事故（A 级）

国家财产直接经济损失十万元以上（含十万元）或造成人员死亡、重伤的安全事故。

（二）严重实验室安全责任事故（B 级）

国家财产直接经济损失二万元以上（含二万元）至十万元或造成人员轻伤的安全事故。

（三）较大实验室安全责任事故（C 级）

国家财产直接经济损失五千元以上（含五千元）至二万元，没有造成伤亡的安全事故。

（四）一般实验室安全责任事故（D 级）

国家财产直接经济损失五千元以下，没有造成伤亡的安全事故。

**第九条** 实验室安全责任事故的处理根据事故的等级及其性质和影响，参照以下进行处理。

（一）发生 A 级安全事故，直接责任人受到行政拘留或刑事处罚的，给予直接责任人撤职或开除处分；给予实验室负责人记大过及以上处分，扣发六个月绩效津贴；给予院级单位管理人和责任人记过及以上处分，扣发三个月绩效津贴，取消该单位当年各类评奖评优资格并通报批评；对于造成经济损失的，由责任单位和相关责任人赔偿相应损失。

(二)发生B级安全事故,给予直接责任人记过、记大过、降级或撤职处分,扣发六个月绩效津贴;给予实验室负责人记过、记大过、降级或撤职处分,扣发三个月绩效津贴;给予院级单位管理人和责任人记过、记大过、降级或撤职处分,扣发二个月绩效津贴,取消该单位当年各类评奖评优资格并通报批评;对于造成经济损失的,由责任单位和相关责任人赔偿相应损失。

(三)发生C级安全事故,给予直接责任人记过或记大过处分,扣发三个月绩效津贴;给予实验室负责人记过或记大过处分,扣发二个月绩效津贴;给予院级单位管理人和责任人警告或记过处分,扣发一个月绩效津贴,取消该单位当年各类评奖评优资格并通报批评;对于造成经济损失的,由责任单位和相关责任人赔偿相应损失。

(四)发生D级安全事故,给予直接责任人通报批评、警告或记过处分,扣发二个月绩效津贴;给予实验室负责人通报批评、警告或记过处分,扣发一个月绩效津贴;给予院级单位管理人和责任人通报批评或警告处分,取消该单位当年各类评奖评优资格并通报批评;对于造成经济损失的,由责任单位和相关责任人赔偿相应损失。

**第十条** 实验室安全责任事故中,直接责任人为学生的处理参照以下进行处理。

(一)发生A级安全事故,给予留校察看或开除学籍处分。

(二)发生B级安全事故,给予记过及以上处分。

(三)发生C级安全事故,给予警告、记过或记大过处分。

(四)发生D级安全事故,给予通报批评、警告或记过处分。

(五)对于造成经济损失的,赔偿一定的经济损失。

**第十一条** 因个人违反相关安全法规和安全管理规定以及安全操作规程,导致发生实验室安全事故,自身受到伤害的,后果自负。

**第十二条** 实验室安全责任事故中涉嫌犯罪的,依法移送司法机关追究刑事责任。

## 第三章 实验室安全责任追究程序

**第十三条** 发生安全事故后,按"谁主管,谁负责"的原则,由责任事故所在单位根据本暂行办法确定事故的等级和责任人,提出初步处理意见,报学校保卫处、资产处。

**第十四条** 学校成立由相关职能部门和专家组成责任事故鉴定小组,根据相关监管部门事故认定意见、核实事故损失后的意见以及事故单位初步处理意见,提出追究直接责任人、实验室负责人、院级管理人和责任人、责任事故单位的初步处理意见,报校长办公会讨论做出处理决定。

**第十五条** 学校做出处理决定后,应及时通知事故责任人所在单位。事故处理结果由所在单位负责人及时通知事故责任人。若事故责任人对事故的认定与处理有不同意见,在接到处理决定后5个工作日内以书面形式向校工会或学生申诉处理委员会提出申诉。申诉期间,原处理决定不停止执行。

## 第四章 附 则

**第十六条** 本办法未尽事项,按国家有关法律法规执行。本办法条款如与国家颁布的法律法规相抵触,按国家法律法规执行。

**第十七条** 本暂行办法自公布之日起施行。

# 北京化工大学实验室安全、环保管理奖惩制度

北化大校办发〔2015〕5号

## 第一章 总 则

**第一条** 为认真贯彻“安全第一，预防为主”的方针，强化学校各级领导和教职员工的安全责任，预防和减少各类安全事故的发生，保障学校和师生员工的人身财产安全，确保学校教学科研活动的正常开展，维护学校的安全稳定，根据《中华人民共和国行政处罚法》（中华人民共和国主席令[2005]第63号）、《生产安全事故报告和调查处理条例》（国务院令[2007]493号）、《〈生产安全事故报告和调查处理条例〉罚款处罚暂行规定》（安监局令[2007]第13号）、《环境行政处罚办法》（环保部令〔2010〕第8号）等相关法律、法规，结合我校实验室安全管理实际，特制定本制度。

**第二条** 本制度适用于全体学院（系）、独立研究院、直属单位（下称二级单位）的教职员工、博士后、各类聘用人员以及在校学生，其中学生按照指导教师负责制承担相应责任。

**第三条** 学校实验室安全环保工作贯彻“以人为本、安全第一、预防为主、综合治理”的方针，坚持“谁使用、谁负责，谁主管、谁负责”原则，逐级建立实验室安全责任体系，确定各级、各个实验室房间的安全责任人，履行实验室安全工作职责。若因职责或管理不当等工作失误造成实验室安全事故的，依据本办法对事故责任人和相关人员追究相应责任。

## 第二章 责任追究的类别及适用

**第四条** 实验室安全责任追究类别

（一）书面检查；

（二）通报批评；

（三）诫勉谈话；

（四）经济赔偿；

（五）年度绩效考核不合格；

（六）行政处分；

（七）取消评奖评优；

（八）移送司法机关。

以上责任追究的种类可以单独使用，也可以合并使用。需要给予组织处理及党纪处分的按照有关规定执行。

**第五条** 实验室安全责任追究对象

(一)直接责任人;

(二)实验室领用人、项目负责人、安全员;

(三)二级单位的主要领导和安全管理负责人;

(四)职能部门负责人和管理人员;

(五)校级责任领导。

**第六条**　实验室安全责任追究范围

(一)安全管理责任:有下列行为,但并未造成经济或人身伤害等后果的属实验室安全管理责任。

1.违反国家法律法规、学校和本单位实验室安全管理规定,或者指使、强令他人违反国家法律法规、学校和本单位实验室安全管理规定冒险作业的;

2.不服从、不配合政府部门、学校职能部门、本单位、校实验室安全督查等日常安全管理和检查的;

3.未按相关规定进行实验室安全设施定期检修和维护的;

4.未根据政府部门或学校管理部门和二级单位管理要求及时排查、消除安全隐患的,或未组织、督促、协助消除安全隐患的。

(二)一般安全事故责任:因违反国家各级部门和学校有关规定、操作失误、玩忽职守、失职渎职、管理不到位等原因发生安全事故,给学校或他人财产造成损失(5万元以下)或有人员受轻微伤的,属于一般安全事故责任。

(三)重大安全事故责任:因违反国家各级部门和学校有关规定、操作失误、玩忽职守、失职渎职、管理不到位等原因致使实验室发生严重安全事故,造成学校、他人财产造成损失重大(高于5万低于20万元),或有人员受轻伤的。

(四)特大安全事故责任:因违反国家各级部门和学校有关规定、操作失误、玩忽职守、失职渎职、管理不到位等原因致使实验室发生极其严重的安全事故,造成学校、他人财产造成损失特大(20万元以上),或有人员重伤以上的。

**第七条**　实验室安全责任或安全事故处罚办法

(一)有安全管理责任的:

给予直接责任人书面检查、诫勉谈话或通报批评;视职责履行情况和情节轻重,也可给予实验室领用人、项目负责人、安全员负责人书面检查、诫勉谈话或通报批评。

(二)发生一般安全责任事故的:

给予直接责任人通报批评、经济赔偿、警告或记过处分;给予实验室领用人、项目负责人和安全员书面检查、通报批评、警告或记过处分;实验室应立即停用整改,经学院组织验收合格后方可使用;给予二级单位相关负责人诫勉谈话、通报批评。

(三)发生重大安全责任事故的:

给予直接责任人通报批评、经济赔偿、年度绩效考核不合格,以及记过、记大过、降级甚至撤职等行政处分;给予实验室领用人、项目负责人和安全员书面检查、通报批评,以及记过、记大过或降级的行政处分,同时,视履职情况及情节轻重给予年度绩效考核不合格等处罚;实验室应立即停用整改,经国资处组织验收合格后方可使用;给予二级单位相关负责人书面检查、诫勉谈话、通报批评,同时,视履职情况及情节轻重给予警告、记过、记大过或降级的行政处分,同时取消该二级单位当年各类评奖评优资格。

(四)发生特大安全责任事故的:

给予直接责任人通报批评、经济赔偿、两年绩效考核不合格，以及警告、记过、降级、撤职、开除留用察看或开除的行政处分；给予实验室领用人、项目负责人和安全员通报批评、年度绩效考核不合格，以及警告、记过、降级或撤职的行政处分；取消该实验室两年内各类评奖评优资格；实验室应立即封门停用整改，经“实验室技术安全、环保管理领导小组”验收合格后方可使用；给予二级单位相关负责人警告、记过、记大过、降级或撤职等处分，同时取消该二级单位年度各类评奖评优资格。

**第八条** 与实验室安全工作相关的职能部门负责人和管理人员有以下导致发生实验室严重安全事故，造成人员伤亡或给学校、他人财产造成重大损失行为之一的，视职责履行情况和情节给予直接责任人和职能部门负责人书面检查、诫勉谈话、通报批评、警告、记过、记大过、降级或撤职等处分，并取消其一年内各类评奖评优资格，同时取消该职能部门一年内各类评奖评优资格。

（一）接到上级部门、学校有关通知和文件后，未及时发布或通知相关单位，致使事故发生的；

（二）接到二级单位提交的属于本部门工作职责范围内的实验室安全隐患专题书面报告后，没有客观原因未及时帮助解决，致使事故发生的；

（三）未及时履行实验室安全的相关职责或违反有关规定，致使事故发生的。

**第九条** 对于校级领导责任，如因领导不力、管理失职、渎职而致使实验室发生严重安全事故的，按上级有关部门的相关规定进行处理。

**第十条** 以上行为涉嫌犯罪的，依法移送司法机关追究刑事责任。

## 第三章 责任追究组织机构和程序

**第十一条** 学校成立的“实验室技术安全、环保管理领导小组”（下称领导小组），负责学校实验室安全事故的责任认定、经济损失数额和赔偿比例的认定工作。

**第十二条** 对存在安全管理责任的，由领导小组依据本制度提出对相关责任人的处理意见；发生安全责任事故的，需由领导小组牵头组成事故调查组，根据对事故调查情况撰写调查报告，提出对相关责任人的处理意见。

**第十三条** 责任追究种类为书面检查、通报批评、经济赔偿的，由领导小组认定责任后直接书面通知相关部门和单位执行；

责任追究种类为诫勉谈话、取消评奖评优资格的，由领导小组认定责任后，提请学校人事、组织部门和相关单位决定执行；

责任追究种类为行政处分的，由领导小组认定责任后提出处理建议，被追究责任人为教职工的，由人事处按《北京化工大学教职工行政纪律处分暂行规定》执行；为学生的，由学工办按《北京化工大学学生纪律处分规定》执行；

责任追究为移送司法机关的，按法律规定程序处理。

**第十四条** 凡发生各类安全事故未及时上报，或谎报、瞒报、漏报的，一经查实，从重处理。凡发生各类安全事故有主动查处和纠正、有效避免损失、认真整改、成效明显的，从轻处理。

**第十五条** 教师或学生如对所受行政处分不服的，可向“教职工行政纪律处分申诉委员会”或“学生申诉处理委员会”等有关组织提起申诉。

## 第四章　考核与奖励

**第十六条**　各学院及直属单位应将实验室安全、环保工作纳入各级人员年终绩效考核指标，进行目标管理。考核结果应当成为教师、实验技术人员和管理人员岗位评聘、晋职晋级、评奖评优的重要指标之一。

**第十七条**　学校每两年将组织开展对各学院、直属单位的实验室安全、环保工作考核/评比活动，由国资处负责实施。对在安全工作中成效显著、事迹突出的单位和个人，报"实验室技术安全、环保管理领导小组"审批后，给予表彰和奖励。

## 第五章　附　则

**第十八条**　本制度未尽事项，按国家有关法律法规执行。本制度条款如与国家颁布的法律法规相抵触，按国家法律法规执行。

**第十九条**　本制度由国资处负责解释，自发布之日起施行。

# 哈尔滨工程大学技术安全教育培训管理规定

校实资字〔2014〕11号

**第一条** 为宣传落实国家有关安全管理法律、法规，提高广大师生员工安全意识和技能，增强安全责任心和自我保护能力，根据学校相关管理办法和教学科研工作特点，制定本规定。

**第二条** 本规定适用于校内各类人员（包括各种临时用工）的技术安全教育和培训。

**第三条** 技术安全教育培训是学校安全工作的重要内容，在学校安全委员会（以下简称安委会）的统一领导下，实行学校、学院（处级单位）、基层学术组织三级教育培训制度。

**第四条** 学校职能部门在技术安全教育培训中的职责为：

（一）安委会办公室：将技术安全教育培训纳入学校全员安全生产教育培训工作中，统一规划和组织全校性安全教育工作。

（二）人力资源处：负责监督协调特种操作和作业人员、安全管理人员的上岗前取证培训。

（三）实验室与资产管理处：负责宣传国家技术安全方面的法律、法规；完成本科生实验室技术安全课程授课任务；定期组织全校性实验室安全培训或讲座。

**第五条** 学院（处级单位）负责本单位技术安全教育培训的组织和管理，其主要职责是：

（一）组织本单位有关人员参加学校举办的各类技术安全教育培训等活动；

（二）编制本单位年度技术安全教育培训计划；

（三）负责本单位新入职人员的技术安全教育培训；

（四）负责组织本单位特种操作和作业人员、安全管理人员参加政府有关部门认可的培训、考核、取证、复审及鉴定工作；

（五）组织或督促、检查下属单位对本科生、研究生在参加教学实验、科研实验、科技创新、毕业设计和实训前进行技术安全教育；

（六）检查和考核所属单位技术安全教育培训工作落实情况。

**第六条** 基层学术组织负责本单位技术安全教育培训工作，其主要职责是：

（一）落实学院（处级单位）年度技术安全教育培训计划，结合本单位工作实际和学科专业特点，开展技术安全知识学习培训；

（二）在采用新工艺、新技术、新材料，使用新仪器设备和新课题首次实验前，组织开展相应的安全培训；

（三）组织落实本科生、研究生进行教学实验、科研实验、科技创新实验、毕业设计和实训前的技术安全教育；

（四）根据需要组织开展其他技术安全教育培训；

（五）建立本单位技术安全教育培训档案。

**第七条** 技术安全教育培训一般包括以下内容，在各级教育培训中应视不同情况有所侧重。

（一）国家有关安全生产的方针、政策、法律、法规及相关标准；

（二）学校有关技术安全管理规章制度，各类人员岗位职责；

（三）师生从事教学科研实验、实习实训和其他活动时需掌握的安全知识，教学、科研和生产活动中技术安全注意事项，现代化安全管理方法；

（四）特种设备、危险化学品、放射源及放射装置的使用和管理，尘毒危害及职业病预防，电气与机械加工使用安全，动物实验相关管理规定等方面的知识；

（五）各种事故应急处理预案，发生事故时的自救、互救及报告知识；

（六）劳动保护用品、用具的使用和保管知识；

（七）国家和学校对技术安全事故和工伤事故的处理规定。

**第八条** 各单位开展技术安全教育培训，应结合本单位实际，采用多种形式，因地制宜，因人而异，力求实效。

**第九条** 校内各类人员（包括各种临时用工）均有接受、参加技术安全教育培训的权利和义务。未按本规定组织相关人员进行技术安全教育而发生安全事故的，要进行责任追究。

**第十条** 本规定由实验室与资产管理处负责解释。

**第十一条** 本规定自公布之日起施行。

# 南京理工大学安全教育规定

南理工资〔2008〕650 号

## 第一章　总　则

**第一条**　为贯彻国家安全管理有关规定，提高广大教职员工的安全意识和安全技术素质，增强安全责任心和自觉性以及自我保护能力，确保教学、科研、生产的安全，特制定本规定。

**第二条**　全校凡参加教学、科研、生产的人员（含合同工、临时工、雇员制人员）均应接受安全教育。

**第三条**　安全教育内容包括安全思想、安全技术、安全规章制度、安全操作规程等。

**第四条**　安全教育经费按兵总生(1997)48 号文件规定“按每个职工每年 10～20 元提取安全教育费用并拨给技安部门用于开展安全教育活动”。临时工、合同工安全教育费用按校实字〔1995〕第 7 号文件执行。

## 第二章　安全教育的形式和要求

**第五条**　新职工进校“三级安全教育”

新职工进校后，须进行“三级安全教育”，教育结束后，填写“三级安全教育卡”。

（一）校级安全教育

由人事处组织安排，技安部门负责进行教育。

安全教育的主要内容：

1. 安全生产的方针、政策、法令、意义等。树立“安全第一、预防为主、安全生产、人人有责”的思想。

2. 学校的概况、特点以及安全生产正反两方面的经验教训。使职工明确搞好安全生产对完成各项任务与单位、个人利益的关系。

3. 安全生产规定或通则，使职工明确规定或通则是必须执行的行动准则。

4. 有关电器设备机械工具、防火防爆等基本安全知识。

5. 防护用品的正确使用。

（二）院（系）、处级安全教育

对新分配到院（系）、处级单位的职工或实习人员由院（系）、处级单位主管安全生产工作的领导、安全员协助进行院（系）、处级安全教育。

安全教育的主要内容：

1. 本单位的概况、特点。

2. 本单位的安全生产情况、规章制度、安全生产的要求。

3.本单位试验设施、危险区域、要害部位及设备的分布、安全生产基础知识、典型事故案例等。

(三)教研室、科室级安全教育

对分配到教研室、科室的新职工或实习、代培人员,开始工作前由单位主管安全生产工作领导负责,安全员协助进行安全教育。

安全教育的主要内容:

1.本单位的实验、生产情况、工作性质和职责范围以及安全要求。

2.试验、生产岗位的操作规程及注意事项、交接班制度、产品性质、设备性能、防护装置的使用和维护。

3.防火、防爆、防人身伤害的知识,预防事故的措施及发生事故后应采取的紧急措施。

4.本岗位劳动防护用品及消防器材的正确使用和保管。

**第六条**　校内职工变换工种调动,须按下列办法进行安全教育。

(一)院(系)、处级单位之间职工调动,由新调入单位进行院(系)或处、教研室或科室、实验室三级安全教育。

(二)院(系)、处内教研室或科室之间的调动,由新调入的教研室或科室进行安全教育。

(三)教研室内实验室之间的调动由新调入的实验室进行安全教育。

**第七条**　更换试验项目、更换产品、采用新工艺、使用新装备时,须由有关技术人员进行专项安全教育。

**第八条**　凡从事特殊工种的作业人员如电工、电焊工、锅炉工、压力容器操作工、起重工、爆破工、金属焊接工,校内机动车辆驾驶员、建筑登高架设作业人员、易燃易爆危险作业人员等在三级安全教育或变换工种教育的基础上,还应按规定进行专业培训考核与复审教育,并取得合格操作证方能上岗作业。

**第九条**　领导干部及专兼职安全员的培训教育:

(一)领导干部根据工作情况不定期选派参加主管部门及省市安全培训班。

(二)专(兼)职安全员安全教育,每年举办1～2次专题培训班。

**第十条**　全员安全教育:

(一)每年拟编发技安环保简报2～4期。

(二)结合每年6月份"安全生产月"对全校教职工进行安全教育。

(三)定期组织开展技安环保知识竞赛及观看安全内容的影视专题片。

**第十一条**　学生安全教育:

(一)金工及电子实习安全教育。

(二)毕业设计安全教育。

(三)日常安全教育。

## 第三章　附　则

**第十二条**　如不按规定对生产、实验、作业人员进行安全教育、培训、考核,允许其上岗作业而发生事故的,要追究领导的责任。

**第十三条**　本规定自2008年12月5日起施行。原颁布施行的《安全教学、科研、生产教育制度》同时废止。

**第十四条**　本规定由国有资产与实验室管理处解释。

# 上海大学学生实验室安全教育规定

## 上大内〔2014〕96 号

实验室是师生从事实验教学与科学研究的重要场所，实验室的安全是平安校园建设的重要环节，为保障教学、科研顺利开展，并为提高我校学生实验室安全防范意识与应急救援能力，特制定本规定。

**第一条** 新生入学后，在新生教育周内即应认真阅读上海大学实验室安全手册，了解各项实验室安全知识。

**第二条** 全校学生必须参加实验室安全知识学习，并通过安全知识考试后，方可进入实验室。

**第三条** 通识类安全知识是所有学生必备的实验室安全知识，全校学生均应参加知识学习，并在入学第一学期内通过相应的知识考试。

**第四条** 理工类学生，根据所属专业类别，参加相应的专业类安全知识学习，并通过专业安全知识考试（如：机械建筑类、电气类、化学类、医学生物类、辐射类等）后，方可进入相应实验室。

**第五条** 学生若跨学科学习，则须学习相应学科的安全知识，并通过专业安全知识考试后，方可进入相应学科的实验室。

**第六条** 实验室安全知识日常学习与考试均应登录上海大学实验室安全教育系统（安开网）进行，具体网址为：ankai365.shu.edu.cn。

**第七条** 本规定由上海大学实验设备处负责解释，自 2014 年 8 月 15 日起实行。

# 浙江大学实验室安全与卫生检查办法

## 浙大发设〔2015〕2号

**第一条**　为加强我校实验室安全与卫生工作的制度化、规范化管理，及时发现和排除实验室安全隐患，推动“平安校园”建设，根据《浙江大学实验室安全管理办法》（浙大发设〔2010〕5号）和《浙江大学实验室安全责任追究办法（试行）》（浙大发设〔2010〕6号），制定本办法。

**第二条**　按照“谁主管、谁负责，谁使用、谁负责”的原则，各院系、直属单位（以下统称“各单位”）是本单位实验室安全与卫生管理工作的主体。各单位所属实验室是做好本实验室安全与卫生检查工作的具体实施主体。实验室与设备管理处是学校实验室安全管理的职能部门，负责指导、督查、协调各单位做好实验室安全与卫生管理工作。

**第三条**　本办法中实验室是指学校开展教学、科研的各类实验场所，包括各单位所属研究所、实验中心、实践（试验）基地及专业实验室等（以下统称“实验室”）。

**第四条**　各单位要深刻认识实验室安全与卫生工作的重要性，认真落实实验室安全与卫生管理工作。要进一步建立和完善本单位实验室的安全责任体系，明确本单位所属实验室的安全与卫生工作责任人，并将责任人和有效应急联系电话等信息统一制牌、张贴于实验室门上，以便学校督查和应急联络。

**第五条**　各单位及所属实验室应做好值日和自查工作，自查项目可参照《浙江大学实验室安全与卫生检查工作项目》（详见附件）的内容进行。其中，各单位每年至少对所属实验室进行4次检查并填写《浙江大学实验室安全卫生检查情况汇总表》；所属实验室要根据实际情况，每月至少开展1次自查并填写《浙江大学实验室安全与卫生检查记录本》（汇总表及记录本可从实验室与设备管理处网站下载）。所有记录需自行留档以便随时备查。

**第六条**　学校职能部门将不定期开展实验室安全与卫生监督检查，并通过网上公示、下达整改通知书等方式反馈监督检查中所发现的问题和隐患。各单位应积极配合学校实验室安全与卫生监督检查，对监督检查中反馈的问题和隐患进行及时梳理，厘清责任并按要求及时进行整改。

**第七条**　对于违反国家有关法律法规、学校规章制度和存在严重安全隐患并拒不整改的，学校将按《浙江大学实验室安全责任追究办法（试行）》规定，视情况对相关责任人、责任单位进行责任追究，并对所涉实验室进行“封门”处理。实验室按要求整改并通过验收后，方可重新启用。

**第八条**　本办法由实验室与设备管理处负责解释。

**第九条**　本办法自发布之日起施行。学校原有相关规定如与本办法规定有不一致的，以本办法为准。

附件：浙江大学实验室安全与卫生检查工作项目

附件

## 浙江大学实验室安全与卫生检查工作项目

| 序号 | 检查工作项目 | 检查情况 | | | | |
|---|---|---|---|---|---|---|
| | | 符合 | 基本符合 | 不符合 | 不适用 | 备注 |
| 1 | **组织体系** | | | | | |
| 1.1 | **安全责任体系** | | | | | |
| 1.1.1 | 成立各单位实验室安全领导小组，由院系党政主要负责人或直属单位主要负责人担任组长，分管领导、实验室安全秘书、实验室负责人等组成 | | | | | |
| 1.1.2 | 院系有专、兼职实验室安全秘书或管理人员（非文科院系是兼职的填“基本符合”） | | | | | |
| 1.1.3 | 建立实验室的安全责任体系，各校区所有实验用房都须明确安全责任人 | | | | | |
| 1.1.4 | 各单位与所属实验室及个人签订《实验室安全管理责任书》 | | | | | |
| 1.2 | **经费保障** | | | | | |
| 1.2.1 | 有年度常规经费预算用于安全卫生管理 | | | | | |
| 1.2.2 | 有专项经费或自筹经费投入实验室安全建设与管理 | | | | | |
| 2 | **规章制度** | | | | | |
| 2.1 | **安全管理制度** | | | | | |
| 2.1.1 | 有符合学科实际的安全管理制度 | | | | | |
| 2.1.2 | 有安全检查与值班值日制度 | | | | | |
| 2.1.3 | 有实验操作规程（含安全注意事项，特别是对于危险性实验与操作） | | | | | |
| 2.1.4 | 有仪器操作规程（含安全注意事项） | | | | | |
| 2.1.5 | 有体现学科特色的应急预案 | | | | | |
| 2.2 | 规章制度的执行 | | | | | |
| 2.2.1 | 建立安全检查和值日台账且记录规范 | | | | | |
| 2.2.2 | 将有操作指导性的制度、规程上墙（特别是有危险性的操作） | | | | | |
| 2.2.3 | 对于检查发现存在问题的，以适当方式及时通知被查实验室，如进行网上公示、发送整改通知书等 | | | | | |
| 2.2.4 | 检查出的问题得到及时整改且有记录 | | | | | |
| 3 | **安全教育** | | | | | |
| 3.1 | **教育培训计划** | | | | | |
| 3.1.1 | 有年度安全教育培训计划 | | | | | |
| 3.1.2 | 有安全教育和培训的记录并存档 | | | | | |
| 3.2 | **活动组织与实施** | | | | | |
| 3.2.1 | 开展教职工安全教育与培训 | | | | | |
| 3.2.2 | 开展研究生安全教育与培训 | | | | | |
| 3.2.3 | 开展本科生安全教育与培训 | | | | | |
| 3.2.4 | 开展结合学科特点的应急演练 | | | | | |
| 3.3 | **实验室安全考试系统** | | | | | |

（续表）

| 序号 | 检查工作项目 | 检查情况 | | | | |
|---|---|---|---|---|---|---|
| | | 符合 | 基本符合 | 不符合 | 不适用 | 备注 |
| 3.3.1 | 每年组织本科生、研究生进入安全考试系统学习并考试 | | | | | |
| 3.3.2 | 组织教师参加实验室安全考试，且有记录 | | | | | |
| 3.4 | **宣传** | | | | | |
| 3.4.1 | 在本单位网站设立专门板块进行实验室安全宣传报道 | | | | | |
| 3.4.2 | 设有安全教育宣传窗，张贴宣传画、标语、提示等 | | | | | |
| 3.4.3 | 将《实验室安全手册》发放到每一位师生，收回承诺书并归档 | | | | | |
| 3.4.4 | 通过手机、网络等途径定期对师生加强实验室安全方面的温馨提醒 | | | | | |
| 4 | **环境与管理** | | | | | |
| 4.1 | **场所** | | | | | |
| 4.1.1 | 实验室每个房间门口挂有安全信息牌并及时更新，信息包括安全责任人、涉及危险类别、防护措施和有效应急联系电话等 | | | | | |
| 4.1.2 | 特殊实验室应张贴相应的安全警示标识 | | | | | |
| 4.1.3 | 消防通道通畅 | | | | | |
| 4.1.4 | 门上有可视窗 | | | | | |
| 4.1.5 | 不安装额外的铁栅栏门（特殊情况除外） | | | | | |
| 4.1.6 | 除一楼之外不安装防盗窗（特殊情况除外） | | | | | |
| 4.1.7 | 公共场所、通道无堆放仪器、物品现象 | | | | | |
| 4.1.8 | 所有房间有备用钥匙并存放于单位办公室或传达室内，由专人管理 | | | | | |
| 4.2 | **卫生与环境** | | | | | |
| 4.2.1 | 实验区与学习区明确分开，布局合理 | | | | | |
| 4.2.2 | 物品摆放有序，卫生状况良好 | | | | | |
| 4.2.3 | 不存在门开着而无人的现象 | | | | | |
| 4.2.4 | 无废弃物品（如纸板箱、废电脑、破仪器、破家具等） | | | | | |
| 4.3 | **场所其他安全** | | | | | |
| 4.3.1 | 实验室内不存放无关物品，如电动车、自行车等 | | | | | |
| 4.3.2 | 实验室内不得烧煮食物、饮食 | | | | | |
| 4.3.3 | 不在实验室内睡觉、过夜 | | | | | |
| 4.3.4 | 实验室内无吸烟现象 | | | | | |
| 4.3.5 | 不得在化学、生物类实验室使用可燃性蚊香，其他实验室内如需使用可燃性蚊香，底盘须为金属制 | | | | | |
| 5 | **安全设施** | | | | | |
| 5.1 | **应急设施** | | | | | |
| 5.1.1 | 配置消防器材（烟感报警器、灭火器、消防栓、手动报警器、沙桶等） | | | | | |
| 5.1.2 | 实验大楼有逃生线路指示图，并安装应急指示灯 | | | | | |
| 5.1.3 | 灭火器配备数量合理，无过期现象，摆放位置方便及时取用 | | | | | |
| 5.1.4 | 重点部位有防盗和监控设施，包括剧毒品、病原微生物和放射源存放点等 | | | | | |

（续表）

| 序号 | 检查工作项目 | 检查情况 | | | | |
|---|---|---|---|---|---|---|
| | | 符合 | 基本符合 | 不符合 | 不适用 | 备注 |
| 5.1.5 | 化学和生物类实验室有应急喷淋装置和洗眼装置 | | | | | |
| 5.1.6 | 应急喷淋装置水管总阀处常开状，喷头下方无障碍物 | | | | | |
| 5.1.7 | 有应急喷淋和洗眼装置的巡检记录 | | | | | |
| 5.1.8 | 楼层或实验室配备了未上锁的急救药箱 | | | | | |
| 5.2 | **通风系统** | | | | | |
| 5.2.1 | 配备符合要求的通风系统；对于排放有毒有味废气的实验室，有吸收过滤装置 | | | | | |
| 5.2.2 | 通风系统运行正常 | | | | | |
| 5.2.3 | 对通风设备进行风速测定等维护、检修并做好记录 | | | | | |
| 5.2.4 | 换气扇使用正常 | | | | | |
| 5.2.5 | 风机固定无松动、无异常噪声 | | | | | |
| 6 | **水电安全** | | | | | |
| 6.1 | **用电基础安全** | | | | | |
| 6.1.1 | 无插头插座不匹配或私自改装现象 | | | | | |
| 6.1.2 | 无乱拉乱接电线现象 | | | | | |
| 6.1.3 | 无电线老化、使用花线和木质配电板的现象 | | | | | |
| 6.1.4 | 无多个大功率仪器使用同一个接线板的现象 | | | | | |
| 6.1.5 | 无多个接线板串联及接线板直接放在地面的现象 | | | | | |
| 6.1.6 | 无电源插座未固定、插座插头破损现象 | | | | | |
| 6.1.7 | 大功率仪器（包括空调等）使用专用插座，长期不用时，应拔出电源插头 | | | | | |
| 6.1.8 | 无人状态下，充电器（宝）不能充电过夜 | | | | | |
| 6.1.9 | 水槽边不安装电源插座，如确实需要，应装有防护挡板或防护罩 | | | | | |
| 6.2 | **用水安全** | | | | | |
| 6.2.1 | 下水道畅通，不存在水龙头、水管破损现象 | | | | | |
| 6.2.2 | 各类链接管无老化破损现象（特别是冷却冷凝系统的橡胶管接口处） | | | | | |
| 6.2.3 | 无自来水龙头开着而人离开的现象 | | | | | |
| 7 | **化学安全** | | | | | |
| 7.1 | **化学试剂存放** | | | | | |
| 7.1.1 | 有房间内化学品的动态台账 | | | | | |
| 7.1.2 | 有序分类存放，放置位置便于查找取用 | | | | | |
| 7.1.3 | 强酸与强碱、氧化剂与还原剂等分开存放 | | | | | |
| 7.1.4 | 固体与液体分开存放（如在同一试剂柜中，液体需放置在下层） | | | | | |
| 7.1.5 | 化学品不存在叠放现象 | | | | | |
| 7.1.6 | 腐蚀溶剂配有托盘类的二次泄漏防护容器 | | | | | |
| 7.1.7 | 化学试剂标签无脱落、模糊现象 | | | | | |
| 7.1.8 | 存放点通风、隔热、安全 | | | | | |
| 7.1.9 | 无存放大桶试剂现象 | | | | | |

（续表）

| 序号 | 检查工作项目 | 检查情况 | | | | |
|---|---|---|---|---|---|---|
| | | 符合 | 基本符合 | 不符合 | 不适用 | 备注 |
| 7.1.10 | 无大量存放化学试剂现象（用量较大的试剂存量应控制在一周计划用量之内） | | | | | |
| 7.1.11 | 无试剂药品过期现象 | | | | | |
| 7.1.12 | 无试剂瓶、烧瓶等开口放置的现象 | | | | | |
| 7.1.13 | 易泄漏、易挥发的试剂应存放在具有通风、吸附功能的试剂柜内 | | | | | |
| 7.2 | **剧毒品管理** | | | | | |
| 7.2.1 | 剧毒品购买前须经院系和学校审批，通过后勤集团技术物资服务中心报公安部门审批同意后进行采购 | | | | | |
| 7.2.2 | 配备并固定专门的保险柜，实行双人双锁保管，即有2名分别掌管钥匙和密码的保管人同时到场方可开启保险柜，有条件的或专用库房需配备报警及监控设备 | | | | | |
| 7.2.3 | 有高挥发性、低闪点的剧毒品应存放在具有防爆功能的冰箱内并配备双锁，实行双人双锁保管 | | | | | |
| 7.2.4 | 执行双人收发、双人运输并有记录 | | | | | |
| 7.2.5 | 使用时有两人同时在场且计量取用后立即放回保险柜并做好记录（双人签字） | | | | | |
| 7.2.6 | 有规范的剧毒品处置方法并做好记录（双人签字） | | | | | |
| 7.2.7 | 按有关规定对残余、废弃的剧毒品或空瓶进行处置 | | | | | |
| 7.2.8 | 不得私自从外单位获取剧毒品 | | | | | |
| 7.3 | **易制毒品等特殊药品管理** | | | | | |
| 7.3.1 | 第一类易制毒品购买前须经院系和学校审批，通过后勤集团技术物资服务中心报公安部门审批同意后进行采购 | | | | | |
| 7.3.2 | 第二、三类易制毒品购买前须经院系审批，通过后勤集团技术物资服务中心报公安部门审批同意后进行采购 | | | | | |
| 7.3.3 | 易制毒品分类存放、专人保管，做好领取、使用、处置记录。其中第一类易制毒品按照教育部《关于加强对高校危险化学品安全管理工作的通知》（教技厅〔2013〕1号）规定实行“五双”管理制度 | | | | | |
| 7.3.4 | 易制爆品购买前须经院系审批，通过后勤集团技术物资服务中心报公安部门审批同意后进行采购 | | | | | |
| 7.3.5 | 易制爆品分类存放、专人保管并做好领取、使用、处置记录 | | | | | |
| 7.3.6 | 麻醉品、精神类药品等购买前须经院系和学校审批后向食品药品监督管理部门申请，报批同意后方可向定点供应商或者定点生产企业采购 | | | | | |
| 7.3.7 | 麻醉品和精神类药品储存于专门的保险柜中，有规范的领取、使用、处置台账 | | | | | |
| 7.4 | **实验气体管理** | | | | | |
| 7.4.1 | 有气体钢瓶台账，钢瓶颜色和字体清楚，有状态标识牌 | | | | | |
| 7.4.2 | 可燃性气体与氧气等助燃气体不混放 | | | | | |

(续表)

| 序号 | 检查工作项目 | 检查情况 | | | | |
|---|---|---|---|---|---|---|
| | | 符合 | 基本符合 | 不符合 | 不适用 | 备注 |
| 7.4.3 | 涉及剧毒、易燃易爆气体的场所,配有通风设施和监控报警装置等 | | | | | |
| 7.4.4 | 危险气体钢瓶存放点通风、远离热源 | | | | | |
| 7.4.5 | 无气体钢瓶放在走廊、大厅等公共场所的现象 | | | | | |
| 7.4.6 | 气体钢瓶已正确固定 | | | | | |
| 7.4.7 | 气体管路材质选择合适,无破损或老化现象 | | | | | |
| 7.4.8 | 气体连接管路连接正确,并时常进行检漏 | | | | | |
| 7.4.9 | 有气体管路标识,对于存在多条气体管路的房间张贴了详细的管路图 | | | | | |
| 7.4.10 | 实验结束后,气体钢瓶总阀已关闭 | | | | | |
| 7.4.11 | 独立的气体钢瓶室有专人管理 | | | | | |
| 7.4.12 | 无废旧气体钢瓶,无大量气体钢瓶堆放现象 | | | | | |
| 7.5 | **化学废弃物处置** | | | | | |
| 7.5.1 | 使用学校统一的化学实验废弃物标签 | | | | | |
| 7.5.2 | 配备化学实验废弃物分类容器 | | | | | |
| 7.5.3 | 对化学废弃物进行分类存放、包装(应避免与易产生剧烈反应的物品混放),并贴好信息齐全的标签,及时送学校中转站或收集点 | | | | | |
| 7.5.4 | 无大量存放化学废弃物的现象,定时清运化学实验废弃物 | | | | | |
| 7.5.5 | 无实验废弃物和生活垃圾混放现象 | | | | | |
| 7.5.6 | 无向下水道倾倒废旧化学试剂等现象 | | | | | |
| 7.5.7 | 无实验室外堆放实验废弃物现象 | | | | | |
| 7.5.8 | 对于产生有毒和异味废气的,有气体吸收装置 | | | | | |
| 7.5.9 | 锐器废物盛放在纸板箱等不易被刺穿的容器中 | | | | | |
| 7.6 | **其他化学安全** | | | | | |
| 7.6.1 | 使用学校统一的试剂标签 | | | | | |
| 7.6.2 | 配置试剂、合成品、样品等标签信息明确 | | | | | |
| 7.6.3 | 配置试剂、合成品等不得无盖放置 | | | | | |
| 7.6.4 | 无使用饮料瓶存放试剂、样品的现象。如确需存放,必须撕去原包装纸,贴上专用标签纸 | | | | | |
| 7.6.5 | 无在原标签纸未撕去的空试剂瓶中存放其他化学品的现象(除非将原标签撕去、重新贴上专用标签纸) | | | | | |
| 7.6.6 | 用于浸泡玻璃器皿的酸缸、碱缸等盖放 | | | | | |
| 7.6.7 | 不存在使用破损量筒、试管等玻璃器皿的现象 | | | | | |
| 8 | **生物安全** | | | | | |
| 8.1 | **实验室与人员资质** | | | | | |
| 8.1.1 | 开展病原微生物相关实验和研究的实验室,须具备相应的安全等级资质和生物危害因子实验活动资格 | | | | | |
| 8.1.2 | 开展病原微生物相关实验和研究的人员须经过专业培训,并取得相应的证书 | | | | | |

（续表）

| 序号 | 检查工作项目 | 检查情况 | | | | |
|---|---|---|---|---|---|---|
| | | 符合 | 基本符合 | 不符合 | 不适用 | 备注 |
| 8.1.3 | 开展病原微生物实验须按有关规定向卫生或农业主管部门申报备案 | | | | | |
| 8.1.4 | 开展未经灭活的高致病性病原微生物（列入一类、二类）相关实验和研究，必须在 BSL-3/ABSL-3、BSL-4/ABSL-4 实验室中进行 | | | | | |
| 8.1.5 | 开展低致病性病原微生物（列入三类、四类），或经灭活的高致病性感染性材料的相关实验和研究，必须在 BSL-1/ABSL-1 及以上等级实验室中进行 | | | | | |
| 8.1.6 | 饲养实验动物的场所应有资质证书 | | | | | |
| 8.1.7 | 实验动物系从具有资质的单位购买的，须持有合格证明 | | | | | |
| 8.2 | 设施与场所 | | | | | |
| 8.2.1 | 实验室安全防范设施达到安全要求。对 BSL-2/ABSL-2 及以上等级实验室须有门禁和准入制度 | | | | | |
| 8.2.2 | 配有符合相应生物安全等级要求的生物安全柜，定期检查生物安全柜风速及高效空气微粒过滤器性能并做好记录 | | | | | |
| 8.2.3 | 储存病原微生物的场所或储柜配备防盗设施并安装监控报警装置 | | | | | |
| 8.2.4 | 有高压灭菌器并能正常工作 | | | | | |
| 8.2.5 | 安装防虫纱窗，入口处设有挡鼠板 | | | | | |
| 8.3 | **操作与管理** | | | | | |
| 8.3.1 | 采购高致病性病原微生物前需经院系和学校审批后，报行业主管部门批准，并做好记录 | | | | | |
| 8.3.2 | 实验室自行分离的高致病性病原微生物，需按有关规定报卫生或农业主管部门批准，方可保藏 | | | | | |
| 8.3.3 | 有病原微生物保藏、实验使用、销毁的记录 | | | | | |
| 8.3.4 | 在合适的生物安全柜中进行实验 | | | | | |
| 8.3.5 | 对病原微生物实验操作时具有相应的个人防护措施 | | | | | |
| 8.3.6 | BSL-2/ABSL-2 及以上等级实验室，开展病原微生物的相关实验活动应有风险评估和应急预案 | | | | | |
| 8.3.7 | 禁止戴实验防护手套操作未受潜在感染性生物材料污染的设施设备（包括门窗、开关、仪器、冰箱、电脑、电话等） | | | | | |
| 8.3.8 | 用于解剖的实验动物须通过检验检疫 | | | | | |
| 8.3.9 | 解剖实验动物时，必须做好个人防护 | | | | | |
| 8.4 | **生物实验废弃物处置** | | | | | |
| 8.4.1 | 涉及病原微生物的实验室废弃物必须进行高温高压灭菌或化学浸泡灭菌处理并做好处置记录。高致病性生物材料废弃物处置进行溯源追踪 | | | | | |
| 8.4.2 | 贴有学校统一的生化固体废弃物标签 | | | | | |
| 8.4.3 | 配备生化固废分类容器（一般生化固废使用黄色塑料袋存放，但刀片、移液枪头等尖锐物应使用纸板箱包装以避免穿透伤人） | | | | | |

（续表）

| 序号 | 检查工作项目 | 检查情况 | | | | |
|---|---|---|---|---|---|---|
| | | 符合 | 基本符合 | 不符合 | 不适用 | 备注 |
| 8.4.4 | 对生物实验废弃物进行分类收集并贴好标签，及时送学校中转站或收集点 | | | | | |
| 8.4.5 | 与有资质的单位签约处置生化废弃物，有处置记录 | | | | | |
| 8.4.6 | 无实验废弃物和生活垃圾混放现象 | | | | | |
| 9 | **辐射安全** | | | | | |
| 9.1 | **实验室资质与人员要求** | | | | | |
| 9.1.1 | 开展辐射相关工作，必须取得《辐射安全许可证》，并按规定在放射性核素种类和用量许可范围内开展实验 | | | | | |
| 9.1.2 | 涉辐人员经过专门培训，有《辐射安全与防护培训学习合格证书》 | | | | | |
| 9.1.3 | 涉辐人员按时参加职业体检 | | | | | |
| 9.1.4 | 涉辐人员佩带个人剂量计，并按时进行剂量检测（3个月一次） | | | | | |
| 9.2 | **场所与设施** | | | | | |
| 9.2.1 | 辐照设施设备具有能正常工作的安全连锁装置 | | | | | |
| 9.2.2 | 放射源储存库双门双控并有安全报警系统（与公安部门110联网）和视频监控系统 | | | | | |
| 9.2.3 | 涉辐实验场所（放射性物质、X射线装置）有安全警示标识、警戒线和剂量报警仪 | | | | | |
| 9.2.4 | 涉辐实验场所配备各种辐射防护器材和表面污染监测仪器设备 | | | | | |
| 9.2.5 | 有专门存放放射性废弃物的容器和暂存库 | | | | | |
| 9.2.6 | 非密封性放射性实验室有衰减池 | | | | | |
| 9.3 | 采购、转让转移与运输 | | | | | |
| 9.3.1 | 放射源和放射性物质的采购和转让转移经学校及政府环保部门的审批、备案 | | | | | |
| 9.3.2 | 放射源和放射性物质的转移和运输经学校及公安部门的审批、备案 | | | | | |
| 9.3.3 | 及时做好放射源和放射性物质变更登记台账 | | | | | |
| 9.4 | **辐照装置、射线探伤仪和非密封性放射性实验操作** | | | | | |
| 9.4.1 | 辐照装置操作须符合国家相关规定，制定并严格执行操作规程，有安保方案和应急预案 | | | | | |
| 9.4.2 | 电子加速器辐照装置操作须符合国家相关规定，制定并严格执行操作规程，有安保方案和应急预案 | | | | | |
| 9.4.3 | 射线探伤仪操作须符合国家相关规定，制定并严格执行操作规程，有安保方案和应急预案 | | | | | |
| 9.4.4 | 非密封性放射性实验操作须符合国家相关规定，制定并严格执行操作规程 | | | | | |
| 9.5 | **放射性实验废物的处置** | | | | | |
| 9.5.1 | 报废含有放射源或可产生放射性的设备，须报学校相关部门同意，并按国家有关规定进行退役处置 | | | | | |
| 9.5.2 | 中、长半衰期核素固液废弃物处置须符合国家相关规定，有处置方案或回收协议，并做好处置记录 | | | | | |

（续表）

| 序号 | 检查工作项目 | 检查情况 | | | | |
|---|---|---|---|---|---|---|
| | | 符合 | 基本符合 | 不符合 | 不适用 | 备注 |
| 9.5.3 | 短半衰期核素固液废弃物放置10个半衰期经检测达标后作为普通废物处理，并做好处置记录 | | | | | |
| 9.6 | **激光安全** | | | | | |
| 9.6.1 | 有激光器的安全使用方法 | | | | | |
| 9.6.2 | 功率较大的激光器有互锁装置 | | | | | |
| 9.6.3 | 操作人员有穿戴防护眼镜等防护用品 | | | | | |
| 9.6.4 | 操作人员不带手表等能反光的物品 | | | | | |
| 9.6.5 | 激光照射方向不会对他人造成伤害 | | | | | |
| 10 | **仪器设备安全** | | | | | |
| 10.1 | **常规管理** | | | | | |
| 10.1.1 | 建立设备台账 | | | | | |
| 10.1.2 | 高功率的设备与电路容量相匹配 | | | | | |
| 10.1.3 | 仪器设备接地良好 | | | | | |
| 10.1.4 | 仪器设备使用完后，及时关闭电源，包括电脑显示器电源 | | | | | |
| 10.1.5 | 有仪器设备运行、维护记录 | | | | | |
| 10.1.6 | 对于高温、高压、高速运动、电磁辐射等特殊设备，有安全警示标识并配备相应安全防护设施（如防护罩、防护栏、自屏蔽设施等） | | | | | |
| 10.1.7 | 无电脑、空调、饮水机等开机过夜现象 | | | | | |
| 10.1.8 | 对于不能断电的特殊仪器设备，采取必要的防护措施（如双路供电、不间断电源等） | | | | | |
| 10.1.9 | 特种设备（锅炉、压力容器、起重机械等）需持有资质单位出具的检定证明，操作人员需持证上岗 | | | | | |
| 10.1.10 | 电子天平不放在阳光直射的地方，且用后及时清理 | | | | | |
| 10.2 | **冰箱管理** | | | | | |
| 10.2.1 | 贮存危险化学品的冰箱为防爆冰箱或经过防爆改造的冰箱 | | | | | |
| 10.2.2 | 冰箱内存放的物品必须标识明确（包括品名、使用人、日期等）并经常清理 | | | | | |
| 10.2.3 | 冰箱内储存试剂必须密封好 | | | | | |
| 10.2.4 | 无冰箱超期服役现象（一般使用期限控制为10年） | | | | | |
| 10.2.5 | 不在冰箱周围堆放杂物，影响散热 | | | | | |
| 10.2.6 | 实验室冰箱中不得放置食品 | | | | | |
| 10.3 | **烘箱与电阻炉管理** | | | | | |
| 10.3.1 | 烘箱、电阻炉无超期服役现象（一般使用期限控制为12年） | | | | | |
| 10.3.2 | 不使用有故障、破损的烘箱、电阻炉 | | | | | |
| 10.3.3 | 不在烘箱等加热设备内烘烤易燃易爆化学试剂、塑料等易燃物品 | | | | | |
| 10.3.4 | 不使用塑料筐盛放实验物品在烘箱等加热设备内烘烤 | | | | | |
| 10.3.5 | 烘箱、电阻炉等附近不存放气体钢瓶、易燃易爆化学品 | | | | | |
| 10.3.6 | 烘箱、电阻炉等加热设备周围要有一定的散热空间，不存在堆放杂物，影响散热的现象 | | | | | |

（续表）

| 序号 | 检查工作项目 | 检查情况 | | | | |
|---|---|---|---|---|---|---|
| | | 符合 | 基本符合 | 不符合 | 不适用 | 备注 |
| 10.3.7 | 使用烘箱、电阻炉等加热设备时有人值守（或10～15分钟检查一次） | | | | | |
| 10.3.8 | 无烘箱位置放置过低、影响物品取用的现象 | | | | | |
| 10.3.9 | 烘箱、电阻炉等不直接放置在木桌、木板等易燃物品上 | | | | | |
| 10.4 | **明火电炉与电吹风等管理** | | | | | |
| 10.4.1 | 未经学校有关部门许可不使用明火电炉 | | | | | |
| 10.4.2 | 有许可证使用明火电炉的，其使用位置周围无易燃物品，并配备灭火器、沙桶等灭火设施 | | | | | |
| 10.4.3 | 不得使用明火电炉加热易燃易爆溶剂 | | | | | |
| 10.4.4 | 明火电炉、电吹风、电热枪、电烙铁等用毕，及时拔除电源插头 | | | | | |
| 11 | **个人防护与其他** | | | | | |
| 11.1 | **正确选用防护用品** | | | | | |
| 11.1.1 | 穿实验服或防护服 | | | | | |
| 11.1.2 | 按需要佩戴防护眼镜（如进行化学实验、有危险的机械操作等） | | | | | |
| 11.1.3 | 涉及化学和高温实验时，不得佩戴隐形眼镜 | | | | | |
| 11.1.4 | 特殊场所按需佩戴安全帽、防护帽，无长发飘散在外的现象 | | | | | |
| 11.1.5 | 按需要佩戴防护手套（涉及不同的有害化学物质、病原微生物、高温和低温等），手套需正确选择种类和材质 | | | | | |
| 11.1.6 | 在特殊实验室使用呼吸器或面罩（如有挥发性毒物、溅射危险等）并正确选择种类 | | | | | |
| 11.2 | **其他** | | | | | |
| 11.2.1 | 危险性实验（如高温、高压、高速运转等）时必须有2人同时在场 | | | | | |
| 11.2.2 | 实验时不能脱岗，通宵实验须2人同时在场 | | | | | |
| 11.2.3 | 实验室内无穿拖鞋、短裤等现象 | | | | | |
| 11.2.4 | 非实验区（如电梯、办公室、休息室、会议室、餐厅等）无穿戴实验服、实验手套等现象 | | | | | |
| 11.2.5 | 操作机床等旋转设备时，不穿戴长围巾、丝巾、领带等 | | | | | |
| 11.2.6 | 手机、银行卡等不得带入高磁场实验室 | | | | | |
| 11.2.7 | 有规范的实验记录 | | | | | |

# 哈尔滨工程大学技术安全检查管理规定

## 校实资字〔2014〕10号

**第一条** 为进一步加强学校技术安全管理，建立健全技术安全事故隐患排查治理工作制度，依据国家相关法律法规和《哈尔滨工程大学安全生产管理办法》《哈尔滨工程大学技术安全管理规定》，制定本规定。

**第二条** 技术安全检查是学校及其所属单位对教学、科研和生产活动中技术安全状况进行的实地察看、检测、分析和评估等活动。其目的是督促落实各项规章制度，排除事故隐患，防止和减少各类技术安全事故的发生，保证学校教学、科研和生产活动顺利进行。

**第三条** 技术安全检查是学校安全工作的重要内容。技术安全检查实行校、学院（处级单位）、基层学术组织分级管理、分级负责、分级监督的运行机制，其重点是形成以学院（处级单位）和基层学术组织为主体、技术安全主管部门协调监督、其他职能部门分工负责的技术安全检查体系。

**第四条** 技术安全检查采取学校监督抽查与各单位自检自查相结合、普遍检查与专项检查相结合、日常巡查与定期检查相结合等方法进行。其主要形式为：全校性技术安全检查、专业性检查、定期检查和不定期抽查等。

**第五条** 全校性技术安全检查。实验室与资产管理处在安委会统一组织下，对各单位的技术安全状况进行集中检查。全校性技术安全检查每学期组织1～2次。

**第六条** 专业性检查。依据国家规定，由当地政府有关部门定期对在用的特种设备、危险化学品、放射源及放射装置、防雷装置及场所等进行专业性检查、检测。

**第七条** 定期检查。由学院（处级单位）、基层学术组织制定本单位技术安全工作定期检查和整改制度，根据学科和工作特点，确定检查频次并组织实施。定期检查一般分为学期检查、季度检查、月查、周查和日查等。

**第八条** 不定期抽查。由学校有关部门或学院（处级单位）对电气设施（设备）、特种设备、危险化学品、放射性装置及有毒有害作业岗位、易燃易爆等技术安全重点监控场所进行不定期抽查。

**第九条** 各级各类检查都要形成检查记录（见附表）并存档，尤其是对安全隐患的检查、整改和验收要形成闭环管理，并形成书面材料存档。检查材料存档责任为谁检查谁负责存档。

**第十条** 技术安全检查一般包括以下内容，应视不同检查形式有所侧重。

（一）技术安全相关制度、责任制建立落实情况；

（二）对新上岗人员及学生在实验、实训前的安全教育和必要的培训情况，特种设备安全管理人员、操作人员及特种作业人员持证上岗情况等；

（三）技术安全事故隐患的排查和整改情况；

（四）技术安全事故预防措施、应急预案是否完备；

(五)受检场所的设备状态、安全设施、工作环境,有毒有害物品、危险化学品、放射源及放射装置等物品管理,是否符合技术安全要求;

(六)重点部位是否有安全提示,特种设备及危重大型仪器设备操作规程是否上墙;

(七)操作人员安全防护用品、用具的配备和使用情况;

(八)所属单位技术安全检查及其检查档案完备情况。

**第十一条** 受检单位对检查出的技术安全隐患应制定整改方案,并及时整改。对自身难以完成整改的技术安全隐患,应制定防范措施,同时向安委会提交专项报告。

**第十二条** 检查中若发现重大或直接威胁师生员工生命安全的事故隐患,必须立即停止实验和工作,并迅速按规定上报或着手处理。在事故隐患或危险情况未排除之前,任何人不得擅自恢复实验和工作。

**第十三条** 学校建立技术安全检查通报制度,对全校性技术安全检查结果、重大安全隐患及重大安全事故等进行通报。

**第十四条** 本办法由实验室与资产管理处负责解释。

**第十五条** 本办法自颁布之日起施行。

附表:哈尔滨工程大学技术安全检查记录(样表)

**附表**

## 哈尔滨工程大学技术安全检查记录(样表)

| 检查主题 | | 组织(牵头)单位 | |
|---|---|---|---|
| 被检单位 | | 安全负责人 | |
| 检查地点 | | 检查时间 | 年　　月　　日 |
| 检查组成员 | | | |
| 检查内容 | | | |
| 存在问题及隐患 | | | |
| 整改意见 | | | |

检查组长(签字):　　　　记录人(签字):　　　　被检单位负责人(签字):

| 整改情况 | 复查时间:　　　　复查人: |
|---|---|

此表由组织(牵头)检查单位存档备查

# 四川大学实验室安全与环保检查制度

## 川大实〔2012〕7号

为进一步建立健全学校实验室安全与环保管理长效机制，加强实验室安全与环保的日常检查，消除实验室安全与环保隐患，创造平安、和谐、健康的校园环境，使实验室安全与环保检查常态化、制度化，根据《四川大学实验室安全与环保管理条例》及学校相关安全工作会议精神和要求，特制定本检查制度。

一、各相关单位要高度重视实验室安全与环保日常管理工作，认真建立本单位实验室安全与环保防范保障体系，将日常安全检查工作作为体系的重要内容固化执行，认真落实实验室安全与环保日常检查工作。

二、实验室及设备管理处统一制作《四川大学实验室安全与环保检查记录本》，由各相关单位实验室安全工作人员到设备处实验室安全与环境管理科领取，分发给各实验室安全与环保工作责任人，用于记录实验室每次检查与隐患整改情况，建立各实验室日常安全与环保检查工作台账。

三、各实验室自主安排日常检查。各相关单位由主管实验室工作的领导负责，组织有关人员对本单位实验室进行例行安全检查，节假日前夕组织专门检查，平时不定期抽查（每学期不少于2次），如实填写检查记录，对安全隐患提出整改要求，跟踪、落实整改情况；学校由实验室及设备管理处负责牵头，会同相关部门对全校实验室安全与环保重点部位进行例行检查，每学期不少于3次，对隐患与问题发《限期整改通知书》，并将检查情况予以网上通报。

四、对于检查中发现的问题，各实验室必须及时采取措施积极整改，整改完成后报学院验收并如实在《四川大学实验室安全与环保检查记录本》上进行登记，以备学校主管部门抽查和考核；对检查中发现的重大安全隐患，学校将对有关实验室实行临时查封，提出整改要求，并对整改情况进行跟踪检查和验收。

五、实验室安全与环保检查主要内容

1.组织管理

（1）实验室安全与环保管理组织体系建设情况；

（2）实验室安全与环保工作责任人姓名、手机等信息是否正确公示于实验室门上等醒目位置；

（3）实验场所及仪器设备安全与环保管理制度、安全操作规程是否完善并正确张贴；

（4）是否签订安全责任书，明确详细职责并责任到人；

（5）实验室安全与环保知识年度培训计划与实施情况；

（6）是否按要求进行日常安全检查，做好检查、整改记录；

（7）是否建立符合本实验室情况的事故应急处理预案并定期组织演练。

2.仪器设备及物料管理

（1）实验室仪器设备（特别是高精仪器设备、放射性同位素和射线装置、高温高电压设备、超低温及特种实验设备等)的使用管理是否规范；

(2)剧毒品、管制药品的“五双制度”情况(双人保管、双人领取、双人使用、双人把锁、双本记录)；

(3)各类化学品尤其是有毒有害化学品及易燃易爆危险品的使用、存放、管理是否规范；

(4)病原微生物菌种的使用、存放、管理是否规范(含:生物安全柜定期安检与记录),是否符合生物安全实验室等级要求；

(5)实验室各类有害废弃物的存放、管理与处置是否规范。

3.场所安全、人员防护及卫生管理

(1)实验室功能分区与布置是否正确合理；

(2)实验室及实验场所必需的安全警示标识、标志是否完善；

(3)实验室必备紧急安全设施(如:灭火器、沙、急救箱、紧急喷淋器、洗眼器等)是否合格可用；

(4)实验室通风条件是否符合要求；

(5)实验室安全通道是否畅通且有明显标志；

(6)实验室工作人员及学生个人防护是否规范；

(7)实验室水、电、门窗是否安全；

(8)实验场所卫生状况是否整洁。

4.档案管理

(1)实验室化学试品(含有毒有害危险品化学品、剧毒品、管制药品等)购置、使用、保存记录台账；

(2)病原微生物菌种购置、使用、保存记录台账；

(3)放射性同位素和射线装置台账；

(4)特种设备使用运行、维护保养、年检记录等；

(5)安全培训档案。

六、各相关单位按学校要求将每次统一检查与整改落实情况形成书面报告,单位盖章后报学校设备处实验室安全与环境管理科存档管理。

七、本制度自发文之日起开始实施,由实验室及设备管理处负责解释。

# 中南大学实验室安全准入制度(试行)

中大资字〔2015〕13 号

为进一步加强实验室安全管理,强化学生的实验室安全与环境保护责任意识,丰富其安全与环境保护知识,防止和减少事故发生,保障实验室正常有序运行,确保师生员工生命与实验室财产安全,制定本制度。

**第一条** 适用范围

适用于我校全日制普通本科生和研究生。

**第二条** 制度体系与责任落实

(一)资产与实验室管理处负责全校实验室技术安全与环境保护制度的建立与监督执行,宣传教育内容的组织,考核体系的建设。

(二)实验室安全准入教育作为必修课列入 2016 版本科生培养方案,计 1 学分。

(三)各学院(中心)具体负责对学生开展实验室安全与环境保护知识的宣传教育,组织本科生和研究生参加学习、考核。

在新生进入实验室之前,学院(中心)须核实其准入资格,未取得准入资格的学生不允许进入实验室。

如有未取得准入资格的学生进入实验室的情况,一经查实,学校将追究实验室相关管理人员的责任。

(四)理、工、医类学院(中心)须根据本学科专业特点,组织对本学院(中心)研究生进行专项教育培训及考核。

(五)实验室安全准入制度的落实情况是实验室工作年度考核评估的重要指标之一。对准入制度执行不力的学院(中心),其实验室工作考核将评为 C 等(基本合格);如因准入制度执行不到位而导致安全与环境保护事故发生,其实验室工作考核将评为 D 等(不合格)。对评为 C 等和 D 等的学院(中心),学校将减少或暂停次年对其实验室建设项目的支持。

**第三条** 教育内容

(一)国家与地方关于高校实验室安全与环境保护方面的政策法规以及学校的相关规章制度;

(二)实验室一般性安全、环境保护及废弃物处置常识;

(三)理、工、医类实验室的专项安全与环境保护知识;

(四)实验室急救知识与事故应急处置预案。

**第四条** 教育方式

(一)实验室安全与环境保护教育考试系统在线学习(简称在线学习);

(二)实验室安全与环境保护教育考试系统在线考试(简称在线考试)。

对于本科生,学院另须安排集中学习。对于理、工、医类研究生,学院另须安排专项教育培训。

**第五条** 取得准入资格的条件与流程

(一)本科生

1. 学院组织集中学习;

2. 在线学习时间累计达到 6 小时;

3. 在线考试成绩合格；
4. 签订安全责任承诺书，取得学分，获得准入资格。
（二）研究生
1. 在线学习时间累计达到 6 小时；
2. 在线考试成绩合格；
3. 参加学院组织的专项教育及考核，成绩合格（适用于理、工、医类研究生）；
4. 签订安全责任承诺书，获得准入资格。
**第六条** 本制度自 2015 年 9 月 1 日起施行，由资产与实验室管理处负责解释。
附件：1. 本科生实验室准入资格取得流程
2. 研究生实验室准入资格取得流程

**附件 1**

**本科生实验室准入资格取得流程**

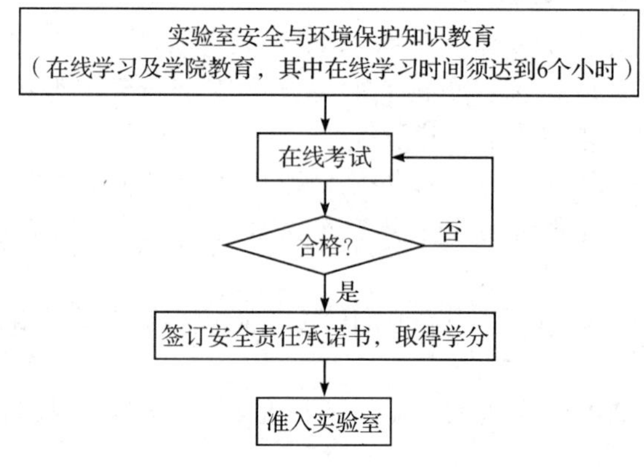


**附件 2**

**研究生实验室准入资格取得流程**

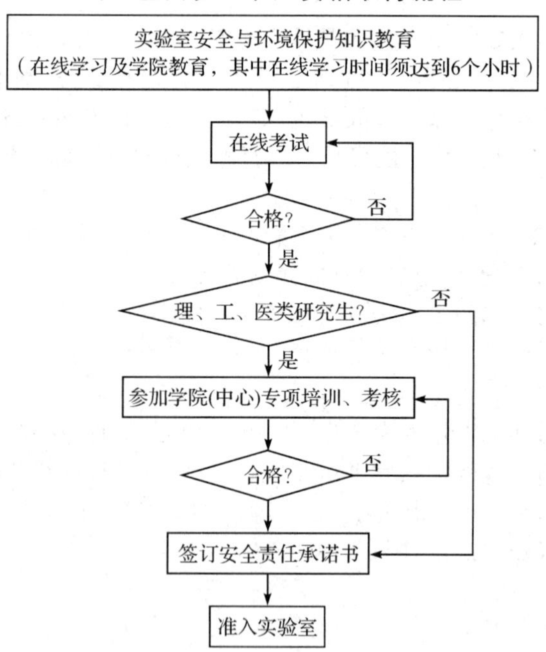

# 西南交通大学实验室安全考试准入办法(试行)

西交校资实〔2016〕3号

**第一条** 为进一步加强师生员工的实验室安全责任意识,提高其实验室安全知识水平,保障人身和财产安全,维护教学科研等工作正常进行,促进实验室安全文化建设,根据《高等学校实验室工作规程》、《西南交通大学实验室安全管理办法》等文件精神,制定本办法。

**第二条** 本办法所称的实验室,是指按照我校实验室设置管理办法确认或审批的各级各类实验室实体机构。

**第三条** 所有拟进入校内实验室学习、工作的师生,必须接受实验室安全教育培训,经考核合格取得《西南交通大学实验室安全准入证书》(以下简称"准入证书")后,方可进入。

**第四条** 资产与实验室管理处按照"统一标准、集中建库、分散考试"的原则,建设并维护实验室安全考试系统,及时更新培训内容与题库。

**第五条** 校内各实验室必须严格落实安全考试准入制度,督促师生完成培训和考试,严格禁止未获得准入证书的人员进入实验室。

**第六条** 师生可通过实验室安全考试系统的在线学习功能,或通过其他渠道,学习实验室安全知识。

**第七条** 师生在学习掌握实验室安全知识后,可登录实验室安全考试系统申请考试。实验室安全考试内容包括安全基础知识、化学品安全、生物安全、辐射安全、仪器设备安全等。

**第八条** 考试时间30分钟,满分100分,90分及以上成绩为合格。2次考试仍未合格者,需间隔15日方可重新参加考试。

**第九条** 准入证书有效期5年。到期后需重新参加考试。

**第十条** 本办法自发布之日起施行,由资产与实验室管理处负责解释。

# 北京化工大学实验室安全准入制度

北化大校办发〔2015〕8号

## 第一章　总　则

**第一条**　为了加强对学校实验室的安全管理，防止实验室里安全事故的发生，保障实验室工作人员和国家财产的安全，根据国家有关法规及本校实验室具体情况，特制定本制度。

**第二条**　本制度适用于所有拟进入实验室内学习、工作的人员，具体包括拟进入实验室的教工、学生、外来人员、临时人员等。

**第三条**　各学院、直属单位应在本制度的基础上，结合学科的特点，制定具体的实验室安全准入管理细则，落实实验室安全准入制度。

## 第二章　基本程序

**第四条**　实验室安全准入的主要目的是增长实验室安全知识、提高安全责任意识。实验室安全准入应包括三个阶段：

(1)安全知识培训和安全事故讲解：主要内容包括实验室安全知识和高校实验室安全事故案例，时间2～4小时。

(2)自主学习：通过“实验室安全教育及考试系统”的“网上学习”页面，可以浏览系统中全部的PPT、制度、习题等，完成安全知识的自主学习，时间不少于4小时。

(3)在线考试。在规定的时间段内登录“实验室安全教育及考试系统”进行考试。考试总时间为1小时，总分100分，规定时间内得分超过90分(含)为考试合格。可以进行多次考试，成绩以最高得分为准。

## 第三章　适用和实施

**第五条**　新入职的教工应在人事处安排的新员工培训阶段接受有关实验室安全的教育，同时，应登录“实验室安全教育及考试系统”进行考试并考试合格。此外，教工入职后还应定期参加学校相关部门或所在院系组织的实验室安全培训。

**第六条**　研究生新生必须完成实验室安全准入的学习和考试，方能进入实验室学习和工作。考试成绩合格后，学生可自行打印实验室安全准入证书，经本人签字、导师签字后，上交实验室和学院留档备查。研究生的实验室安全准入考核纳入研究生教育环节，在新生入学教育期间完成，未完成者将被取消学籍。

**第七条**　大四本科学生如需进实验室做毕业课题，必须要经过安全培训和考试。学院根据实际情况确定考试范围和考试时间，国资处负责开放考试平台；其他年级学生(一般为创新实验等)由指导老师组织实施，实施方案和结果上报学院和国资处备案。

**第八条** 外来人员和临时人员。由实验室根据具体情况组织安全教育、学习和考试，具体形式由实验室领用人确定并组织实施。

## 第四章 组织与管理

**第九条** 各学院行政副院长负责本学院安全准入制度的实施，具体包括：

(1)主讲实验室安全培训；

(2)制订考试计划，确保考试通过率；

(3)督促学院相关教师严格遵守学校规定，不允许无准入资格的学生进实验室开展研究工作。

**第十条** 国资处负责全校实验室安全准入制度的运行，具体包括：

(1)安全考核平台的开发、建设、维护。

(2)安全考试题目及各类安全教育资料的收集和整理，不断充实完善网络平台。

(3)监督、检查各学院实验室安全准入制度的实施情况。

## 第五章 附 则

**第十一条** 本制度未尽事项，按国家有关法律法规执行。

**第十二条** 本制度由国资处负责解释，自发布之日起生效。

# 浙江省高等学校实验室安全管理办法

浙教安〔2013〕57 号

## 第一章　总　则

**第一条**　为进一步加强高等学校实验室安全管理，预防和减少实验室安全事故的发生，保障师生员工的生命、财产安全，保证高等学校正常的教学、科研秩序，根据《中华人民共和国高等教育法》《中华人民共和国消防法》《危险化学品安全管理条例》《高等学校消防安全管理规定》等法律、法规、规章，制定本办法。

**第二条**　本办法适用于普通高等学校和成人高等学校（以下简称学校）的实验室安全管理。驻校内的其他单位的实验室安全管理，按照本办法的有关规定执行。

**第三条**　本办法中的“实验室”是指学校开展教学、科研等活动的所有实验场所。

**第四条**　学校应当坚持“以人为本、安全第一、预防为主、综合治理”的方针，认真贯彻落实国家有关安全法律法规，结合本校实验工作实际，制定各项实验室安全管理制度和处置预案。

**第五条**　学校应当逐级落实实验室岗位安全责任制，明确实验室安全管理岗位职责，确定各级实验室安全岗位责任人。

**第六条**　学校应当定期组织开展实验室安全教育和宣传工作，营造浓厚的实验室安全校园文化氛围，提高师生员工安全意识和安全技能。

**第七条**　学校应当将实验室安全纳入校内评估考核内容。对未依法依规履行实验室安全职责，违反实验室安全管理制度，或擅自挪用、损坏实验室器材、设施等的，学校应当责令其限期整改；对于屡教不改或造成损失的，应根据情节轻重对直接负责的主管人员和其他直接责任人员给予通报批评或警告等相应的处分。

**第八条**　对实验室安全管理工作不到位，出现重特大安全事故的学校或单位，应当追究单位领导和责任人的责任，并取消该单位当年所有评优参与资格；对因严重失职、渎职而造成重大损失或人员伤亡事故的，应依法追究有关人员的法律责任。

## 第二章　实验室安全责任

**第九条**　学校法定代表人是学校实验室安全责任人，全面负责学校实验室安全工作。分管学校实验室安全的校领导是学校实验室安全管理人，协助学校法定代表人负责实验室安全工作。其他校领导在分管工作范围内对实验室安全工作负有监督、检查、教育和管理职责。各二级单位主要负责人是本单位实验室安全责任人。

**第十条**　学校必须设立或者明确负责日常实验室安全工作的机构和专职管理人员，制定实验室安全管理制度，明确工作职责；学校各二级单位必须制定实验室安全规程，明确实验室管理机构及管理人员；学校或各二级单位应结合实际，区分实验室类型，分别制定管理细则；逐级建立实验室安全管理机构与队伍。

**第十一条**　学校应根据"谁使用、谁负责，谁主管、谁负责"的原则，逐级分层落实责任制。学校实验室安全责任人（或管理人）与各二级单位责任人，各二级单位责任人与各系所（室），各系所（室）与各科研实验项目负责人层层签订安全责任书。

## 第三章　实验室安全教育

**第十二条**　学校应当加强实验室安全教育培训工作，将其纳入学校安全教育年度工作计划，建立健全实验室安全教育制度，按照"全员、全程、全面"的教育思想，结合实验室特点，组织进行专业性的安全教育活动，开展各种预案演练、急救知识培训与操作等活动，切实提高实验室管理和教学、科研队伍的安全意识和安全技能。有条件的高校可设置适当的安全教育学分。

**第十三条**　学校应当逐步建立完善实验室准入考试制度，采用网上考试系统、书面考试和实际操作等方式对实验人员进行培训考核。实验人员考试合格后，方可进入实验室参与实验教学和科研活动。

## 第四章　实验室安全管理主要内容

**第十四条**　学校应当实行实验项目安全审核制度。

（一）学校必须对存在安全危险因素的实验项目进行审核、评估，尤其对涉及化学、生物、辐射等安全危险和隐患的科研项目进行严格审核和监管，使其具备相应的安全设施、特殊资质等条件。

（二）学校应当建立实验室建设与改造项目安全审核报备制度。对新建、扩建、改造实验场所，应建立审核流程，严格按照国家有关安全和环保规范要求进行设计、施工，落实"三同时"制度；项目建成后，须经主管部门安全合格验收，并完成相关的交接工作，明确后续管理维护单位和职责后方可投入使用。

**第十五条**　实验室化学安全管理。

（一）学校实验室使用化学危险物品应当认真贯彻国家《危险化学品安全管理条例》《常用化学危险品贮存通则》《放射性同位素与射线装置安全和防护条例》等有关规定，安全作业。

（二）学校应当建立健全实验室化学危险物品购置管理规范，建立从请购、领用、使用、回收、销毁的全过程记录和控制制度，确保物品台账与使用登记账、库存物资之间的账账相符、账实相符。

（三）学校应当规范建立化学危险物品存储仓库，并定期进行安全检查。化学危险物品的出入库登记、领取、检查、清理等应实施规范化管理。

（四）使用、存放化学危险物品的实验室必须建立化学危险物品使用台账，配备专业的防护装备，规范化学危险物品使用和处置程序。

（五）对剧毒、放射性等危险物品的存储必须严格安全措施，实行"双人保管、双人收发、双人使用、双人运输、双把锁"的"五双"管理制度。放射性同位素应当单独存放，不得与易燃、易爆、腐蚀性物品一起存放。

（六）学校应当落实承压气瓶的存放、使用管理规定，气瓶使用前应进行安全状况检查，不符合安全技术要求的气瓶严禁入库和使用。易燃气体气瓶与助燃气体气瓶不得混合保存和放置；易燃气体及有毒气体气瓶必须安放在符合贮存条件的环境中，配备监测报警装置。各种压力气瓶竖直放置时，应采取防止倾倒的措施。对于超过检验期的气瓶应及时退库、送检。

（七）废弃的危险化学品须交由有资质的单位统一收集处置。

**第十六条** 实验室生物安全管理。

(一)实验室生物安全主要涉及病原微生物安全、实验动物安全、转基因生物安全等方面。

(二)学校应当依法依规落实生物安全实验室的建设、管理和备案工作,获取相应资质,规范生化类试剂和用品的采购、实验操作、废弃物处理等工作程序。

(三)实验样品必须集中存放,定期统一销毁,严禁随意丢弃。实验动物应落实专人负责管理,实验动物的尸体、器官和组织应科学处理。

(四)细菌、病毒、疫苗等物品应落实专人负责管理,并建立健全审批、领取、储存、发放登记制度。剩余实验材料必须妥善保管、存储、处理,并作好详细记录;对含有病原体的废弃物,须经严格消毒、灭菌等无害化处理后,送有资质的专业单位进行销毁处理。严禁乱扔、乱放、随意倾倒。

**第十七条** 实验室辐射安全管理。

(一)实验室辐射安全主要包括放射性同位素(密封型放射源和非密封型放射性源)和射线装置的管理。

(二)学校必须按照《放射性同位素与射线装置安全和防护条例》等法律法规,在获取环保部门颁发的《辐射安全许可证》后才能开展相关实验工作。

(三)涉辐场所应当按照国家有关规定设置明显的放射性标志,其入口处应当按照国家有关安全和防护标准的要求,设置安全和防护设施以及必要的防护安全联锁、报警装置或者工作信号。射线装置的生产调试和使用场所,应当具有防止误操作、防止工作人员和公众受到意外照射的安全措施。

(四)学校应当落实辐射装置和放射源的采购、保管、使用、备案等管理措施,规范涉辐废弃物的处置。

(五)学校应当做好安全使用放射性同位素和射线装置的宣传、教育工作,定期组织涉辐人员参加辐射安全与防护知识培训及职业病体检。涉辐实验室管理和操作人员上岗前应当进行专项培训,持证上岗。实验室人员必须严格遵守放射性同位素和射线装置的操作规程。

(六)学校必须编制《核与辐射安全应急预案》。实验室若发生放射性同位素丢失或导致工作人员或公众受到意外照射,应视为安全事故,并按照应急预案处理。

**第十八条** 实验废弃物的安全管理。

(一)学校应当依法依规科学规范地做好实验室废弃物收集和暂存工作,有条件的学校应建立实验室废弃物储存回收站,实行专人管理,并委托有资质的专业单位进行清运处置。

(二)学校实验室应当对实验废弃物实行分类收集和存放,做好无害化处理、包装和标识,定时、定点送往符合规定的暂存收集点,不得随意排放废气、废液、废渣和噪声,不得污染环境。

(三)学校实验室应根据实验操作过程中排放的有毒有害气体和烟尘的特点,选择正确的吸收和排放方式,配置排放设备,强化通风、除尘和个人防护设备的管理,确保人身和环境安全。

(四)学校实验室对含有病原体的实验废弃物,须事先在实验室内进行消毒、灭菌处理后,方可交由具有资质的专业单位外运处置。对于放射性废弃物必须严格按照《放射性废物管理规定》《放射性废物安全管理条例》等规定进行安全处置,不得随意丢弃或作为一般废弃物处理。

**第十九条** 实验室仪器设备与操作的安全管理。

(一)学校应当建立实验室仪器设备管理制度,落实专人做好实验室仪器设备的维护、保养工作,保证仪器设备安全运行,并做好相应台账。

(二)实验室必须对具有危险性和安全隐患的设备采取严密的安全防范措施。精密仪器、大功率仪器设备、电气仪器设备必须有安全接地等安全保护措施;对于超期服役的设备应及时报废,消除安全隐患。

(三)实验室仪器设备操作人员应当接受业务和安全培训,了解仪器设备的性能特点、熟练掌握操作方法和操作技巧,严格按照操作规程开展实验教学和科研工作。具有危险性的特殊仪器设备,须在专职管理人员同意和现场监管下,方可进行操作。锅炉、压力容器(含气瓶)、压力管道等承压类特种设备和电梯、起重机械、场(厂)内专用机动车辆等机电类特种设备的操作人员,上岗前必须通过有相应培训资质的单位的专门培训,经特种设备安全监督管理部门考核合格,取得《特种设备作业人员证》,持证上岗。机械和热加工(含金属铸造、热轧、锻造、焊接、金属热处理、热切割和热喷涂等)设备的操作人员,作业时必须采取安全防护措施,穿戴好工作帽、工作服及安全鞋。

**第二十条** 实验室水电的安全管理。

(一)学校必须规范实验室用电、用水管理,按相关规范安装用电、用水设施和设备,定期对实验室的电源、水源等进行检查,排查安全隐患,落实整改措施,并做好相关记录。

(二)实验室内必须使用空气开关,并配备漏电保护器;电气设备应配备足够用电功率的电气元件和负载电线,不得超负荷用电;电气设备和大型仪器须接地良好,对电线老化等隐患应当定期检查并及时排除。使用高压电源工作时,操作人员须穿绝缘鞋、戴绝缘手套并站在绝缘垫上。严禁用潮湿的手接触电器和用湿布擦电门,擦拭电器设备前应确认电源已全部切断。

(三)实验室固定电源插座未经允许不得拆装、改线,不得乱接、乱拉电线,不得使用闸刀开关、木质配电板和花线等。

(四)实验室严禁使用电加热器具(包括各种电炉、电取暖器、热得快、电吹风等)。确因工作需要,必须选择具有足够安全性能的加热设备,并落实安全防范措施,在使用完毕后拔掉插头。

(五)化学类实验室不得使用明火电炉。确因工作需要且无法用其他加热设备替代时,在做好安全防范措施的前提下,经学校实验室安全管理部门审核同意后,方可使用。

**第二十一条** 实验室设施的安全管理。

学校应当根据实验室类别、潜在危险因素等配置消防器材、烟雾报警、监控系统、应急喷淋、洗眼装置、危险气体报警、通风系统(必要时需加装吸收系统)、防护罩、警戒隔离等安全设施,并指定专人负责管理。部分重点实验室和使用危化物的实验室应加装紧急报警装置。安全设施应当定期检查,做好设备更新、维护保养和检修工作,并建立台账。

**第二十二条** 实验室的消防安全管理。

(一)学校应当结合自身实验室工作实际,制定实验室消防安全管理制度,包括岗位责任制和学生实验安全守则等,严格落实各项消防安全管理措施。

(二)学校应当落实消防器材管理职责和措施,保证消防器材定点存放,性能良好,任何人不得损坏、挪作他用。过期的消防器材应当及时更换。疏散通道、安全出口、消防车通道等应保持畅通,禁止堆放杂物。

(三)实验室管理人员应当接受消防安全知识和相关技能培训,熟悉本岗位的防火要求,掌握所配灭火器的使用方法,保证安全教学。学校应当对进入实验室的人员(学生)开展防火安全教育。

(四)学校及校内各单位应定期或不定期组织安全检查,发现安全隐患及时整改。

**第二十三条** 实验室科研项目的涉密安全管理。

学校应当加强科研项目涉密工作管理。严格执行《科学技术保密规定》等国家相关保密规定,建立完善科研项目和科研成果相关保密工作管理制度,落实保密工作管理责任制,完善保密防护措施,规范涉密信息系统、载体和设备等的管理,加强对从事涉密科研项目的科研人员和学生的管理、教育和培训。在项目申报、立项和验收时,及时提出定密建议。对于泄露国家秘密、商业秘密和个人隐私的,依法追究其法律责任。

**第二十四条** 实验室的内务管理。

(一)学校应当建立实验室卫生检查管理制度,组织定期或不定期检查和督查,减少安全隐患。

(二)实验室应当建立卫生值日制度,保持实验室内的整洁,仪器设备布局合理。实验材料、实验剩余物和废弃物应当规范、及时处置。实验结束或人员离开实验室时,实验室管理或操作人员必须查看仪器设备、水、电、气和门窗关闭等情况,并按规定采取结束或暂离措施。

## 第五章 实验室隐患整改与事故处理

**第二十五条** 学校每季度至少进行一次实验室安全检查。校内各单位每月至少进行一次实验室安全检查。检查应当做好记录。检查的主要内容包括:

(一)实验室安全宣传教育及培训情况;

(二)实验室安全制度及责任制落实情况;

(三)实验室安全工作档案建立健全情况;

(四)实验室安全设施、器材配置及有效情况;

(五)实验室安全隐患和隐患整改情况;

(六)其他需要检查的内容。

**第二十六条** 学校应当在定期、不定期检查的基础上,对发现的安全问题和隐患进行梳理,及时采取措施进行整改并督查整改情况。对不能及时消除的安全隐患,隐患单位应当及时向上级部门报告,提出整改方案,确定整改措施、期限以及负责整改的部门、人员,并落实整改资金。安全隐患尚未消除的,应当落实防范措施或者停用整改,保障安全。实验室安全管理机构应当对违反国家有关法律法规、学校规章制度和存在严重安全隐患的实验室进行通报,责令限期整改并督查整改完成情况。

**第二十七条** 学校应当加强对废弃实验室处理的审批监管力度。对于搬迁或废弃的实验室,要彻底清查实验室存在的易燃易爆等危险品,严格按照国家相关要求及时处理,消除各种安全隐患。在确认实验室不存在危险品后,按照实验室废弃程序,选择具有资质的施工单位对废弃实验室进行拆迁施工。

**第二十八条** 学校实验室发生事故时,应立即启动应急预案,及时妥善做好应急处置工作,防止事态扩大和蔓延。发生较大险情时,应立即报警,并逐级报告事故信息,不得隐瞒不报或拖延上报。对隐瞒或歪曲事故真相者,从严处理。

**第二十九条** 发生实验室事故后,实验室所在单位应当配合相关职能机构,迅速查明事故原因,分清责任,写明事故调查报告,及时落实整改措施,并上报整改情况。

## 第六章 附 则

**第三十条** 学校应当根据本管理办法,结合本校实验室工作实际,制定本校实验室安全管理办法,并报省教育厅备案。

**第三十一条** 中等职业学校、普通高中、非学历高等教育机构实验室安全管理工作参照本办法有关规定执行。其他各级各类学校可根据具体情况参照执行。

**第三十二条** 本办法自 2013 年 9 月 1 日起施行。

# 第二编 应急预案

# 江南大学实验室安全事故应急预案

江大校办〔2014〕34 号

## 第一章　总　则

**第一条**　为积极应对可能发生的实验室安全事故，快速、高效、有序地组织开展事故抢险、救援和调查处理，预防和减少突发性灾害事件及其造成的损害，保障师生员工的生命与财产安全，维护正常的教学秩序，根据《中华人民共和国安全生产法》、《中华人民共和国突发事件应对法》、《中华人民共和国消防法》、《危险化学品安全管理条例》等法律法规和《江南大学实验室安全管理办法》的有关规定，制定本预案。

**第二条**　本预案所称实验室安全事故是指全校范围内各级各类教学、科研实验室或实验场所发生的，造成或者可能造成人员伤亡、财产损失、环境破坏和严重社会危害的事故、事件。

**第三条**　工作原则

（一）以人为本，安全第一。发生实验室安全事故时，要及时采取人员避险措施；实验室安全事故发生后，优先进行人员抢救，同时注意救援人员的自身安全。

（二）把握先机，快速应对。对学校发生的实验室安全事故，各相关部门和单位要第一时间做出反应，迅速到位，防止事故扩大，造成二次伤害，最大限度减少人员伤亡。

（三）统一领导，分级负责。事故发生后，各相关单位应在学校的统一领导下，立即启动应急预案，分工负责，相互协作。

（四）预防为主，常备不懈。贯彻落实"安全第一，预防为主"的方针，坚持事故应急与预防工作相结合，做好常态下的隐患排查、风险评估、事故预警、风险防范体系建设和预案演练等工作。

## 第二章　机构与职责

**第四条**　学校安全工作领导小组是实验室安全事故应急处理的领导机构，全面负责领导、协调实验室安全事故的应急处置工作。

**第五条**　各单位应成立实验室安全事故应急处理领导小组，负责事故现场指挥、协调和应急处置，其主要职责为：

（一）根据学科特点及实验室类型，负责本单位事故应急预案的制定和落实；

（二）加强安全教育和应急演练，保证各项应急预案有效实施；

（三）安全事故发生后，负责保护现场，并做好现场救援的协调、指挥工作，确保安全事故第一时间得到有效处理；

（四）及时、准确地上报实验室安全事故。

## 第三章　事故预防、预警及响应

**第六条**　各单位应做好预防、预警工作，最大限度地防止事故发生

（一）对各种可能发生的安全事故，完善预防、预警机制，开展风险评估分析，做到早防范、早发现、早报告、早处置；

（二）加强应急反应机制的日常管理和实验人员的培训教育，经常开展实验室事故演练，完善应急处置预案，提高应对突发事故的实战能力；

（三）各单位应对应急预案定期评估，并根据各单位具体情况不断进行完善和修订；

（四）重视实验人员健康检查，发现与实验室生物安全有关的人员感染或伤害立即报告、处置。

**第七条**　实验室安全事故发生后的响应

（一）事故现场人员是事故报告的责任人，所在单位为事故报告的责任单位；

（二）责任人应在自救、保护现场的同时立即启动事故上报机制，责任报告单位负责人在接到报告后，初步判定事故情况，进行现场处置，必要时启动应急预案，各相关单位应第一时间到达事故现场，协助实验室安全事故的处置；

（三）实验室安全事故上报机制为：报告人→单位安全责任人→实验室与设备管理处→校安全工作领导小组；

（四）凡发生实验室安全事故必须逐级上报，不得隐瞒。对迟报、谎报、瞒报和漏报事故及其重要情况的，根据相关规定对有关责任人给予相应处分；构成犯罪的，移交司法机关追究其刑事责任。

## 第四章　部分安全事故应急处置措施

**第八条**　实验室发生病原微生物、危险化学品事故的一般处置办法

（一）病原微生物

1.若病原微生物泼溅在皮肤上，立即用75％的酒精或碘伏进行消毒，然后用清水冲洗；

2.若病原微生物泼溅在眼内，立即用生理盐水或洗眼液冲洗，然后用清水冲洗至少15分钟，立即就医；

3.若病原微生物泼溅在衣物、鞋帽上或实验室桌面、地面，立即选用75％的酒精、碘伏、0.2％～0.5％的过氧乙酸、500～1000mg/L有效氯消毒液等进行消毒。

（二）危险化学品

1.若有毒、腐蚀性化学品泼溅在皮肤或衣物上，应迅速解脱衣物，立即用大量自来水冲洗，再根据毒物的性质采取相应的有效处理措施。

2.若有毒、有害物质泼溅或泄漏在工作台面或地面，应立即穿好专用防护服、隔绝式空气面具等进行必要防护。泄漏量小时，在确保人身安全的条件下可用沙子、吸附材料、中和材料等进行处理，将收集的泄漏物运至废弃物处理场所处置，残余物用大量水冲洗稀释。

3.若发生易燃、易爆化学品泄漏，则泄漏区域附近应严禁火种，切断电源。事故严重时，应立即设置隔离线，并通知附近人员撤离，同时报告有关部门。

（三）其他

若操作过程中被污染的注射器针刺伤、金属锐器损伤，解剖感染动物时操作不慎被锐器损伤或被动物咬伤或被昆虫叮咬等，应用肥皂和清水冲洗伤口，然后挤出伤口的血液，再用消毒液（如75%酒精、2000mg/L次氯酸钠、0.2%～0.5%过氧乙酸、0.5%的碘伏）浸泡或涂抹消毒，并包扎伤口（厌氧微生物感染不包扎伤口）。

**第九条** 实验室发生化学灼伤事故的一般处置办法

（一）强酸、强碱及其他一些化学物质，具有强烈的刺激性和腐蚀作用，发生这些化学灼伤时，应用大量流动清水冲洗，再分别用低浓度的（2%～5%）弱碱（强酸引起的）、弱酸（强碱引起的）进行中和。处理后，再依据情况而定，作下一步处理。

（二）溅入眼内时，在现场立即就近用大量清水或生理盐水彻底冲洗。冲洗时，眼睛置于水龙头上方，水向上冲洗眼睛冲洗，时间应不少于15分钟，切不可因疼痛而紧闭眼睛。处理后，再送眼科医院治疗。

**第十条** 实验室发生中毒事故的一般处置办法

（一）吸入中毒。若发生有毒气体泄漏，应立即启动排气装置将有毒气体排出，同时打开门窗使新鲜空气进入实验室。若吸入毒气造成中毒，应立即抢救，将中毒者移至空气良好处使之能呼吸新鲜空气，同时送入医院就医。

（二）经口中毒。要立即刺激催吐（可视情况采用0.02%～0.05%高锰酸钾溶液或5%活性炭溶液等催吐），反复漱口，立即送入医院就医。

（三）经皮肤中毒。将患者立即从中毒场所转移，脱去污染衣物，迅速用大量清水洗净皮肤（黏稠毒物用大量肥皂水冲洗）后，及时送入医院就医。

**第十一条** 实验室发生爆炸事故的一般处置办法

（一）实验室爆炸发生时，实验室人员确保安全的情况下必须及时切断电源和管道阀门；

（二）所有人员应听从现场指挥，有秩序地通过安全出口或用其他方法迅速撤离爆炸现场；

（三）实验室安全事故应急处理领导小组负责安排抢救工作和人员安置。

**第十二条** 实验室发生火灾事故的一般处置办法

（一）若发生局部火情，立即使用灭火器、灭火毯、沙箱等灭火。

（二）若发生大面积火灾，实验人员已无法控制，应立即报警，通知所有人员沿消防通道紧急疏散。同时，立即向消防部门报警，向学院领导报告，有人员受伤时，立即向医疗部门报告，请求支援。

（三）人员撤离到预定地点后，应立即组织清点人数，对未到人员尽快确认其所在的位置。

**第十三条** 实验室发生触电事故的一般处置办法

（一）应先切断电源或拔下电源插头，若来不及切断电源，可用绝缘物挑开电线。在未切断电源之前，切不可用手去拉触电者，也不可用金属或潮湿的东西挑电线。

（二）触电者脱离电源后，应就地仰面躺平，禁止摇动伤员头部。

（三）检查触电者的呼吸和心跳情况，呼吸停止或心脏停跳时应立即施行人工呼吸或心脏按压，并尽快联系医疗部门救治。

**第十四条** 实验室发生仪器设备故障事故的一般处置办法

（一）若仪器使用中发生设备电路事故，须立即停止实验，切断电源，并向仪器管理人员和实验室汇报。如发生失火，应选用二氧化碳灭火器扑灭，不得用水扑灭。如火势蔓延，应立即向学校保卫处和消防部门报警。

（二）仪器使用中的容器破碎及污染物质溢出，立刻戴上防护手套，按照仪器的标准作业程序关机，清理污染物及破碎玻璃，再对仪器进行消毒清洗，同时告知其他人员注意。

## 第五章 事故调查与处理

**第十五条** 在事故应急响应终止后，由学校安全工作领导小组对事故进行调查。

**第十六条** 事故单位应在事故调查结束后三日内上交书面报告，主要包括事故发生的时间、地点、伤亡情况、经济损失、发生事故的原因及相关责任人员情况等。

**第十七条** 根据调查结果，对人为原因造成实验室安全事故的单位，将根据情节轻重和后果严肃处理。违反法律、法规的依法追究有关当事人法律责任。

**第十八条** 对安全事件反映出的相关问题、存在的安全隐患，应严格进行整改。加强经常性的宣传教育，防止安全事件的发生。

**第十九条** 根据安全事故的性质及相关人员的责任，认真做好或积极协调有关部门做好受害人员的善后工作。

## 第六章 附 则

**第二十条** 本方案自发布之日起施行，由实验室与设备管理处负责解释。原《江南大学实验室安全事故应急处理方案》（江大校办〔2010〕10号）同时废止。

# 浙江工业大学实验室安全综合应急预案

浙工大发〔2012〕28号

## 第一章 总 则

**第一条** 为了有效预防、及时控制和妥善处理高校实验室发生的安全事故，建立健全应急机制，规范应急管理工作，提高快速应急处理能力，最大限度地减少财产损失、环境损害和社会影响，确保学校师生员工的生命财产与生产安全，确保学校正常的教学、科研和生活秩序，维护学校安全稳定的局面，保障学校持续、协调、健康、快速发展，特制定本预案。

**第二条** 本预案依据《中华人民共和国安全生产法》、《中华人民共和国消防法》、《国务院关于特大安全事故行政责任追究的规定》、《放射性同位素与射线装置安全和防护条例》、《国家突发环境事件应急预案》、《特种设备安全监察条例》、《危险化学品安全管理条例》、《常用化学危险品贮存通则》、《生产经营单位安全生产事故应急预案编写导则》(AQ/T9002－2006)等法律法规以及相关规定。

**第三条** 本预案适用于浙江工业大学实验室安全事故的预防与应对工作。

**第四条** 实验室安全事故的预防与应对工作原则如下：

(一)坚持“以人为本、安全第一”的原则。以保障师生生命财产安全为出发点和落脚点，积极预防和最大限度地减少实验室安全事故造成的人员伤亡和财产损失。

(二)坚持“以防为主、消防结合”的原则。加强实验室安全管理制度建设和日常管理工作，建立和完善预警机制，做好预案演练，防患于未然，并将预防与应急处置有机结合。

(三)坚持“统一领导、分级管理”的原则。在学校统一领导下，构建以校、院(部)为主的两级机构三级管理能无缝对接的实验室安全应急机制，落实纵向到底、横向到边的实验室安全连锁互保安全责任制。

(四)坚持“统一指挥、快速反应”的原则。建立科学、可靠和高效的应急组织体系，形成实验室安全事件快速反应机制，确保发现、报告、指挥、处置各环节的紧密衔接，做到信息畅通、反应迅速、应对正确、处置果断。

**第五条** 浙江工业大学实验室安全应急预案体系由综合应急预案、专项应急预案和现场处置方案三个层次的应急方案有机结合而成。(见图1)

**第六条** 为了有效处置各类实验室安全事故，依据事故的危害程度、人员及财产损失、波及范围和影响大小等情况，以及事故险情的控制难度，由高到低划分为四个级别。

(一)特别重大事故(Ⅰ级)：指事态非常复杂，对学校的安全稳定带来严重危害或威胁，已经或可能造成特别重大人员伤亡和财产损失，或严重破坏生态环境，需要上级主管部门和省应急领导机构指导，地方政府有关部门和应急机构密切配合，整合社会应急救援力量和资源才能应对的事件或事故。

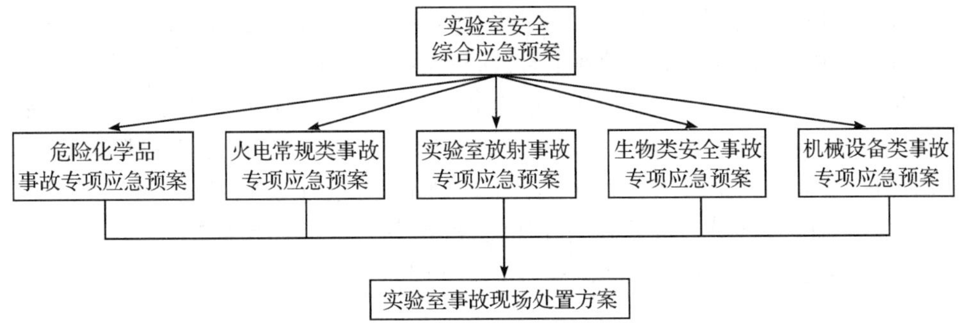


图1　实验室安全应急预案体系结构

（二）重大事故（Ⅱ级）：指事态复杂，对学校的安全稳定造成较为严重的危害或威胁，已经或可能造成重大人员伤亡和财产损失，或破坏生态环境可能波及校外，需要校外应急救援力量协助才能应对的事件或事故。

（三）较大事故（Ⅲ级）：指事态较为复杂，对校园的安全稳定造成一定危害或威胁，已经造成人员伤害或可能造成人员死亡、较大财产损失，或校园生态环境遭受到一定程度破坏，需要整合学校各方应急救援力量和资源进行处置的事件或事故。

（四）一般事故（Ⅳ级）：指事态比较简单，仅在较小范围内对学校的安全稳定造成危害或威胁，已经或可能造成人员伤害和财产损失，生态环境局部受到影响，但凭借学院的应急救援力量和资源就可以处置的事件或事故。

## 第二章　单位危险源

**第七条**　浙江工业大学实验室所涉及的危险源主要有下列五大类：

（一）化学品与危险化学品。包括化学单质、化合物、爆炸品、压缩气体和液化气体、易燃液体、易燃固体（含自燃物品和遇湿易燃物品）、氧化剂和有机过氧化物、有毒化学品（含剧毒品）、腐蚀化学品及废弃混合物等。

（二）放射源、放射性物品。放射性装置，包括 *X* 射线衍射仪、透射电镜、放射性实验装置。

（三）特种设备：(1)高温、高压、超低温、高真空、微波实验装置等；(2)高速旋转、激光、压力容器相关实验装置；(3)建筑特种设备（如吊机等）。

（四）生物类物品。包括微生物制剂、生物制剂、实验动物等。

（五）其他常规类。包括水、电、火、盗窃、房屋设备倒塌及气体泄漏等等。

## 第三章　组织机构及职责

**第八条**　学校成立以校领导为负责人的实验室安全应急领导小组（下称校应急领导小组），统一领导与指挥学校处理实验室安全事故（事件）。实验室安全应急预案启动后，校应急领导小组自动担负起事故（事件）的应急处置指挥职责和任务，成立应急救援现场指挥中心。校应急领导小组下设办公室，落实学校应急领导小组的决策与决定，协调学校各方应急救援力量和资源应对学校实验室安全事故(事件),及时与事发学院(部、直属单位)实验室安全应急领导小组联系,并及时汇总动态信息,向校应急领导小组报告。

**第九条** 各学院(部、直属单位)应根据学院危险源的特点,成立相应的、由院(部、直属单位)负责人牵头的实验室安全应急领导小组,组建专项或兼职应急救援队伍;负责学院(部、直属单位)实验室安全专项应急处置预案的制定、演练和完善;负责与校应急领导小组办公室的联系,及时报送安全信息,接受校应急领导小组和现场指挥中心的领导,请示并落实上级指令。(应急组织和救援指挥体系见图 2 和图 3)。

## 第四章 预、报警与应急响应

**第十条** 对早期发现的潜在隐患以及可能发生的安全事故,依照本预案规定的信息报告程序与时限及时上报(见图 4),对可能引发实验室安全事故的重要信息及时进行分析、判断和决策,并及时发布预警信息。

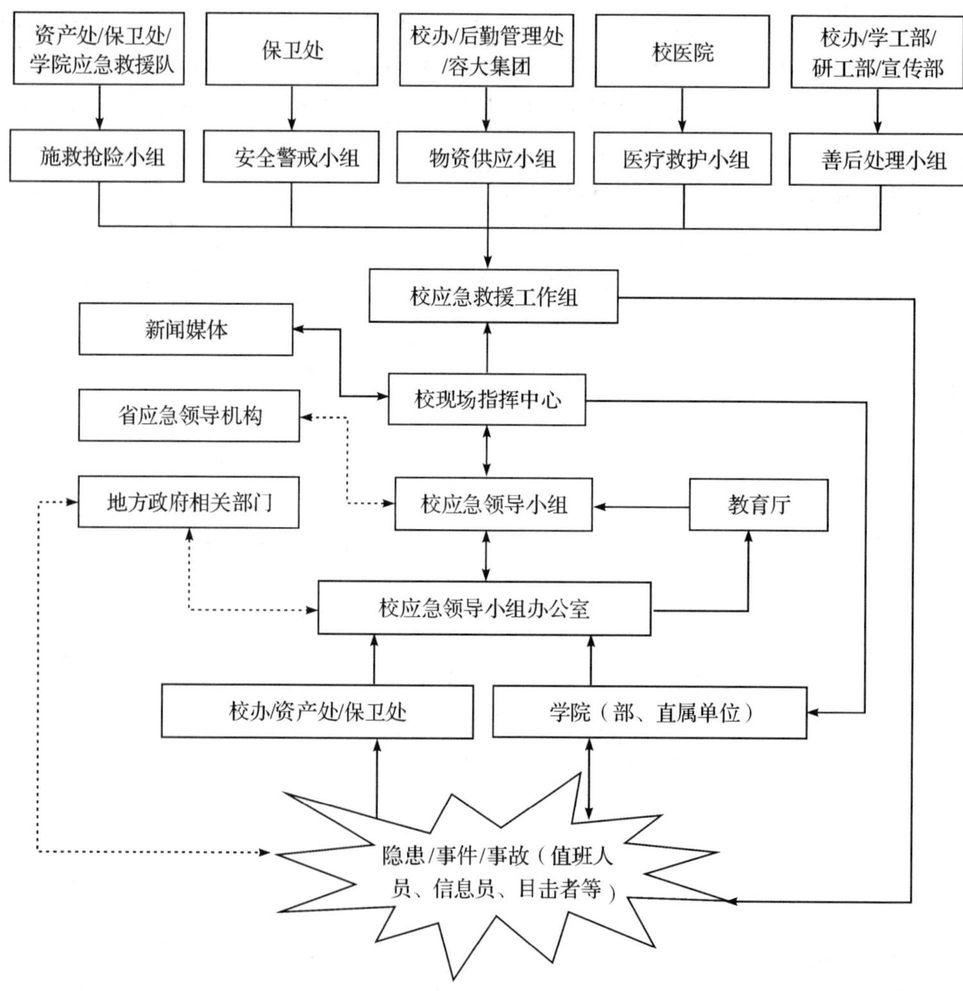


图 2 校实验室安全应急工作组织体系框架

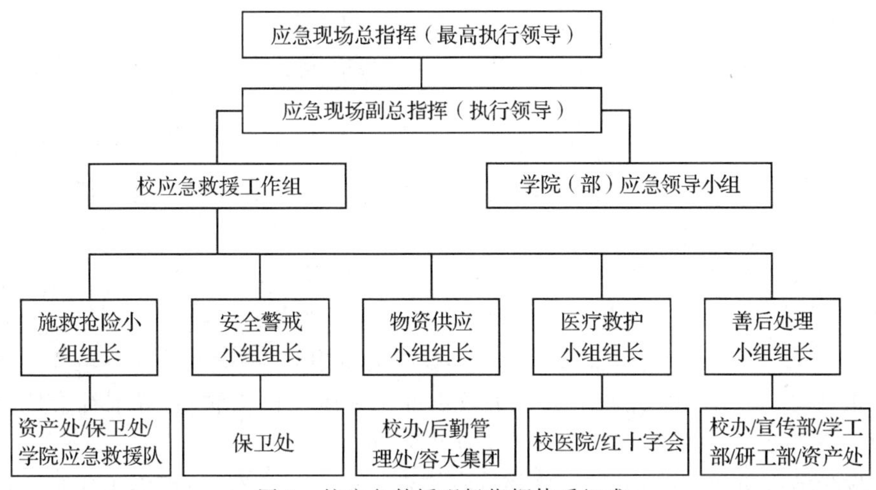

图 3 校应急救援现场指挥体系组成

**第十一条** 实验室值班人员、安全员、实验室相关成员以及其他人员得知已经发生或可能发生的实验室安全事故信息和情况后必须立即报警。接警人必须问清上述报警内容，接警后在第一时间向学校实验室安全应急领导小组办公室报告，并告知事发相关部门和学院(部、直属单位)。

报警内容：

(1)事故(事件)发生的地点、时间；

(2)事故(事件)的类型、危险源和人员被困与伤亡情况；

(3)已采取的控制措施及其他应对措施；

(4)报警人姓名、联系电话、所属部门。

校外报警救护电话：119，120；

校内报警救护电话：88320110，88320120(朝晖)；85290119，85290120(屏峰)。

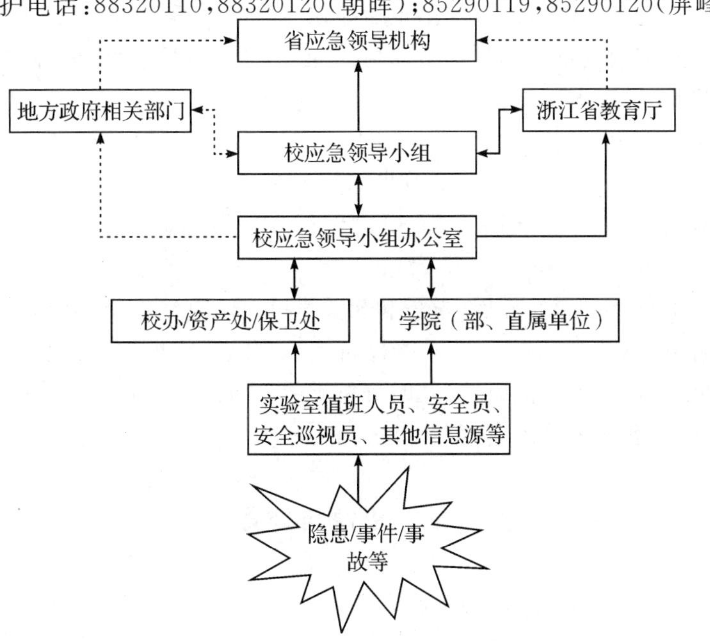

图 4 浙江工业大学实验室安全信息报送流程

**第十二条** 一旦发生事故和险情，应启动学校、学院（部、直属单位）应急预案，发生不同级别的事故和险情时应启动不同级别的应急响应，相应成立现场指挥中心和应急救援工作组，全力开展应急救援和处置工作。

（一）发生一般事故和险情（Ⅳ级）时，相关学院（部、直属单位）启动院级应急预案，组织实施应急救援，并及时将救援情况向学校汇报。校应急领导小组办公室必须时刻关注学院（部、直属单位）应急救援情况。

（二）发生较大事故和险情（Ⅲ级）时，启动校级应急预案，组织实施应急救助，学院（部、直属单位）全力配合；学校必须及时向主管部门汇报事故和救援情况。

（三）发生重大事故和险情（Ⅱ级）时，启动校级应急预案，组织实施应急救助。同时向主管部门汇报情况，请求指示，并与地方相关政府部门和应急机构联系，寻求社会应急力量救援和资源支持。

（四）发生特别重大事故和险情（Ⅰ级）时，启动校级应急预案，组织实施应急救助。同时向省级应急领导机构和主管部门汇报情况，请求指示和援助，并与地方政府相关部门和应急机构通报情况，寻求社会应急力量救援和资源支持。

**第十三条** 当事故险情得到有效控制，危害被基本消除，受困人员全部获救或脱离险境、受伤人员得到基本救治，次生和衍生的危害被排除时，由校应急领导小组根据应急救援的实际情况，宣布应急救援结束；重特大事故，应取得上级主管部门同意后，方可宣布应急救援结束。

## 第五章 后期处置

**第十四条** 在事故和险情得到有效控制后，各部门应根据领导小组指示，积极采取措施和行动，尽快使教学、科研、生活和生态环境恢复到正常状态。

**第十五条** 安全事故（事件）处置结束后要认真做好善后工作。

（一）实验室及室内设备若遭到严重损坏的，必须进行全面检修，经检验合格后方可重新投入使用。对严重损坏、无维修价值的，应当予以报废。

（二）安全事故事中，涉及毒性介质、生物介质和病毒泄漏的，应当经环保部门和卫生防疫部门检查并出具意见后，方可进行下一步修复工作。

（三）如果有必要，应当按国家有关规定做好安抚、抚恤、理赔工作，提供心理及司法援助。

**第十六条** 事故（事件）处理后，学校和相关学院（部、直属单位）必须对事故原因进行调查，对事故（事件）当事人和直接主管人进行问询，记录事故（事件）发生时的状态、造成的后果，填写事故（事件）调查单。同时，要及时分析事故（事件）发展过程，吸取教训，提出具体整改措施，进一步完善和改进管理制度与方法。

## 第六章 应急与处置保障

**第十七条** 明确与实验室安全应急工作相关的单位和人员通信联系方式与方法，建立可靠的信息通信系统，确保应急期间信息通畅。实验室安全应急组织机构与人员名单以及相关联系电话应上墙公布。

**第十八条** 各学院(部、直属单位)实验室必须制定专项应急现场处置预案并公布,平时要进行必要的演练,并根据需要不断完善。

**第十九条** 学校和各学院(部、直属单位)建立相应的应急救援队伍,根据需要与地方专业应急救援队伍签订救援协议,确保应急救援工作的顺利开展。

**第二十条** 明确应急救援需要使用的应急物资和装备的类型、数量、性能、存放位置、管理责任人及其联系方式等内容,确保应急设施、设备和有关物资的储备并处于可用状态。

**第二十一条** 在制订年度经费使用计划时,明确应急专项经费来源、使用范围、数量和监督管理措施,按实拨付,保障应急状态时应急经费的及时到位。

**第二十二条** 根据本单位应急工作需求制定其他相关保障措施(如:交通运输保障、治安保障、技术保障、医疗保障、后勤保障等),并确保落实到位。

## 第七章 附 则

**第二十三条** 本预案报上级主管部门和地方政府有关部门审查、备案。

**第二十四条** 随着应急救援法律法规的制定和进一步完善、校职能部门职责的变化以及应急过程中出现的新情况,学校应急领导小组应组织相关部门及时修订完善本预案。更新后的预案应重新备案。

**第二十五条** 本预案由学校负责制定与解释。

**第二十六条** 本预案自颁布之日起实施。

# 浙江大学突发危险化学品事件应急预案

浙大党办〔2015〕15号

## 1 总 则

### 1.1 编制目标和依据

为进一步提高防范和应对突发危险化学品事件的能力，控制、减轻和消除突发危险化学品事件的危害，依据《中华人民共和国突发事件应急法》《中华人民共和国安全生产法》《危险化学品安全管理条例》《生产经营单位生产安全事故应急预案编制导则》《生产安全事故应急预案管理办法》《浙江省安全生产条例》《浙江大学突发公共事件总体应急预案》和《浙江大学危险品（放射源）管理办法》等精神，结合我校实际，制定本预案。

### 1.2 工作原则

（1）以人为本，安全第一。把保障师生的人身安全和身体健康放在首位，切实加强安全防护，预防和减少突发危险化学品事件的发生，最大限度地降低损失。

（2）统一领导，分级负责。在学校的统一领导下，实行分级负责。学校各有关部门、院系、直属单位（以下统称“各有关单位”）按照各自职责和权限，负责突发事件的应急处置工作；各危险化学品涉及单位结合自身实际情况，制定应急预案，切实做好应急处置工作。

（3）快速响应，果断处置。事发单位是事件应急救援的第一响应者，一旦发生危险化学品突发事件，要以最快速度、最大效能，有序地实施单位自救，快速、及时启动分级应急响应。在应急处置工作中，按照“统一指挥，先控制后消灭，救人第一，先重点后一般”的原则，在避免事件扩大的前提下，首要开展抢救人员的应急处置行动，同时关注救援人员的自身安全防护。当需要外部力量救援时，及时向政府相关部门请求支援。

（4）预防为主，防救结合。按照“安全第一，预防为主，综合治理”的方针，坚持事件应急与预防工作相结合。加强危险源管理，做好突发危险化学品事件的预防、预测、预警和预报工作；积极开展培训教育，组织应急演练，做到常备不懈；加大宣传力度，提高师生员工的安全意识；做好救援物资和技术力量储备工作，做到有备无患。

### 1.3 实施范围

本预案适用于全校与危险化学品有关的安全环保突发事件的应对；医学院各附属医院、浙江大学城市学院、浙江大学宁波理工学院、舟山校区等，可根据实际情况参照执行或另行编制预案。

# 2 危险源分析与事件分级

## 2.1 危险源情况

2.1.1 危险目标的确定

根据国家相关规定，结合我校危险化学品的危险源和安全隐患识别、排查，按照分类分级制定应急处置预案内容的原则，确定危险目标。

2.1.2 危险源分析

我校所涉危险化学品包含一定数量的剧毒化学品、易制毒化学品、易制爆化学品等，分散在各教学、科研实验室及危险品仓库内，具有毒害、腐蚀、爆炸、燃烧、助燃等性质，对人体、设施、环境具有一定危害性。

2.1.3 危险目标的分布

涉及危险化学品的场所分布在紫金港、玉泉、西溪、华家池等校区，覆盖了危险品仓库、物理学系、化学系、地球科学学院、机械工程学院、材料科学与工程学院、能源工程学院、电气工程学院、建筑工程学院、化学工程与生物工程学院、海洋学院、航空航天学院、高分子科学与工程学系、光电科学与工程学院、信息与电子工程学院、控制科学与工程学院、生物医学工程与仪器科学学院、生命科学学院、生物系统工程与食品科学学院、环境与资源学院、农业与生物技术学院、动物科学学院、医学院、药学院、农业试验站、浙江加州国际纳米技术研究院、生命科学研究院、水环境研究院、可持续能源研究院、转化医学研究院、农生环测试中心、分析仪器研究中心等单位。

2.1.4 风险分析

危险化学品涉及申领、储存、运输、使用、废弃处置等多个环节，可能发生的安全事件类型主要有火灾、爆炸、中毒、灼伤、窒息、泄漏、环境污染、失窃、丢失等，事件蔓延迅速，危害严重，影响广泛。危险化学品风险分析情况如表1所示。

**表1 学校危险化学品风险分析情况**

| 危险目标等级 | 1级 | 2级 | 3级 |
|---|---|---|---|
| 地点 | 危险化学品仓库 | 剧毒化学品储存场所 | 涉及危险化学品使用和存放的实验室 |
| 区域性质 | 储存区 | 储存区 | 存放和使用区 |
| 触发因素 | 泄漏、静电、雷电、明火、违规操作 | | |
| 事件类型 | 火灾、爆炸、中毒、灼伤、窒息、泄漏、失窃、丢失等 | | |
| 危害情况说明 | 人员伤亡、财产损失、环境污染 | | |

注：危险目标等级从高到低依次为：1级、2级、3级

## 2.2 事件分级

根据事件的性质、严重程度、可控性、影响范围等因素，从重到轻依次分为特别重大事件（Ⅰ级）、重大事件（Ⅱ级）、较大事件（Ⅲ级）和一般事件（Ⅳ级）四个等级。

2.2.1 特别重大事件（Ⅰ级）

(1)剧毒化学品、易制毒化学品或易制爆化学品丢失或被盗；

(2)扩大到校外,对人员生命健康、社会环境可能造成影响的危险化学品泄漏事件;

(3)危险化学品引发的致5人以上受伤害或有人员死亡的各类事件;

(4)危险化学品引发的不可控的火灾事件。

2.2.2 重大事件(Ⅱ级)

(1)除剧毒化学品、易制毒化学品和易制爆化学品以外的其他危险化学品丢失或被盗;

(2)扩大到所在校区其他单位,对人员生命健康、社会环境可能造成影响的危险化学品泄漏事件;

(3)危险化学品引发的致3~5人受伤害的各类事件。

2.2.3 较大事件(Ⅲ级)

(1)扩大到所在校区其他单位,不会对周边环境和人员健康造成影响的危险化学品泄漏事件;

(2)危险化学品引发的致1~2人受伤害的各类事件。

2.2.4 一般事件(Ⅳ级)

(1)限于事发单位内、无扩大趋势,不会对周边环境和人员健康造成影响的危险化学品泄漏事件;

(2)危险化学品引发的初期的或小范围内可控的火灾事件;

(3)危险化学品引发的其他各类事件,但未造成人员伤害。

## 3 组织体系与工作职责

### 3.1 组织体系

3.1.1 Ⅰ级事件应急处置工作组

发生Ⅰ级事件,学校启动突发公共事件应急响应,由学校突发公共事件应急处置指挥中心(以下简称"Ⅰ级应急处置组")统一领导和指挥全校该级事件的应急处置工作。

主要职责:及时前往事发地现场,组织和指挥Ⅰ级突发事件应急处置工作。

3.1.2 Ⅱ级事件应急处置工作组

发生Ⅱ级事件,由学校突发公共事件应急处置指挥中心组织成立突发危险化学品事件应急处置工作组(以下简称"Ⅱ级应急处置组"),启动Ⅱ级应急响应,开展应急处置工作。

组长:校实验室技术安全工作委员会主任

副组长:党委办公室、校长办公室、实验室与设备管理处、安全保卫处主要负责人

成员:党委宣传部、人事处、本科生院、研究生院、科学技术研究院、计划财务处、房地产管理处、基本建设处、后勤管理处、各校区管委会、校医院、后勤集团、事发单位等负责人

办公室:设在实验室与设备管理处

主要职责:及时前往事发地现场指挥并负责Ⅱ级事件的应急处置;配合环保、公安、卫生等部门做好突发Ⅱ级事件的处理工作。

3.1.3 Ⅲ级事件应急处置工作组

发生Ⅲ级事件,由校实验室技术安全工作委员会下设的化学危险品安全管理工作小组作为应急处置工作组(以下简称"Ⅲ级应急处置组")启动Ⅲ级应急响应,开展应急处置工作。

组长:实验室与设备管理处主要负责人。

副组长：化学系、化学工程与生物工程学院、实验室与设备管理处、安全保卫处等有关负责人。

成员：后勤管理处、校医院、材料科学与工程学院、能源工程学院、高分子科学与工程学系、药学院、后勤集团、事发单位等负责人。

办公室：设在实验室与设备管理处。

主要职责：及时前往事发地现场指挥并负责Ⅲ级事件的应急处置工作。

3.1.4　Ⅳ级突发危险化学品事件应急处置工作组

发生Ⅳ级事件，由涉及危险化学品事件的校内相关单位成立应急处置工作组（以下简称"Ⅳ级应急处置组"），启动应急响应，开展应急处置工作。

组长：事发单位党政主要负责人。

主要职责：及时赶赴现场，组织开展现场封控、保护和救援行动；负责Ⅳ级事件的应急处置工作。

3.1.5　应急处置专家组

应急处置专家组由学校实验室技术安全工作委员会化学安全领域专家组成，必要时可召集校内外的相关专家，主要负责突发危险化学品事件应急预测、预警和处置中的咨询工作，向各级应急处置组提供应急处置决策依据和建议等。

## 3.2　学校各有关单位相应工作职责

（1）党委办公室、校长办公室：发生Ⅰ级事件时，协调各成员单位的抢险救援工作；接受政府部门的指令和调动，落实上级部门和学校领导关于事件抢险救援的指示，及时向学校领导和上级有关部门报告事件和抢险救援进展情况；发生Ⅱ、Ⅲ级事件时，协助做好相关工作。在Ⅲ级（含）以上事件确认后 2～4 小时内，酌情向教育部、事发地人民政府和教育部门及有关单位报送事件处置情况。

（2）党委宣传部：发生Ⅲ级（含）以上突发事件时，负责做好宣传工作，向外界及时通报事件情况，开展网络舆情监管、预警，进行正确的舆论引导等。

（3）实验室与设备管理处：负责在Ⅲ级（含）以上事件确认后 2 小时内酌情向环保部门报送事件情况、请求支援，及时向上级转达环保部门的指示；负责组织专家，为现场指挥救援工作提供技术咨询；负责联系有资质的专业单位开展监测、治污、放射性化学废弃物处置等工作；负责或配合政府部门做好事件的调查及应急救援工作的总结并及时向学校报送信息。

（4）安全保卫处：组织应急机动队伍，执行处置突发事件的应急任务；负责布置事件现场的安全警戒、人员疏散、治安巡逻，保持校园内救援通道的畅通；负责在Ⅲ级（含）以上事件确认后 2 小时内酌情向公安部门报送事件情况、请求支援；配合事发单位或消防部门进行现场灭火，搜救伤员，控制易燃、易爆、有毒物质泄漏；负责与公安部门联系，协助公安机关做好突发事件的调查取证工作，参与做好事件应急救援总结工作。

（5）后勤管理处：会同学校有关部门和单位，做好应急所需的水电、交通等保障工作；负责联系有资质的专业单位对产生的化学废弃物（含放射性的除外）进行处置。

（6）校医院：负责在事发现场附近的安全区域内设立临时医疗救护点，及时调配医务人员、医疗器械和急救药品；负责实施现场救治及统计伤亡人员情况，及时与医学院附属医院等联系求助，将超出校医院救治能力的病员及时转送至上级医院；负责在Ⅲ级（含）以上事件确认后 2 小时内酌情向卫生部门报送事件信息、请求支援。

(7)各危险化学品涉及单位：根据本单位涉及的危险化学品的种类及特性，做好应急救援设施和物资准备工作；负责本单位内Ⅳ级事件的应急处置工作，配合做好本单位Ⅰ、Ⅱ、Ⅲ级事件的应急处置工作，并及时向有关部门报送信息。

## 4　预测和预警

### 4.1　危险源监控

各危险化学品涉及单位对重大危险源进行监控和风险分析，对可能引发危险化学品事件的情况进行监控和分析，切实做到"早发现、早报告、早处置"。实验室与设备管理处、安全保卫处加强安全监管和巡查工作。

### 4.2　预警行动

各级应急处置组确认可能导致突发事件的情况后，要及时研究确定应对方案，通知有关部门、单位采取相应行动预防事件发生；当需要支援时，请求上级支持并按照本预案规定进行预警等级的发布。预警信息包括预警级别、起始时间、可能影响范围、警示事项、应采取的措施和发布单位等。

## 5　应急响应办法与程序

### 5.1　分级响应

突发危险化学品事件发生后，各级应急处置组应立即发布相应等级的应急响应，并启动相应级别的应急预案。各有关单位根据各自职责，迅速采取先期应急处置措施，封锁现场，疏散人员，积极救治受伤人员，控制事态发展。

### 5.2　现场应急处置

5.2.1　应急处置基本任务

(1)控制危险源。及时控制造成事件的危险源(灭火、切断毒源等)，防止事件继续扩展，确保及时、有效地进行救援。

(2)抢救受害人员。及时、有序、有效地实施现场急救与安全转送伤员，以降低伤亡率，减少事件危害。

(3)引导人员撤离。组织撤离时应指导人员采取各种措施进行自身防护，并向上风向迅速撤离出危险区或可能受到危害的区域。撤离过程中应积极组织人员开展自救和互救工作。

(4)做好现场洗消。对现场残留的有毒有害物质和可能对人和环境继续造成危害的物质，应及时组织人员予以清除，减轻危害后果，防止对人的继续危害和对环境的污染。

5.2.2　应急处置方案

突发危险化学品事件、剧毒化学品事件的应急处置方案详见附件1、2。各危险化学品涉及单位应根据各自涉及的化学品种类、危害特性等分别负责组织制订和修订详细的现场处置预案，并保障其切实可行。

5.2.3　现场处置要点

(1)丢失或被盗事件处置要点

确定丢失或被盗的位置；确定丢失或被盗物质的类别、特性（毒性、腐蚀性、放射性、致癌性、爆炸性、易燃性等）；确定丢失或被盗可能导致的后果及其危害性；确定主要的控制措施；确定需要调动的应急救援力量（公安部门等）。

(2)火灾事件处置要点

确定火灾发生位置；确定引起火灾的物质类别（压缩气体、液化气体、易燃液体、易燃物品、自燃物品等）；确定所需的应急救援处置专家类别；明确火灾发生区域的周边环境；确定周围区域的重大危险源分布；确定火灾扑救方法；确定火灾可能导致的后果及对周围区域的影响（含火灾与爆炸伴随发生的可能性）；确定对火灾可能导致后果的主要控制措施（控制火灾蔓延、人员疏散、医疗救护等）；确定需要调动的应急救援力量（公安、消防队伍等）。

(3)爆炸事件处置要点

确定爆炸地点；确定爆炸类型（物理爆炸、化学爆炸）；确定引起爆炸的物质类别（气体、液体、固体）；确定所需的爆炸应急处置专家类别；明确爆炸地点的周围环境；明确周围区域的重大危险源分布；确定爆炸可能导致的后果（火灾、二次爆炸等）；确定爆炸可能导致的后果及其主要控制措施（再次爆炸控制手段、工程抢险、人员疏散、医疗救护等）；确定需要调动的应急救援力量（公安、消防队伍等）。

(4)中毒事件处置要点

明确引起中毒的物质类别（剧毒性、腐蚀性等）；确定所需的中毒应急处置专家类别；明确中毒地点的周围环境；确定是否已有有毒物质进入大气、附近水源等场所；确定气象信息；确定中毒可能导致的后果及其主要控制措施（中和、解毒等措施）；确定需要调动的应急救援力量（卫生部门等）。

(5)易燃、易爆或有毒物质泄漏事件处置要点

确定泄漏源的位置；确定发生泄漏的化学品种类（易燃、易爆或有毒物质）；确定所需的泄漏应急处置专家类别；确定泄漏源的周围环境（环境功能区、人口密度等）；确定是否已有泄漏物质进入大气、附近水源、下水道等场所；明确周围区域的重大危险源分布；确定泄漏时间或预计持续时间以及泄漏扩散趋势预测；确定实际或估算的泄漏量；确定气象信息；明确泄漏可能导致的后果及危及周围环境的可能性（泄漏是否可能引起火灾、爆炸、中毒等后果）；确定对泄漏可能导致后果的主要控制措施（堵漏、工程抢险、人员疏散、医疗救护等）；确定需要调动的应急救援力量（消防特勤部队、防化兵部队等）。

5.2.4　应急处理联系电话

实验室与设备管理处：88208993

安全保卫处（24 小时值班电话）：88206110（紫金港）、87951110（玉泉）、88273110（西溪）、86971110（华家池）

校区管委会：88206170（紫金港）、87953136（玉泉）、88273256（西溪）、86971100（华家池）

后勤管理处：88981555

校医院（24 小时总值班）：13325916833

火警：119

急救电话：120

公安部门:110

浙江省卫生与计划生育委员会应急办公室:87709087

### 5.3 应急人员的安全防护

根据不同危险化学品事件的特点以及应急人员的职责,采取不同的防护措施:应急救援指挥人员、医务人员和其他不进入污染区域的应急人员一般配备过滤式防毒面罩、防护服、防毒手套、防毒靴等;工程抢险、消防和侦检等进入污染区域的应急人员应配备密闭型防毒面罩、防酸碱型防护服和空气呼吸器等;同时应做好现场毒物的洗消工作(包括人员、设备、设施和场所等)。

### 5.4 师生的安全防护

根据不同危险化学品事件特点,组织和指导师生就地取材(如毛巾、湿布、口罩等),采用简易有效的防护措施自我保护。根据实际情况,制定切实可行的疏散程序(包括指挥机构、疏散组织、疏散范围、疏散方式、疏散路线、疏散人员的照顾等)。组织师生撤离危险区域时,应选择安全的撤离路线,避免横穿危险区域。进入安全区域后,应尽快去除受污染的衣物,防止继发性伤害。

### 5.5 信息报送

一旦预测可能或已经发生危险化学品事件,事发单位应根据本预案,判定事件等级,并及时报告。Ⅰ级、Ⅱ级和Ⅲ级事件需报告实验室与设备管理处、安全保卫处,Ⅰ级事件还需加报党委办公室、校长办公室;出现人员伤害时,需同时报告校医院,请求支援。特别紧急的情况可先越级报告,或根据人员受伤、火警等情况分别拨打120急救电话、119火警电话。

报告内容包括事件发生的时间、地点及事件类型与现场情况,涉及危险化学品的名称、数量及危险特性,涉及人员情况,已采取的控制措施,报告单位名称、个人姓名及联系方式等。

Ⅳ级事件由事发单位处置完成后,向实验室与设备管理处、安全保卫处报备。

### 5.6 应急结束

事件现场得以控制,并消除可能导致次生、衍生事件的隐患后,分级发布应急结束指令。经公安、环保、卫生等相关部门确认许可后,Ⅰ、Ⅱ、Ⅲ、Ⅳ级应急结束指令分别由对应的各级应急处置组发布。

## 6 应急保障

各危险化学品涉及单位负责配备本单位应急救援人员,并组织培训、演练;校内应急处理联系电话应保证畅通有效;校内各使用、存放、运输危险化学品的单位,应根据所涉及危险化学品的性质、危害等因素,做好经费保障,配备应急救援装备、物资(物资配备情况详见表2)并定期检查,保证可用。

表 2 应急救援物资配备

| 责任单位 | 物品名称 | 数量 | 备注 |
| --- | --- | --- | --- |
| 安全保卫处 | 消防栓、灭火器、沙桶 | 若干 | 根据各危险化学品涉及单位的实际情况，配备不同类型的灭火器 |
| 后勤管理处 | 抽水泵 | 若干 | |
| 各危险化学品涉及单位 | 灭火毯、解毒或中和药品、化学品吸收棉、应急喷淋及洗眼装置、急救用品、防护服、防护面罩、防护眼镜、防毒面具、防护靴、应急灯、便携式可燃气体报警仪、空气呼吸器、其他应急物资 | 若干 | 根据所涉危险化学品性质配备 |

## 7 后期处置

### 7.1 善后处理

各级应急处置工作组应妥善处理相应善后工作。善后工作主要包括事件中伤亡人员的抚恤、补偿、补助和相应的心理干预及司法援助，紧急调拨物资的处理和补偿，环境污染清理，有关教学、科研、生活等设施的恢复重建，有关单位和个人向保险机构的理赔等。

### 7.2 调查评估与查处

事件平息后，相关职能部门和事发单位要对事件的起因、性质、影响、责任、经验教训和善后工作等做出调查评估并形成完整的总结材料，向学校党委和行政报告，交实验室与设备管理处归档。校纪委办公室、监察处要根据突发危险化学品事件的性质，对有关责任人进行查处。

## 8 责任追究

8.1 参加执行本预案的有关人员，必须认真履行职责，严格服从命令、听从指挥、坚守岗位，严禁支持或参与任何不利于事态处理的活动。

8.2 突发危险化学品事件处置实行问责制，对迟报、谎报、瞒报和漏报突发危险化学品事件重要情况，或在处置突发危险化学品事件中有其他失职、渎职行为的，根据其性质和造成后果的严重程度，依法依规给予处理，构成犯罪的，移送司法机关依法追究其刑事责任。

## 9 附则

9.1 本预案由实验室与设备管理处负责解释。

9.2 本预案未尽事项，按国家有关法律法规执行。

9.3 本预案自发布之日起施行。

附件:1. 浙江大学突发危险化学品事件应急处置方案
2. 浙江大学突发剧毒化学品事件应急处置方案
3. 浙江大学突发危险化学品事件应急处理流程图(略)

附件 1

# 浙江大学突发危险化学品事件应急处置方案

## 1 事件分类

突发危险化学品事件(剧毒化学品除外,下同)主要分为以下几大类:

(1)危险化学品丢失或被盗事件

(2)危险化学品泄漏事件

(3)危险化学品中毒事件

(4)危险化学品火灾与爆炸事件

## 2 应急处置

### 2.1 危险化学品丢失或被盗事件处置措施

一旦发现化学品丢失或被盗,工作人员应保护、封锁现场,立即报告本单位主管领导、实验室与设备管理处和安全保卫处,由学校职能部门向相关校领导汇报,并在确定丢失原因和地点后,积极查找。必要时,报告政府有关部门,请求支援。

### 2.2 危险化学品泄漏事件处置措施

在化学品的储存和使用过程中,发生容器破裂、洒漏等事件,造成危险化学品的外漏时,须采取简单、有效的措施消除或减少泄漏危险。

#### 2.2.1 疏散与隔离

一旦发生危险化学品泄漏,首先应疏散无关人员,隔离泄漏污染区。若为易燃易爆化学品大量泄漏,应立即切断事件区电源、严禁烟火、设置警戒线,并及时拨打“119”报警,请求消防专业人员救援。

#### 2.2.2 泄漏源控制与处理

救援人员必须配备必要的个人防护器具进入泄漏现场进行处理,尽可能通过关闭阀门、停止实验、堵漏、吸附等方法控制泄漏源。注意不要直接接触泄漏物。

2.2.2.1 围堤堵截。液体化学品泄漏到地面上时会四处蔓延扩散,难以收集处理,须筑堤堵截或者引流到安全地点。

2.2.2.2 稀释与覆盖。向有害物蒸汽云喷射雾状水,加速气体向高空扩散。对于可燃物,可在现场施放大量水蒸气或氮气,破坏燃烧条件。对于液体泄漏,可用泡沫或其他覆盖物品覆盖外泄的物料,在其表面形成覆盖层,抑制其蒸发。对于气体泄漏,应开窗保持通风,稀释其浓度。

2.2.2.3 收容(集)。泄漏量小时,可用沙子、吸附材料、中和材料、吸收棉等吸收、中和;泄漏量大时,可选择用隔膜泵将泄漏出的物料抽入容器内或槽车内。

2.2.2.4 废弃。将收集的泄漏物运至废物处理场所处置,用消防水冲洗剩余少量物料。

## 2.3　危险化学品中毒事件处置措施

化学品急性中毒事件多因意外事件引起，其特点是病情发生急骤、病状严重、变化迅速，必须争分夺秒及时抢救。

### 2.3.1　急性中毒的现场抢救原则

#### 2.3.1.1　做好救护者个人防护

急性中毒发生时，毒物多由呼吸道和皮肤侵入体内，因此救护者在进入毒区抢救之前，应佩戴好防毒面具、氧气呼吸器、防护服和可燃气体报警仪等防护用品和应急器具。

#### 2.3.1.2　尽快切断毒物源

救护人员进入事件现场后，除对中毒者进行抢救外，同时应采取措施（如关闭管道阀门、堵塞泄漏的设备等）切断毒源，防止毒物继续外逸。对于已经扩散出来的有毒气体或蒸气应立即启动通风设施排毒或开启门、窗等，降低有毒物质在空气中的含量，为抢救工作创造有利条件。

#### 2.3.1.3　尽快转移病人

将病人转移到空气流通的安全地带，解开领扣，使病人呼吸通畅；脱去污染衣服，并彻底清洗污染的皮肤和毛发，注意保暖，阻止毒物继续侵入人体。

#### 2.3.1.4　现场施救

针对不同的中毒事件，采取相应的措施进行现场应急救援。对于呼吸困难或呼吸停止者，应立即进行人工呼吸；对心脏骤停者，应立即行胸外心脏按压；对眼部溅入毒物者，应立即用清水冲洗。

#### 2.3.1.5　及时解毒和促进毒物排出

对于毒物经口引起的急性中毒，若毒物无腐蚀性，应立即用催吐或洗胃等方法清除毒物。对于某些毒物亦可使其变为不溶性物质以防止其吸收，如氯化钡、碳酸钡中毒，可口服硫酸钠。氨、铬酸盐、铜盐、汞盐、羧酸类、醛类、脂类中毒时，可给中毒者喝牛奶、生鸡蛋等缓解剂。烷烃、苯、石油醚中毒时，可给中毒者喝一汤匙液状石蜡和一杯含硫酸镁或硫酸钠的水。一氧化碳中毒者应立即吸入氧气，以缓解机体缺氧并促进毒物排出。

#### 2.3.1.6　送医院治疗

经过初步急救，速送医院继续治疗。

## 2.4　危险化学品火灾与爆炸事件处置措施

危险化学品和易燃易爆物质等一旦起火，很有可能引发爆炸，危险性、破坏性极大，因此，在保证扑救人员安全的前提下，要遵循“先控制后消灭，救人先于救火，先重点后一般”的原则。

### 2.4.1　不同种类危险化学品的灭火扑救方法

#### 2.4.1.1　扑救易燃液体火灾的基本方法

首先应切断火势蔓延的途径，控制燃烧范围。对小面积（一般 $50m^2$ 以内）液体火灾，一般可用雾状水、泡沫、干粉、二氧化碳等灭火。大面积液体火灾则必须根据其相对密度（比重）、水溶性和燃烧面积大小，选择正确的灭火剂扑救。比水轻又不溶于水的液体（如汽油、苯等）起火时，用普通蛋白泡沫或轻水泡沫灭火；比水重又不溶于水的液体（如二硫化碳）起火时可用水扑救。水溶性的液体（如醇类、酮类等），最好用抗溶性泡沫扑救。

#### 2.4.1.2　扑救毒害品和腐蚀品火灾的基本方法

灭火人员必须穿防护服，佩戴防护面具。一般情况下采取全身防护即可，对有特殊要求的物品火灾，应穿专用防护服。扑救时应尽量使用低压水流或雾状水，避免腐蚀品、毒害品溅出。遇酸类或碱类腐蚀品最好调制相应的中和剂稀释中和。浓硫酸遇水能放出大量的热，会导致沸腾飞溅，需特别注意防护。浓硫酸数量不多时，可用大量低压水快速扑救。如果浓硫酸量很大，应先用二氧化碳、干粉等灭火，再把着火物品与浓硫酸分开。

2.4.1.3 扑救易燃固体、易燃物品火灾的基本方法

易燃固体、易燃物品一般可用水或泡沫扑救，但少数易燃固体、自燃物品的扑救方法比较特殊，如2,4-沙二硝基苯甲醚、二硝基萘、萘、黄磷等。

2,4-二硝基苯甲醚、二硝基萘、萘等可升华的易燃固体，在扑救过程中应不时向燃烧区域上空及周围喷射雾状水，并用水浇灭燃烧区域及其周围的一切火源。遇黄磷火灾时，用低压水或雾状水扑救，用泥土、沙袋等筑堤拦截黄磷熔融液体并用雾状水冷却，对磷块和冷却后已固化的黄磷，应用钳子夹入贮水容器中。

2.4.1.4 扑救易燃气体火灾的基本方法

扑救过程中应向燃烧区域上空及周围喷射雾状水，用水浇灭燃烧区域及其周围的一切火源；同时用水喷射盛装易燃气体的容器，降低容器温度。在确保安全的情况下，切断泄漏源，并开窗保持通风。当灭火人员发现有发生爆炸的可能时，应迅速撤至安全地带，来不及撤退时，应就地卧倒。

2.4.1.5 扑救遇湿易燃物品火灾的基本方法

遇湿易燃物品如金属钾、钠以及三乙基铝（液态）等应远离水源、热源，并存放于固定在墙体上的铁柜中。当实验场所内存在一定数量的遇湿易燃物品时，绝对禁止用水、泡沫、酸碱灭火器等湿性灭火剂，应用干粉、二氧化碳等扑救。固体遇湿易燃物品应用水泥、干砂、干粉、硅藻土和蛭石等覆盖。

2.4.1.6 扑救爆炸物品火灾的基本方法

迅速判断和查明再次发生爆炸的可能性和危险性，紧紧抓住爆炸后和可能再次发生爆炸之前的有利时机，采取一切可能的措施，全力阻止再次爆炸的发生。当灭火人员发现有发生再次爆炸的危险时，应迅速撤至安全地带，来不及撤退时，应就地卧倒。

## 3 附 则

危险化学品引发的其他事件请根据其性质采取相应措施进行处置。

**附件 2**

# 浙江大学突发剧毒化学品事件应急处置方案

## 1 事件分类

突发剧毒化学品事件主要有以下几类：

（1）剧毒品丢失或被盗事件

（2）剧毒品泄漏与中毒事件

（3）剧毒品火灾与爆炸事件

## 2 应急处置

### 2.1 应急响应

接到事件报告后，Ⅰ级应急处置组应立即启动Ⅰ级应急响应。各有关单位根据预案分工，履行各自职责。

### 2.2 应急措施

2.2.1 警戒与疏散

剧毒品泄漏、火灾、爆炸等事件发生后，应根据泄漏扩散情况或火焰热浪辐射范围建立警戒区，禁止消防及应急人员以外的其他人员进入；引导、护送无关人员迅速撤离警戒区，向上风方向转移。

2.2.2 现场急救

剧毒品对人体伤害巨大，因此，在事件现场，无论是病人还是应急人员，均需进行适当防护。现场急救要点为迅速带受害者脱离现场至空气新鲜处，保持呼吸道畅通；呼吸困难时给氧；呼吸、心脏停止时，立即进行人工心肺复苏术，并立即送往医院救治。

2.2.3 处置措施

2.2.3.1 剧毒品丢失或被盗

发现剧毒品丢失或被盗后，应保护、封锁好现场，立即报告本单位主管领导、安全保卫处、实验室与设备管理处和校医院，积极查找，必要时报告公安部门。

2.2.3.2 剧毒品泄漏

剧毒品泄漏后，应立即封锁泄漏区，划定隔离区，疏散无关人员，救治受伤人员，并尽可能控制泄漏源。

(1)尽可能控制泄漏源，防止次生灾害发生。如泄漏物具有易燃易爆性，须注意切断火源、电源。应急人员应穿戴好个人防护用品(防毒面具/口罩、防毒服、防护靴等)，不要直接接触泄漏物或破裂的容器，实施堵漏、回收或处理泄漏物质。

(2)用塑料布、干燥沙土或其他不燃材料等覆盖或吸收，防止扬尘或蔓延；然后用洁净的铲子收集泄漏物于容器中，将容器移离泄漏区。对无法收集的(残余)剧毒品进行中和或稀释处理，或联系有资质的单位进行处置。

2.2.3.3 剧毒品中毒

(1)皮肤接触：应立即脱去被污染的衣物，用流动清水或特定的解毒(中和)溶液彻底冲洗至少 20 分钟后，尽快就医。

(2)眼睛接触：应立即提起眼睑，用洗眼器、大量流动清水或生理盐水彻底冲洗至少 15 分钟后，尽快就医。

(3)吸入：应迅速脱离现场至空气新鲜处，保持呼吸道畅通。如呼吸困难，应输氧，并尽快就医。呼吸心跳停止时，立即进行胸外心脏按压术，并尽快就医。

(4)食入：根据剧毒品的特性，通过服用足量温水或其他饮品(牛奶、蛋清或口服活性炭等特定溶液)等方式进行稀释、催吐(禁止催吐情况除外)、洗胃、导泻、解毒，并尽快就医。

2.2.3.4 剧毒品爆炸

发生剧毒品爆炸事件时，应立即对受伤人员进行紧急处置，并组织工作人员迅速撤离，封锁现场，切断一切可能扩大爆炸的环节。应急救援人员应注意穿戴好个人防护用品，警惕爆炸燃烧产生的毒性或腐蚀性烟气。

2.2.3.5 剧毒品火灾

(1)应根据剧毒品的化学特性,采用合适的灭火方法扑救,避免不当灭火措施引发事件升级。当火灾不可控时,须立即拨打“119”,请求支援。

(2)应急救援人员应注意穿戴好个人防护用品,警惕燃烧产生的毒性或腐蚀性烟气,尽可能将容器从火场移至空旷处。喷水冷却火场容器,直至灭火结束。一旦有爆炸危险(处在火场中的容器已变色或从安全泄压装置中产生声音),必须马上撤离。

**2.3 现场残留剧毒品处置**

所有沾染上剧毒品的废弃物均需收集起来,由后勤管理处联系有资质的单位进行处置或者经无害化处理后按化学废弃物处置。

# 华南理工大学实验室剧毒化学品事件应急处置方案

华南工设〔2014〕3 号

为加强对学校剧毒化学品事件的有效控制，最大限度地降低事件危害程度，保障师生的生命、财产安全，根据《中华人民共和国安全生产法》、《危险化学品安全管理条例》等法律法规和《教育系统事故灾难类突发公共事件应急预案》等文件要求，结合学校实际情况，特制定本应急处置方案。

## 一、应急处置原则

突发剧毒化学品事件应急处置坚持以人为本、统一指挥、分级负责、快速响应、果断处置、单位自救与社会救援相结合的原则。

## 二、事件类别及处置措施

实验室剧毒化学品管理涉及申领、储存、运输、使用、废弃处置等多个环节，对各环节中的主要危险因素进行分析，可能发生的安全事件类型主要有：失窃、丢失、灼伤、火灾、爆炸、中毒、窒息、泄漏、环境污染等。上述事件蔓延迅速，危害严重，影响广泛。

（一）信息报告

突发剧毒化学品事件时，发现者应在保护自身安全的情况下，采取可能的应急措施，同时立即报单位主要负责人、实验室与设备管理处、保卫处和校医院。

（二）应急响应

由于剧毒化学品的伤害巨大，后果严重，因此与剧毒化学品相关的各类事件均为Ⅰ级（特别重大）事件。接到事件报告后，应急处置领导机构应立即启动Ⅰ级应急响应。各相关单位根据预案分工，履行各自职责。

（三）应急措施

1. 警戒与疏散

剧毒化学品泄漏、火灾、爆炸等事件发生后，应根据泄漏扩散情况或火焰热浪辐射范围建立警戒区，禁止消防及应急人员以外的其他人员进入；并引导、护送无关人员迅速撤离警戒区，向上风方向转移。

2. 现场急救

剧毒化学品对人体造成伤害，主要途径有：食入、吸入、经皮吸收，因此，在事件现场，无论是受伤人员还是救援、警戒人员，均需进行适当防护。现场急救要点：迅速将伤者转移出现场至空气新鲜通风处，保持呼吸道畅通；呼吸困难时给氧；呼吸、心跳停止时，立即进行人工心肺复苏术，并立即送往医院救治。

3. 处置措施

(1)剧毒化学品被盗或丢失

发现剧毒品被盗或丢失后，应保护、封锁好现场，立即报告本单位主管领导、实验室与设备管理处、保卫处和校医院，启动Ⅰ级应急响应。

(2)剧毒化学品泄漏

剧毒化学品泄漏后，应立即封锁泄漏区，划定隔离区，疏散无关人员，救治受伤人员；尽可能了解泄漏物，及泄漏区域有无其他危险源，并尽力控制泄漏源。

A. 尽可能控制泄漏源，防止次生灾害发生。如泄漏物具有易燃易爆性，须注意切断热源、电源。应急人员应穿戴好个人防护用品(防毒面具/口罩、防毒服、防护靴、耐酸碱手套等)，不要直接接触泄漏物或破裂的容器，实施堵漏，回收或处理泄漏物质。

B. 用塑料布、干燥沙土或其他不燃材料等覆盖或吸收，防止扬尘或蔓延。然后再用洁净的铲子收集泄漏物于容器中，将容器移离泄漏区。对无法收集的(残余)剧毒品进行中和或稀释处理，或联系有资质单位进行处置。

(3)剧毒化学品中毒

A. 皮肤接触：应在立即脱去污染的衣着，用流动清水或特定的解毒(中和)溶液彻底冲洗至少 20 分钟的同时，尽快就医。

B. 眼睛接触：应立即提起眼睑，用洗眼器、大量流动清水或生理盐水彻底冲洗至少 15 分钟，并尽快就医。

C. 吸入：应迅速脱离现场至空气新鲜通风处，保持呼吸道畅通。如呼吸困难，应输氧，并尽快就医。呼吸、心跳停止时，立即进行人工心肺复苏术，并尽快就医。

D. 食入：根据剧毒化学品的特性，通过服用足量温水或其他饮品(牛奶、蛋清或口服活性炭等特定溶液)等方式进行稀释、催吐(禁止催吐情况除外)、洗胃、导泻、解毒，并尽快就医。

(4)剧毒化学品爆炸

发生剧毒化学品爆炸事件时，应立即对受伤人员进行紧急处置，并组织工作人员迅速撤离，封锁现场，切断一切可能扩大爆炸的环节。应急救援人员应注意穿戴好个人防护用品，警惕爆炸燃烧产生的毒性或腐蚀性烟气。

(5)剧毒化学品火灾

A. 应根据剧毒品的化学特性，选用合适的灭火剂(水、水蒸气、泡沫液、二氧化碳、干粉、卤代烷等)，避免不当灭火措施引起事件升级。当火灾不可控时，可立即报“119”，请求支援。

B. 应急救援人员应注意穿戴好个人防护用品，警惕燃烧产生的毒性或腐蚀性烟气。尽可能将容器从火场移至空旷处。喷水保持火场容器冷却，直至灭火结束。一旦有爆炸危险(处在火场中的容器若已变色或从安全泄压装置中产生声音)，必须马上撤离。

4. 废弃物处置

所有沾染上剧毒品的废弃物均需收集起来，密闭封装，由实验室与设备管理处联系有资质单位进行处置，不得与生活垃圾混放。

# 华南理工大学实验室危险化学品事件应急处置方案

华南工设〔2014〕4号

为加强对学校危险化学品事件的有效控制，最大限度地降低事件危害程度，保障师生的生命、财产安全，根据《中华人民共和国安全生产法》、《危险化学品安全管理条例》等法律法规和《教育系统事故灾难类突发公共事件应急预案》等文件要求，结合学校实际情况，特制定本应急处置方案。

## 一、应急处置的一般原则

在应急处置工作中，贯彻“以人为本，安全第一；统一领导，分级负责；快速响应，果断处置；预防为主，防救结合；单位自救与社会救援相结合”的原则。

## 二、事件类别及处置措施

危险化学品事件主要有危险化学品（含易制毒品、易制爆品）丢失或被盗、泄漏、中毒、火灾（爆炸）几大类，针对事件不同类型，采取不同的处置措施。

### （一）危险化学品丢失或被盗事件处置措施

在实验室发现化学品丢失或被盗，工作人员应保护、封锁现场，立即报告本单位主管领导、保卫处和实验室与设备管理处，学校职能部门得知情况后向相关校领导汇报，并在确定丢失原因和地点后、积极查找。必要时，报告政府有关部门，请求支援。

### （二）危险化学品泄漏事件处置措施

在化学品的储存和使用过程中，盛装化学品的容器可能会发生一些意外的破裂、洒漏等事件，造成危险化学品的外漏，应采取简单、有效的措施消除或减少泄漏危险。

1. 疏散与隔离

在化学品储存和使用过程中一旦发生泄漏，首先要疏散无关人员，隔离泄漏污染区。如果是易燃易爆化学品大量泄漏，事件区应立即切断电源、严禁烟火、设置警戒线，并及时拨打“119”报警，请求消防专业人员救援。

2. 泄漏源控制与处理

救援人员必须配备必要的个人防护器具进入泄漏现场进行处理，尽可能通过关闭阀门、停止实验、堵漏、吸附等方法进行泄漏源控制。注意不要直接接触泄漏物。

（1）围堤堵截。如果化学品为液体，泄漏到地面上时会四处蔓延扩散，难以收集处理，需要筑堤堵截或者引流到安全地点。

（2）稀释与覆盖。可用消防用水向有害物蒸汽云喷射雾状水，加速气体向高空扩散。对于可燃物，也可以在现场施放大量水蒸气或氮气，破坏燃烧条件。对于液体泄漏，为降低物料向大气中的蒸发速度，可用泡沫或其他覆盖物品覆盖外泄的物料，在其表面形成覆盖层，抑制其蒸发。

(3)收集。当泄漏量小时,可用沙子、吸附材料、中和材料、吸收棉等吸收、中和;当大型泄漏时,可选择用隔膜泵将泄漏出的物料抽入容器内或槽车内。

(4)废弃。将收集的泄漏物包装好交由有资质的废物处理公司进行处置,用消防水冲洗剩下的少量物料。

3.危险化学品中毒事件处置措施

化学品急性中毒事件多因意外事件引起,其特点是病情发生急骤、病状严重、变化迅速,必须争分夺秒地及时抢救。

(1)救护者做好个人防护

急性中毒发生时毒物多由呼吸道和皮肤侵入体内,因此救护者在进入毒区抢救之前,应佩戴好防毒面具、氧气呼吸器、防护服和可燃气体报警仪等防护用品和应急器具。

(2)尽快切断毒物源

救护人员进入事件现场后,除对中毒者进行抢救外,同时应采取果断措施(如关闭管道阀门、堵塞泄漏的设备等)切断毒源,防止毒物继续外溢。对于已经扩散出来的有毒气体或蒸气应立即启动通风设施抽排或开启门、窗等,降低有毒物质在空气中的含量,为抢救工作创造有利条件。

(3)尽快转移病人阻止毒物继续侵入人体

首先将病人转移到安全地带,解开领扣,使呼吸通畅,让病人呼吸新鲜空气;脱去污染衣服,并彻底清洗污染的皮肤和毛发,注意保暖。

(4)现场施救

针对不同的中毒事件,采取相应的措施进行现场应急救援。对于呼吸困难或呼吸停止者,应立即进行人工呼吸;心脏骤停者应立即行胸外心脏按压;眼部溅入毒物,应立即用大量清水冲洗。

(5)及时解毒和促进毒物排出

毒物经口引起的急性中毒,若毒物无腐蚀性,应立即用催吐或洗胃等方法清除毒物。对于某些毒物亦可使其变为不溶的物质以防止其吸收,如氯化钡、碳酸钡中毒,可口服硫酸钠,使胃肠道尚未吸收的钡盐成为硫酸钡沉淀而防止吸收。氨、铬酸盐、铜盐、汞盐、羧酸类、醛类、脂类中毒时,可给中毒者喝牛奶、生鸡蛋等缓解剂。

烷烃、苯、石油醚中毒时,可给中毒者喝一汤匙液状石蜡和一杯含硫酸镁或硫酸钠的水。一氧化碳中毒应立即吸入氧气,以缓解机体缺氧并促进毒物排出。

(6)送医院治疗

经过初步急救,速送医院继续治疗。

4.危险化学品火灾事件处置措施

实验室广泛使用危险化学品和易燃易爆物质等,一旦发生起火,很有可能引发爆炸,危险性、破坏性极大,因此,在保证扑救人员安全的前提下,要遵循“先控制、后消灭,救人先于救火,先重点后一般”的原则。

(1)易燃液体火灾的扑救

扑救时首先应切断火势蔓延的途径,控制燃烧范围。对小面积(一般 $50m^2$ 以内)液体火灾,一般可用雾状水、泡沫、干粉、二氧化碳等灭火。大面积液体火灾则必须根据其相对密度(比重)、水溶性和燃烧面积大小,选择正确的灭火剂扑救。对于比水轻又不溶于水的液体

（如汽油、苯等），用普通蛋白泡沫或轻水泡沫灭火。对于比水重又不溶于水的液体（如二硫化碳）起火时可用水扑救，水能覆盖在液面上灭火。具有水溶性的液体（如醇类、酮类等），最好用抗溶性泡沫扑救。

（2）毒害品和腐蚀品火灾的扑救

灭火人员必须穿防护服，佩戴防护面具。一般情况下采取全身防护即可，对有特殊要求的物品火灾，应使用专用防护服。扑救时应尽量使用低压水流或雾状水，避免腐蚀品、毒害品溅出。遇酸类或碱类腐蚀品最好调制相应的中和剂稀释中和。浓硫酸遇水能放出大量的热，会导致沸腾飞溅，需特别注意防护。浓硫酸数量不多时，可用大量低压水快速扑救。如果浓硫酸量很大，应先用二氧化碳、干粉等灭火，然后再把着火物品与浓硫酸分开。

（3）易燃固体、易燃物品火灾的扑救

易燃固体、易燃物品一般都可用水或泡沫扑救，相对其他种类的化学危险物品而言比较容易扑救，但也有少数易燃固体、自燃物品的扑救方法比较特殊，如二硝基苯甲醚、二硝基萘、萘、黄磷等。这类能升华的易燃固体，受热产生易燃蒸汽，在扑救过程中应不时向燃烧区域上空及周围喷射雾状水，并用水浇灭燃烧区域及其周围的一切火源。遇黄磷火灾时，用低压水或雾状水扑救，用泥土、沙袋等筑堤拦截黄磷熔融液体并用雾状水冷却，对磷块和冷却后已固化的黄磷，应用钳子夹入贮水容器中。

（4）遇湿易燃物品火灾的扑救

遇湿易燃物品能与水发生化学反应，产生可燃气体和热量，即使没有明火也可能自动着火或爆炸，如金属钾、钠以及三乙基铝（液态）等。因此，这类物品应放在远离水源、热源的固定在墙体上的铁柜中进行保存。当实验室内这类物品有一定数量时，禁止用水、泡沫、酸碱灭火器等湿性灭火剂扑救，应用干粉、二氧化碳等扑救。固体遇湿易燃物品应用水泥、干沙、干粉、硅藻土和蛭石等覆盖。

（5）爆炸物品的扑救

迅速判断和查明再次发生爆炸的可能性和危险性，紧紧抓住爆炸后和再次发生爆炸之前的有利时机。采取一切可能的措施，全力制止再次爆炸的发生。当灭火人员发现有发生再次爆炸的危险时，应迅速撤至安全地带，来不及撤退时，应就地卧倒。

### 三、附则

其他危险化学品引发的事件请根据其性质采取相应的措施进行处置。

# 浙江大学突发实验动物事件应急预案

浙大党办〔2015〕16 号

## 1 总 则

### 1.1 编制目的

贯彻落实“以人为本、预防为主”的方针，有效预防、及时控制和消除突发实验动物事件造成的危害，指导和规范实验室生物安全工作，及时妥善处置突发实验动物事件，保障师生身体健康，维护校园安全稳定和正常秩序。

### 1.2 编制依据

根据《中华人民共和国动物防疫法》《病原微生物实验室生物安全管理条例》《浙江省实验动物管理办法》《浙江省病原微生物实验室生物安全事件应急处置工作预案》《浙江大学突发公共事件总体应急预案》《浙江大学实验室生物安全管理办法》《浙江大学实验动物管理办法》等法律法规及规定，制定本预案。

### 1.3 工作原则

(1)以人为本、安全第一

实验动物事件发生后，应在避免事件扩大的前提下，首要开展人员抢救的应急处置行动，同时确保救援人员自身的安全防护。

(2)预防为主、防救结合

坚持应急与预防工作相结合，加强实验室生物安全工作，提高防范意识，及时消除安全隐患，做到早发现、早报告、早控制。

(3)分级负责、快速响应

在学校统一领导下，根据突发实验动物事件的范围、性质和危害程度实行分级负责，学校各有关部门、院系、直属单位(以下统称“各有关单位”)按照本预案的规定，在职责范围内做好突发实验动物事件的应急处置工作。

### 1.4 实施范围

适用于全校范围内从事实验动物饲育、动物实验、实验动物尸体处置等场所中的突发实验动物事件的应对工作，医学院各附属医院、浙江大学城市学院、浙江大学宁波理工学院、舟山校区等，可根据实际情况参照执行或另行编制预案。

## 2　突发实验动物事件等级划分

根据事件发生的实验室场所，涉及传染病病型、动物例数，流行范围和趋势及危害程度，从重到轻将突发实验动物事件依次划分为特别重大事件（Ⅰ级）、重大事件（Ⅱ级）和一般事件（Ⅲ级）三级。

### 2.1　特别重大事件（Ⅰ级）

（1）相关的实验技术人员或工作人员因接触实验动物后被确诊感染一类、二类病原微生物（各类病原微生物以农业部发布的《动物病原微生物分类名录》为准）有关的人畜共患传染病。

（2）发生患有或疑似患有人畜共患传染病的动物丢失事件。

（3）发生在学校的，经浙江省卫生或农业部门认定的其他与实验动物有关的特别重大实验室安全事件。

### 2.2　重大事件（Ⅱ级）

（1）相关的实验技术人员或工作人员确诊感染三类病原微生物有关的人畜共患传染病。

（2）实验动物发生一类、二类病原微生物有关的人畜共患传染病，并有扩散趋势。

（3）在实验场所内发生 1 例以上动物烈性传染病。

（4）发生患有或疑似患有动物烈性传染病的动物丢失事件。

（5）发生在学校的，经浙江省卫生或农业部门认定的其他与实验动物有关的重大实验室安全事件。

### 2.3　一般事件（Ⅲ级）

（1）相关的实验技术人员或工作人员确诊感染四类病原微生物有关的人畜共患传染病。

（2）实验动物发生三类、四类病原微生物有关的人畜共患传染病，并有扩散趋势。

（3）在实验场所内发生一般动物传染病。

（4）发生患有或疑似患有一般动物传染病的动物丢失事件。

（5）发生在学校的，经浙江省卫生或农业部门认定的其他与实验动物有关的一般实验室安全事件。

## 3　组织体系与工作职责

### 3.1　组织体系

#### 3.1.1　Ⅰ级事件应急处置工作组

发生Ⅰ级突发事件，学校启动该级突发公共事件应急响应，由学校突发公共事件应急处置指挥中心（以下简称"Ⅰ级处置组"）统一领导和指挥全校该级突发事件的应急处置工作。

主要职责：及时前往事发地现场，组织和指挥Ⅰ级事件应急处置工作。

3.1.2 Ⅱ级事件应急处置工作组

发生Ⅱ级事件，由学校突发公共事件应急处置指挥中心组织成立突发实验动物事件应急处置工作组（以下简称“Ⅱ级处置组”）并启动Ⅱ级应急响应，开展应急处置工作。

组长：校实验室技术安全工作委员会主任。

副组长：党委办公室、校长办公室、实验室与设备管理处、安全保卫处主要负责人。

成员：党委宣传部、人事处、本科生院、研究生院、科学技术研究院、计划财务处、房地产管理处、基本建设处、后勤管理处、各校区管委会、校医院、后勤集团、事发单位等有关负责人。

办公室：设在实验室与设备管理处。

主要职责：及时前往事发地现场，指挥并负责对Ⅱ级事件的处置工作；配合畜牧兽医管理部门、卫生部门、公安部门做好Ⅱ级突发实验动物事件的处置工作。

3.1.3 Ⅲ级事件应急处置工作组

发生Ⅲ级事件，由校实验室技术安全工作委员会下设的生物安全管理工作小组作为应急处置工作组（以下简称“Ⅲ级应急处置组”），启动Ⅲ级应急响应，开展应急处置工作。

组长：实验室与设备管理处主要负责人。

副组长：传染病诊治国家重点实验室主任、动物科学学院、实验室与设备管理处、安全保卫处等单位有关负责人。

成员：校医院、生物医学工程与仪器科学学院、生命科学学院、生物系统工程与食品科学学院、环境与资源学院、农业与生物技术学院、医学院、药学院等单位负责人组成。

办公室：设在实验室与设备管理处。

主要职责：及时前往事发地现场，指挥并负责Ⅲ级事件的应急处置工作；配合畜牧兽医管理部门、卫生部门、公安部门做好Ⅲ级突发实验动物事件的处理工作。

3.1.4 应急处置专家组

应急处置专家组由学校实验室技术安全工作委员会生物安全领域专家组成，需要时可召集校内外的相关专家，主要负责突发实验动物事件应急预测、预警和处置中的咨询工作，向各级应急处置组提供应急决策依据和建议等。

### 3.2 有关单位工作职责

（1）党委办公室、校长办公室：发生Ⅰ级事件时，负责协调各成员单位的抢险救援工作；接受政府部门的指令和调动，协调落实上级有关部门和学校关于事件抢险救援的指示，及时向学校领导和上级有关部门报告事件和抢险救援进展情况；发生Ⅱ、Ⅲ级事件时，协助做好相关工作，并在事件确认后2～4小时内酌情向教育部、事发地人民政府和教育部门及有关单位报送事件处置情况。

（2）党委宣传部：负责做好宣传工作，向外界通报事件情况；开展网络舆情监管、预警，进行正确的舆论引导。

（3）实验室与设备管理处：在事件确认后2小时内酌情向事发地农业部门报送事件情况、请求支援；负责组织专家为现场指挥救援工作提供技术咨询；负责或配合做好事件的调查及应急救援工作的总结和学校报送信息。

（4）安全保卫处：组织应急机动队伍，执行处置突发实验动物事件的应急任务；负责布置事件现场的安全警戒、疏散人员、治安巡逻；在事件确认后2小时内酌情向公安部门报送事件情况、请求支援;协助公安机关做好患病或疑似患病动物丢失事件的调查取证工作等。

(5)校医院:组织防控、救治和转移现场人员;组建医疗救护队,及时救护受伤人员;对确诊感染及疑似感染人员进行隔离、医学观察或治疗,并对在相应潜伏期内进出实验室及密切接触感染者的人员进行医学观察;超出校医院救治能力的,通过绿色通道,及时请上级医院指导救护或转送病人;负责在事件确认后 2 小时内酌情向事发地卫生部门(含疾病预防与控制中心)报送事件情况、请求支援。

(6)涉及实验动物工作的各有关单位:根据事件中本单位的涉及情况,做好应急救援设施和物资准备工作;协助开展现场封控、保护和救援行动;根据本预案确认事件等级,负责及时向学校有关部门报告突发实验动物事件的相关情况,配合做好各级突发实验动物事件的应急处置。

## 4 预测和预警

### 4.1 实验动物监控

涉及实验动物工作的各有关单位要对实验动物进行监控和风险分析,对可能引发突发实验动物事件的情况进行监控和分析,切实做到"早发现、早报告、早处置"。实验室与设备管理处、安全保卫处加强安全监管和巡查工作。

### 4.2 预警行动

各级突发实验动物事件应急处置组确认可能导致突发实验动物事件的情况后,要及时研究确定应对方案,通知有关部门、单位采取相应行动预防事件发生;当需要支援时,请求上级支持并按照本预案进行应急预警等级的发布。预警信息包括应急预警级别、起始时间、可能影响范围、警示事项、应采取的措施和发布单位等。

## 5 应急处置

### 5.1 分级响应

各级事件的应急响应分别由相应的各级应急处置组发布,并组织实施应急处置工作。

### 5.2 信息报送

事发单位应在封锁现场、积极组织现场应急工作的同时,及时报告。各级事件需报告实验室与设备管理处、安全保卫处,其中Ⅰ级事件还需加报党委办公室、校长办公室。出现人员伤害时,需同时报告校医院,请求支援。

报告内容包括事件发生的时间、地点,发病的动物种类,动物来源、临床症状、发病数量、死亡数量,人员感染情况,已采取的控制措施,报告单位名称和个人姓名及联系方式等。

### 5.3 应急响应

5.3.1 当突发实验动物事件时,应立即启动本预案,对发生人兽共患传染病、动物传染病事件，事发单位应立即关闭发生事件的实验场所，并对周围已经污染或可能污染的环境进行封闭、隔离，组织专业人员对相关场所、设施、物品、废弃物等进行消毒，核实在相应潜伏期内进出实验室人员及密切接触感染者人员名单，配合有关部门做好感染者救治及现场调查和处置工作，提供实验室布局、设施、设备、实验人员等情况。

5.3.2　对发生患病或疑似患病动物丢失事件，事发单位应采取临时应急措施，控制好现场。学校各有关单位要认真配合公安、卫生等部门进行调查、控制扩散等工作。

5.3.3　实验动物处置

(1)对在突发事件中涉及一类、二类动物病原微生物的实验动物要进行全面扑杀。

(2)对在突发事件中涉及三类、四类动物病原微生物的实验动物经检测后可酌情扑杀。

### 5.4　应急力量保障

校内各使用、饲养实验动物的有资质单位，应根据本单位的实际情况，做好经费及其他保障，落实应急救援设施和应急物资配备工作，以应对突发实验动物事件的处理。

5.4.1　应急设施包括防护、洗消、排污和抢险救援器材，救治设备，采样、取证、检验、鉴定和监测设备。

5.4.2　装备物资包括手套、防护装、实验用鞋、口罩、帽子、面罩、应急药品、疫苗等防护和急救用品；生物安全柜、高压蒸汽灭菌锅、一次性接种环、螺口瓶、样本及废弃物运送容器、运输工具等安全设备。

### 5.5　应急处理联系电话

实验室与设备管理处：88208993

安全保卫处(24 小时值班)：88206110(紫金港)、87951110(玉泉)、88273110(西溪)、86971110(华家池)

实验动物中心：88208069(紫金港)

校医院(24 小时总值班)：13325916833

浙江省卫生与计划生育委员会应急办公室：87709087

### 5.6　应急结束

事件得以控制并将可能导致次生、衍生事件的隐患消除后，经卫生、畜牧兽医等上级有关部门确认许可，各级应急处置组分级发布应急结束指令。

## 6　后期处置

### 6.1　善后处理

各级应急处置组应妥善处理相应善后工作。善后工作主要包括事件中伤亡人员的抚恤、补偿、补助和相应的心理干预及司法援助，紧急调拨物资的处理和补偿，环境污染清理，有关教学、科研、生活等设施的恢复重建，有关单位和个人向保险机构的理赔等。

### 6.2　调查评估与查处

校内各有关单位要对突发实验动物事件的起因、性质、影响、责任、经验教训和善后工作等做出调查评估并形成完整的总结材料，向学校党委和行政报告，交实验室与设备管理处归档。校纪委办公室、监察处要根据突发实验动物事件的性质，对有关责任人进行查处。

## 7　责任追究

突发实验动物事件实行处置问责制，对迟报、谎报、瞒报或漏报突发实验动物事件重要情况，或在处置突发实验动物事件中有其他失职、渎职行为的，根据其性质和造成后果的严重程度，依法依规给予处理，构成犯罪的，移送司法机关依法追究其刑事责任。

## 8　附　则

8.1　本预案由实验室与设备管理处负责解释。

8.2　本预案未尽事项，按国家有关法律法规执行。

8.3　本预案自发布之日起施行，《浙江大学实验动物突发事件应急处理预案》（党委发〔2010〕69号）同时废止。

附件：浙江大学突发实验动物事件应急处理流程图（略）

# 浙江大学突发辐射事件应急预案

浙大党办〔2015〕17号

## 1 总 则

### 1.1 编制目的

贯彻落实"以人为本、安全第一、预防为主"的方针，有效预防、及时控制和消除突发辐射事件的危害，指导和规范辐射安全管理工作，及时妥善处置辐射事件，迅速有序地开展处置救援工作，将事件损失控制到最低水平，保障师生身体健康，维护校园正常秩序和安全稳定。

### 1.2 编制依据

根据《放射性同位素与射线装置安全和防护条例》《放射事故管理规定》《浙江省突发辐射环境污染事件应急预案》《浙江大学突发公共事件总体应急预案》《浙江大学辐射安全与防护管理办法》《浙江大学实验室安全管理办法》等有关法律法规及规定制定本预案。

### 1.3 工作原则

(1)以人为本，安全第一

将保障师生的人身安全和身体健康放在首位，采取必要的预防和避险措施，切实加强对师生的安全防护，预防和减少突发辐射事件的发生，最大限度地降低事件造成的损失。

(2)统一领导，分级负责

在学校的统一领导下，实行分级负责。学校各有关部门、院系、直属单位(以下统称"各有关单位")按照职责和权限，负责突发辐射事件的应急处置工作。

(3)快速响应，果断处置

事发单位是事件应急救援的第一响应者，一旦发生辐射事件，要以最快的速度、最大的效能，有序地实施自救，快速、及时启动分级应急响应。在应急处置工作中，应贯彻"先控制后消除、救人第一"的原则，在避免事件扩大的前提下，首要开展抢救人员的应急处置行动，同时做好救援人员的自身安全防护，通过学校及时向政府各有关部门报告，请求支援。

(4)预防为主，防救结合

按照"安全第一、预防为主、综合治理"的方针，坚持事件应急与预防工作相结合。加强辐射安全管理，做好辐射事件预防、预测、预警和预报工作；积极开展培训教育，组织应急演练，做到常备不懈；加大宣传力度，提高师生员工的安全意识，做好救援物资和技术力量储备工作。

### 1.4　实施范围

本预案适用于全校从事辐射实验场所中的突发辐射事件的应对，医学院各附属医院、浙江大学城市学院、浙江大学宁波理工学院、舟山校区等，可根据实际情况参照执行或另行编制预案。

## 2　突发辐射事件等级划分

根据辐射事件的性质、严重程度、可控性和影响范围等因素，从重到轻将辐射事件分为特别重大事件（Ⅰ级）、重大事件（Ⅱ级）、较大事件（Ⅲ级）和一般事件（Ⅳ级）等四个等级：

（1）特别重大事件（Ⅰ级）：Ⅰ类、Ⅱ类放射源（各类放射源定义具体参见国家环境保护总局发布的《关于发布放射源分类办法的公告》，下同）丢失、被盗、失控造成大范围严重辐射污染后果，或者放射性同位素和射线装置失控导致1人（含）以上急性死亡或者5人以上患急性重度放射病、局部器官残疾。

（2）重大事件（Ⅱ级）：Ⅰ类、Ⅱ类放射源丢失、被盗、失控，或者放射性同位素和射线装置失控导致4～5人患急性重度放射病、局部器官残疾。

（3）较大事件（Ⅲ级）：Ⅲ类、Ⅳ类、Ⅴ类放射源丢失、被盗、失控，或者放射性同位素和射线装置失控导致1～3人患急性重度放射病、局部器官残疾。

（4）一般事件（Ⅳ级）：放射性同位素和射线装置失控导致人员受到超过年剂量限值的照射，但未导致人员患急性重度放射病、局部器官残疾。

## 3　组织体系与工作职责

### 3.1　组织体系

#### 3.1.1　Ⅰ级事件应急处置工作组

发生Ⅰ级事件，学校启动该级突发公共事件应急响应，由学校突发公共事件应急处置指挥中心（以下简称“Ⅰ级处置组”）统一领导和指挥全校该级事件的应急处置工作。

主要职责：及时前往事发地现场，组织和指挥Ⅰ级事件应急处置工作。

#### 3.1.2　Ⅱ级事件应急处置工作组

发生Ⅱ级事件，由学校突发公共事件应急处置指挥中心组织成立突发辐射事件应急处置工作组（以下简称“Ⅱ级处置组”），启动Ⅱ级应急响应，开展应急处置工作。

组长：校实验室技术安全工作委员会主任。

副组长：党委办公室、校长办公室、安全保卫处、实验室与设备管理处主要负责人。

成员：党委宣传部、人事处、本科生院、研究生院、科学技术研究院、计划财务处、房地产管理处、基本建设处、后勤管理处、各校区管委会、校医院、后勤集团、事发单位等有关负责人。

办公室：设在实验室与设备管理处。

主要职责：及时前往事发地现场，指挥并负责Ⅱ级事件的应急处置，并配合环保部门、公安部门、卫生部门做好突发辐射事件的有关应对工作。

3.1.3 Ⅲ级事件应急处置工作组

发生Ⅲ级事件，由校实验室技术安全工作委员会下设的校辐射安全管理工作小组作为应急处置工作组（以下简称“Ⅲ级应急处置组”）启动Ⅲ级应急响应，开展应急处置工作。

组长：实验室与设备管理处主要负责人。

副组长：原子核农业研究所、实验室与设备管理处、安全保卫处等单位有关负责人。

成员：校医院、物理学系、生命科学学院、环境与资源学院、医学院等单位负责人。

办公室：设在实验室与设备管理处。

主要职责：及时前往事发地现场，指挥并负责Ⅲ级事件的应急处置工作。

3.1.4 Ⅳ级事件应急处置工作组

发生Ⅳ级事件，由涉及辐射事件的校内相关单位成立应急处置工作组（以下简称“Ⅳ级应急处置组”）启动应急响应，开展应急处置工作。

组长：事发单位党政主要负责人。

主要职责：组织开展现场封控、保护和救援行动，负责Ⅳ级事件的应急处置工作。

3.1.5 应急处置专家组

应急处置专家组由校实验室技术安全工作委员会辐射安全领域专家组成，需要时可召集校内外的相关专家，负责突发辐射事件应急预测、预警和处置中的咨询工作，并向各级应急处置组提供应急处置决策依据和建议等。

## 3.2 学校各有关单位相应工作职责

（1）党委办公室、校长办公室：发生Ⅰ级事件时，协调各成员单位的抢险救援工作；接受政府部门的指令和调动，协调落实上级有关部门和学校领导关于事件抢险救援的指示，及时向学校领导和上级有关部门报告事件和抢险救援进展情况。发生Ⅱ、Ⅲ级事件时，协助做好相关工作，并在Ⅲ级（含）以上事件确认后2～4小时内，酌情向教育部、事发地人民政府和教育部门及有关单位报送事件处置情况。

（2）党委宣传部：发生Ⅲ级（含）以上事件时，负责做好宣传工作，向外界及时通报事件情况；开展网络舆情监管、预警，进行正确的舆论引导。

（3）实验室与设备管理处：负责在Ⅲ级（含）以上事件确认后2小时内酌情向环保部门报送事件情况、请求支援；负责组织应急处置专家，为现场指挥救援工作提供技术咨询；负责联系有资质的专业单位进行监测、治污等处理工作；负责或配合做好事件的调查及应急救援工作的总结和向学校报送信息。

（4）安全保卫处：组织应急机动队伍，执行处置突发辐射事件的应急任务；负责布置事发现场的安全警戒、疏散人员、治安巡逻，保持校园内救援通道的畅通；负责在Ⅲ级（含）以上事件确认后2小时内，酌情向公安部门报送事件情况、请求支援；负责与公安部门联系，协助公安机关做好突发事件的调查取证工作，参与做好事件的应急救援总结工作。

（5）后勤管理处：做好应急所需的交通、水电等保障工作。

（6）校医院：负责在事发现场附近的安全区域内设立临时医疗救护点，及时调配医务人员、医疗器械和急救药品；负责会同应急处置专家组隔离可能受污染或照射的人员；实施现场救治及统计伤亡人员情况，联系并将受伤人员尽快送辐射事件特约医院（医学院附属第一医院）作进一步治疗；负责在Ⅲ级（含）以上事件确认后2小时内酌情向卫生部门报送事件信息、请求支援。

(7)各涉辐单位:根据事件中本单位的涉辐情况,做好经费及其他保障,落实应急救援设施和应急物资配备工作;负责本单位内Ⅳ级事件的应急处置工作;配合做好本单位Ⅰ、Ⅱ、Ⅲ级事件的应急处置工作。

## 4 预测和预警

### 4.1 放射源监控

各涉辐单位对放射源进行监控和风险分析,对可能引发辐射事件的情况进行监控和分析,切实做到"早发现、早报告、早处置"。实验室与设备管理处、安全保卫处要加强实验室安全监管和巡查工作。

### 4.2 预警行动

各级应急处置组确认可能导致突发辐射事件的情况后,要及时研究确定应对方案,通知有关部门、单位采取相应行动预防事件发生;当需要支援时,请求上级支持并按照本预案规定进行应急预警等级的发布。预警信息包括应急预警级别、起始时间、可能影响范围、警示事项、应采取的措施和发布单位等。

## 5 应急响应办法与程序

### 5.1 分级响应

#### 5.1.1 应急响应

各级事件应急响应分别由相应的各级应急处置组发布,并组织实施。

(1)事发单位应封锁保护好现场,控制污染范围,切断射线装置的电源,阻止人员进入并积极组织现场应急工作。同时,立即报告本单位主管负责人、实验室与设备管理处和安全保卫处,其中Ⅰ级事件还需报告党委办公室、校长办公室。学校各有关单位根据本预案的事件报告程序,相应报告有关部门,并配合做好相关处置工作。

(2)对可能受到放射性核素污染或者放射损伤的人员,校医院会同核辐射专家采取暂时隔离等应急救援措施,同时将有关人员立即送医学院附属第一医院进行检查和治疗。

(3)对可能受到放射性核素污染的场所,由实验室与设备管理处联系具有资质的专业单位进行监测和治污处理。

#### 5.1.2 应急处理联系电话

实验室与设备管理处:88208993

安全保卫处(24小时值班):88206110(紫金港)、87951110(玉泉)、88273110(西溪)、86971110(华家池)

校医院(24小时总值班):13325916833

浙江省卫生与计划生育委员会应急办公室:87709087

### 5.2 信息报送

事发单位应根据本预案判定事件等级,及时报告或报备。Ⅰ级、Ⅱ级和Ⅲ级事件需报告实验室与设备管理处、安全保卫处，其中Ⅰ级事件还需加报党委办公室和校长办公室；Ⅳ级事件由事发单位处置完成后，向实验室与设备管理处、安全保卫处报备。出现人员受伤时，同时报告校医院，请求支援。

报告内容包括事件发生的时间、地点，涉及放射源（同位素、射线装置）类别、名称和数量，涉及伤亡或被照射人员情况，已采取的控制措施，报告单位名称和个人姓名及联系方式等。

### 5.3 应急结束

事件得以控制并将可能导致次生、衍生事件的隐患消除后，各级应急处置组分级发布应急结束指令。其中，Ⅰ、Ⅱ、Ⅲ级应急状态终止，需经公安、环保、卫生等有关部门确认许可。

### 5.4 善后处理

各级应急处置组应妥善处理相应善后工作。善后工作主要包括事件中伤亡人员的抚恤、补偿、补助和相应的心理干预及司法援助，紧急调拨物资的处理和补偿，环境污染清理，有关教学、科研、生活等设施的恢复重建，有关单位和个人向保险机构的理赔等。

### 5.5 调查评估与查处

校内各有关单位要对突发辐射事件的起因、性质、影响、责任、经验教训和善后工作等做出调查评估并形成完整的总结材料，向学校党委和行政报告，交实验室与设备管理处归档。校纪委办公室、监察处根据突发辐射事件的性质，对有关责任人进行查处。

## 6 责任追究

6.1 参加执行本预案的有关人员，必须认真履行职责，严格服从命令、听从指挥、坚守岗位，严禁支持或参与任何不利于事态处理的活动。

6.2 实行突发辐射事件处置问责制，对迟报、谎报、瞒报或漏报突发辐射事件重要情况，或在处置突发辐射事件中有其他失职、渎职行为的，根据其性质和造成后果的严重程度，依法依规给予处理，构成犯罪的，移送司法机关依法追究其刑事责任。

## 7 附 则

7.1 本预案由实验室与设备管理处负责解释。

7.2 本预案未尽事项，按国家有关法律法规执行。

7.3 本预案自发布之日起施行，《浙江大学辐射事件应急预案》（浙大党办〔2007〕28 号）同时废止。

附件：浙江大学突发辐射事件应急处理流程图（略）

# 北京大学辐射安全事故应急预案

## 校发〔2011〕68 号

为在辐射安全事故发生时能够准确掌握情况、正确决策、及时采取必要措施，减少事故造成的损失，防止事故造成的影响进一步扩大，根据《中华人民共和国放射性污染防治法》、《中华人民共和国职业病防治法》、《放射性同位素与射线装置安全和防护条例》（国务院第449 号令）、《放射性同位素与射线装置安全和防护管理办法》（环境保护部第 18 号令）和《国家突发环境事件应急预案》等相关规定，特制定本预案。

本预案适用于北京大学，自公布之日起生效。医学部和各临床医院可参照执行。

### 一、事故应急处理小组

北京大学辐射安全事故应急处理小组由主管安全工作的校领导任组长，保卫部部长、实验室与设备管理部部长任副组长，主要成员包括：保卫部、实验室与设备管理部主管副部长，事故发生单位的主管副院长，校辐射防护室主任、副主任。北京大学辐射安全事故应急处理小组的主要职责为：

1. 在接到辐射安全事故发生的报告后，立即启动应急预案。

2. 做好现场决策、指挥和组织协调工作，调度人员、设备、物资等。

3. 向上级相关主管部门（环保、卫生、公安）报告辐射安全事故情况，配合上级相关主管部门进行检测、现场处理及事故调查等工作。

4. 组织协调人员对伤员进行现场救助和临时护理，并及时运送伤员到相关专业医院进行进一步检查和救治。

5. 责成保卫部组织保安或值班人员保护现场，维持秩序，防止事态进一步扩大。

6. 责成实验室与设备管理部组织人员迅速了解发生事故实验室的实际情况，采取必要措施防止人员受到进一步辐照和放射性物质污染扩散。

7. 事故处理完毕后，恢复正常秩序。

### 二、辐射安全事故分类

根据《放射性同位素与射线装置安全和防护条例》（国务院第 449 号令）中的辐射事故分级情况（见附录 2），结合我校辐射防护工作的具体情况，将辐射安全事故分为以下四类：

1. 放射源丢失，包括放射源意外丢失和失窃。

2. 人员的意外放射性照射，指放射性工作人员或公众受到放射源或射线装置的超剂量误照射。

3. 放射性核素污染，包括人员体表、体内意外受到放射性核素的污染和对环境的污染。

4. 放射性实验室火灾。

## 三、事故应急处理

1. 放射源丢失

1)发现放射源丢失后应立即报告,报告程序为:本单位实验室主任→校保卫部和校辐射防护室→校辐射安全事故应急处理小组成员→政府主管部门(公安部门、环保部门,常用联系电话见附录3)。情况严重时,现场人员可直接向公安部门报告,同时报告校保卫部和辐射防护室。

2)校辐射安全事故应急处理小组在接到报告后立即启动应急预案,小组成员应迅速到达事故现场,保护现场,配合公安机关和环保部门开展调查和侦破工作。

2. 人员的意外放射性照射

1)发现人员受到意外放射性照射后应立即切断辐射源并报告,报告程序为:本单位实验室主任→校辐射防护室→校辐射安全事故应急处理小组成员→政府主管部门(卫生部门、环保部门,常用联系电话见附录3)。情况紧急时,现场人员可直接向卫生和环保主管部门报告,同时报告校辐射防护室。

2)校辐射安全事故应急处理小组在接到报告后立即启动应急预案,小组成员迅速到达事故现场。采取措施对受伤害人员进行紧急护理,配合卫生部门将其送往相关专业医院进行检查和救治。

3)校辐射安全事故应急处理小组组织有关人员对事故现场采取紧急安全处理措施,配合卫生、环保等部门处理现场,并进行事故调查。

3. 放射性核素污染

1)发生放射性核素污染事故时,现场人员应保护现场、示警并立即报告。报告程序为:本单位实验室主任→校辐射防护室→校辐射安全事故应急处理小组→政府主管部门(环保部门、卫生部门、公安部门,常用联系电话见附录3)。情况紧急时,现场人员可直接向环保、卫生和公安主管部门报告,同时报告校辐射防护室。

2)校辐射安全事故应急处理小组在接到报告后立即启动应急预案,小组成员迅速到达事故现场,组织人员封锁现场,疏散人员,配合环保、公安等主管部门切断一切可能扩大污染范围的环节。在确保自身安全的情况下,对事故人员采取紧急防护处理,配合卫生主管部门将其送往相关专业医院进行污染物处理、检查和救治。

3)校辐射安全事故应急处理小组配合环保主管部门迅速确定放射性核素种类、污染程度和污染范围,并采取措施尽快清除污染。污染被清除后,被污染现场须经检测达到安全水平,方可解除封锁。

4)校辐射安全事故应急处理小组配合环保、卫生等部门调查事故原因。

4. 放射性实验室火灾

1)现场人员在确保自身能安全撤离的情况下,迅速切断电源、气源、移走放射源、压力容器等,并通知附近人员撤离。同时立即向校保卫部或公安消防部门报警(常用联系电话见附录3),并报告所在单位消防中控值班室、消防应急小组组长、校辐射安全事故应急处理小组成员、校辐射防护室。

2)校辐射安全事故应急处理小组在接到报告后立即启动应急预案,小组成员迅速到达事故现场,配合灭火和救护工作,采取必要措施尽量防止出现放射性核素泄漏。若发现已发生泄漏,则按放射性核素污染事故处理。

### 四、事故调查及信息公开

1. 辐射安全事故现场应急处理完毕后，校辐射安全事故应急处理小组应配合环保、卫生、公安等部门立即调查事故原因。

2. 辐射安全事故发生后，校辐射安全事故应急处理小组应积极配合有关部门做好信息公开工作。

### 五、应急保障、人员培训和事故应急演练

1. 应急保障。学校应落实辐射安全事故应急所需的装备、器材和资金配备(见附录1)。

2. 人员培训。学校辐射安全事故相关应急人员须经过培训，培训内容应包括辐射监测仪器、通信及防护设施的使用和应急预案执行步骤等。

3. 事故应急演练。校辐射安全事故应急处理小组须定期组织应急演练，提高辐射事故应急能力，并通过演练逐步完善应急预案。

**附录 1**

## 应急装备、器材和资金

1. 辐射监测、防护设备和器具

放射性巡检仪、个人剂量仪、防护服、防护眼镜、防护手套等。

2. 应急车辆

校医院急救车、保卫部巡逻车、环保办运输车。

3. 安全保卫器材

消防栓、隔离栅、通信设备。

4. 应急专项资金

学校应备有10万元专项应急资金用于演练器材的消耗、人员的培训，以及处理事故应急支出。

**附录 2**

## 辐射事故分级

根据《放射性同位素与射线装置安全和防护条例》(国务院第449号令)的相关规定，按照辐射事故的性质、严重程度、可控性和影响范围等因素，将辐射事故分为特别重大辐射事故、重大辐射事故、较大辐射事故和一般辐射事故四个等级。

1. 凡符合下列情形之一的，为特别重大辐射事故(Ⅰ级)

(1)Ⅰ、Ⅱ类放射源丢失、被盗、失控并造成大范围严重辐射污染后果；

(2)放射性同位素和射线装置失控导致3人以上(含3人)急性死亡；

(3)放射性物质泄漏，造成大范围(江河流域、水源等)放射性污染事故。

2. 凡符合下列情形之一的，为重大辐射事故(Ⅱ级)

(1)Ⅰ、Ⅱ类放射源丢失、被盗或失控；

(2)放射性同位素和射线装置失控导致2人以下(含2人)急性死亡或者10人以上(含10人)急性重度放射病、局部器官残疾；

(3)放射性物质泄漏，造成局部环境放射性污染事故。

3. 凡符合下列情形之一的，为较大辐射事故(Ⅲ级)

(1)Ⅲ类放射源丢失、被盗或失控；

(2)放射性同位素和射线装置失控导致9人以下(含9人)急性重度放射病、局部器官残疾。

4. 凡符合下列情形之一的，为一般辐射事故(Ⅳ级)

(1)Ⅳ、Ⅴ类放射源丢失、被盗或失控；

(2)放射性同位素和射线装置失控导致人员受到超过年剂量限值的照射。

**附录3**

## 常用联系电话

校辐射防护室：15116962010(应急电话)、62751267、62757558

火警电话：119

报警电话：110

急救电话：120、999

校保卫部：62752119

环保主管部门：12369

卫生部门：12320

# 中国石油大学(华东)特种设备重特大安全事故应急救援预案

中石大东发〔2010〕45 号

为加强我校特种设备重特大安全事故应急救援工作的统一组织和指挥，控制突发事件扩展，把事故造成的人员伤亡和经济损失减少到最低限度，根据《中华人民共和国安全生产法》、《特种设备安全监察条例》及地方政府制定的特种设备重特大安全事故应急救援预案等有关规定，结合学校实际，制定本预案。

**一、应急救援范围**

本预案适用于我校校园内发生的造成重大经济损失、重大人员伤亡以及重大社会影响的锅炉、压力容器、压力管道、电梯和起重机械等特种设备安全事故。

**二、应急救援组织机构及职责**

（一）学校成立特种设备重特大安全事故应急救援领导小组（简称应急领导小组），负责组织和指挥应急救援工作。应急领导小组由分管资产设备安全的校领导任组长，由资产设备处和公安处主要负责人任副组长，成员由学校办公室、资产设备处、公安处、财务处和校医院等单位的相关负责人组成。

（二）应急领导小组下设特种设备重特大安全事故应急处理小组（简称应急处理小组），负责承办应急领导小组交办的具体事项，组织协调应急救援工作，现场调度人员、设备和物资，组织开展救援工作。应急处理小组由事故单位、资产设备处、公安处和校医院等单位工作人员组成。

**三、应急救援演练**

在质监和公安消防等部门的指导下，在应急领导小组的领导下，特种设备使用单位开展应急救援演练，并在演练中加强各单位之间的配合与沟通，提高应对特种设备重特大安全事故的应急处置水平和应急指挥能力。

**四、应急救援程序**

（一）发生特种设备重特大安全事故时，事故单位有关负责人应迅速组织应急处理小组，开展现场紧急自救，防止事态发展。

（二）应急处理小组向应急领导小组报告事故情况，请求指示或由应急领导小组派员赶赴现场指挥救援工作。

（三）发生特种设备重特大安全事故或当特种设备重特大安全事故不能很快得到有效控制时，应急处理小组向所在地市 119、110 指挥中心、安全生产监督局、环境保护局和质量技术监督局应急办公室报告有关情况，并根据实际需要请求支援，报警电话如下：

| 校区<br>地方职能部门 | 东营校区 | 青岛校区 |
| --- | --- | --- |
| 公安消防 | 110/119 | |
| 环境保护局 | 0546－8331154 | 0532－86890973 |
| 安全生产监督局 | 0546－8330190 | 0532－86981995 |
| 质量技术监督局 | 12365 | |

## 五、应急救援措施

（一）抢救受害人员。事故发生后，及时、有序、有效地实施现场急救与安全转移伤员，尽最大可能地降低人员伤亡率、减少事故损失。

（二）控制危险源，并对事故造成的危害进行检验、监测，对有毒有害介质的事故，要测定事故的危害区域及危害程度。对发生在人口稠密地区的事故，应尽快组织工程抢救队与事故单位技术人员一起及时堵源，防止事故继续扩大。

（三）指导和组织人员采取各种措施进行自身防护，并往上风方向迅速撤离危险区或可能受到危害的区域，同时做好自救和互救工作。

（四）做好现场清理，消除危害后果。针对事故对人体、动植物、土壤、水源、空气造成的现实危害和可能发生的危害，迅速采取封闭、隔离、清洗等措施，防止对人的继续危害和对环境的污染。

（五）对有毒有害介质的压力容器、压力管道事故造成的危害进行监测、处理，直至符合国家环境保护标准。

## 六、附则

本预案由资产设备处负责解释，自发布之日起施行。

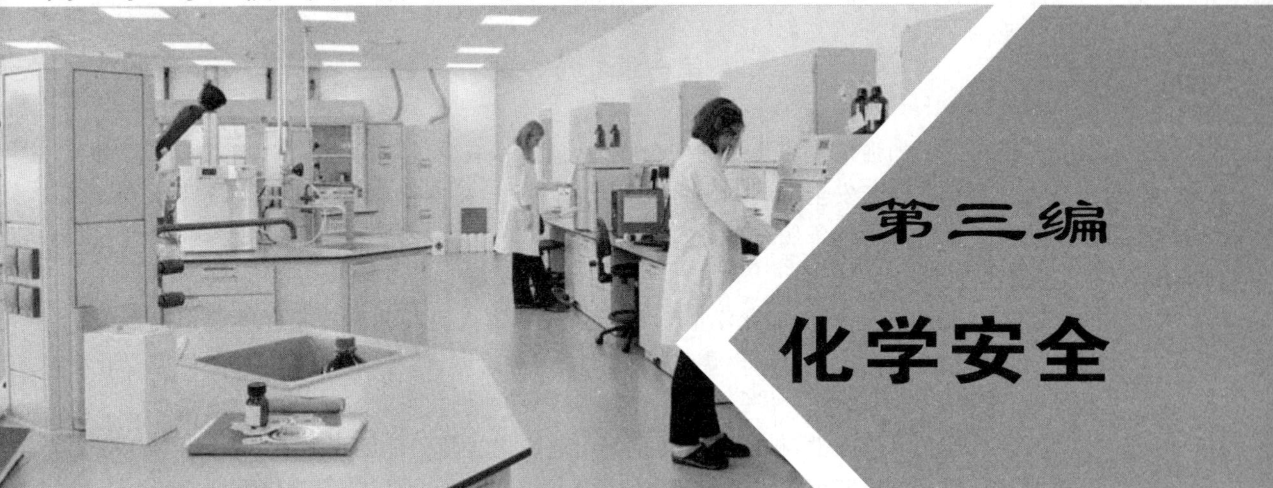

# 第三编 化学安全

# 中山大学危险化学品安全管理办法

中大设备〔2015〕1 号

## 第一章 总 则

**第一条** 为了加强危险化学品的安全管理，预防和减少危险化学品安全事故，保障师生员工的人身安全和财产安全，保护环境，根据《危险化学品安全管理条例》(国务院令第 591 号)和《易制毒化学品管理条例》(国务院令第 445 号)等国家和地方相关法律法规，结合我校实际，制定本办法。

**第二条** 本办法所称“危险化学品”，是指列入中华人民共和国国家标准规定的危险化学品目录，具有毒害、腐蚀、爆炸、燃烧、助燃等性质，对人体、设施、环境具有危害的剧毒化学品和其他化学品。

**第三条** 凡在学校教学、科研等活动中使用危险化学品的单位和个人，均适用本办法。

**第四条** 任何单位和个人不得生产、使用国家禁止生产、使用的危险化学品。

**第五条** 国家对危险化学品的使用有限制性规定的，任何单位和个人不得违反该限制性规定。

## 第二章 安全管理职责

**第六条** 设备与实验室管理处(以下简称“设备处”)是学校危险化学品安全管理的职能部门，主要职责是：

(一)负责组织制定学校危险化学品安全管理规章制度和事故应急预案，指导校内相关单位制定本单位的管理制度和事故应急预案，监督制度执行，建立健全安全责任制。

(二)受理和审核校内危险化学品的申购，负责报政府主管部门审批并实施采购。

(三)负责监督和管理学校危险化学品的储存、使用、调拨和废物处置等各项活动，建立剧毒品等高危化学品台账；定期开展校内危险化学品储存、使用情况检查或进行不定期巡查，督促存在安全隐患的单位及时整改。

(四)组织开展学校危险化学品有关的安全教育和人员培训活动，指导和监督校内各单位开展相关工作。

(五)发生危险化学品丢失、被盗、泄漏事件或引发火灾等安全事故时，负责上报上级有关部门并协助进行事故应急处理。

**第七条** 学校使用危险化学品的单位是危险化学品安全管理的责任主体单位，主要职责是：

(一)指定一名单位领导负责本单位危险化学品的安全管理工作；指定至少一名安全管

理员负责本单位危险化学品的日常安全管理、检查和监督工作，并定期接受专业知识培训与考核。

（二）组织制定本单位危险化学品安全管理制度、事故应急预案、危险化学品操作规程和废弃危险化学品安全管理制度等，督促规章制度的执行，建立健全安全责任制。

（三）督促单位内各实验室建立危险化学品使用登记制度及剧毒化学品等高危化学品的台账，同时建立和管理本单位台账，每季度向设备处备案。

（四）组织开展本单位危险化学品使用人员的安全教育、法制教育和岗位技术培训工作。

（五）本单位安全管理员或危险化学品的管理人退休、离岗，或其他与危险化学品相关的人员变动时，须及时安排符合规定要求的人员上岗并监督做好危险化学品的账物清查和交接工作，避免造成危险化学品遗失、管理缺位等问题。

## 第三章 申购管理

**第八条** 危险化学品的使用必须符合教学、科研工作实际需要，使用单位和实验室应严格控制危险化学品的品种和用量，严禁超量购买和储备。

**第九条** 对国家限制使用或重点监控的危险化学品如易制毒化学品、剧毒化学品和易燃易爆化学品等的申购，实行逐级审批制度，基本程序如下：

（一）申请人填写购买申请书，严格控制购买数量，同时落实储存条件和安全防护措施，经所在单位主管领导签字盖章后提交设备处。

（二）设备处组织相关报批材料，报送政府主管部门审批，获得准购证后统一实施采购。

**第十条** 学校提倡开展微型化、无害化绿色实验，减少危险化学品的使用量。在严格执行相关法规的前提下，经过设备处的批准，实验室之间可进行危险化学品的交换共享，尽量避免重复购置和闲置浪费现象。严禁校内任何单位和个人私自购买、接受或转让危险化学品。

## 第四章 储存及使用管理

**第十一条** 危险化学品的储存方式、方法应符合国家标准和有关规定，严格按照化学特性和安全特性分类存放，相互之间保持一定的安全距离，严禁在实验室超量储存危险化学品。

**第十二条** 危险化学品的盛装容器或包装物应选用与其性质和用途相适应的安全材质，所有容器或包装物应有清晰的标识或标签。

**第十三条** 危险化学品的使用场所应根据危险化学品的种类和安全特性，设置相应的通风、防火、防水、防爆、防腐蚀、防盗等安全防护设施。

**第十四条** 危险化学品实验操作人员应熟悉所使用危险化学品的性质和安全防护措施（物质安全数据表，即 MSDS 文件），严格按照操作规程作业，做好个人安全防护。

**第十五条** 剧毒化学品、易燃易爆化学品必须单独存放于符合安全标准的场所并实施重点监管，严格执行“五双”制度，即双人保管、双人双锁、双人收发、双人领取和双人使用，建立管理台账和使用记录，定期检查库存情况，保证账物相符。

**第十六条** 发生危险化学品丢失、被盗、泄漏等安全事故时，事故单位应立即启动应急预案，采取有效控制措施，并及时上报。

**第十七条** 对于危险化学废物，即淘汰、伪劣、过期、失效的危险化学品及其盛装容器和受污染包装物等，应严格加强收集、存放、回收和处置工作的管理，严禁随意弃置，防止发生环境污染事故。具体按《中山大学危险化学废物管理办法》执行。

## 第五章 附则

**第十八条** 本办法自 2015 年 4 月 10 日起施行，由设备与实验室管理处负责解释。未尽事宜，按国家和地方相关法律法规执行。

# 浙江大学危险化学品安全管理办法

浙大发设〔2016〕2号

## 第一章　总　则

**第一条**　为进一步规范和加强我校危险化学品的安全监督与管理，预防和减少危险化学品事故，建设平安校园，维护学校教学、科研的持续健康发展，根据《中华人民共和国安全生产法》《危险化学品安全管理条例》《浙江省危险化学品安全管理实施办法》和《浙江大学实验室安全管理办法》等有关法律、法规和规定，结合学校实际，制定本办法。

**第二条**　本办法所称危险化学品，是指具有毒害、腐蚀、爆炸、燃烧、助燃等性质，对人体、设施、环境具有危害的剧毒化学品和其他化学品，包括：

1. 国家安全生产监督管理总局等10部门联合公布的《危险化学品名录(2015版)》中的剧毒化学品和危险化学品；

2. 原国防科工委、公安部制订的《民用爆炸物品品名表》中的爆炸品；

3. 国务院公布的《易制毒化学品的分类和品种目录》中的易制毒化学品；

4. 公安部公布的《易制爆危险化学品名录(2011年版)》中的易制爆化学品；

5. 国家食品药品监督管理总局等部门联合公布的《麻醉药品品种目录(2013年版)》和《精神药品品种目录(2013年版)》中的药品；

6. 国务院公布的《医疗用毒性药品目录》中的药品。

其中，剧毒化学品、爆炸品、易制毒化学品、易制爆化学品、麻醉药品、精神药品和医疗用毒性药品等公安及食品药品监管部门根据情况认定的需要管制的化学品，统称管制类化学品。

**第三条**　本办法适用于学校各部门、院系、单位(以下简称各单位)所有涉及危险化学品的教学和科研活动的安全监督与管理，包括危险化学品的采购、存储、使用和处置等全过程管理(以下统称全过程管理)。同时，结合学校实际，为了进一步减少安全隐患，普通化学品的全过程管理也按照本办法执行。

## 第二章　工作职责

**第四条**　学校实验室技术安全工作委员会下设化学品安全管理工作小组负责全校危险化学品及其废弃物安全的管理和监督工作。

**第五条**　有关职能部门职责

1. 实验室与设备管理处负责危险化学品管理的制度建设及全程管理的指导、协调、监督、检查工作；建立和维护学校化学品全程管理平台(以下简称管理平台)；麻醉药品、精神药品和医疗用毒性药品的申购审批;配合做好剧毒化学品、第一类易制毒化学品和爆炸品的申购审批及使用场所认定。

2.安全保卫处负责实验室消防安全;剧毒化学品、第一类易制毒化学品和爆炸品的申购审批及使用场所认定,并对其全过程管理进行监督和检查;配合做好全校危险化学品的全过程管理。

3.采购管理办公室负责按政府采购程序指导和监督全校化学品的采购。

4.后勤管理处负责联系具有资质的单位处理化学废弃物,协助处理无法按常规方式处置的特殊化学废弃物。

5.后勤集团技术物资服务中心负责危险化学品各类许可证的办理与化学品的采购;负责学校危险品仓库、废弃物中转站的运行管理。

**第六条** 各使用单位职责

1.逐级完善安全责任制,贯彻落实“谁使用,谁管理”“谁主管,谁负责”的安全工作责任制。分管安全工作的负责人要全面负责本单位危险化学品安全管理,并确定具体的管理人员。

2.贯彻“安全第一,预防为主”的方针,根据工作需要制订相应的安全管理制度(含事故应急预案)和操作规程,严格落实安全防护措施。

3.加强本单位师生的安全与法制教育,组织必要的安全管理、技能和事故应急处置培训与应急演练,提高师生安全防范意识和应急处置能力。

4.按照有关部门和学校要求,结合本单位工作实际,经常性地组织安全检查,并有计划有步骤地采取防范措施,及时消除安全隐患,防止事故发生。

5.根据本单位所涉危险化学品的种类、危险特性、使用量及使用方式,配置相应的通风、防火、防爆、防毒、监测、报警、降温、防水、防潮、避雷、防静电、隔离操作等安全设施和安全防护用具,保证危险化学品的安全使用。

6.配备必要的应急救援物资。一旦发生危险化学品事故,要根据《浙江大学突发危险化学品事件应急预案》规定及时采取有效措施,妥善处理,防止事故的扩大和蔓延。同时,迅速查清事故原因,妥善做好善后工作,防止事故再度发生,并按有关规定严肃处理相关责任人员。

7.在新建、扩建和改建教学科研场所或设施时,应向房地产管理处、基本建设处、安全保卫处、后勤管理处和实验室与设备管理处等部门提供有关危险化学品安全说明及防范措施等资料。经审批后,方可实施。

8.各单位实验室负责人负责本实验室所有危险化学品的安全管理工作,包括加强实验人员的安全教育,制定并张贴涉及危险化学品的安全操作规程和应急措施,配备必要的安全防护设施,督促实验人员安全规范操作,管理危险化学品的购买、入库、存放、使用、处置,做好台账记录、日常安全卫生值班与检查等。对于拟搬迁或废弃的实验室,实验室负责人必须对实验室存在的危险化学品等危险物品进行彻底清查,并按要求及时处理,消除各种安全隐患。

## 第三章 危险化学品的采购

**第七条** 所有危险化学品需在管理平台上进行申请登记、采购及管理,相关实施细则另行公布。

**第八条** 购买管制类化学品的实验室需具备相应的场所使用资质。各单位负责本单位实验室除爆炸品、剧毒化学品、第一类易制毒化学品以外的其他类危险化学品使用资质场所的认定。

**第九条** 管制类化学品根据不同类型按以下流程进行审批：

1.购买剧毒化学品、第一类易制毒化学品和爆炸品（含硝酸铵、苦味酸）的，由实验室负责人和所在学院（系）审核，安全保卫处和实验室与设备管理处审批。

2.购买麻醉药品、精神药品和医疗用毒性药品的，由实验室负责人和所在学院（系）审核，实验室与设备管理处审批。

3.购买易制爆化学品和第二、三类易制毒化学品的，由实验室负责人审核，所在学院（系）审批。

**第十条** 危险化学品运输必须使用专门的车辆，装运时不得客货混装，禁止随身携带危险化学品乘坐公共交通工具。

**第十一条** 危险化学品仓库的管理人员须培训后方可上岗，严格遵守出入库管理制度，剧毒化学品、第一类易制毒化学品的审批手续必须完备才能予以发放。

## 第四章 危险化学品的存放

**第十二条** 危险化学品应按有关安全规定存放在条件完备的专用仓库、专用场地或专用储存室（柜）内，根据危险物品的种类和性质，设置相应的通风、防爆、防漏、泄压、防火、防雷、报警、灭火、防晒、调湿、消除静电、防护围堤等安全设施，并设专人管理。

**第十三条** 储存危险化学品的仓库须设置明显标志，严禁吸烟和使用明火，并根据《中华人民共和国消防法》的规定，配备专职消防人员、消防器材、设施以及通信、监控、报警等必要装置。

**第十四条** 仓库内的危险化学品应当分类分项存放，避免因容器破损引发化学反应而导致事故发生。通道应达到规定的安全距离，不得超量储存。对于遇火、遇潮容易燃烧、爆炸或产生有毒气体的危险化学品，不得在露天、潮湿、漏雨和低洼容易积水地点存放；对于受阳光照射容易燃烧、爆炸或产生有毒气体的危险化学品，桶装、罐装等易燃液体、气体，应当在阴凉通风地点存放；对于化学性质或防火、灭火方法相互抵触的危险化学品，不得在同一仓库或同一储存室存放。

**第十五条** 实验室及走廊等不得囤积危险化学品，对于少量的实验多余试剂，须分类分项存放，保持通风、远离热源和火源。实验大楼周围禁止存放危险化学品。

**第十六条** 实验室须建立危险化学品动态台账，加强进、出库管理。实验室应建立本实验室所涉及危险化学品的化学品安全技术说明书（Material Safety Data Sheet，英文简称MSDS）。对于特别的危险性化合物，配备相应的应急物品（如呼吸器、解毒药品、特殊灭火器材等），并做好应急防范措施。

**第十七条** 加强实验室内管制类化学品的存放管理。实验室内剧毒化学品、第一类易制毒化学品、爆炸品的管理，应严格遵守“五双”制度，即双人领取、双人运输（其中1人必须是教师）、双人双锁保管、双人使用、双人记录。要精确计量和记载，防止被盗、丢失、误领、误用。如发现问题应立即报告学校安全保卫处、实验室与设备管理处和当地公安部门。麻醉药品和第一类精神药品参照剧毒化学品管理。

## 第五章 危险化学品的使用

**第十八条** 危险化学品实验安全管理

1.实验室须制定危险性实验的安全操作规程,并张贴上墙或置于显眼位置。

2.实验人员要严格执行危险化学品安全管理各项规定,安全使用、安全操作,并及时做好实验记录。在实验中,对于剧毒化学品、第一类易制毒化学品、爆炸品的使用须逐次逐条双人记录;易制爆化学品的使用须逐次逐条记录,其他化学品允许按包装规格一次性登记。

3.设计实验时,在能够达到实验目的前提下,应尽量不使用或少使用管制类化学品,以减少安全隐患。

4.涉及有毒、有害、有气味化合物的实验须在工作正常的通风柜中进行,并配备必要的活性炭吸收或光催化分解系统。

5.麻醉药品、精神药品和医疗用毒性药品的使用单位,应建立专用账册,实行专人管理,专用账册的保存期限应当自药品有效期期满之日起不少于5年。

6.学生在初次使用危险化学品进行实验前,教师应安排详细的指导,介绍安全操作方法及有关防护知识。

**第十九条** 实验气体安全管理

1.所有实验气体须在管理平台上进行申请登记、采购及管理。

2.气体钢瓶应存放在安全位置,妥善固定,远离热源。易燃易爆气体与助燃气体必须分开存放。对于涉及有毒、易燃易爆气体的场所,必须配备必要的气体泄漏检测报警装置。

3.气体管路须有标识,并经常检漏。实验完毕,必须关闭总阀。不得使用过期、未经检验和不合格的气瓶。

有关实验气体的管理实施细则另行制订。

**第二十条** 危险化学品的调剂

对于保存良好且不影响使用的闲置危险化学品,实验室可通过管理平台申请进行校内调剂(有偿或无偿)。有意向的实验室可根据公布的待调剂化学品信息申请调入。调剂完成后,调入实验室须严格按照有关规定保管、使用和处置调入的危险化学品。其中,对于管制类化学品的调剂,调入方须具备相应的使用资质并按照本办法第九条规定执行。

## 第六章 化学废弃物的处置

**第二十一条** 实验室与设备管理处负责制定化学废弃物分类收集标准及要求,监督、指导各单位做好废弃物分类回收处理工作。危险化学品废弃物产生单位应指定专人负责废弃物的分类、暂存及回收工作。

**第二十二条** 废弃物中转站定期开放,接收实验废弃物。中转站附近严禁明火,实施24小时监控并接入安全保卫处监控中心。废弃物要注意及时清理,不得大量囤积。特殊化学废弃物由相关职能部门联合研究处置。

**第二十三条** 化学实验废弃物严禁乱倒乱丢,不能直接倒入下水道或普通垃圾桶。

**第二十四条** 危险化学品使用过程中产生的废气、废液、废渣、粉尘等如有利用价值应尽可能回收利用。

**第二十五条** 对于实验使用后多余的、新产生的或失效(包括标签丢失、模糊)的危险化学品,实验室负责将各类废弃物品分类收集(不准将有混合危险的物质放在一起)、贴好标签后及时送学校废弃物中转站,并配合管理人员做好称量、登记等工作。

**第二十六条** 高浓度的无机废液需经中和、分解破坏等处理,确认安全后方能倒入废液桶,之后按照本办法第二十五条处置。

**第二十七条** 低浓度的洗涤废水和无害废水可通过下水道进入废水处理系统,但排放时其有害物质浓度不得超过国家和环保部门规定的排放标准。

**第二十八条** 对于实验产生有毒、有害、有味气体的实验室,首先应采取措施进行有效的吸附、吸收、中和等处理,并安装吸附型或分解型的通风柜。实验产生的废气排放时应达到国家相关排放标准。

**第二十九条** 对于剧毒化学品、易制爆化学品或无法直接由处置厂家处置的废旧化学废弃物,各实验室应优先考虑采用科学、安全的方法进行无害化处理,转变成可处置的普通化学废弃物后再送储。

**第三十条** 无法进行无害化处理的剧毒化学品、第一类易制毒化学品及含这两类化学品废弃物的处置,须经安全保卫处和实验室与设备管理处审核同意后,由使用者(双人)送学校危险品仓库暂存,由后勤管理处联系有资质的厂家进行处置。必须集中收缴、存储的,经公安、环保等有关部门同意后,采取严密措施统一处置。

## 第七章 附 则

**第三十一条** 对于违反本办法规定而造成损失的,学校将按照《浙江大学实验室安全责任追究办法(试行)》规定进行责任追究,涉嫌构成犯罪的移送司法机关依法追究刑事责任。

**第三十二条** 校医院、医学院各附属医院、校办企业等单位产生的化学废弃物,可根据实际情况,参照本办法制定相应危险化学品管理办法,并自行依法依规清运、处置。

**第三十三条** 本办法由实验室与设备管理处负责解释。

**第三十四条** 本办法自发布之日起施行。《浙江大学危险品(放射源)管理办法》(浙大保发〔2006〕6 号)同时废止。

# 大连理工大学危险化学品安全管理规定(试行)

大工校发〔2013〕67号

## 第一章　总　则

**第一条**　为了进一步加强对我校危险化学品的安全管理,预防和减少危险化学品事故,切实保障全校师生员工的生命安全和学校财产安全,保护环境,确保教学和科研活动正常进行,根据国家《安全生产法》、《环境保护法》,国务院《危险化学品安全管理条例》等法律法规的要求,并结合我校实际情况,特制定本规定。

**第二条**　本规定所指的危险化学品,是指具有毒害、腐蚀、爆炸、燃烧、助燃等性质,对人体、设施、环境具有危害的剧毒化学品和其他化学品。

危险化学品目录由国家根据化学品危险特性的鉴别和分类标准确定、公布,并适时调整为准。

**第三条**　本规定适用于学校涉及使用危险化学品用于教学、科研和服务等用途的安全管理,凡购买、储存、使用、销毁危险化学品和处置废弃危险化学品的单位和个人必须遵守本规定,以及国家有关危险化学品的相关法律法规、标准等。

**第四条**　危险化学品安全管理,应当坚持安全第一、预防为主、综合治理的方针,强化和落实各单位的主体责任。

**第五条**　危险化学品单位从事购买、储存、使用、销毁危险化学品和处置废弃危险化学品等活动的从业人员,必须接受有关法律、法规、规章制度、安全知识、岗位专业技术、安全卫生防护和应急救援知识的培训,并经考核合格,方可上岗作业;对有资格要求的岗位,应当配备依法取得相应资格的人员。

## 第二章　管理机构及职责

**第六条**　学校安全管理委员会为学校危险化学品安全管理的领导机构,负责统一领导全校的危险化学品安全管理工作,建立危险化学品安全监督管理工作协调机制,协调解决有关重大问题,监督相关部门认真履行职责。

**第七条**　学校实验室管理与设备管理处、公安处是我校化学危险品管理的监管部门。

**第八条**　学校对危险化学品实行有指导的市场化管理。在校内专设危险化学品供应中心,通过公开招标,委托中标单位管理危险化学品供应中心,并承担全校各类危险化学品和剧毒品的供应、运输、废弃化学品回收工作。

学校要求校内各使用单位到指定的供应中心申购领用危险化学品。无特殊情况,原则上不得另行采购，财务处对自行采购不予报销。违反规定自行采购，并导致事故发生的则追究责任。

废弃危险化学品的处理由使用部门向实验室与设备处提出申请，指定的供应中心定期回收，送有资质单位处理。处理费用由学校和使用单位按一定比例承担。

**第九条**　相关学部(院)的主要负责人负责定期组织研究危险化学品的安全工作，针对存在的问题，制定解决办法，并对本单位涉及危险化学品的教学、科研、生产任务的安全负第一责任。

**第十条**　相关学部(院)主管实验室工作副部(院)长负责组织起草制定本学院危险化学品管理制度体系和应急预案，定期进行安全检查以及安全生产宣传教育。

学部(院)设定专职管理员负责日常管理工作，宣传、贯彻、执行国家和学校有关危险化学品安全管理的法规、制度，督促指导操作人员安全操作，全面了解掌握本单位危险化学品的详细台账，做到账、卡、物一致。

**第十一条**　学部(院)实验室负责人、课题负责人、教学负责人对职责范围内的危险化学品的使用和储存安全负直接责任。根据本单位危险化学品具体情况负责制定危险化学品安全管理制度、安全操作规程、事故应急处理预案、安全责任书等，明确人员岗位职责，经学部(院)审核确认后报实验室与设备管理处与公安处备案，并抓好贯彻落实。

实验室安全员做好危险品领用和使用记录，定期向学院主管领导上报实验室危险化学品档案资料，并对在实验室从事危险化学品实验的人员进行监督检查和宣传教育。

**第十二条**　由各单位任命的化学危险品的领用人和保管人，必须对工作认真负责，熟悉业务，要明确岗位职责，实行岗位责任制。保管人要相对稳定，定期参加消防安全培训，并持证上岗，不得任意调换。

## 第三章　危险化学品采购及运输

**第十三条**　学校化学试剂供应中心其仓储设施和内部管理应符合国家关于化学品仓储要求和标准。

**第十四条**　学校化学试剂供应中心应制定本单位危险化学品采购、储存、出入库管理制度，对所采购的危险化学品做好台账管理，并报实验室与设备管理处备案。

**第十五条**　剧毒品、易制毒物品和爆炸品采购。由学校化学试剂供应中心提出申请，经公安处审核同意后，向大连市公安机关提交申请，办理《剧毒(易制毒)化学品购买许可证》、《爆炸物品采购证》。按照学校相关规定进行采购。

**第十六条**　危险化学品的运输必须符合国家有关危险化学品运输规定。危险化学品由学校化学试剂供应中心委托有资质的单位承运，委托运输单位事前向大连市公安局申请“准运证”并实行“双人运输”。其他各部门和个人不得自行运输。严禁随身携带危险化学品乘坐校车和公共交通工具。

## 第四章　危险化学品的存放

**第十七条**　学校采购的危险品化学应存放于化环生学部指定的专设仓库内，仓库应根据物品的种类、性质设置相应的通风、防爆、泄压、防火、防雷、报警、灭火、防晒、调湿、消除静电、防护围堤等安全设施，并设专人管理。仓库内严禁吸烟和使用明火。

**第十八条** 危险化学品应当分类分项存放，通道应达到规定的安全距离，不得超量储存。对于遇火、遇潮容易燃烧、爆炸或产生有毒气体的危险化学品，不得在露天、潮湿、漏雨和低洼容易积水地点存放；对于受阳光照射容易燃烧、爆炸或产生有毒气体的危险化学品和桶装、罐装等易燃液体、气体应当在阴凉通风地点存放。对于化学性质或防火、灭火方法相互抵触的危险化学品，不得在同一仓库或同一储存室存放。

**第十九条** 压缩气体(剧毒、易燃、易爆、腐蚀、助燃)钢瓶管理：

(一)要存放在安全地方(加锁铁柜或单独房间内)。

(二)不可靠近热源，可燃、助燃气瓶使用时与明火的距离不得小于10米。

(三)化学性质相抵触能引起燃烧、爆炸的气瓶要分开存放。

(四)不得使用过期未经检验的气瓶。各种气瓶必须按期进行技术检验：盛装腐蚀性气体的气瓶，每二年检验一次；盛装一般气体的气瓶，每三年检验一次；盛装惰性气体的气瓶，每五年检验一次。气瓶在使用过程中，发现有严重腐蚀或损伤时，应提前进行检验。

(五)气瓶内气体不能用尽，必须留有剩余压力或重量，永久气体气瓶的剩余压力应不小于0.05MPa；液化气体气瓶应留有不少于0.5%～1.0%规定充装量的剩余气体。

(六)气瓶的瓶帽要保存好，充气时要戴好，避免在运输装卸过程中撞坏阀门，造成事故。

**第二十条** 实验室及走廊等不准囤积危险化学品，对于少量的实验多余试剂，须分类分项存放，保持通风、远离热源和火源。实验大楼周围禁止存放危险化学品。

**第二十一条** 危险化学品仓库应建立危险化学品出入库管理制度，建立危险化学品详细台账，同时报公安处与实验室与设备管理处备案。化学危险品入库前，必须进行检查登记，入库后应当定期检查。

**第二十二条** 危险化学品仓库的管理人员需经专业培训才能上岗，要严格遵守出入库管理制度，审批手续必须完备才能予以发放。实行双人双锁管理，定期检查，严加保管。

**第二十三条** 对于剧毒物品、易制毒物品、爆炸物品的管理，应严格遵守双人保管、双人收发、双人使用、双人运输、双人双锁的“五双”制度。要精确计量和记载，防止被盗、丢失、误领、误用，如发现上述问题必须立即报告校公安处和当地公安部门。

**第二十四条** 危险化学品单位内各级负责人应掌握本单位每个房间危险化学品存放情况，能够提供房间内危险化学品的信息资料。

**第二十五条** 各学部应于每年6月初和12月初向实验室与设备管理处上报《大连理工大学危险化学品登记表》。

## 第五章 危险化学品的使用

**第二十六条** 危险化学品使用单位应根据各自的情况，严格落实安全防护措施，制订安全制度和岗位操作规程，照章办事。使用单位还应建立危险化学品工作场所事故应急处理方案，必要时，可以组织相关人员熟悉方案，进行演练。

**第二十七条** 建立安全教育制度。进入实验室的人员要经过安全教育和培训，掌握相应的实验技能和安全知识后方可参与相关实验操作。如条件允许，可以设课考核。

**第二十八条** 使用危险化学品的实验室，应当根据其使用的危险化学品的种类和危险特性，在作业场所设置相应的监测、监控、通风、防晒、调温、防火、灭火、防爆、泄压、防毒、中和、防潮、防雷、防静电、防腐、防泄漏以及防护围堤或者隔离操作等安全设施、设备和配备安全防护用具,并按照国家标准、行业标准或者国家有关规定对安全设施、设备进行经常性维护、保养,保证安全设施、设备的正常使用。

使用危险化学品的单位,应当在其作业场所和安全设施、设备上设置明显的安全警示标志。

实验室及其相关区域禁止吸烟和违章使用明火。

**第二十九条** 所有危险化学品的容器都应有清晰的标识或标签,对不稳定或易形成过氧化物的化学药品要标明内容和危害,分开存放,妥善保管。

**第三十条** 危险化学品使用单位和个人应熟悉和了解所使用化学品的性质,并备有安全使用说明。使用前要制订实验方案及其应急防范措施,严格遵守有关规章制度。尤其是使用易燃易爆品、剧毒气体以及有压力反应等危险性较大的实验,严禁盲目操作。

**第三十一条** 实验操作人员必须严格做好个人防护,操作时应戴防护眼镜,穿着工作服及其他相应的防护用具。原则上,提供实验设备和实验场所的单位,应同时提供实验需要的化学品及其他辅助材料。

**第三十二条** 实验期间严禁人员脱岗。过夜、加热、低温、压力和有毒危险性以及爆炸实验必须有相关的操作规程,并以国家和行业的相应规定为标准,严格执行。

**第三十三条** 领用剧毒品、易制毒物品和爆炸品时,应填写《大连理工大学剧毒、易制毒物品和爆炸品专用备案登记表》,内容包括品名、规格、用途、用量、使用责任人、使用场所、安全措施、废物处理等;拟用危险化学品使用责任人提交安全责任承诺书。学部(院、所、中心)主管领导审核同意后签字,并加盖单位公章,经公安处审核同意后方能领用。

**第三十四条** 严格执行剧毒化学品、易制爆危险化学品安全管理的各项规定,安全使用、安全操作。使用剧毒物品、爆炸性物品时,应在良好通风条件下进行,并详细记录使用数量、流向、储存量、用途等情况。

**第三十五条** 对于剧毒化学试剂、药品,各单位各实验室的使用应根据具体需求,精确地计算用量,必须是一日一次的用量,严禁存放在实验室。领取时需双人领用,做到"随用随领",不得多领。

**第三十六条** 各实验室、中心领回的剧毒物品,因特殊情况,不能立即投入使用时,经实验室或中心主任同意,应按规定送回院库统一保管。

**第三十七条** 从事危险化学品实验的操作间内做实验剩余的或使用的各类危险化学品不得超过 5g,并将其储存在保险柜中,按照"五双"制度进行管理;超过 5g 时,应返回仓库。

**第三十八条** 使用单位用剧毒物品时,必须在专人负责用加锁的密闭专用容器予以保管,此容器不得兼作他用。

**第三十九条** 易燃易爆物品,必须储存在各单位特设专用仓库和储存室内,仓库要装置防爆、防火等安全装置,不得随意乱放。

**第四十条** 凡是经国家有关部门核定的易燃易爆物品,其储存的仓库和储存室,必须经市公安部门批准后,方可设立,已经设立的单位应当补办手续。

**第四十一条** 易燃易爆物品必须设专人负责,分类保管,并不得同时存放性质相抵触的其他物品。

**第四十二条** 易燃易爆物品,必须建立定期检查制度,对变质过期不能用的物品,应及时进行处理,选择安全的地点由领导或指定专人负责及时销毁。

**第四十三条** 易燃易爆物品仓库或储存室，必须建立严格的管理制度，禁止将火种、易燃物品和铁器等容易引起爆炸物品带入仓库，严禁在易燃易爆物品仓库内住宿、开会，禁止无关人员进入仓库。

**第四十四条** 使用易燃易爆物品，必须建立和执行严格的安全技术操作规程和安全管理制度。

**第四十五条** 使用易燃易爆物品应由工作认真负责和具有安全知识的人担任。新参加的人员，必须经过严格训练方可使用。

**第四十六条** 使用易燃易爆物品，必须建立严格的领取制度，不用的物品，应当退回，严禁个人自带私存。

**第四十七条** 任何实验室不得私自接收校内外单位转让和赠送的剧毒(易制毒)化学品，也不得向校内外单位转让和赠送剧毒(易制毒)化学品。

**第四十八条** 新开设计危险品的实验项目和课题，必须经过安全论证，由所在学院提出意见，科技处、实验室设备处和保卫处会签后，报校领导审批。

**第四十九条** 科研项目完成、变动或人员调离时，都要妥善处理好危险化学品，不留任何后患。

## 第六章 废弃危险化学品的处置

**第五十条** 废弃危险化学品的处置由学校统一组织实施。处理前，各单位随时分级、分类收集，指定专人负责妥善保管，不得任意丢弃、掩埋等。学校将不定期地统一组织收运和消纳处理。

**第五十一条** 危险化学废物的分类收集和存放

*(一)一般化学废液*

1.盛装化学废液的容器应是专用收集桶或旧试剂瓶，不得使用敞口容器存放化学废液。容器上应有清晰的标签，瓶口密封。容器不得渗漏，若出现密封不严或破损将不予收运。

2.一般化学废液分三类废液收集桶收集和存放，即：含卤有机物废液、一般有机物废液、无机物废液。此三类废液收集桶由学校化危险化学品供应中心负责统一购置，并分三类印制标签。需要某类废液收集桶的单位，前往学校危险化学品供应中心登记借用。

3.废液收集桶应随时盖紧，放于实验室较阴凉并远离火源和热源的位置。

4.倒入废液收集桶的主要有毒有害成分必须在《一般化学废液登记表》上登记，写明有毒有害成分的中文全称，不可写简称或缩写。桶满后(不可过满，须保留1/10的空间)，将登记表粘贴在相应的桶上，与学校危险化学品供应中心联系收运。

5.倒入废液前应仔细查看该废液桶的《一般化学废液登记表》，确认倒入后不会与桶中已有的化学物质发生异常反应(如产生有毒挥发性气体、剧烈放热等)，否则应单独暂存于其他容器中，并贴上标签。

6.不可将剧毒物质倒入上述三类废液收集桶。

*(二)剧毒化学废液*

实验室产生的剧毒废液，暂存在单独的容器中，不可将几种剧毒物质废液混在一个容器中，按剧毒试剂管理的规定进行妥善保管。拟处理时，填写《剧毒化学废液登记表》，报实验室与设备管理处和公安处备案后，与学校危险化学品供应中心联系，待统一处理危险化学废物时进行收运。

（三）废旧化学试剂

废旧化学试剂（固体或液体）在原瓶内存放，保持原有标签，必要时注明是废弃试剂。拟处理时，填写《废弃化学试剂登记表》，与学校化危险化学品供应中心联系，待统一处理危险化学废物时进行收运。

（四）废旧剧毒化学试剂

废旧剧毒化学试剂（固体或液体）在原瓶内存放，保持原有标签，必要时注明是废弃试剂，并按剧毒试剂管理的规定进行妥善保管。拟处理时，填写《废弃剧毒化学试剂登记表》，报实验室与设备管理处和公安处备案后，与学校危险化学品供应中心联系具体处理事宜。

（五）化学固体废物

化学固体废物主要是化学实验所产生的反应产物及吸附了危险化学物质的其他固体等，产生这些固体废物应随时贴好标签。拟处理时，填写《化学固体废物登记表》，与学校危险化学品供应中心联系，待统一处理危险化学废物时进行收运。

（六）瓶装化学气体

瓶装化学气体主要是钢瓶中的压缩化学气体，拟废弃时需单独与生产气体的专业厂家或专门的危险气体处理机构联系。

**第五十二条**　放射性废物以及实验动物尸体等不得混放在危险化学废物中处理。

**第五十三条**　危险化学品单位对于剧毒化学品的处理须请危险化学品供应中心在该剧毒物品的《大连理工大学剧毒、易制毒物品和爆炸品专用备案登记表》上签字，证明其已经销毁，并及时上报公安处进行登记备案。

**第五十四条**　学校危险化学品供应中心根据各单位提供的拟处理的各类危险化学废物的信息，适时与具有处理危险品资质的企业联系，并及时通知各单位做好相应的准备。在运输车辆到来之前，学校危险化学品供应中心派人到有关单位收运危险废物（含相应的危险废物登记表），同时登记、确认体积或重量，由各单位具体负责危险废物处理的工作人员签字。

**第五十五条**　为节约危险化学废物处理费用，学校要求：

（一）不将无毒无害的废液和废旧试剂当作危险废物处理；

（二）应尽可能对大量使用的有机溶剂自行回收提纯再利用；

（三）应尽可能对某些有毒有害废液进行无害化处理；

（四）对剧毒废液和废旧剧毒化学试剂，能利用化学反应进行解毒或降毒处理的应尽量进行无害化处理。

## 第七章　危险化学品的事故应急救援

**第五十六条**　相关单位应严格危险化学品管理，定期或不定期组织对危险化学品管理的各个环节进行检查，查找安全隐患，杜绝事故发生。

**第五十七条**　实验室要严格遵守安全管理制度，健全安全操作规程，如发现危险化学品有丢失、被盗等情况，必须保护现场，立即向公安处报告。

**第五十八条**　实验室应当制定本单位的事故应急救援预案，配备必要的应急救援器材、设备，并定期组织演练。剧毒化学品事故应急救援预案应报实验室与设备管理处、公安处备案。

**第五十九条** 发生危险化学品事故，单位主要负责人应当按照预定应急救援预案立即采取措施组织救援，防止事故蔓延、扩大，并立即报告公安处、实验室与设备管理处。

## 第八章 奖励与惩罚

**第六十条** 本办法的执行情况应纳入各单位的工作考核之中。对于严格遵守危险化学品管理规定，保障安全、环保和职业健康的单位和个人予以奖励和表彰；对于违反危险化学品管理规定，造成事故的，视其情节轻重给予经济处罚、行政处罚，构成犯罪的由司法机关依法追究其刑事责任。

## 第九章 附 则

**第六十一条** 各单位要根据本办法，结合各自的具体情况，制定相应的管理制度及实施细则，醒目张贴，严格监督执行，同时上报实验室与设备管理处、公安处备案。

**第六十二条** 本办法自2013年6月1日起试行，由实验室与设备管理处、公安处负责解释。如与国家法律法规不一致则以国家法律法规为准。本规定中提到的以及未说明的其他危险化学品安全管理内容依照国家及学校的有关规定执行。

# 北京航空航天大学危险化学品安全管理规定

北航实设字〔2012〕30号

## 第一章 总 则

**第一条** 为了进一步加强对我校危险化学品的安全管理，预防和减少危险化学品事故，切实保障全校师生员工的生命安全和学校财产安全，保护环境，根据国家《安全生产法》、《环境保护法》，国务院《危险化学品安全管理条例》等法律法规的要求，并结合我校实际情况，特制定本规定。

**第二条** 本规定所指的危险化学品，是指具有毒害、腐蚀、爆炸、燃烧、助燃等性质，对人体、设施、环境具有危害的剧毒化学品和其他化学品。

危险化学品目录由国家根据化学品危险特性的鉴别和分类标准确定、公布，并适时调整为准。

**第三条** 本规定适用于学校涉及使用危险化学品用于教学、科研和服务等用途的安全管理，凡购买、储存、使用、销毁危险化学品和处置废弃危险化学品的单位和个人必须遵守本规定，以及国家有关危险化学品的相关法律法规、标准等的规定。

**第四条** 学校安全生产与环境保护领导小组为学校危险化学品安全管理的领导机构，负责统一领导全校的危险化学品安全管理工作，研究决策学校危险化学品安全管理工作中的重大问题。

**第五条** 危险化学品安全管理，应当坚持安全第一、预防为主、综合治理的方针，强化和落实各单位的主体责任。

购买、储存、使用、销毁和处置危险化学品的单位（以下统称“危险化学品单位”）的安全管理第一责任人对本单位的危险化学品安全管理工作全面负责，保证本单位危险化学品的安全管理工作符合国家、地方有关法律法规、标准和学校有关规章制度的要求。

危险化学品单位应当具备国家、地方法律法规规定、标准要求的安全条件，应结合自身安全管理特点，建立健全本单位危险化学品安全管理的组织机构、规章制度、岗位安全责任体系制度等管理细则和危险化学品专项应急预案，落实安全措施。

危险化学品单位从事购买、储存、使用、销毁危险化学品和处置废弃危险化学品等活动的从业人员，必须接受有关法律、法规、规章制度、安全知识、岗位专业技术、安全卫生防护和应急救援知识的培训，并经考核合格，方可上岗作业；对有资格要求的岗位，应当配备依法取得相应资格的人员。

**第六条** 任何单位和个人不得购买、储存、使用、销毁和处置国家禁止购买、储存、使用、生产、销毁和处置的危险化学品。

国家对危险化学品的使用有限制性规定的，任何单位和个人不得违反限制性规定使用危险化学品。

## 第二章　危险化学品安全管理责任制

**第七条**　学校对危险化学品的购买、储存、使用销毁和处置实施安全监督管理的有关部门（以下统称“负有危险化学品安全监督管理职责的部门”），依照下列规定履行职责：

（一）实验室及设备管理处负责危险化学品安全监督管理综合工作，对新建、改建、扩建储存危险化学品的建设项目进行安全条件审查，协助危险化学品单位办理危险化学品安全使用许可证，负责废弃危险化学品处置的监督管理。

（二）保卫处负责与公安机关协调相关工作。

（三）校医院负责组织、协调危险化学品事故受伤人员的医疗卫生救援工作。

（四）人事处负责从事购买、储存、使用、生产、销毁危险化学品和处置废弃危险化学品等活动的从业人员进行培训教育和相应资格管理。

（五）教务处、研究生院负责教学工作中危险化学品的采购经费审批、采购情况登记、教学工作中的监督管理。

（六）科学技术研究院负责科研工作中危险化学品的采购经费审批、采购情况登记、科研工作中的监督管理。

（七）财务处负责各单位危险化学品采购经费的核准、报销。

（八）后勤集团、资产公司负责本单位危险化学品的安全监督管理。

**第八条**　危险化学品单位承担危险化学品安全的直接管理责任，应当明确责任分工，建立健全危险化学品安全管理责任制，明确具体安全管理职责，严格执行相关技术规范和操作规程，确保危险化学品安全管理措施落实，并及时、按时向负有危险化学品安全监督管理职责的部门上报本单位危险化学品管理情况。

危险化学品单位负责人是本单位危险化学品安全管理的第一责任人，对本单位的危险化学品安全工作负总责，应当依照本规定内容具体组织实施本单位危险化学品安全管理的组织机构、规章制度、岗位安全责任体系制度等管理细则和危险化学品专项应急预案，并加强对本单位危险化学品安全工作的监督检查，督促安全管理和事故防范措施的落实。

**第九条**　学校负有危险化学品安全监督管理职责的部门依照规定对危险化学品单位实施监督管理，依法进行监督检查，可以行使下列职权：

（一）进入危险化学品作业场所进行现场检查，调取有关资料，向有关人员了解情况，向危险化学品单位提出整改措施和建议；

（二）发现危险化学品事故隐患时，责令立即排除或者限期排除；

（三）对有根据认为不符合有关法律法规、标准要求的设施、设备、器材和工具，责令立即停止使用；

（四）经本部门主要负责人批准，查封违法违规使用危险化学品的场所，扣押违法违规使用的危险化学品以及用于违法违规使用危险化学品的原材料、设备、工具；

（五）发现违法违规行为，当场予以纠正或者责令限期改正。

负有危险化学品安全监督管理职责的部门依法依规进行监督检查，监督检查人员不得少于 2 人；有关单位和个人对依法依规进行的监督检查应当予以配合，不得拒绝、阻碍。

**第十条** 学校建立危险化学品安全监督管理工作协调机制，支持、督促学校负有危险化学品安全监督管理职责的部门依法依规履行职责，协调、解决危险化学品安全监督管理工作中的重大问题。

负有危险化学品安全监督管理职责的部门应当相互配合、密切协作，依法加强对危险化学品的安全监督管理。

**第十一条** 任何单位和个人对违反本制度规定的行为，有权向负有危险化学品安全监督管理职责的部门举报。负有危险化学品安全监督管理职责的部门接到举报，应当及时进行处理；对不属于本部门职责的，应当及时移送有关部门处理。

**第十二条** 学校鼓励使用危险化学品从事生产的单位采用有利于提高安全保障水平的先进技术、工艺、设备以及自动控制系统，鼓励对危险化学品实行专门储存、统一配送、集中销售。

**第十三条** 危险化学品单位内各级负责人应掌握本单位每个房间危险化学品存放情况，能够提供房间内危险化学品的信息资料。

## 第三章 危险化学品的购买

**第十四条** 危险化学品的购买，由项目负责人根据危险化学品性质，存放条件和购买数量等情况，对购买、储存、使用、处置等全过程管理安全论证后提出申请，由单位第一责任人签字确认，经单位危险化学品安全管理专员报实验室及设备管理处审批后方可购买。

单位第一责任人对本单位购买危险化学品的质量和安全负总责。

**第十五条** 购买公安机关明文规定控制的爆炸危险品和剧毒品，使用单位须填写《购买爆炸品、剧毒品审批表》经所在单位第一责任人签字，提交相关审批材料后，由校危险化学品安全主管部门审核后，再经公安部门机关核准后，由使用单位负责采购。爆炸危险品和剧毒品的购买严格落实“五双”制度，即双人收发、双人记账、双人双锁、双人运输、双人使用，要求必须存放在保险柜中并采取必要的保安措施。要精确计量和记载，防止被盗、丢失、误领、误用，如发现上述问题必须立即报告校有关部门。

## 第四章 危险化学品的储存

**第十六条** 储存危险化学品的仓库须在公安机关办理储存许可证。保管人员须经培训，由校危险化学品安全主管部门批准并备案。

**第十七条** 危险化学品必须储存在专用仓库和条件完备的实验室内并由专人管理，危险化学品应当分类分项存放，堆垛之间的主要通道应当有安全距离，其储存限量由校危险化学品安全主管部门和上级公安机关确定，不得超量储存。

**第十八条** 危险化学品的专用仓库和实验室，应当符合有关安全规定，并根据物品的种类、性质设置相应的通风、防爆、泄压、防火、报警、灭火等安全措施。

对于化学性质或防火、灭火方法相互抵触的危险化学品，不得在同一仓库或同一储存室存放。

**第十九条** 遇火、遇水容易燃烧、爆炸或产生有毒气体的危险化学品，不得在潮湿、漏雨和低洼容易积水的地点存放。

**第二十条** 化学性质或防火灭火方法相互抵触的危险化学品，不得在同一仓库（或同一实验室、车间)内存放。

对于受阳光照射容易燃烧、爆炸或产生有毒气体的危险化学品和桶装、罐装等易燃液体、气体应当在阴凉通风地点存放。

**第二十一条** 危险化学品单位应于每年6月初和12月初向校危险化学品安全主管部门上报《北京航空航天大学危险化学品登记表》。

**第二十二条** 从事化学危险品实验的操作间内做实验剩余的或使用的各类危险化学品不得超过5g,并储存在保险柜中,按照“五双”制度进行管理;超过5g时,应返回仓库。

## 第五章 危险化学品的使用

**第二十三条** 使用危险化学品的单位,其使用条件(包括工艺)应当符合法律、行政法规的规定和国家标准、行业标准的要求,并根据所使用的危险化学品的种类、危险特性以及使用量和使用方式,建立、健全使用危险化学品的安全管理规章制度和安全操作规程,保证危险化学品的安全使用。

**第二十四条** 使用危险化学品的单位,应当根据其使用的危险化学品的种类和危险特性,在作业场所设置相应的监测、监控、通风、防晒、调温、防火、灭火、防爆、泄压、防毒、中和、防潮、防雷、防静电、防腐、防泄漏以及防护围堤或者隔离操作等安全设施、设备和配备安全防护用具,并按照国家标准、行业标准或者国家有关规定对安全设施、设备进行经常性维护、保养,保证安全设施、设备的正常使用。

使用危险化学品的单位,应当在其作业场所和安全设施、设备上设置明显的安全警示标志。

**第二十五条** 使用危险化学品的单位,应当在其作业场所设置通信、报警装置,并保证处于适用状态。

**第二十六条** 危险化学品使用场所必须配备足够的适用不同灭火要求的各种消防设施,危险化学品使用场所人员必须了解物品的性能,学会使用灭火设备、工具等。

**第二十七条** 使用剧毒化学品或者易制爆危险化学品的单位,应当如实记录其使用的剧毒化学品、易制爆危险化学品的数量、流向、储存量和用途等信息,并采取必要的安全防范措施,防止剧毒化学品、易制爆危险化学品丢失或者被盗、误用,保证剧毒化学品、易制爆危险化学品的安全使用和管理;发现剧毒化学品、易制爆危险化学品丢失或者被盗的,应当立即报告校有关部门。

应根据实际需要领用剧毒化学品或者易制爆危险化学品,领取时需双人领用,做到“随用随领”,不得多领。

严格执行剧毒化学品或者易制爆危险化学品安全管理的各项规定,安全使用、安全操作。使用剧毒物品、爆炸性物品时,应在良好通风条件下进行,并详细记录使用数量等情况。可燃、助燃气瓶使用时与明火的距离不得小于10米。

**第二十八条** 使用危险化学品的单位转产、停产、停业或者解散的,应当采取有效措施,及时、妥善处置其危险化学品使用装置、设施以及库存的危险化学品,不得留有事故隐患,不得丢弃危险化学品;处置方案应当报校危险化学品安全主管部门备案。学校危险化学品安全主管部门对处置情况进行监督检查,发现未依照规定处置的,应当责令其立即处置。

**第二十九条** 使用危险化学品从事生产的单位,其生产条件必须符合国家标准和国家有关规定，并依照国家有关法律、法规的规定取得相应的许可，必须建立、健全危险化学品使用的安全管理规章制度，保证危险化学品的安全使用和管理。

使用危险化学品从事生产的单位，应当委托具备国家规定的资质条件的机构，对本单位的安全生产条件每3年进行一次安全评价，提出安全评价报告。安全评价报告的内容应当包括对安全生产条件存在的问题进行整改的方案。

使用危险化学品从事生产的单位，应当将安全评价报告以及整改方案的落实情况报校危险化学品安全主管部门及上级有关部门备案。

**第三十条** 建立、健全爆炸危险品研制和生产的安全使用管理规章制度，对技术上已知的合成量，每次用药量由院级安全管理专家组核定，对于新合成未知的合成物，起爆药用药量不能超过1g，发射药和炸药用药量不能超过5g。

**第三十一条** 从事爆炸危险品研制和生产的单位，必须准确掌握原料、中间产品、最终产品的燃点、自燃点、闪点、爆炸极限、毒性等理化性能指标，并进行妥善使用和保管。

**第三十二条** 应当对爆炸危险品的产量、流向、储存量和用途如实记录，并采取必要的保安措施，防止被盗、丢失或者误售、误用，保证爆炸危险品的安全使用和管理。任何单位和个人未经所在学院领导和校危险化学品安全主管部门批准，不得私自出售和转让危险化学品。

## 第六章 废弃危险化学品的处置

**第三十三条** 废弃危险化学品的处置由学校统一组织实施。处理前，各单位随时分级、分类收集，指定专人负责妥善保管，不得任意丢弃、掩埋等。

危险化学品使用过程中产生的废气、废液、废渣、粉尘等应尽可能回收利用。各使用单位须指定专人负责收集、处理、存放、监督、检查有毒、有害废液、废固的管理工作。

实验产生的废液、废固物质，不能直接倒入下水道或普通垃圾桶。对于低浓度的洗涤废水和无害废水可通过下水道进入废水处理系统，排放时其有害物质浓度不得超过国家和环保部门规定的排放标准。高浓度的无机废液需经中和、分解破坏等处理，确认安全后，方能倒入废液缸。

对实验使用后多余的、新产生的或失效(包括标签丢失、模糊)的危险化学品，严禁乱倒乱丢。各单位负责将各类废弃物品分类包装(不准将有混合危险的物质放在一起)、贴好标签后按学校统一规定的废弃化学物品存贮(回收)点。存贮(回收)点附近严禁明火。

实验产生的废气应达到国家相关排放标准，未达标的应采取中和、吸收等适当措施，处理达标后排放。

**第三十四条** 危险化学品单位对于剧毒化学品的处理须请负责处理的相关部门在该剧毒物品的"使用证"上签字，证明其已经销毁，并及时上报保卫处进行登记备案。在处理前，仍由原使用单位妥善保管。

**第三十五条** 易燃易爆化学危险品的运输和销毁应按《废火药、炸药、弹药、引信及火工品处理、销毁与贮运安全技术要求》的有关条款执行。

## 第七章 危险化学品事故应急救援

**第三十六条** 学校实行危险化学品登记制度，为危险化学品安全管理以及危险化学品事故预防和应急救援提供技术、信息支持。

**第三十七条** 危险化学品单位应当制定本单位危险化学品事故应急预案，配备应急救援人员和必要的应急救援器材、设备，并定期组织应急救援演练。

危险化学品单位应当将其危险化学品事故应急预案报校危险化学品安全主管部门备案。

**第三十八条** 发生危险化学品事故，事故单位主要负责人应当立即按照本单位危险化学品应急预案组织救援，并向校危险化学品安全主管部门及上级有关部门报告。

**第三十九条** 发生危险化学品事故，学校应当立即组织有关部门，在上级有关部门指导下，按照学校危险化学品事故应急预案组织实施救援，不得拖延、推诿。

危险化学品单位及学校有关部门协助上级有关部门按照下列规定，采取必要的应急处置措施，减少事故损失，防止事故蔓延、扩大：

（一）立即组织营救和救治受害人员，疏散、撤离或者采取其他措施保护危害区域内的其他人员；

（二）迅速控制危害源，测定危险化学品的性质、事故的危害区域及危害程度；

（三）针对事故对人体、动植物、土壤、水源、大气造成的现实危害和可能产生的危害，迅速采取封闭、隔离、洗消等措施；

（四）对危险化学品事故造成的环境污染和生态破坏状况进行监测、评估，并采取相应的环境污染治理和生态修复措施。

**第四十条** 危险化学品单位应当为危险化学品事故应急救援提供技术指导和必要的协助。

**第四十一条** 危险化学品事故造成环境污染的，由上级有关部门统一发布有关信息。

## 第八章 附 则

**第四十二条** 危险化学品单位同时要严格贯彻执行国家、北京市和学校有关安全生产、环境保护和职业健康等方面的管理制度。

**第四十三条** 学校公众发现、捡拾的无主危险化学品，应及时上交。由校危险化学品安全主管部门移交公安机关。

**第四十四条** 化学品的危险特性尚未确定的，应及时上报学校，由上级相关部门分别负责组织对该化学品的物理危险性、环境危害性、毒理特性进行鉴定。根据鉴定结果，需要调整危险化学品目录的，依照本条例第三条第二款的规定办理。

**第四十五条** 奖励与惩罚

本办法的执行情况应纳入各单位的工作考核之中。对于严格遵守危险化学品管理规定，保障安全、环保和职业健康的单位和个人予以奖励和表彰；对于违反危险化学品管理规定，造成事故的，视其情节轻重给予经济处罚、行政处罚，构成犯罪的由司法机关依法追究其刑事责任。

**第四十六条** 本规定由学校安全生产与环境保护领导小组办公室负责解释。

如与国家法律法规不一致则以国家法律法规为准。本规定中提到的以及未说明的其他危险化学品安全管理内容依照国家、北京市及学校的有关规定执行。

**第四十七条** 本规定自发布之日起施行。

# 江南大学危险化学品、易制毒化学品管理办法

江大校办〔2014〕34号

## 第一章　总　则

**第一条**　为进一步规范和加强我校危险化学品、易制毒化学品的安全管理，严防事故发生，保障学校师生员工生命财产安全，保证学校正常的教学、科研秩序，保护环境，根据《中华人民共和国安全生产法》、国务院《危险化学品安全管理条例》、《易制毒化学品管理条例》以及公安部门的相关规定，结合我校实际情况，特制定本办法。

**第二条**　危险化学品是根据《危险化学品目录》公布的具有毒害、腐蚀、爆炸、燃烧、助燃等性质，对人体、设施、环境等具有危害的化学品和剧毒化学品。

剧毒化学品是根据《剧毒化学品目录》公布的具有剧烈毒害的危险化学品。

易制毒化学品根据国务院《易制毒化学品管理条例》的规定分为三类：第一类是可以用于制毒的主要原料，第二类、第三类是可以用于制毒的化学配剂。具体分类和品种目录详见附件。

**第三条**　凡购买、储存、生产、使用、运输和销毁危险化学品、易制毒化学品的单位和个人必须严格遵守本办法。违反本办法规定的有关人员，学校根据事故性质、情节轻重严肃追究责任，构成犯罪的由司法机关依法追究刑事责任。

剧毒化学品严格遵守“五双”制度，即双人保管、双人双锁、双人收发、双人领退、双人使用。做到“四无一保”，即无被盗、无事故、无丢失、无违章、保安全。

## 第二章　管理机构及职责

**第四条**　危险化学品、易制毒化学品的安全管理工作由校安全工作委员会统一领导。实验室与设备管理处、保卫处是我校危险化学品、易制毒化学品管理的主管部门。

实验室与设备管理处负责全校危险化学品、易制毒化学品的购买、仓储、供应及使用过程中的安全检查。

保卫处负责剧毒化学品购买、领用审批，剧毒化学品安全督查及突发事件的处理。

**第五条**　后勤管理处负责废弃危险化学品、易制毒化学品包装物以及使用危险化学品所产生的危险废物的集中处置。

**第六条**　各单位的安全责任人是本单位危险化学品、易制毒化学品安全管理工作的责任人，其职责是：

（一）指定专人负责本单位危险化学品、易制毒化学品日常管理工作。建立健全本单位危险化学品、易制毒化学品的安全管理制度、安全防范设施、安全操作规程，并对执行情况定期进行检查。

（二）根据学校和国家相关管理部门的要求，有计划有步骤地采取防范措施，消除事故隐患，防止事故发生。

（三）经常开展危险化学品、易制毒化学品安全教育，组织必要的安全管理和技术培训，提高本单位相关人员的安全管理意识和安全使用水平。

（四）发生危险化学品、易制毒化学品事故时，根据预案及时采取措施，认真做好善后工作。迅速查清事故原因，上报学校主管部门。

## 第三章　采购与运输

**第七条**　危险化学品、易制毒化学品采购人员应持有无锡市安全生产管理部门核发的“危险化学品采购员证”，不得转借或为外单位代购。危险化学品、易制毒化学品必须向有销售资质的供应商购买，并委托有资质的运输企业运输。

购入的危险化学品、易制毒化学品应及时登记入库。

**第八条**　压缩气体类采购和运输遵照《江南大学实验室特种设备、设施安全管理办法》执行。

**第九条**　易制毒化学品由实验室与设备管理处负责到公安机关办理《易制毒化学品购买备案证明》。

第一类易制毒化学品在必须使用又确无替代品时，应按购买剧毒化学品的申请程序办理。第一类易制毒化学品参照剧毒化学品“五双”制度进行管理。

**第十条**　因教学科研工作确实需要购买剧毒化学品时，必须填写《江南大学剧毒化学品购买审批表》，经单位负责人批准后报保卫处、实验室与设备管理处审批，由实验室与设备管理处统一向公安机关申办《剧毒化学品准购证》，并统一采购，任何单位和个人不准私自接收和转让。

## 第四章　保　管

**第十一条**　危险化学品的存放应当符合安全规定，必须放在条件完备的专用仓库、专用场地或专用储存室（柜）内。根据物品的种类、性质，存放场所应采取相应的通风、防爆、泄压、防火、报警、防晒、调湿、消除静电等安全措施。

危险化学品应当分类分项存放，堆垛之间的主要通道应达到规定的安全距离，不得超量储存。

遇火、遇潮容易燃烧、爆炸或产生有毒气体的危险化学品，不得在露天、潮湿、漏雨和低洼容易积水地点存放。化学性质或防火、灭火方法相互抵触的危险化学品，不得在同一仓库或同一储存地点存放。

危险品仓库设专人管理，保管人必须持有无锡市安全生产管理部门核发的“危险化学品保管员证”。仓库管理人员要经常检查核对实际库存情况，如有账物不符或非法流失，应及时报告。

**第十二条**　易制毒化学品、易制爆化学品应存放在学校专用仓库内，不得与其他化学试剂混放。

**第十三条**　剧毒化学品应存放在学校剧毒化学品专用仓库内。剧毒化学品仓库严格按公安部门要求进行管理，配备专用储存设备和防盗报警装置。

使用单位应设剧毒化学品临时储存保险柜，用于存放当天领用的剧毒化学品，剧毒化学品不得在实验室过夜。任何人不得携带剧毒化学品擅自离开存放地点或使用场所。

## 第五章　领用与发放

**第十四条**　危险化学品、易制毒化学品的领用应遵循“即领即用”和“用多少领多少”的原则，严禁在实验室超量储存。

**第十五条**　领用易制毒化学品应填写《江南大学易制毒化学品领用申请表》，实行双人领用，两名学生领用时必须经指导老师批准。

易制毒化学品发放必须进行登记，如实记录发放日期、数量、领用单位、领用人等信息。

**第十六条**　领用剧毒化学品应填写《江南大学剧毒化学品领用申请表》，经单位负责人批准，再提交校保卫处审批。实行双人领用(至少有一名教工)。剧毒化学品只准领用本次或本工作日内实验的使用量，严禁超量领用。

剧毒化学品实行双人发放制度。剧毒化学品仓库管理人员必须如实记录发放日期、品名、数量、领用单位、领用人等信息，登记表应随同领料单等原始资料一起妥善保存备查。

## 第六章　使　用

**第十七条**　使用易制毒化学品应及时、如实填写“易制毒化学品电子台账”，对用途、用量等信息进行登记。

**第十八条**　剧毒化学品严格执行双人使用制度，操作时必须两人同时进行，严格遵守操作规程。学生使用剧毒化学品时，指导教师必须在场。

**第十九条**　使用剧毒化学品应填写《江南大学剧毒化学品使用记录表》，使用记录表交回实验物资仓库统一保存备查。

**第二十条**　剧毒化学品当天未用完的，应交回剧毒化学品库代为保管，实行双方双人交接，使用方须有一人为教工。代为保管的剧毒化学品再次领用时，只需办理领用登记手续。

**第二十一条**　代为保管的剧毒化学品，保管期限为2年，超过保管期的，由学校统一处置。

## 第七章　处　置

**第二十二条**　使用危险化学品、易制毒化学品过程中的废气、废液、废渣、粉尘应回收综合利用。必须排放的，应经过净化处理，其有害物质浓度不得超过国家环保部门规定的排放标准。对无法净化处理的危险化学品、易制毒化学品的废液、废渣和残液、残渣应严格按照《江南大学危险废物处置管理办法》要求进行处理，严禁将实验产生的危险化学品、易制毒化学品的废物乱倒、乱放、随意丢弃。

剧毒化学品的原包装容器必须退回剧毒化学品仓库，严禁随意丢弃和擅自处理。

**第二十三条**　销毁处理存放过久、失效变质、报废的危险化学品、易制毒化学品，必须经学校批准，采取严密措施，并依法委托有资质的单位妥善处置。

## 第八章　附　则

**第二十四条**　本办法自发布之日起施行。原《江南大学危险化学品管理办法》(江大校办〔2010〕7号)、《江南大学剧毒化学品管理办法》(江大校办〔2010〕10号)、《江南大学易制毒化学品管理办法(试行)》(江大校办〔2008〕23 号)同时废止。

**第二十五条** 本办法由实验室与设备管理处、保卫处负责解释。

**附件 1**

## 易制毒化学品的分类和品种目录

### 第一类

(1)1-苯基-2-丙酮 (2)3,4-亚甲基二氧苯基-2-丙酮 (3)胡椒醛 (4)黄璋素 (5)黄璋油 (6)异黄璋素 (7)N-乙酰邻氨基苯酸 (8)邻氨基苯甲酸 (9)麦角酸* (10)麦角胺* (11)麦角新碱* (12)麻黄素、伪麻黄素、消旋麻黄素、去甲麻黄素、甲基麻黄素、麻黄浸膏、麻黄浸膏粉等麻黄素类物质*。

### 第二类

(1)苯乙酸 (2)醋酸酐 (3)三氯甲烷 (4)乙醚 (5)哌定

### 第三类

(1)甲苯 (2)丙酮 (3)甲基乙基酮(二丁酮) (4)高锰酸钾 (5)硫酸 (6)盐酸

**说明:**

一、第一类和第二类所列物质可能存在的盐类,也纳入管制。

二、带有*标记的品种为第一类中的药品类易制毒化学品,第一类中的药品类易制毒化学品包括原料药及其单方制剂。

**附件 2**

## 江南大学剧毒化学品购买审批表

| 剧毒化学品名称 | | 规格 | |
|---|---|---|---|
| 申请人姓名 | | 数量 | |
| 所在单位 | | 身份证号码 | |
| 所在实验室 | | 保管方式 | |
| 联系电话 | | 使用期限 | |
| 剧毒化学品用途 | | | |
| 指导老师意见 | | | |
| 单位负责人审核意见(盖章) | | | |
| 保卫处审核意见(盖章) | | | |
| 实验室与设备管理处审核意见 | | | |

**附件 3**

## 江南大学易制毒化学品领用申请表

申请日期： 年 月 日

| 申请部门 | | | 实验室 | | |
|---|---|---|---|---|---|
| 试剂名称 | 规格 | 单位 | 申请数 | 实发数 | 实验内容 |
| | | | | | |
| | | | | | |
| | | | | | |

指导老师： 领用人 1： 领用人 2： 发放人：

电话： 电话：

## 江南大学易制毒化学品领用申请表

申请日期： 年 月 日

| 申请部门 | | 实验室 | | | |
|---|---|---|---|---|---|
| 试剂名称 | 规格 | 单位 | 申请数 | 实发数 | 实验内容 |
| | | | | | |
| | | | | | |
| | | | | | |

指导老师： 领用人 1： 领用人 2： 发放人：

电话： 电话：

**附件 4**

## 江南大学剧毒化学品领用申请表

申领日期：

| 姓名 | | 证件名称及号码 | | 联系电话 | |
|---|---|---|---|---|---|
| 姓名(教师) | | 证件名称及号码 | | 联系电话 | |
| 品名 | | | | 规格数量 | |
| 实验内容 | | | | 实验地点 | |
| 单位负责人<br>意见(盖章)：年月日 | | | | | |
| 保卫处意见(盖章)：年月日 | | | | | |
| 此表一式二份：一份交保卫处；一份交化学试剂库； | | | | | |

## 江南大学剧毒化学品领用申请表

申领日期：

| 姓名 | | 证件名称及号码 | | 联系电话 | |
|---|---|---|---|---|---|
| 姓名(教师) | | 证件名称及号码 | | 联系电话 | |
| 品名 | | | | 规格数量 | |
| 实验内容 | | | | 实验地点 | |
| 单位负责人<br>意见(盖章)：年月日 | | | | | |
| 保卫处意见(盖章)：年月日 | | | | | |
| 此表一式二份：一份交保卫处；一份交化学试剂库； | | | | | |

附件 5

# 江南大学剧毒化学品使用记录表

<table>
<tr><td>品名</td><td></td><td>领用数量</td><td></td><td>规格</td><td></td></tr>
<tr><td>领用人</td><td></td><td rowspan="2">领用日期</td><td rowspan="2"></td><td rowspan="2">指导教师</td><td rowspan="2"></td></tr>
<tr><td>领用人(教师)</td><td></td></tr>
<tr><td colspan="2">实验内容</td><td>使用数量</td><td>剩余数量</td><td>使用人</td><td>使用日期</td></tr>
<tr><td colspan="2"></td><td></td><td></td><td></td><td></td></tr>
<tr><td colspan="2"></td><td></td><td></td><td></td><td></td></tr>
<tr><td colspan="2"></td><td></td><td></td><td></td><td></td></tr>
<tr><td colspan="2"></td><td></td><td></td><td></td><td></td></tr>
<tr><td colspan="2"></td><td></td><td></td><td></td><td></td></tr>
<tr><td colspan="2"></td><td></td><td></td><td></td><td></td></tr>
<tr><td colspan="2"></td><td></td><td></td><td></td><td></td></tr>
<tr><td colspan="2"></td><td></td><td></td><td></td><td></td></tr>
<tr><td colspan="6">废弃物处理记录：<br><br>处理人：</td></tr>
<tr><td colspan="6">以上药品使用完毕后，领用人、指导教师签字注销：<br><br>领用人：<br>指导教师：</td></tr>
</table>

备注：请将当天未用完的在下班前交回剧毒化学品库代为保管，使用记录表同时交回实验物资科。空瓶交回实验物资科统一处理，以免流失，确保安全。

# 中山大学安全管制药品管理办法

## 中大设备〔2015〕1 号

### 第一章　总则

**第一条**　为了加强对麻醉药品、精神药品、医疗用毒性药品及对照品等国家管制使用药品(以下统称安全管制药品)的管理,保证合法、安全、合理使用安全管制药品,保障师生员工的人身安全和财产安全,保护环境,根据《麻醉药品和精神药品管理条例》(国务院令第 442 号)、《医疗用毒性药品管理办法》(国务院令第 23 号)及省、市相关管理规定,结合我校实际,制定本办法。

**第二条**　本办法所称麻醉药品和精神药品,是指列入《麻醉药品和精神药品管理条例》所规定的麻醉药品目录、精神药品目录的药品和其他物品;医疗用毒性药品是指《医疗用毒性药品管理办法》中所规定的毒性剧烈、治疗剂量与中毒剂量接近,使用不当会致人中毒或死亡的药品。

**第三条**　凡在学校教学、科研等活动中涉及使用安全管制药品的单位和个人,均适用本办法。

**第四条**　设备与实验室管理处(以下简称"设备处")是学校安全管制药品管理的职能部门,负责全校安全管制药品的准购报批和采购工作,并对安全管制药品的储存、使用及废物处置等活动进行监督管理。

**第五条**　安全管制药品的使用单位是安全管制药品管理的主体责任单位,应建立健全内部管理制度和安全事故应急预案,做好药品申购、储存、使用及废物处置管理工作。

### 第二章　申购管理

**第六条**　安全管制药品的使用须符合教学、科研工作实际需要,使用单位和实验室应严格控制安全管制药品的种类和用量,严禁超量购买和储备。

**第七条**　安全管制药品的申购实行逐级审批制度。单位或个人须填写《中山大学安全管制药品购买申请书》,经单位主管领导审核、签字并加盖单位公章后,连同其他相关材料一并提交设备处,由设备处负责向政府主管部门办理准购手续并采购药品。申购单位或个人必须严格保证所提交材料的真实性和有效性。所需材料如下:

(一)科研项目计划书及立项批准文件的复印件或教学实验计划,必要时应由学校相关职能部门核实并签署意见。

(二)药品用量计算依据。

(三)经办人身份证复印件。

**第八条** 学校提倡开展微型化、无害化绿色实验，减少安全管制药品的使用量。在严格执行相关法规的前提下，经过设备处的批准，实验室之间可进行安全管制药品的交换共享，尽量避免重复购置和闲置浪费现象。严禁校内任何单位和个人私自购买、接受或转让安全管制药品。

## 第三章 储存及使用管理

**第九条** 安全管制药品应存放在专用保险柜或带锁的冷藏柜内，采取妥善的防火、防盗措施，严格执行“五双”管理制度，即双人保管、双人双锁、双人收发、双人领取和双人使用，建立台账并定期核查，保证账物相符。

**第十条** 安全管制药品的领取和归还须填写《安全管制药品领用登记表》，每次使用必须在《安全管制药品使用登记表》上做详细记录。

**第十一条** 实验完成后，单位或个人不得擅自处理剩余的安全管制药品及药品用完后的包装物，应及时列明清单报送设备处，并由两名工作人员运送至学校危险品仓库贮存，由设备处负责委托有资质的专业机构进行处置。

**第十二条** 设备处负责对各单位安全管制药品的使用情况进行定期检查和不定期巡查。

## 第四章 安全与责任

**第十三条** 未经批准，任何单位和个人不得从事安全管制药品的研制、生产、出售、转让和私自使用等活动。

**第十四条** 发生安全管制药品被盗、被抢、丢失或其他流入非法渠道等事件时，事发单位应立即启动应急预案，采取必要的控制措施，同时报告保卫处和设备处，由学校按相关规定和程序报告政府主管部门。

**第十五条** 单位或个人如发生违反本办法规定的行为，学校将视情节和后果的轻重给予相应处罚；构成违法的，由有关部门依法追究其法律责任。

## 第五章 附 则

**第十六条** 本办法自 2015 年 4 月 10 日起施行，由设备与实验室管理处负责解释。未尽事宜按国家和地方相关法律、法规执行。

# 四川大学易制毒化学品管理办法

川大实〔2012〕8号

## 第一章　总　则

**第一条**　为加强我校易制毒化学品的安全管理，保证学校教学科研工作的正常进行，根据国务院《易制毒化学品管理条例》、《危险化学品安全管理条例》、《四川省易制毒化学品管理条例》、《四川大学危险化学品安全管理办法》等法律法规及规章制度，特制定本办法。

**第二条**　本办法所指易制毒化学品分为三类。第一类是可以用于制毒的主要原料，第二类、第三类是可以用于制毒的化学配剂。易制毒化学品的具体分类和品种见附件2。

**第三条**　本办法适用于学校涉及易制毒化学品的教学、科研等各项活动的安全监督与管理，包括购买、运输、储存、使用和处置等过程。

**第四条**　易制毒化学品的购买、运输、储存、使用和处置除应当遵守本办法的规定外，属于药品和危险化学品的，还应当遵守《四川大学危险化学品安全管理办法》及其他法律法规的有关规定。

## 第二章　机构管理及职责

**第五条**　学校保卫处负责易制毒化学品购买、储存、使用、处置等过程的监督备案。

**第六条**　学校实验室及设备管理处（简称设备处）负责组织易制毒化学品相关的制度建设，办理易制毒化学品的使用许可及购买等手续，同时对实验室易制毒化学品购买、储存、使用、处置等进行监督、检查。

**第七条**　各学院（所、中心）等相关单位（简称各相关单位）负责本单位易制毒化学品相关制度建设并对本单位易制毒化学品的购买、使用、储存、处置等进行监管。

**第八条**　涉及易制毒化学品实验室应在本办法基础上结合本单位实际情况建立、健全易制毒化学品安全管理制度和易制毒化学品事故应急预案，并负责检查、监督执行情况，同时应加强易制毒化学品台账管理，如实对易制毒化学品购置、储存、使用、处置等进行记录。涉及易制毒化学品实验室主要责任人对本实验室的易制毒化学品管理工作负直接责任。

## 第三章　日常管理

**第九条**　设备处负责到公安部门办理学校易制毒化学品审批备案等相关手续，并负责统一购买。

**第十条** 校内各相关单位按需向校设备处提交“四川大学易制毒化学品购置申请表”，经设备处审核通过，报保卫处备案，由设备处技术物资供应科按核准数量发放。

**第十一条** 未经设备处及保卫处批准、备案，校内任何单位和个人不得擅自购进、使用、转让、接收、销售、储存、运输易制毒化学品。因科研协作确需使用易制毒化学品的，须报校设备处，经校设备处审核通过，校保卫处备案后报公安部门批准方可接收和转让。

**第十二条** 各使用单位必须配备易制毒化学品专用存放柜，严格执行双人保管制度，严禁超量储存。使用易制毒化学品进行实验时，须由两人或两人以上同时操作，如实进行实验记录(记录内容包括使用时间、使用人、用量和用途)，实验记录由实验室保存备查。

**第十三条** 废弃易制毒化学品不得任意丢弃、掩埋、水冲，废弃易制毒化学品的回收、处置应按照《四川大学实验室危险废弃物管理办法》执行，由设备处组织统一回收。

## 第四章　事故处置及责任

**第十四条** 保卫处、设备处及各相关单位应定期对易制毒化学品使用实验室进行检查，发现事故隐患，应责令立即消除或者限期消除；对不符合法律、行政法规、规章制度或者国家标准、行业标准要求的设施、设备、装置、器材等，责令立即停止使用。

**第十五条** 易制毒化学品丢失、被盗、被抢，发案单位应立即向学校相关部门报告，同时启动易制毒化学品事故应急预案，保护事故现场并配合公安机关的查处。

**第十六条** 对违反本办法规定，存在重大安全隐患或造成安全事故的，学校将依照有关规定给予相应处理。构成犯罪的，由司法机关依法追究其刑事责任。

## 第五章　附　则

**第十七条** 校办企业和校附属医疗单位从事易制毒化学品生产、使用、销售、储存、运输等活动的，按国家和四川省有关规定执行。

**第十八条** 本办法自发文之日起实行，由实验室及设备管理处负责解释。

**附件 2**

# 易制毒化学品的具体分类和品种目录

### 第一类

1. 1-苯基-2-丙酮　2. 3,4-亚甲基二氧苯基-2-丙酮　3. 胡椒醛　4. 黄樟素　5. 黄樟油　6. 异黄樟素　7. N-乙酰邻氨基苯酸　8. 邻氨基苯甲酸　9. 麦角酸*　10. 麦角胺*　11. 麦角新碱*　12. 麻黄素、伪麻黄素、消旋麻黄素、去甲麻黄素、甲基麻黄素、麻黄浸膏、麻黄浸膏粉等麻黄素类物质*

### 第二类

1.苯乙酸　2.醋酸酐　3.三氯甲烷　4.乙醚　5.哌啶

### 第三类

1.甲苯　2.丙酮　3.甲基乙基酮　4.高锰酸钾　5.硫酸　6.盐酸

**说明：**

一、第一类和第二类所列物质可能存在的盐类，也纳入管制。

二、带有*标记的品种为第一类中的药品类易制毒化学品，第一类中的药品类易制毒化学品包括原料药及其单方制剂。

# 南开大学易制毒化学品安全管理办法

南发字〔2006〕86 号

## 第一章　总　则

**第一条**　为加强我校易制毒化学品的安全管理，保证学校教学科研工作的正常进行，根据国务院《易制毒化学品管理条例》（国务院令第 445 号）和《危险化学品安全管理条例》（国务院令第 344 号）以及公安部《易制毒化学品购销和运输管理办法》等有关规定，结合学校实际，特制定本办法。

**第二条**　按照《易制毒化学品管理条例》的规定，本办法所指易制毒化学品分为三类。第一类是可以用于制毒的主要原料，第二类、第三类是可以用于制毒的化学配剂。易制毒化学品的具体分类和品种，见本办法附表列示。

**第三条**　本办法适用于我校从事实验室教学、科研工作的单位及其工作人员。

**第四条**　学校易制毒化学品安全管理部门职责分工如下：

（一）保卫处负责易制毒化学品的安全监督检查及《南开大学易制毒化学品管理责任书》的签订工作；

（二）实验室设备处负责办理易制毒化学品的申报、购买、许可等手续；

（三）相关学院负责本单位易制毒化学品的安全管理工作，并指定专人负责日常管理；

（四）各实验室在本单位的领导下，负责本实验室安全管理的具体工作。

## 第二章　安全管理

**第五条**　使用易制毒化学品的单位，要定期在本单位内部与各相关责任人逐级签订责任书，落实安全管理责任，做到责任到人。相关学院要结合实际情况，依照《易制毒化学品管理条例》和本办法，制定本单位易制毒化学品安全管理制度。

**第六条**　相关学院要对易制毒化学品实行统一管理，加强安全教育，落实管理制度和安全措施。有关人员要严格按照操作程序和要求进行实验，保证易制毒化学品的使用安全。

## 第三章　购买管理

**第七条**　办理易制毒化学品的申报、购买、许可等手续，须由实验室设备处和保卫处指定的人员，凭许可证件按公安部门的有关规定集中办理。

**第八条**　相关学院根据本单位教学科研工作的需要，向实验室设备处提出易制毒化学品购买计划，实验室设备处负责汇总全校购买计划，报保卫处审核后加盖学校公章，到公安部门办理审批备案等手续。

## 第四章 使用管理

**第九条** 使用易制毒化学品进行实验时，须由两人或两人以上同时操作，要有实验记录（记录内容包括使用时间、使用人、用量和用途），并在实验室备案。

使用易制毒化学品的单位必须配备专用存放柜，严格执行双人保管制度，严禁超量储存，并做好保管记录。

**第十条** 如发现易制毒化学品丢失，使用人应保护好现场，并立即报告单位领导和保卫处，由保卫处通知公安部门处理。

**第十一条** 任何单位和个人不得私自购买、转让易制毒化学品，因科研协作确需使用易制毒化学品的，须由申请方和调拨方分别出具书面请示报告，经保卫处和实验室设备处审核、备案，并报公安部门批准后方可接收和转让。禁止使用现金或实物进行易制毒化学品交易。

## 第五章 责任追究

**第十二条** 未经主管部门批准，任何单位和个人不得擅自购进、使用、转让、销售、储存、运输易制毒化学品。对违反本办法有关规定，造成重大安全事故或存在重大安全隐患的，学校将依照《南开大学关于重大安全事故和重大安全隐患责任追究处罚规定》（南发字〔2002〕28 号）给予相应处理。触犯刑律的，交由司法机关依法处理。

## 第六章 附 则

**第十三条** 校办企业和医疗单位从事易制毒化学品生产、使用、销售、储存、运输等活动的，按国家和天津市有关规定执行。

**第十四条** 本办法由实验室设备处、保卫处负责解释。

**第十五条** 本办法自公布之日起开始施行。

# 浙江大学实验气体定点采购管理规定

浙大发采购〔2012〕1号

**第一条** 为加强实验气体采购管理，根据《浙江大学采购管理办法（试行）》、《浙江大学实验室安全管理办法》和《浙江大学危险品（放射源）管理办法》等有关规章制度，制定本规定。

**第二条** 校内各部门、各学院（系）、各单位（以下简称“采购单位”）采购实验气体适用本规定。

**第三条** 学校采购管理办公室负责实验气体定点采购的监督管理工作。实验气体的定点供应商，每2年由学校采购管理办公室委托采购中心向社会公开招标，择优确定。定点供应商名单、有效期及《定点供应商实验气体供应名录》（以下简称《名录》）在学校采购管理办公室及实验室与设备管理处网站公布。采购管理办公室向定点供应商核发“浙江大学实验气体定点供应专用章”。

**第四条** 采购单位不得从非定点供应商处采购《名录》中的实验气体。采购单位需填写“浙江大学《名录》外实验气体采购申请表”（见附件），经本单位审核、报实验室与设备管理处同意后，方能采购《名录》外的实验气体。

**第五条** 采购单位可根据实验气体品种、价格、质量和服务状况在学校采购管理办公室公布的定点供应商范围内自主选择供应商。

**第六条** 采购管理办公室应加强对采购单位和供应商之间采购合同的监管工作，完善采购合同条款，特别是违约责任、合同解除或中止条款等。采购单位应督促定点供应商按照投标文件和采购合同的规定，提供合格的实验气体，并做好各项服务工作。

**第七条** 每年由采购管理办公室牵头，会同实验室与设备管理处和采购中心，在征求采购单位意见基础上，对定点供应商的服务和产品质量进行考核。采购合同中应约定对供应商考核不合格作为中止定点采购合同的情形。

**第八条** 实验室与设备管理处为实验气体使用主管部门，负责监督管理《名录》外实验气体采购的审核。

**第九条** 安全保卫处负责进入校园的实验气体定点供应商车辆的监管。除定点供应商和经审核同意的《名录》外实验气体供应商，其他气体供应商的车辆不得进入校园。承载实验气体的车辆在上下课高峰期不允许进入校园。

**第十条** 气体采购预算列入专用材料费。

**第十一条** 计划财务处负责实验气体采购费用的报销。除了学校招标确定的实验气体定点供应商和经审核同意的《名录》外实验气体供应商，其他供应商的发票一律不予报销。学校招投标确定的实验气体定点供应商供货，需在发票上加盖“浙江大学气体定点供应专用章”方能报销；对于经审核同意采购的《名录》外实验气体，需持“浙江大学《名录》外实验气体采购申请表”第三联一起报销。

**第十二条** 本规定由学校采购管理办公室负责解释。

**第十三条** 本规定自发布之日起施行。

附件：浙江大学《名录》外实验气体采购申请表（一式叁联）

附件

## 浙江大学《名录》外实验气体采购申请表(一式叁联)

日期________

<table>
<tr><td>研究所(室)</td><td colspan="2"></td><td colspan="2">所属院系</td><td colspan="2"></td></tr>
<tr><td>所(室)负责人</td><td></td><td>签名</td><td colspan="2"></td><td>电话</td><td></td></tr>
<tr><td>研究项目名称</td><td colspan="6"></td></tr>
<tr><td>项目负责人</td><td></td><td>移动电话</td><td colspan="2"></td><td>工作电话</td><td></td></tr>
<tr><td>气体名称</td><td colspan="3">气体危险性</td><td>数量(瓶)</td><td>钢瓶颜色</td><td>备注</td></tr>
<tr><td></td><td colspan="3"></td><td></td><td></td><td></td></tr>
<tr><td></td><td colspan="3"></td><td></td><td></td><td></td></tr>
<tr><td></td><td colspan="3"></td><td></td><td></td><td></td></tr>
<tr><td>采购理由</td><td colspan="6"></td></tr>
<tr><td>采取的安全防范措施<br>(包括管理、设施等方面)</td><td colspan="6"></td></tr>
<tr><td>项目负责人承诺</td><td colspan="6">为了保障安全,本人承诺按国家、学校的相关规定和要求,做好特殊气体的采购、保管和使用工作。<br>签名: 日期:</td></tr>
<tr><td>院系意见</td><td colspan="6"><br>负责人: 日期:</td></tr>
<tr><td>实验室与设备管理处意见</td><td colspan="6"><br>负责人: 日期:</td></tr>
<tr><td>备 注</td><td colspan="6"></td></tr>
</table>

注:1.《名录》是指《定点供应商实验气体供应名录》,以学校最新公布的为准;

2.院系意见由分管实验室安全的负责人或实验室与安全秘书填写;

3.本申请表一式叁联,第一联由实验室与设备管理处保存;第二联由所在院系实验室与安全秘书保存;第三联由计划财务处报账用。

# 浙江大学实验气体使用管理实施细则

浙大设发〔2014〕4号

根据《中华人民共和国特种设备安全法》、《特种设备安全监察条例》、《气体钢瓶安全监察规定》等相关法律和《浙江大学实验室安全管理办法》、《浙江大学危险化学品(放射源)管理办法》、《浙江大学实验气体定点采购管理规定》,为进一步做好实验气体的管理工作,促进平安校园建设,现制定管理实施细则如下:

## 一、实验气体的采购

1.根据《浙江大学实验气体定点采购管理规定》,实验室采购《定点供应商实验气体供应名录》(以下简称《名录》)内的实验气体需从定点供应商处采购;采购非《名录》中的气体可从其他供应商购买,但要经实验室与设备管理处审批。

2.《名录》中的气体由定点供应商送货上门,采购单位需进行验收。对于实验气体名称标识不清或不对应、气体钢瓶没有安全帽和防震圈、气体钢瓶颜色缺失、气体钢瓶缺乏检定标识等,采购单位应拒绝接收,并及时报告所在单位实验室与安全秘书、实验室与设备管理处。

3.除了盖有"浙江大学气体定点供应专用章"和"浙江大学实验气体购买核准章"的发票,其余发票学校一律不予报销。

## 二、气体钢瓶的搬运安全

1.在搬动气体钢瓶时,应装上防震圈、旋紧安全帽,以保护开关阀,防止其意外转动和减少碰撞。

2.搬运气体钢瓶时,一般用钢瓶推车,也可以用手平抬或垂直转动,严禁手抓开关总阀移动,切勿拖拉、滚动或滑动气体钢瓶。

## 三、气体钢瓶的存放安全

1.气体钢瓶必须做好标识和固定工作,分类分处存放,严禁可燃性气体钢瓶和助燃性气体钢瓶混放。

2.实验室不过量存放气体钢瓶。对于有毒、易燃易爆气体的存放点,应安装气体监控报警装置。

3.气体钢瓶周围不得堆放易燃、易爆物品,应远离热源,避免曝晒和强烈震动,与明火的距离应大于10米(确难达到时,应采取有效隔离等防范措施)。

4.严禁在走廊和公共场所存放气体钢瓶,单独用于存放气体钢瓶的房间和气柜需上锁并有专人管理。

## 四、气体钢瓶的管路连接安全

1.供气管路需选用合适的管材。易燃、易爆、有毒的危险气体连接管路必须使用金属管;其中乙炔、氨气、氢气的连接管路不得使用铜管。

2. 气体管线应整齐有序，不得直接放置在地上，并做好标识。对于存在多条管路或外接气源的实验室，应绘制、张贴气体管路布置图。

3. 气体钢瓶上选用的减压器要分类专用，安装后及时检漏。使用中要经常注意有无漏气、压力表读数等，防止气体外泄和设备过压。

## 五、气体钢瓶的使用安全

1. 开启气体钢瓶时，先旋动总阀，后开减压器；用完后，先关闭总阀，放尽余气后，再关减压器；切不可只关减压器，不关总阀。开关减压器、总阀和止流阀时，动作必须缓慢，防止产生静电。

2. 操作易燃易爆性气体钢瓶时，应配备专用工具，并严禁与油类接触。操作人员不能穿戴沾有各种油脂或易感应产生静电的服装、手套，以免引起燃烧或爆炸。

3. 瓶内气体不得用尽，必须保留一定剩余压力；永久气体钢瓶的剩余压力，应不小于0.05MPa；可燃性气体应剩余0.2～0.3MPa；液化气体气体钢瓶应留有不小于0.5%～1.0%规定充装量的剩余气体。

4. 严禁使用没有相关合格信息的气体钢瓶；气体钢瓶若有缺陷、安全附件不全、已损坏，不能保证安全使用时，须立即停止使用。

5. 在可能造成回流的使用场合，使用设备或系统管路上必须配置防止倒灌的装置，如单向阀、止回阀、缓冲罐等。

## 六、气体钢瓶及附件的定期检验

1. 对于从定点供应商处采购的气体钢瓶，由定点供应商负责定期检定、检漏、清洗等工作。

2. 对于从其他气体供应商购买的气体钢瓶或实行定点采购之前购买的长期存放在实验室不周转的气体钢瓶，由采购单位督促气体供应商或自行联系检验机构对钢瓶进行定期检定、检漏、清洗等工作。

3. 对于气体钢瓶瓶阀、减压阀、液位限制阀、单向阀、止回阀等钢瓶附件，由采购单位负责定期检定、检漏、清洗等工作。

## 七、储气罐管理要求

1. 液氮等储气罐作业场所应设置安全标识，与周围物品或建筑物保持一定的距离，并保持通风和隔热。

2. 储气罐使用管理人员应定期对罐内压力、温度、液面高度、管道等进行巡视检查，保证其正常运行。

3. 充装气体时，需做好应急防护措施，确保安全。

## 八、其他

1. 对于暂时不使用的气体钢瓶，可以请实验气体定点供应商帮助保管、处置。

2. 常年使用实验气体的实验室应定期开展有关实验气体的安全教育和应急演练。

3. 本细则自 2014 年 7 月 10 日实施，由实验室与设备管理处负责解释。

# 北京化工大学化学类实验室安全达标管理办法

北化大校办发〔2016〕9号

## 第一章 总 则

**第一条** 为了加强学校化学类实验室安全管理工作，认真贯彻“安全第一，预防为主”的方针，维护实验室安全管理秩序，防止和减少实验室安全事故的发生，保障全校师生生命和财产安全，根据《中华人民共和国安全生产法》（中华人民共和国主席令〔2014〕第13号）、《生产安全事故报告和调查处理条例》（国务院令〔2007〕第493号）和我校《北京化工大学实验室技术安全、环保管理制度》（北化大校办发〔2015〕4号）、《北京化工大学实验室安全、环保管理奖惩制度》（北化大校办发〔2015〕5号）的相关规定，制定本管理办法。

**第二条** 本制度中的“实验室”是指全校开展教学、科研活动的实验场所，“化学类实验室”是指根据《北京化工大学实验室分类分级管理办法》（北化大校办发〔2016〕8号）认定的，包括有机化学、无机化学、分析化学、物理化学、生物化学、化学工程、环境工程、材料科学、生物工程、制药工程、能源工程等专业方向中较多涉及化学反应、化学试剂的实验室。

**第三条** 学校建立安全达标管理制度的目的是推进化学类实验室安全标准化管理，通过督促各实验室建立安全管理责任制，制定安全管理制度和操作规程，排查治理隐患和监控重大危险源，建立预防机制，规范实验室人员行为，使各实验室符合国家有关安全生产法律法规和标准规范的要求，人、机、物、环处于良好的生产状态，并持续改进，不断加强各实验室自身的安全管理规范化建设。

## 第二章 组织与领导

**第四条** 学校“实验室技术安全、环保管理领导小组”（下称“领导小组”）负责全面指导化学类实验室安全达标工作，包括对安全达标管理制度的审定和对执行情况的监督；负责对未达标实验室申诉处理工作。

**第五条** 国有资产管理处（下称国资处）负责制定安全达标管理制度，并根据学校教学科研的发展，化学类实验室面临新的化学性或物理性的危险源，新增或者修订安全达标要求；负责统筹安排全校化学类实验室的安全达标工作，指导和监督各学院开展本学院的化学类实验室安全达标工作。

**第六条** 各学院负责本学院所属化学类实验室的安全达标评定工作，负责指导监督未达标实验室安全管理的整改工作。

## 第三章 化学类实验室安全达标要求

（一）新分配实验室

**第七条** 对新分配、拟作为化学类实验室使用的实验室，需达到学校对新分配的化学类实验室的安全标准要求方可以启用。达标要求包括健全实验室安全责任体系、建立实验室安全管理制度、做好实验室人员培训、做好实验室危险源辨识与风险控制等。

**第八条** 健全实验室安全责任体系的达标要求

(1)实验室领用人是实验室安全管理的第一责任人，需与学院签订实验室安全管理责任书；

(2)必须设定专人作为本实验室的安全管理员，安全管理员可以是实验室领用人，也可以是实验室中其他学校正式在职教工；

(3)门口必须张贴实验室安全信息门牌标识，标识中应至少包括实验室责任人姓名、电话和实验室安全员姓名、电话。

**第九条** 建立实验室安全管理制度的达标要求

(4)新分配实验室必须根据学校实验室技术安全、环保管理制度和学院实验室安全管理相关制度，结合本实验室实际情况，制定本实验室相应的安全管理制度；

(5)重要的安全管理制度应张贴在实验室墙壁的显著位置；

(6)对实验室涉及的危险源如易燃、易爆、有毒化学品或者钢瓶、压力容器等设备，制定相应的事故应急处置预案；

(7)根据《北京化工大学实验室安全钥匙管理制度》(北化大校办发〔2015〕9 号)的要求，实验室安全钥匙必须交由国资处、保卫处封存于值班室安全钥匙箱内。

**第十条** 做好实验室人员培训的达标要求

(8)根据《北京化工大学实验室安全准入制度》(北化大校办发〔2015〕8 号)的要求，所有拟进入实验室内学习、工作的人员，都必须经过培训和考核，达到实验室安全准入的要求；

(9)实验室必须指定专人对拟进入实验室的人员，根据本实验室拟开展的科学实验所用到的材料、设备等特点，做有针对性的实验室安全教育和培训，并做好记录。

**第十一条** 做好危险源辨识与风险控制的达标要求

(10)实验室危险化学品的采购遵循《北京化工大学实验室采购平台管理办法》(北化大校办发〔2015〕10 号)的规定；

(11)实验室危险化学品标签齐全、分类存放，危险化学品的储存符合《北京化工大学实验室危险化学品安全管理制度》北(化大校办发〔2015〕11 号)的相关规定；

(12)根据《北京化工大学危险废物管理制度》(北化大校办发〔2015〕12 号)的规定，实验室必须设立专门的危险废物临时储存柜，并张贴“危险废物”警示标识；

(13)对实验室用到的钢瓶、压力容器、烘箱、马弗炉、冰箱(冰柜)、射线装置等危险源设备，必须制定相应的安全管理办法和设备操作规程；

(14)根据《北京化工大学实验室个体防护装备管理制度》(北化大校办发〔2015〕6 号)的规定，实验室必须针对本实验室的危险源种类，配备相应的个人防护用具。

（二）已分配实验室

**第十二条** 对已分配的化学类实验室，需通过定期的安全达标评定，方可继续使用。达标要求包括规章制度的建设、安全教育和安全检查、危险化学品管理、危险废物管理、危险仪器设备管理和个人防护用具的配备等方面。

**第十三条** 规章制度建设的达标要求

(1)实验室制定了本实验室的安全管理制度,针对本实验室涉及的危险源制定了相应的单独的管理制度,或者在安全管理制度中有专门的分类管理规定;

(2)重要的安全管理制度应张贴在实验室墙壁的显眼位置;

(3)对实验室涉及的危险源如易燃、易爆、有毒化学品或者钢瓶、压力容器等设备,制定了相应的事故应急处置预案;

(4)实验室安全钥匙应交由国资处、保卫处封存于值班室安全钥匙箱内。

**第十四条** 安全教育和安全检查的达标要求

(5)实验室应指定专人对所有新进入实验室内学习、工作的人员,进行培训和考核,达到了实验室安全准入的要求;

(6)实验室应指定专人定期对实验室人员,有针对性地开展本实验室的安全教育和培训,并做好教育培训记录;

(7)实验室应指定专人定期对实验室进行安全检查,并做好安全检查记录;

(8)实验室人员每日临走时对实验室进行安全检查,并做好每日安全管理记录。

**第十五条** 危险化学品管理的达标要求

(9)所有化学试剂均通过学校“化学试剂采购平台”购买或者按要求从该平台进行“自采申请”;

(10)实验室的危险化学品合理地分类存放;

(11)所有危险化学品标签齐全;

(12)有实验室人员危险化学品领用记录;

(13)实验室危险化学品存量适中。

**第十六条** 危险废物管理的达标要求

(14)设置了专门的危险废物存放点,并且张贴了警示标识;

(15)实验室内所有危险废物都分类存放在危险废物存放点,不与生活垃圾混放;

(16)所有危险废物都收集回收处理,无乱倒乱扔现象。

**第十七条** 危险仪器设备管理的达标要求

(17)危险仪器设备包括钢瓶、压力容器、烘箱、马弗炉、冰箱(冰柜)、射线装置等,应设置相应的安全标识和操作规程;

(18)根据《北京化工大学实验室压力容器安全管理制度》(北化大校办发〔2015〕13 号)的规定,压力容器应定期检查,并做好安全检查记录;

(19)根据《北京化工大学实验室气瓶安全管理制度》(北化大校办发〔2015〕14 号)的规定,所有钢瓶应固定存放,发生反应的不同气体钢瓶不应混放;对于贮存如氢气、甲烷、乙炔等易燃易爆气体,或者如氯气、一氧化碳、硫化氢等有毒气体的钢瓶,实验室应采取充分的技术措施保证安全,如配备相应的气体探测、报警装置,或者将钢瓶统一存放于实验楼外的钢瓶房内;

(20)根据《北京化工大学实验室放射性同位素与射线装置安全和防护管理制度》(北化大校办发[2015]15 号)的规定,辐射装置都按国家要求进行许可登记,从事放射工作的人员,需取得辐射安全培训合格证书,方可上岗;

(21)根据《北京化工大学实验室冰箱、烘箱、马弗炉安全管理制度》的规定，烘箱、马弗炉应定期检查，并做好安全检查记录，普通冰箱应经防爆改造，方可储存危险化学品。

**第十八条** 个人防护配备的达标要求

(22)实验室应针对本实验室的危险源种类，配备相应的个人防护用具；

(23)实验室人员在实验过程中应佩戴相应的个人防护用具。

## 第四章 化学类实验室安全达标评定办法

(一)新分配实验室

**第十九条** 新分配实验室领用人在起用实验室前，应填写《北京化工大学新分配实验室安全达标评定申请表》(见附件1)，向国资处提出安全达标评定书面申请。

**第二十条** 国资处在收到新分配实验室领用人提交的安全达标评定申请后，组织由实验室安全检查专家和国资处管理人员组成的评定小组对实验室进行安全达标评定，填写《北京化工大学新分配实验室安全达标评定表》(见附件2)。

**第二十一条** 国资处对于安全达标的实验室，准许实验室领用人起用；对于安全不达标的实验室，国资处提出书面的具体整改要求，实验室经整改后重新申请实验室安全达标，通过后方可起用。

(二)已分配实验室

**第二十二条** 国资处每2年统一组织一次已分配实验室的安全达标评定，各学院具体负责本学院已分配实验室的安全达标评定工作，评定材料需报国资处备案。安全达标的实验室，在日常检查没有发现重大安全隐患、或者没有突发安全事故的前提下，达标有效期为2年。因日常检查发现重大安全隐患停工整改后达标的实验室，和因突发安全事故停工整改后达标的实验室，达标有效期至国资处组织的下一次全校实验室安全达标活动前，并与其他实验室一起参与新一轮的实验室安全达标评定。

**第二十三条** 学院依据检查结果和《北京化工大学在用化学类实验室安全达标评定表》(见附件3)中的项目，给各实验室安全达标情况进行逐项评分，汇总分数作为安全达标评定的依据。

**第二十四条** 安全达标评定分数≥90分则视为该实验室安全达标，在实验室对扣分项进行整改后，可以继续使用实验室。

**第二十五条** 安全达标评定分数＜90分则视为该实验室未安全达标，学院需通知其立即停工整改，整改期限为1周。整改后由学院组织专家组验收，如仍不合格，则继续停工整改至少1个月，直到合格后实验室方可恢复使用。

**第二十六条** 国资处、学院、实验室安全检查专家组在对实验室进行日常检查的过程中，发现有重大安全隐患的情况，由国资处报“领导小组”，由“领导小组”认定实验室安全不达标的，国资处通知其立即停工整改，整改期限视具体情况而定。

**第二十七条** 已分配实验室对于学院组织的安全达标评定结果持有异议的，可书面向国资处提出申请，由国资处在“领导小组”的指导下，组成评定小组，对实验室进行复评。复评安全达标的实验室，恢复正常使用；复评安全不达标的实验室，继续按要求停工整改。

(三)突发安全事故的实验室

**第二十八条** 《北京化工大学实验室安全、环保管理奖惩制度》(北化大校办发〔2015〕5号)

将实验室事故分为:一般安全事故、重大安全事故、特大安全管理事故。对于发生一般安全事故的实验室,由学院通知其立即停工整改,整改期限为1周,整改后由学院组织进行实验室安全达标评定,填写《北京化工大学突发安全事故化学类实验室安全达标评定表》(见附件4)。

**第二十九条** 对于发生重大安全事故的实验室,由国资处通知其立即停工整改,整改期限为1个月,整改后由国资处组织进行实验室安全达标评定,填写《北京化工大学突发安全事故化学类实验室安全达标评定表》(见附件4)。

**第三十条** 对于发生特大安全事故的实验室,视情况由国资处通知其立即停工整改,整改期限为1个月,情节严重的,由国资处收回其实验室。整改后的实验室由国资处在"领导小组"的指导下,组织进行实验室安全达标评定,填写《北京化工大学突发安全事故化学类实验室安全达标评定表》(见附件4)。

## 第五章 验收达标化学类实验室重新起用程序

(一)已分配实验室

**第三十一条** 在学院组织的实验室安全达标评定工作中未达标的实验室,整改后需提交《北京化工大学化学类实验室安全未达标实验室整改报告》,内容应包括安全未达标存在的问题、整改的具体措施等,向学院提出书面申请,由学院组织专家组验收,合格后实验室方可恢复使用。

**第三十二条** 在日常检查中发现重大安全隐患,被认定为安全未达标的实验室,整改后需提交《北京化工大学化学类实验室安全未达标实验室整改报告》,向国资处提出书面申请,由国资处组织专家组验收,合格后实验室方可恢复使用。

(二)突发安全事故的实验室

**第三十三条** 对于发生一般安全事故的实验室,整改后需填写《北京化工大学突发安全事故化学类实验室安全达标整改报告》,内容应包括事故突发的原因、处理事故采取的应急措施、相应的安全未达标项目分析和采取的整改措施,向学院提出书面申请,由学院组织专家组验收,合格后实验室方可恢复使用。

**第三十四条** 对于发生重大安全事故的实验室,整改后需填写《北京化工大学突发安全事故化学类实验室安全达标整改报告》,向国资处提出书面申请,由国资处组织专家组验收,合格后实验室方可恢复使用。

**第三十五条** 对于发生特大安全事故的实验室,整改后需填写《北京化工大学突发安全事故化学类实验室安全达标整改报告》,向国资处提出书面申请,由国资处在"领导小组"的指导下,组织专家组验收,合格后实验室方可恢复使用。

## 第六章 附 则

**第三十六条** 各学院应根据本学院化学类实验室安全管理工作特点,制定本学院安全达标评定工作的具体实施办法。

**第三十七条** 本办法未尽事宜,按国家有关法律、标准执行。

**第三十八条** 本办法由国资处负责解释,自发布之日起实施。

**附件 1**

## 北京化工大学新分配实验室安全达标评定申请表

申请时间：________

<table>
<tr><td>实验室名称</td><td colspan="2"></td><td>所属学院</td><td></td></tr>
<tr><td>实验室地点</td><td colspan="2"></td><td>实验室领用人</td><td></td></tr>
<tr><td colspan="5">实验室情况描述：(重点描述本实验室从事的科学研究存在的潜在的危险源情况，如易燃、易爆、有毒化学品可能带来的化学性危险源，和设备设施缺陷或防护缺陷带来的物理性危险源等)<br><br>实验室领用人签字：________</td></tr>
<tr><td>序号</td><td>自评项目</td><td colspan="2">自评达标标准</td><td>是否达标</td></tr>
<tr><td>1</td><td>实验室安全责任体系</td><td colspan="2">●实验室领用人是实验室安全管理的第一责任人，需与学院签订实验室安全管理责任书<br>●必须设定专人作为本实验室的安全管理员，安全管理员可以是实验室领用人，也可以是实验室中其他在人事处备案管理的教职员工<br>●门口必须张贴实验室安全信息门牌标识，标识中应至少包括实验室责任人姓名、电话和实验室安全员姓名、电话</td><td></td></tr>
<tr><td>2</td><td>实验室安全管理制度的建立</td><td colspan="2">●新分配实验室必须根据学校实验室技术安全、环保管理制度和学院实验室安全相关制度，结合本实验室实际情况，制定本实验室相应安全管理制度<br>●重要的安全管理制度应张贴在实验室墙壁的显著位置<br>●对实验室涉及的危险源如易燃、易爆、有毒化学品或者钢瓶、压力容器等设备，制定相应的事故应急处置预案<br>●实验室安全钥匙必须交由国资处、保卫处封存于值班室安全钥匙箱内</td><td></td></tr>
<tr><td>3</td><td>实验室人员培训</td><td colspan="2">●所有拟进入实验室内学习、工作的人员，都必须经过培训和考核，达到实验室安全准入的要求<br>●实验室必须指定专人对拟进入实验室的人员，对本实验室拟开展的科学实验所用到的材料、设备等特点，做有针对性的实验室安全教育和培训，并做好记录</td><td></td></tr>
<tr><td>4</td><td>危险源辨识与风险控制</td><td colspan="2">●实验室危险化学品的采购遵循《北京化工大学实验室采购平台管理办法》的规定<br>●实验室危险化学品标签齐全、分类存放，危险化学品的储存符合《北京化工大学实验室危险化学品安全管理制度》的相关规定<br>●实验室必须设立专门的危险废物临时储存柜并张贴“危险废物”警示标识<br>●对实验室用到的压力容器、烘箱、马弗炉、冰箱(冰柜)、射线装置等危险源设备，必须制定相应的安全管理办法和设备操作规程<br>●对实验室用到的钢瓶必须有防倾倒防护措施，且对于贮存氢气、甲烷、乙炔等易燃易爆气体，或者氯气、一氧化碳、硫化氢等有毒气体的钢瓶，实验室应采取充分的技术措施保证安全，如配备相应的气体探测、报警装置，或者将钢瓶统一存放于实验楼外的钢瓶房内<br>●实验室必须针对本实验室的危险源种类配备相应的个人防护用具</td><td></td></tr>
<tr><td colspan="2">学院意见</td><td colspan="3"></td></tr>
<tr><td colspan="2">国资处意见</td><td colspan="3"></td></tr>
</table>

附件 2

## 北京化工大学新分配实验室安全达标评定表

评定时间：________

| 实验室名称 | | 所属学院 | |
|---|---|---|---|
| 实验室地点 | | 实验室领用人 | |
| 专家组成员签字： | | | |

| 序号 | 评定项目 | 达标标准 | 是否达标 |
|---|---|---|---|
| 1 | 实验室安全责任体系 | ●实验室领用人是实验室安全管理的第一责任人，需与学院签订实验室安全管理责任书<br>●必须设定专人作为本实验室的安全管理员，安全管理员可以是实验室领用人，也可以是实验室中其他在人事处备案管理的教职员工<br>●门口必须张贴实验室安全信息门牌标识，标识中应至少包括实验室责任人姓名、电话和实验室安全员姓名、电话 | |
| 2 | 实验室安全管理制度的建立 | ●新分配实验室必须根据学校实验室技术安全、环保管理制度和学院实验室安全相关制度，结合本实验室实际情况，制定本实验室相应安全管理制度<br>●重要的安全管理制度应张贴在实验室墙壁的显著位置<br>●对实验室涉及的危险源如易燃、易爆、有毒化学品或者钢瓶、压力容器等设备，制定相应的事故应急处置预案<br>●实验室安全钥匙必须交由国资处、保卫处封存于值班室安全钥匙箱内 | |
| 3 | 实验室人员培训 | ●所有拟进入实验室内学习、工作的人员，都必须经过培训和考核，达到实验室安全准入的要求<br>●实验室必须指定专人对拟进入实验室的人员，对本实验室拟开展的科学实验所用到的材料、设备等特点，做有针对性的实验室安全教育和培训，并做好记录 | |
| 4 | 危险源辨识与风险控制 | ●实验室危险化学品的采购遵循《北京化工大学实验室采购平台管理办法》的规定<br>●实验室危险化学品标签齐全、分类存放，危险化学品的储存符合《北京化工大学实验室危险化学品安全管理制度》的相关规定<br>●实验室必须设立专门的危险废物临时储存柜，并张贴“危险废物”警示标识<br>●对实验室用到的压力容器、烘箱、马弗炉、冰箱（冰柜）、射线装置等危险源设备，必须制定相应的安全管理办法，和设备操作规程<br>●对实验室用到的钢瓶必须有防倾倒防护措施，且对于贮存氢气、甲烷、乙炔等易燃易爆气体，或者氯气、一氧化碳、硫化氢等有毒气体的钢瓶，实验室应采取充分的技术措施保证安全，如配备相应的气体探测、报警装置，或者将钢瓶统一存放于实验楼外的钢瓶房内<br>●实验室必须针对本实验室的危险源种类，配备相应的个人防护用具 | |
| 结论： | 该化学类实验室 | 安全达标 ☐<br>安全不达标 ☐ | |
| 存在问题和整改建议： | | | |

附件 3

## 北京化工大学在用化学类实验室安全达标评定表

评定时间：________

| 实验室名称 | | 所属学院 | |
|---|---|---|---|
| 实验室地点 | | 实验室领用人 | |
| 专家组成员签字： | | | |

| 序号 | 评分项目 | 评价指标 | 得分 |
|---|---|---|---|
| 1 | 规章制度 | ●制定了本实验室的规章制度，并与校级规章制度张贴或制定成册发到每个实验室人员（+10 分）<br>●制定了实验室事故的应急预案（+5 分）<br>●实验室安全钥匙已交由国资处、保卫处封存于值班室安全钥匙箱内（+5 分） | |
| 2 | 安全教育和安全检查 | ●指定专人对新进实验室学生进行了安全教育（+2 分）<br>●指定专人每月对学生进行强化安全教育（+1 分）<br>●安全教育记录完整（+3 分）<br>●安全检查的频次（共 4 分）：导师每周对实验室进行安全检查（+2 分）；导师每月对实验室进行安全检查（+2 分）<br>●安全检查记录完整（+3 分）<br>●实验室每日安全管理记录完整（+2 分） | |
| 3 | 危险化学品管理 | ●所有化学试剂均通过学校的采购平台购买（+5 分）<br>●危化品合理地分类存放（+5 分）<br>●所有化学品标签齐全（+4 分）<br>●危化品的领用都有记录（+4 分）<br>●危化品存量适中（+2 分） | |
| 4 | 危险废物管理 | ●设置了专门的危险废物存放点，并且张贴警示标识（+3 分）<br>●危险废物按要求都存放在临时存放点，并且不与生活垃圾混放（+2 分）<br>●所有危险废物都收集回收，无乱倒乱扔现象（+10 分） | |
| 5 | 个人防护的配备 | ●（共 10 分）与实验室匹配的个人必要的防护用具配备齐全（+5 分）；个人防护用具有配备，但不齐全（+5 分） | |
| 6 | 危险仪器设备的管理 | ●满分 20 分，以下条款依缺失情况扣分<br>●相应设备的安全标识缺失（−2 分）<br>●钢瓶未固定或形同未固定，或存在钢瓶气体相忌混放现象（−2 分）<br>●对于贮存氢气、甲烷、乙炔等易燃易爆气体，或者如氯气、一氧化碳、硫化氢等有毒气体的钢瓶，应采取未采取充分的技术措施保证安全（如配备相应的气体探测、报警装置，或者统一存放于实验楼外）（−5 分）<br>●射线装置未按要求进行许可登记，人员未取得上岗证即上岗操作（−5 分）<br>●压力容器、烘箱、马弗炉未定期检查，没有检查记录（−3 分）<br>●普通冰箱未经防爆改造就存放危险化学品（−3 分） | |
| 总分 | ________分 | 结论：　　该化学类实验室　　安全达标 □<br>安全不达标 □ | |
| 存在问题和整改建议： | | | |

**附件 4**

## 北京化工大学突发安全事故化学类实验室安全达标评定表

评定时间：________

<table>
<tr><td colspan="2">实验室名称</td><td></td><td>所属学院</td><td></td></tr>
<tr><td colspan="2">实验室地点</td><td></td><td>实验室领用人</td><td></td></tr>
<tr><td colspan="5">实验室突发安全事故处理以及安全管理弥补措施：(实验室填写)</td></tr>
</table>

<table>
<tr><td>序号</td><td>评分项目</td><td>评价指标</td><td>得分</td></tr>
<tr><td>1</td><td>规章制度</td><td>●制定了本实验室的规章制度，并与校级规章制度张贴或制定成册发到每个实验室人员(+10 分)<br>●制定了实验室事故的应急预案(+5 分)<br>●实验室安全钥匙已交由国资处、保卫处封存于值班室安全钥匙箱内(+5 分)</td><td></td></tr>
<tr><td>2</td><td>安全教育和安全检查</td><td>●指定专人对新进实验室学生进行了安全教育(+2 分)<br>●指定专人每月对学生进行强化安全教育(+1 分)<br>●安全教育记录完整(+3 分)<br>●安全检查的频次(共 4 分)：导师每周对实验室进行安全检查(+2 分)；导师每月对实验室进行安全检查(+2 分)<br>●安全检查记录完整(+3 分)<br>●实验室每日安全管理记录完整(+2 分)</td><td></td></tr>
<tr><td>3</td><td>危险化学品管理</td><td>●所有化学试剂均通过学校的采购平台购买(+5 分)<br>●危化品合理地分类存放(+5 分)<br>●所有化学品标签齐全(+4 分)<br>●危化品的领用都有记录(+4 分)<br>●危化品存量适中(+2 分)</td><td></td></tr>
<tr><td>4</td><td>危险废物管理</td><td>●设置了专门的危险废物存放点，并且张贴警示标识(+3 分)<br>●危险废物按要求都存放在临时存放点，并且不与生活垃圾混放(+2 分)<br>●所有危险废物都收集回收，无乱倒乱扔现象(+10 分)</td><td></td></tr>
<tr><td>5</td><td>个人防护的配备</td><td>●(共 10 分)与实验室匹配的个人必要的防护用具配备齐全(+5 分)；个人防护用具有配备，但不齐全(+5 分)</td><td></td></tr>
<tr><td>6</td><td>危险仪器设备的管理</td><td>●满分 20 分，以下条款依缺失情况扣分<br>●相应设备的安全标识缺失(−2 分)<br>●钢瓶未固定或形同未固定，或存在钢瓶气体相忌混放现象(−2 分)<br>●对于贮存氢气、甲烷、乙炔等易燃易爆气体，或者如氯气、一氧化碳、硫化氢等有毒气体的钢瓶，应采取未采取充分的技术措施保证安全(如配备相应的气体探测、报警装置，或者统一存放于实验楼外)(−5 分)<br>●射线装置未按要求进行许可登记，人员未取得上岗证即上岗操作(−5 分)<br>●压力容器、烘箱、马弗炉未定期检查，没有检查记录(−3 分)<br>●普通冰箱未经防爆改造就存放危险化学品(−3 分)</td><td></td></tr>
<tr><td>总分</td><td>________分</td><td>对于安全弥补措施不力的可实行否一票否决！<br>结论：　　该化学类实验室　　安全达标 □<br>安全不达标 □</td><td></td></tr>
<tr><td colspan="4">专家组成员签字：</td></tr>
<tr><td colspan="4">存在问题和整改建议：</td></tr>
</table>

# 第四编

# 生物安全

# 武汉大学实验室生物安全管理规定

武大设字〔2014〕2号

## 第一章　总　则

**第一条**　为加强学校实验室生物安全管理，保证学校教学、科研等工作的顺利进行，保障从事实验室生物安全工作人员和公众的健康和安全，保护环境，根据《病原微生物实验室生物安全管理条例》（中华人民共和国国务院令第424号）、《实验室生物安全通用要求》（GB19489－2008）、《病原微生物实验室生物安全环境管理办法》（国家环境保护总局令第32号）以及《实验动物管理条例》（中华人民共和国国家科学技术委员会令第2号）等有关规定，特制定本办法。

**第二条**　本校的实验室及其相关实验活动的生物安全管理适用于本规定。

本规定中所称病原微生物，是指能够使人或者动物致病的危险度为一、二级的微生物。分类参照《人间传染的病原微生物名录》。

本规定中所称实验活动，是指从事与病原微生物菌（毒）种、样本有关的研究、教学、检测、诊断等活动。

**第三条**　本规定所涉及的实验活动仅限安全防护二级及以下的实验室进行，危险度为三、四级的病原微生物的实验活动应在获得国家相关部门认证的相应的实验室中进行。

## 第二章　实验室生物安全管理体制与职责

**第四条**　在校实验室技术安全管理小组领导下，由职能部门领导和相关专家组成武汉大学生物安全管理专家委员会，负责学校实验室生物安全的宏观管理、监督和技术指导。

**第五条**　涉及生物安全的院（系）应成立本单位实验室安全管理工作小组，负责落实管理人员，以及全院实验室生物安全的运行和规范管理。

**第六条**　实验室负责人为所在实验室生物安全第一责任人，负责生物安全实验室的日常运行，检查和维护实验设施与设备、控制实验室感染等职责。

## 第三章　生物安全实验室的建设与管理

**第七条**　凡从事以下实验活动的实验室必须建立生物安全实验室：

凡从事的教学、科研实验活动中涉及的病原微生物、实验动物等符合《人间传染的病原微生物名录》相关规定的；

凡从事的教学、科研实验项目中所使用的重组DNA技术涉及人类病毒基因重组、植物基因重组、基因敲除或缺失动物等的；

凡从事的教学、科研实验项目中需从医学病原体体液、器官或组织中取样、检测等的。

**第八条** 新建、改建、扩建一、二级生物安全实验室，应在建设前三十日内经院（系）实验室安全管理工作小组同意后，向实验室与设备管理处提交《武汉大学生物安全实验室备案申请表》及生物安全实验室体系文件，经校实验室技术安全管理领导小组审核通过，在生物安全实验室建成三十日内由实验室与设备管理处统一向区、市卫生行政主管部门提交备案申请。

**第九条** 各生物安全实验室应每年定期对从事实验活动的教职人员及相关学生进行培训，保证其掌握实验技术规范、操作规程、病原微生物安全防护知识和实际操作技能，并进行考核，经考核合格方可上岗。建立并保存人员培训和考核记录档案。每年的培训档案应报实验室与设备管理处备案。

**第十条** 二级以上生物安全实验室的公共区域应张贴生物安全标志、实验室操作规程、应急处置预案、废弃物管理制度、实验室人员生物安全行为规范等规章制度以及实验室安全责任人姓名、联系电话、应急小组成员联系电话等。实验室操作区域应张贴生物危险标识、化学危险品标识、医用生物废弃物标识。

**第十一条** 生物安全实验室必须建立实验档案，包括实验室安全记录、工作日志、实验原始记录、菌种转移和保藏记录、设备条件监控及检测记录、消毒记录、事故（暴露）记录、人员培训记录、员工健康档案等。实验室从事高致病性病原微生物教学、科研工作的相关实验档案保存期不得少于二十年。

## 第四章 病原微生物的管理

**第十二条** 病原微生物的采集和运输应符合《病原微生物实验室生物安全管理条例》的规定，经实验室负责人和生物安全管理工作小组审批备案后方可进行。

**第十三条** 病原微生物菌（毒）种和样本的保管应制定严格的安全保管制度，做好病原微生物菌（毒）种和样本进出、储存、领用记录，建立档案制度，并指定专人负责，做到“双人双锁、双人领用”。对高致病性病原微生物菌（毒）种和样本应设专库或者专柜单独储存，分类管理、安全存放、随时监控，并有采购、使用和销毁记录等，严防丢失或被盗。

## 第五章 实验动物的管理

**第十四条** 使用实验动物及相关产品进行科研、检定、检验的实验室，应当按照《实验动物使用许可证》许可的范围，使用合格的实验动物。从国外引入实验动物的，应当持供应方提供的动物种系名称、遗传背景、质量状况及生物学特性等有关资料，依照《中华人民共和国进出境动植物检疫法》规定办理有关手续。

**第十五条** 从事动物实验应当根据应用目的，选用相应等级要求的实验动物。同一间实验室不得同时进行不同品种、不同等级或者互有干扰的动物实验。

**第十六条** 凡开展病原体感染、化学染毒和放射性动物实验的研究人员和实验室，应当遵守国家生物安全等级等相关规定，防止安全事故的发生。对直接从事实验动物的教师和学生采取安全防护措施，定期组织与传染病有关的健康检查，调整不适宜承担实验动物工作的人员。

**第十七条** 从事实验动物基因修饰研究工作的实验室和个人，应当严格执行国家有关基因工程安全管理方面的规定，对其从事的工作进行生物安全性评价，经批准后方可开展工作。

**第十八条** 未获得省科学技术行政部门颁发的《实验动物生产许可证》的实验室不得进行实验动物的饲养和育种。

**第十九条** 从事实验动物工作的实验室和个人，应当关爱实验动物，维护动物福利，不得戏弄、虐待实验动物。在符合科学原则的前提下，尽量减少动物使用量，减轻被处置动物的痛苦。鼓励开展动物实验替代方法的研究与应用。

**第二十条** 不再使用的实验动物活体、尸体及废弃物、废水、废气等，应当按照《武汉大学实验废弃物处置管理办法》的规定执行。

## 第六章 重组 DNA 技术的管理

**第二十一条** 使用或构建遗传修饰生物的实验室，应由相关负责人向院（系）医学伦理委员会、生物安全领导小组申报，进行风险评估和伦理审查。针对研究项目对人类、社会、生态等可能带来的风险/受益比进行评估分析，并对实验室工作的危险度进行评估。该类实验活动应在具备一级或以上生物安全实验室进行操作。研究项目负责人有责任将研究中产生的不良结果及其处理意见及时报告本单位伦理委员会、生物安全管理领导小组。

**第二十二条** 开展人类病毒的重组体（包括对病毒的基因缺失、插入、突变等修饰以及将病毒作为外源基因的表达载体）的科研活动应严格遵守《人间传染的病原微生物名录》相关要求，严禁两个不同病原体之间进行完整基因组的重组。

**第二十三条** 转基因动物和“基因敲除”动物应当在适合外源性基因产物特性的防护水平下进行操作。实验室应采取一切防护措施，确保受体转基因和“基因敲除”动物的实验安全。

**第二十四条** 表达动物或人源性基因的转基因植物应当严格限制在实验室设施以内。这种转基因植物应当在与所表达的基因产物特性相应的生物安全水平下操作。

## 第七章 生物安全实验室设备设施管理

**第二十五条** 一级生物安全实验室可选择配备生物安全柜，二级及以上生物安全实验室必须配备生物安全柜。

根据下列所要保护的类型来选择适当的生物安全柜：实验对象保护；操作危险等级为1—4级微生物时的个体防护；暴露于放射性核素和挥发性有毒化学试剂时的个体防护；或上述各种防护的不同组合。

**第二十五条** 生物安全柜应放置在远离门、远离过道的地方。生物安全柜应定期检查维护并填写维护记录。在使用每隔一定时间之后，应由有资质的专业人员对生物安全柜进行符合国家和国际性能标准的检查。

**第二十六条** 进入生物安全实验室应配备个体防护服、手套、口罩及防护眼镜等，在实验室出口处还应配备冲淋设备。

**第二十七条**　生物安全实验室内应配备高压灭菌器，以保证移出实验室的医疗废物无污染。

## 第八章　医学生物废物的处置

**第二十八条**　注射针头、针管等锐器应装入一次性盛器中，其他生物废物垃圾放入高压灭菌袋中，送入高压灭菌器中高压灭菌。动物尸体、病理组织经消毒液浸泡装入密封垃圾袋中，通过专用垃圾转移通道移至低温冰柜中冻存。医学生物废物集中交废弃物中转站，请专业危险废物处置公司处理。

**第二十九条**　实验动物的废弃辅料、垫料、粪便经消毒剂消毒后装入专用废物转运袋中集中按照危险废物处置。

**第三十条**　重组基因和感染性的实验废物应严格标记，须经灭活后方能移出实验室。

## 第九章　附　则

**第三十一条**　相关学院对本单位实验室生物安全管理工作定期检查，每年不少于一次；学校职能部门组织抽查。

**第三十二条**　本办法自发布之日起施行，由实验室与设备管理处负责解释。

# 华东理工大学实验室生物安全管理办法(试行)

校实〔2012〕5号

## 第一章 总 则

### 一、目的

为加强我校生物实验室安全管理,防止病原体、实验动物等通过实验室向外环境扩散及实验室感染,保护实验室师生的健康,依据国家相关条例、规则、细则等,制定本办法。

### 二、适用范围

全校从事与生命科学相关、在实验过程中需要使用微生物、动物的实验室。

### 三、管理机构

学校成立由分管副校长负责,科技处、教务处、实验室与装备处、安全环保办公室、保卫处、设立实验室的学院共同参与的生物安全委员会。各相关学院成立相应的生物安全管理领导小组,实行院系负责人、实验室负责人、生物安全员、实验人员的分级安全管理制度,负责实施具体的生物安全管理。

### 四、管理职责

1.生物安全委员会

(1)负责全校生物安全监管工作。

(2)组织相关人员定期、不定期检查生物安全相关制度的落实情况、人员的培训情况。

(3)负责组织相关专家对造成外环境污染、实验室污染、人身伤害等生物安全事故的调查与处理。

(4)定期召开生物安全管理会议,对实验室生物安全相关的重大事项做出决定。

2.学院生物安全管理领导小组

(1)学院安全责任人是本学院生物安全工作的第一责任人,负责组织成立生物安全管理领导小组,制定管理制度,落实生物安全管理负责人。

(2)组织相关人员定期、不定期检查生物安全相关制度的落实情况、人员的培训情况。

(3)负责组织相关专家对造成外环境污染、实验室污染、人身伤害等生物安全事故的调查、处理与上报。

(4)定期召开生物安全管理会议,对实验室生物安全相关的事项做出决定。

3.实验室负责人

(1)具体负责实验室生物安全工作,并提供生物安全指导。

(2)组织制(修)订本实验室与生物安全相关的操作规范和标准操作规程等文件。

(3)负责确保实验室设施、设备、个人防护设备、材料等符合国家有关安全要求。

(4)全面落实生物安全管理的相关制度,按照上述文件要求组织实验室的各项工作,保证实验室运行的安全和实验室工作质量的准确可靠并定期评估实施效果。对生物安全工作做到有管理、有检查、有落实记录。

(5)负责组织对涉及病原微生物的实验方案进行审查和风险评估。

(6)负责组织实验室人员进行生物安全知识培训并考核。

(7)负责制定意外事故的应对程序和突发事件的应急预案。

(8)负责实验室生物安全事故的现场处置和调查,并将调查结果以及处理意见向生物安全管理责任部门或责任人报告。

(9)负责督促相关实验室的工作人员进行定期的健康检查,负责定期调查、了解实验室工作人员的健康状况和健康监护情况。

(10)负责组织跟踪国内外实验室生物安全管理最新动态。

(11)决定并授权进入实验室的工作人员;任命实验室生物安全员;具体落实实验室生物安全管理工作。

4.生物安全员

(1)负责实验室生物安全保障以及技术规章方面的咨询工作。

(2)定期检查实验室的各项技术参数,组织对实验室装备的常规保养,确保符合国家和地方的有关安全与卫生的政策标准。一旦发现不安全因素,立即停止工作并上报实验室负责人。

(3)纠正违反生物安全操作规程的行为。

(4)确保在发生生物安全事件时,消毒净化程序得到正确执行;并对这类意外事件和事故进行详细的书面记录。

(5)检查和监督实验室废弃物的有效管理与安全处置。

(6)检查和监督实验室各项消毒灭菌措施的落实情况。

(7)确认所有工作人员都具有进入实验室工作的资格。

(9)生物安全员由教师担任。

5.实验室工作人员

(1)认真执行有关生物安全的各项法规、制度。

(2)必须按相关规定进行个人防护,方得进入实验室。

(3)具有资料证明其对工作及实验室全部设施中潜在的风险受过培训。

(4)保持实验室环境的整洁,每项工作完成,必须按操作规程清理和清洁台面后,方可离开实验室。

(5)注意个人的健康状况,出现身体不适情况,应及时向实验室负责人报告。

## 五、依据

《中华人民共和国宪法》第四十二条、《中华人民共和国安全生产法》、《中华人民共和国劳动者权益保障法》、《上海市安全生产条例》、《实验室生物安全通用要求》(GB19489—

2008)、《病原微生物实验室生物安全管理条例》、《生物安全实验室建筑技术规范》(GB50346—2004)、《上海市一、二级病原微生物实验室生物安全管理规范》、《上海市二级生物安全防护实验室管理规范》、卫生部《人间传染的病原微生物名录及防护要求》、《可感染人类的高致病性病原微生物菌(毒)种或者样本运输管理规定》、《微生物和生物医学实验室生物安全通用准则》、《中华人民共和国传染病防治法》等。

### 六、修订

国家、上海市及相关主管部门涉及生物安全的法律法规发生修订更改时,本办法应相应做出修订。

## 第二章　病原微生物实验室安全管理

### 一、行政管理

病原微生物实验室生物安全管理联合工作小组(以下简称"联合工作小组")是本市病原微生物实验室生物安全管理防护工作的领导决策机构。联合工作小组下设办公室(设在市卫生局),为病原微生物实验室生物安全日常管理机构。相关部门有市卫生局、市农委、市科委、市环保局、市公安局、市教委等十八个部门与区县政府。

### 二、定义

本办法所称病原微生物,是指能够使人或者动物致病的微生物,本办法所称的病原微生物实验活动是指实验室从事与卫生部《人间传染的病原微生物名录》中所规定的病原微生物菌毒种、样品有关的研究、教学、检测、诊断等活动。

### 三、病原微生物的分类和管理

病原微生物名称按照国家标准执行,即《人间传染的病原微生物名录》,采用《病原微生物实验室安全管理条例》的病原微生物危害等级分类方法,即:

第一类病原微生物,是指能够引起人类或者动物非常严重疾病的微生物,以及我国尚未发现或者已经宣布消灭的微生物。

第二类病原微生物,是指能够引起人类或者动物严重疾病,比较容易直接或者间接在人与人、动物与人、动物与动物间传播的微生物。

第三类病原微生物,是指能够引起人类或者动物疾病,但一般情况下对人、动物或者环境不构成严重危害,传播风险有限,实验室感染后很少引起严重疾病,并且具备有效治疗和预防措施的微生物。

第四类病原微生物,是指在通常情况下不会引起人类或者动物疾病的微生物。

第一类、第二类病原微生物统称为高致病性病原微生物。《病原微生物实验室安全管理条例》的病原微生物危害等级分类方法与《实验室生物安全通用要求》(GB19489—2004)和WHO《实验室生物安全手册》的分类方法对应关系见附件。

### 四、管理及职责

实验室所属学院应按照国家对实验室生物安全统一的标准和要求进行实验室建设与管

理，保证实验室及其实验活动符合国家相关法律法规的要求，自觉配合上级卫生主管部门、环境保护主管部门的检查和监督工作。学校承担监督的职责。

### 五、实验室的设立

1.根据实验室对病原微生物的生物安全防护水平，并依照实验室生物安全国家标准的规定，现将实验室分为一级(BSL-1)、二级(BSL-2)(一级、二级实验室的基本要求见附件)。

2.新建、改建、扩建一级、二级实验室应当遵守下列规定：

(1)依法办理有关审批手续；

(2)经所在区(县)卫生局卫生监督所审查同意并备案，二级实验室还应向所在区(县)公安机关备案；

(3)符合国家生物安全实验室建筑技术规范；

(4)生物安全防护级别与其拟从事的实验活动相适应；

(5)制定实验室生物安全手册、生物风险评估等重要文件。

3.一级、二级实验室不得从事高致病性病原微生物实验活动(学校目前尚不具备能够进行高致病性病原微生物的实验室，因此，学校任何单位、实验室、个人不得在学校内进行高致病性病原微生物的实验工作，对我国尚未发现或者已经宣布消灭的病原微生物，任何实验室和个人未经批准不得从事相关实验活动)。

4.普通实验室不得从事病原微生物实验活动。

### 六、实验室管理与运行

1.有病原微生物实验室的学院应制定科学、严格的管理制度，并定期对有关生物安全规定的落实情况进行监督检查；实验室所属院系应定期对实验室设施、设备、材料等进行检查、维护和更新，以确保其符合国家标准。

2.实验室应在危害评估的基础上，对实验活动过程和所有对安全性有较大影响的特定实验活动制定标准操作规程，至少应包括如下内容：

(1)相关实验和检测项目生物安全操作规程；

(2)移液管和移液辅助器使用规程；

(3)生物安全柜使用规程；

(4)尖锐利器使用规程；

(5)样本进出实验室操作规程；

(6)洗手操作规程；

(7)菌种使用操作流程。

3.实验室应建立人员进出登记制度，禁止非工作人员进入实验室。特殊情况下，非工作人员进入实验室的须经实验室负责人批准，由专人陪同，并做好登记。

4.实验室应当每年定期对工作人员进行培训，保证其掌握实验室技术规范、操作规程、生物安全防护知识和实际操作技能，并进行考核。工作人员经考核合格的，方可上岗。

5.实验室应当建立实验档案，记录实验室使用情况和安全监督情况，档案保存期不得少于20年。

6.实验室应当依照环境保护的有关法律、法规和有关部门规定，对废水、废气以及其他废物进行处置，并制定相应的环境保护措施，防止环境污染。

7. 实验室应当在明显位置标示国家规定的生物危险标识和生物安全实验室级别标志。

8. 实验室应当制定实验室感染应急处置预案，并向学校及主管部门备案。

## 七、样品的运输

学校内部运送病原微生物菌（毒）种和生物样本的容器或包装材料应满足生物安全防护的要求，应密封以防水、防破损、防外泄。

外送病原微生物菌（毒）种和生物样本的容器或包装材料应满足国际民航组织《危险品航空安全运输技术细则》（Doc9284 包装说明 PI 650）规定的 B 类包装要求。非高致病性的病原微生物菌（毒）种和生物样本的运送应由专人负责，专车运送，运送人员应经过培训取得相关资质，不得通过公共交通工具运送，运送过程应采取相应的防护措施。运输过程中发生意外状况，运送单位、运送人、接受机构应及时向学校报告，学校接到报告应及时向上级有关部门报告并积极协助上级部门组织调查核实，并采取必要的应急措施。

最外层的容器或包装材料上应按规定做好生物安全警示标识。

## 八、菌（毒）种的保藏及适用

1. 实验室保藏菌（毒）种和生物样本应符合国家相关规定。病原微生物实验室菌（毒）种或样本保藏部位为内部治安保卫的重点。

2. 实验室应指定专人负责菌（毒）种保藏，双人双锁，并建立所保藏的菌（毒）种和生物样本名录及使用清单。保藏的菌（毒）种和生物样本应设立专册（卡），详细记录名称、编号、来源、鉴定的日期和结果、鉴定者、所用的培养基、保藏的方法、传代次数等。

3. 实验室应建立菌（毒）种和生物样本的销毁制度，销毁保存的菌（毒）种和生物样本应经实验室负责人批准，在专册（卡）上注销并注明原因、时间、方法、数量、经办人（双人）等。

## 九、实验室感染控制

1. 有病原微生物实验室的学院应当指定专门的机构和人员承担实验室感染控制工作，定期检查实验室的生物安全防护、病原微生物菌（毒）种和样本保存与使用、安全操作、实验室废水和废气的排放以及其他废物处置等规章制度的实施情况。负责实验室感染控制工作的人员应当具有与该实验室中的病原微生物有关的传染病防治知识，并定期调查、了解实验室工作人员的健康状况。

2. 实验室工作人员出现与本实验室从事的致病性病原微生物相关实验活动有关的感染临床症状或者体征时，实验室负责人应当向负责实验室感染控制工作的人员和机构报告，同时派专人陪同及时就诊；实验室工作人员应当将近期所接触的病原微生物的种类和危险程度如实告知诊治医疗机构。接诊的医疗机构应当及时救治；不具备相应救治条件的，应当依照规定将感染的实验室工作人员转诊至具备相应传染病救治条件的医疗机构。

3. 实验室发生生物安全事件时，实验室工作人员应当立即采取控制措施，启动实验室感染应急处置预案，防止病原微生物扩散，并同时向负责实验室感染控制工作的人员或者机构报告。组织人员对该实验室生物安全状况等情况进行调查；确认发生实验室感染或者病原微生物泄漏的，应当依照规定进行报告，并同时采取控制措施，对有关人员进行医学观察或者隔离治疗，封闭实验室，防止扩散，并协助相关部门开展流行病学调查及采取其他预防、控制措施。

**十、本办法为病原微生物实验室生物安全管理的基本要求。**

## 第三章　实验动物实验室安全管理

### 一、行政管理

上海市科学技术委员会是本市实验动物管理的主管部门。

### 二、定义

本方法所称实验动物，是指经人工饲育，对其携带的微生物实行控制，遗传背景明确或者来源清楚的，用于科学研究、教学、检定以及其他科学实验的动物。

### 三、适用范围

本规定适用于本校内从事实验动物的研究、保种、饲育、供应、应用、管理和监督的单位和个人。

### 四、管理及职责

实验室所属学院应按照国家对实验室生物安全统一的标准和要求进行动物房的建设与实验动物饲养、使用的管理，保证实验室及其实验活动符合国家相关法律法规的要求，自觉配合上级卫生主管部门、环境保护主管部门的检查和监督工作。学校承担监督的职责。

### 五、实验动物实验室的设立

1. 从事实验动物使用的实验室，需至上海市实验动物管理委员会办公室办理实验动物许可证(具体流程见附录)。

2. 应用实验动物进行生产药品、生物制品等和从事动物实验的实验室，申请实验动物使用许可证应具备下列条件：

(1)应用的实验动物来自持有实验动物生产许可证的单位、部门或个人；

(2)实验动物饲育环境及设施符合国家标准；

(3)使用的实验动物饲料、饮用水和垫料符合国家标准；

(4)具有规范的操作规程和管理制度；

(5)工作人员须经专业培训，并持有证书。

### 六、实验动物实验室的管理

1. 从事实验动物饲育工作的实验室，必须根据遗传学、微生物学、营养学和饲育环境方面的标准，定期对实验动物进行质量监测。各项作业过程和监测数据应有完整、准确的记录，并建立统计报告制度。

2. 实验动物的饲育室、实验室应设在不同区域，并进行严格隔离。实验动物饲育室、实验室要有科学的管理制度和操作规程。

3. 实验动物的保种、饲育应采用国内或国外认可的品种、品系，并持有有效的合格证书。

4. 实验动物必须按照不同来源，不同品种、品系和不同的实验目的，分开饲养。

5. 实验动物分为4级：一级，普通动物；二级，清洁动物；三级，无特定病原体动物；四级，无菌动物。对不同等级的实验动物，应当按照相应的微生物控制标准进行管理。

6. 一切用于实验动物的饲育器具、设备，实验动物的饮水和饲料的配制、成形、包装、运送、灭菌与保存，应当符合各类、各系、各级实验动物所需要的标准，确保卫生和营养要求。一级实验动物的饮水，应当符合城市生活饮水的卫生标准。二、三、四级实验动物的饮水，应当符合城市生活饮水的卫生标准并经灭菌处理。

## 七、实验动物的应用

1. 应用实验动物应当根据不同的实验目的，选用相应的合格实验动物。

2. 供应用的实验动物应当具备下列完整的资料：

(1)品种、品系及亚系的确切名称；

(2)遗传背景或其来源；

(3)微生物检测状况；

(4)合格证书；

(5)饲育单位负责人签名。

无上述资料的实验动物不得应用。

3. 实验动物的运输工作应当有专人负责。实验动物的装运工具应当安全、可靠。不得将不同品种、品系或者不同等级的实验动物混合装运。

## 八、实验动物的检疫和传染病控制

1. 对引入的实验动物，必须进行隔离检疫。

为补充种源或开发新品种而捕捉的野生动物，必须在当地进行隔离检疫，并取得动物检疫部门出具的证明。野生动物运抵实验动物处所，需经再次检疫，方可进入实验动物饲育室。

2. 对必须进行预防接种的实验动物，应当根据实验要求或者按照《家畜家禽防疫条例》的有关规定，进行预防接种，但用作生物制品原料的实验动物除外。

3. 实验动物患病死亡的，应当及时查明原因，妥善处理，并记录在案。

实验动物患有传染性疾病的，必须立即视情况予以销毁或者隔离治疗。对可能被传染的实验动物，进行紧急预防接种，对饲育室内外可能被污染的区域采取严格消毒措施，并上报实验动物实验室所在的学院、校安全办。实验动物实验室所在的学院、校安全办接到报告后，于第一时间向所在区的动物检疫、卫生防疫单位报告，采取紧急预防措施，防止疫病蔓延。

## 九、实验动物的进口与出口管理

1. 从国外进口作为原种的实验动物，应附有饲育单位负责人签发的品系和亚系名称以及遗传和微生物状况等资料。

无上述资料的实验动物不得进口和应用。

2. 实验动物工作单位从国外进口实验动物原种，必须向上海市科学技术委员会指定的保种、育种质量监控单位登记。

3. 出口实验动物，必须报由国家科学技术委员会审批。经批准后，方可办理出口手续。

出口应用国家重点保护的野生动物物种开发的实验动物，必须按照国家的有关规定，取得出口许可证后，方可办理出口手续。

4.进口、出口实验动物的检疫工作，按照《中华人民共和国进出口动植物检疫条例》的规定办理。

### 十、从事实验动物工作的人员

1.实验动物实验室应当根据需要，配备科技人员和经过专业培训的饲育人员。各类人员都要遵守实验动物饲育管理的各项制度，熟悉、掌握操作规程。

2.实验动物实验室的管理人员和工作人员，应至实验动物实验室所在的学院、学校安全办备案。

3.实验动物实验室内直接接触实验动物的工作人员，必须定期组织体检。对患有传染性疾病，不宜承担所做工作的人员，应当及时调换工作。

4.从事实验动物工作的人员对实验动物必须爱护，不得戏弄或虐待。

## 第四章　附　则

### 一、解释权

本《办法（试用）》由华东理工大学生物安全委员会负责解释。

### 二、施行时间

本《办法（试用）》自发布之日起实施。

附件：生物实验室管理操作细则

附件

# 生物实验室管理操作细则

## 一、病原微生物的危害等级划分与标准

| 《病原微生物实验室生物安全管理条例》 | 《实验室生物安全通用要求》GB19489－2004 | WHO《实验室生物安全手册》(第三版 2004) |
|---|---|---|
| 四类　在通常情况下不会引起人类或者动物疾病的微生物。 | Ⅰ级　(低个体危害,低群体危害)不会导致健康工作者和动物致病的细菌、真菌、病毒和寄生虫等生物因子。 | Ⅰ级　(无或极低的个体和群体危险)不太可能引起人或动物致病的微生物。 |
| 三类　能够引起人类或者动物疾病,但一般情况下对人、动物或者环境不构成严重危害,传播风险有限,实验室感染后很少引起严重疾病,并且具备有效治疗和预防措施的微生物。 | Ⅱ级　(中等个体危害,有限群体危害)能引起人或动物发病,但一般情况下对健康工作者、群体、家畜或环境不会引起严重危害的病原微生物。实验室感染不导致严重疾病,具备有效治疗和预防措施,并且传播风险有限。 | Ⅱ级　(个体危险中等,群体危险低)病原微生物能够对人或动物致病,但对实验室工作人员、社区、牲畜或环境不易导致严重危害。实验室暴露也许会引起严重感染,但对感染有有效的预防和治疗措施,并且疾病传播的危险有限。 |
| 二类　能够引起人类或者动物严重疾病,比较容易直接或者间接在人与人、动物与人、动物与动物间传播的微生物。 | Ⅲ级　(高个体危害,低群体危害)能引起人类或动物严重疾病,或造成严重经济损失,但通常不能因偶尔接触而在个体间传播,或能使用抗生素、抗寄生虫药物治疗的病原微生物。 | Ⅲ级　(个体危险高,群体危险低)病原微生物通常能引起人或者动物的严重疾病,但一般不会发生感染个体向其他个体的传播,并且对感染有有效的预防和治疗措施。 |
| 一类　能够引起人类或者动物非常严重疾病的微生物,以及我国尚未发现或者已经宣布消灭的微生物。 | Ⅳ级　(高个体危害,高群体危害)能引起人或动物非常严重疾病,一般不能治愈,容易通过直接或间接或偶然接触在人与人,或动物与人,或人与动物,或动物与动物间传播的病原微生物。 | Ⅳ级　(个体和群体危险均高)病原微生物通常能引起人或动物的严重疾病,并且很容易发生个体之间的直接或间接传播,对感染一般没有有效的预防和治疗措施。 |

## 二、一级病原微生物实验室的设备设施基本要求

(1)无需特殊选址,可以设置在共用建筑物内。但应有防止节肢动物和啮齿动物进入的设计和设施,有开启式窗户的应设置纱窗。

(2)布局应分实验区和非实验区,二者之间应有效分隔,在实验区外应有实验所需用品的储存、个人物品存放和工作人员休息的空间。实验室的人流、物流也应符合从清洁到污染

的要求。

(3)墙壁、天花板和地面应平整、不渗水、易清洁并耐化学品和消毒剂的腐蚀。

(4)实验台和橱柜应牢固稳定,实验台面应防水、耐腐蚀、耐热、易消毒。

(5)每个实验室应在靠近出口处设洗手池,洗手龙头应为自动感应式、长手柄式或脚踏式,备有洗手皂液,必要时配备快速消毒洗手液。

(6)室内仪器和物品的摆放合理,便于操作,并应遵循易消毒的原则。

(7)室内应有空气和物体表面消毒的设备和设施。

(8)室内使用的利器应盛放在固定的容器内。

(9)室内照明应保证工作需要,并避免反光和强光。

(10)在出口处应设挂衣装置,专门放置实验室工作服。

(11)门口应有一级生物安全防护水平实验室标识。

## 三、二级病原微生物实验室的设备设施基本要求

(1)可设在共用建筑内,但应相对独立,设可自动关闭的带锁的门。

(2)实验时门应呈关闭状态,实验结束后实验室应呈锁闭状态。实验室的门或墙上应有可视窗。

(3)在室内应配备生物安全柜,生物安全柜的型号应根据实验的项目和对象确定。生物安全柜应放在气流流动少,人员走动少,离出口处较远的位置,周围留有一定的空间。

(4)当对可能产生气溶胶的感染性材料样本的操作无法在生物安全柜内进行而必须采取外部操作时,应加装负压罩。

(5)在所在的区域内应配备高压蒸汽灭菌器,并按期检查和验证,做好记录,确保消毒效果和使用安全。高压蒸汽灭菌器的安全、计量鉴(检)定和管理应符合国家压力容器管理的有关规定,使用人员应作好使用记录。

(6)在室内应设有洗眼装置,必要时应设紧急喷淋装置。

(7)应保障实验室的通风和换气,可采用自然通风,如采用机械通风,应保证有不少于每小时3～4次的通风换气次数。

(8)应有可靠的电力供应和应急照明。保证紧急情况下基本设备的用电需要。

(9)在门口应有二级生物安全防护水平实验室标识。

(10)有特殊要求的专用实验室应按其要求执行。

## 四、一级病原微生物实验室的个人防护基本要求

(1)工作场所应配备有足够的清洁专用工作服和乳胶手套,并有专柜存放。已污染的工作服和手套应放置在有适当标记的防漏袋中消毒。

(2)实验时应穿戴专用工作服和手套,手套应戴在工作服外面。穿戴工作服和手套时不得离开实验室。工作完全结束离开实验室之前方可除去手套和工作服。使用过的工作服和手套不得带离实验室,一次性手套和工作服不得清洗和再次使用。

(3)当防护用品破损或被污染物泼溅时应立即更换。

(4)应着不露趾防滑防水的工作鞋。

## 五、二级病原微生物实验室的个人防护基本要求

(1)进入工作场所操作时应穿专用防护服，戴防护帽和防护口罩，必要时使用面部保护装置。

(2)在从事有可能出现渗漏的实验工作时，应穿戴防水鞋或防水鞋套。

## 六、生物安全柜选型原则

实验室应根据所需保护的实验对象的类型；操作感染性物质所需的个体防护要求；暴露于放射性核素和挥发性有毒化学品时的个体防护要求；或其他特殊性的工作要求来选择生物安全柜的类型。一般在二级生物安全防护水平实验室中主要使用Ⅱ级生物安全柜($A_1$型、$A_2$型、$B_1$型、$B_2$型)，常用的是$A_2$型和$B_2$型。生物安全柜的选型原则见表2。

**表2 生物安全柜选型原则**

| 保护类型 | 生物安全柜选择 |
|---|---|
| 个人防护，针对危害程度一、二、三类的微生物 | Ⅱ级各型生物安全柜 |
| 少量挥发性放射性核素/化学品防护 | Ⅱ级$B_1$型或外排式Ⅱ级A2型生物安全柜 |
| 挥发性放射性核素/化学品防护 | Ⅱ级$B_2$型生物安全柜 |

## 七、消毒、灭菌方法的选择和基本程序

一般根据物品的种类和被污染后的危害程度来选择消毒、灭菌方法。消毒首选物理方法，不能用物理方法消毒的方可选化学方法。

对于菌(毒)种、生物样本、其他感染性材料和污染物等，应选用高压蒸汽灭菌法处理。

对于实验防护服、实验器具等，可选用高压蒸汽灭菌、化学浸泡法处理。

对于实验仪器、台面和实验室环境等，可选用化学消毒剂或紫外线照射的方法处理。但若有病原微生物污染时，应采用更为有效的消毒法(如甲醛熏蒸等)。

对于被菌(毒)种、生物样本或其他感染性材料污染的器材和物品应先消毒后清洗，使用前再按物品危险性的种类，选择适当的消毒、灭菌方法进行消毒或灭菌处理。

## 八、消毒、灭菌效果监测的方法

(1)实验室必须对消毒、灭菌效果定期进行监测。灭菌合格率必须达到100%，不合格的物品不得离开实验室。

使用中的消毒剂、灭菌剂，应进行生物和化学监测。

生物监测：消毒剂每季度监测一次，细菌含量必须$<$100cfu/mL，不得检出致病微生物；灭菌剂每月监测一次，不得检出任何微生物。

化学监测：应根据消毒、灭菌剂的性能定期监测，含氯制剂、过氧乙酸等应每日监测，对戊二醛的监测应每周不少于一次。

消毒灭菌物品的监测：应定期对消毒、灭菌物品进行随机抽检，消毒物品不得检出致病性微生物，灭菌物品不得检出任何微生物。

(2)高压蒸汽灭菌效果监测。

高压蒸汽灭菌应进行工艺监测、化学监测和生物监测。工艺监测应每锅进行，并详细记录。化学监测应每包进行，对于高危险性物品需进行中心部位的化学监测。预真空压力蒸汽灭菌器每天灭菌前进行 B—D 试验，生物监测应每月进行，新灭菌器使用前必须先进行生物监测，合格后方可使用。

(3)紫外线消毒效果监测

紫外线消毒应进行灯管照射强度监测和生物监测。

灯管照射强度监测每半年进行一次，不得低于 70$\mu$W/cm$^2$。新使用的灯管也要进行监测，不得低于 100$\mu$W/cm$^2$。

生物监测必要时进行，要求经消毒后的物品或空气中的自然菌减少 90.00%以上，人工染菌杀灭率应达到 99.90%。

(4)环氧乙烷气体灭菌效果监测

环氧乙烷气体灭菌必须每锅进行工艺监测，每包进行化学监测，每月进行生物监测。

(5)环境监测

环境监测包括对空气、仪器设备、物体表面和工作人员手的监测。在怀疑有实验室污染时应进行环境监测。监测方法和卫生标准见《医院消毒卫生标准》(GB15982—1995)。

## 九、生物安全标识的使用

(1)生物安全标识(见图 1)

生物安全防护水平________级

图 1　生物安全标识

注：标志为黑色，背景为黄色

(2)生物安全标识的使用(见图 2)

在生物安全实验室入口的明显位置必须张贴生物危害标志。标志上应明确标示实验室生物安全水平等级，实验室生物安全责任人、紧急联系方式等。

生物安全防护水平________级

授权人员方可进入

责任人：____________________

紧急联系电话：____________________

必须得到上述责任人的授权方可进入

图 2　生物安全实验室标识

凡是盛装生物危害物质的容器、运输工具、进行生物危险物质操作的仪器和专用设备等都必须粘贴标示有相应危害级别的生物安全标志。

## 十、公用动物实验室标准操作及管理规程(SOP)

(1)实验人员和本室工作人员进入开放系统动物室，应着工作服，并保持动物饲养室和公用动物实验室的整洁、安静。无关人员未经许可，不得进入。

(2)实验人员和本室工作人员进入屏障系统动物室,应严格遵守屏障系统动物实验室操作规程,并保持室内的整洁、安静。未经许可,不得进入。

(3)实验人员使用公用动物实验室应预先登记。如在假日或晚间使用公用动物实验室,应提前一天通知管理人员,由使用者负责安全工作。

(4)实验人员领用实验动物必须通过实验动物室工作人员。为了保证实验动物供应的质量与数量,应提前2天通知实验动物室,并提出动物的种类、品系、规格和数量要求。

(5)实验人员应爱护公用动物实验室的仪器设备,实验时如发生仪器设备故障或损坏等意外情况,应及时通告管理人员。

(6)动物实验室每周消毒一次,谨防病原传播。实验结束后应及时清理器械、药品和动物尸体;污物、垃圾倒入指定区域,严禁随地丢弃。

(7)实验人员向实验动物室借用动物笼器具等,应妥善保管,使用后及时归还。

(8)严禁私自把外来动物带入动物饲养室。实验用特殊规格的动物,经主管负责人同意,自行购买并需在动物饲养室饲养的,应预先通知实验动物室工作人员,且通过检疫后方可放入动物饲养室。

(9)实验动物室工作人员应认真遵守实验动物饲养管理要求的各项制度,熟悉、掌握各项操作规程,确保实验动物的质量和安全。

(10)做好安全工作,防患于未然。经常检查动物笼具设备情况是否良好,防止动物逃逸及其他事故的发生。

## 十一、人员物品进出动物实验屏障系统的管理

1.人员进出的管理

(1)与动物实验无关的人员、非该责任区的人员及有传染性疾病的人员均禁止进入动物屏障系统。

(2)动物实验人员须经培训后方可进入屏障系统工作。

(3)所有人员进出屏障系统时,须在动物登记本上填写姓名、目的、进出时间、携带物品。

(4)人员在进入屏障系统前,必须在专用更衣室脱下外套,在内更衣室穿戴好净化衣、口罩、帽子和手套,再经风淋室风淋1分钟后进入动物实验区。

(5)在屏障系统内,人员进出时不能同时开启两扇门,并做到随手关门。

(6)在屏障系统内,人员应注意保持安静。

2.物品进出的管理

(1)耐高温高压灭菌的物品,均须经121℃、30分钟的高温高压灭菌处理,并确认灭菌指示纸达到安全状态后,放置在物品储藏室。

(2)不耐高温高压灭菌的物品,须在传递窗内用0.5%过氧乙酸喷雾消毒,紫外灯照射15分钟后,从传递窗内侧带入屏障系统。

(3)动物用的笼具、饲料、饮用水等物品从清洁储藏室分配至各饲养室。

(4)每次更换下来的笼具、饮水瓶等物品通过走道运至缓冲间,再由系统外的工作人员从缓冲间取至清洗间清洗。

(5)与动物实验无关的物品,不准带入屏障系统。

(6)未经实验动物室工作人员同意,不准把动物笼器具带出屏障系统。

3.动物进出的管理

(1)所有实验动物必须从持有实验动物生产许可证的单位中谨慎购入,并做相应的隔离观察。

(2)实验人员、工作人员不准虐待动物;不准在动物饲养室内处死动物。

(3)工作人员、实验人员在工作中如发现有死亡动物时,应立即取出动物尸体,用塑料袋包装,在标签牌上记录动物死亡数、日期,并更换该笼、笼盖、饲料及饮水瓶。双方人员应及时沟通,分析死亡原因。

(4)动物尸体用塑料袋包装后存放冰柜,按照相关要求妥善处理。

## 十二、实验动物许可证办理流程

登陆上海市科学技术委员会网站,点击网上办事一行政许可事项一实验动物使用许可证的核发,详见www.stcsm.gov.cn。

# 重庆大学生物实验室安全管理细则

重大校〔2012〕392 号

## 第一章　总　则

**第一条**　为了加强我校生物实验室安全管理工作，保障师生员工身体健康和校园环境安全，根据《病原微生物实验室生物安全管理条例》（国务院令第 424 号）、《病原微生物实验室生物安全环境管理办法》（国家环保总局令第 32 号）、《人间传染的病原微生物名录》（卫生部卫科教发〔2006〕15 号）、《动物病原微生物分类名录》（农业部令第 53 号）、《实验动物管理条例》（中华人民共和国国家科学技术委员会令第 2 号）、《农业转基因生物安全管理条例》（2001 年国务院令第 304 号）、《实验室生物安全通用要求（GB19489－2008）》（中华人民共和国国家质量监督检验检疫总局、中国国家标准化管理委员会发布）等有关法律法规，特制定本细则。

**第二条**　本细则所指生物实验室是学校根据人才培养目标和科学研究任务的需要，运用必要的技术手段，在特定的设备及环境条件中，在人为控制的条件下对动物、植物、微生物等生物的本质和规律进行观察、研究和探索的场所。所使用的实验物品中含有能使人类或动物致病的微生物的实验室，称为病原微生物实验室。所使用的实验物品为实验脊椎动物的实验室，称为动物实验室。所使用的实验物品涉及各类基因（基因操作）的实验室，称为基因（基因工程）实验室。本办法适用于我校所有生物实验室的安全管理。

**第三条**　生物实验室安全管理工作职能分工按《重庆大学实验室技术安全管理办法》规定执行。实验室技术安全工作委员会、专家工作小组、实验室技术安全办公室、各相关职能部门、二级单位实验室技术安全工作第一责任人、二级单位分管实验室技术安全工作的负责人、实验室技术安全秘书、实验室主任、实验室技术安全管理员、实验房间管理者、仪器设备管理者、在实验室学习工作的所有人员各负其责。

**第四条**　各相关实验室必须根据本学科和实验室的特点，制定生物实验室安全管理的具体制度，其内容包括生物安全管理制度、设施管理与操作程序、生物安全突发事件的应急预案、废弃物管理规程、培训与准入、安全自查与事故报告、实验室档案管理制度等，并报二级单位和实验室及设备管理处备案。

**第五条**　按《重庆大学实验室技术安全管理办法》的规定执行生物实验室安全准入制。实验室管理人员和进入实验室工作的人员必须经过有关生物安全知识的培训；学生必须接受生物安全培训并考核合格方能进入实验室；参观实验室的人员必须严格遵守实验室相关管理规定。

**第六条**　所有与生物相关的实验必须由相关负责人确定实验所属性质（动物实验、微生物实验、基因实验或其他的生物实验等），并到具备相应实验条件的实验室中完成。各类生物实验室的安全管理内容见第三章至第七章内容。

## 第二章　生物实验室的设立、撤销与生物安全实验室认定

**第七条**　学校生物实验室的新建、改建、扩建由二级单位向学部和学校提交报告，报告内容应包括实验目的、拟从事的实验活动和所用到的微生物或动物种类、与之配套的实验室结构与设施、工作队伍情况、人员安全防护措施与防护设备、风险评估说明、废物处理方式等。

**第八条**　学校批准后，根据国家对不同级别生物实验室的审批备案标准，报国家主管部门审批或备案。

**第九条**　生物实验室的撤销必须由二级单位提出申请，经学部审核、学校批准后方可执行，且必须认真完成撤销实验室的后续处置工作；凡成立时由国家主管部门审批或备案的生物实验室的撤销必须报国家主管部门审批或备案后方可进行，且必须严格执行撤销实验室的后续处置方案。

**第十条**　满足以下三项要求的生物实验室，即被认为是安全的生物实验室。

(一)生物实验室内的各类人员自始至终一直处在被保护之中，不会受可预知的危险的伤害；

(二)生物实验室内的各种生物和室内设备等均处于良好的安全状态；

(三)生物实验室外的人员和生态环境不因生物实验室的存在而受到超标的侵害和污染。

**第十一条**　生物实验室应首先进行必要的风险评估，建立风险控制程序，并对生物实验室进行合理设计和建设，这一工作必须按照国家标准《实验室生物安全通用要求 GB19489－2008》BSL-1 至 BSL-4 条款执行，所有设施、设备和材料(含防护屏障)均应符合国家相关标准和要求。

**第十二条**　生物实验室根据实验室操作技术、安全设备和实验设施组合的不同而分为四级生物安全防护水平，1 级防护水平最低，4 级防护水平最高。以 BSL-1、BSL-2、BSL-3、BSL-4 表示实验室的相应生物安全防护水平。以 ABSL-1、ABSL-2、ABSL-3、ABSL-4 表示涉及从事感染动物活动的实验室的相应生物安全防护水平。

## 第三章　生物实验室的安全运行和管理

**第十三条**　生物实验室的安全运行与管理按《重庆大学实验室技术安全管理办法》规定执行。

**第十四条**　生物实验室主任应熟知有关国家标准和安全管理条例，指定专人负责制定、维护相应的规章制度和管理文档，其范围主要包括以下三类：

(一)上墙的规章制度：实验操作技术规程、紧急情况处理规程、废弃物管理规程、培训制度与准入制度等；

(二)实验室生物安全手册：实验室安全管理制度、实验操作技术规程、紧急情况处理规程、实验设施管理制度、实验室安全自查制度、废弃物管理规程、培训制度与准入制度等；

(三)建立档案：工作人员登记表(含本人签字)、实验室内仪器登记表、工作人员培训记

录、实验档案、生物危险源记录本等。

**第十五条** 生物实验室在进行实验时，如涉及具有危险性的物品可参照《重庆大学实验室化学危险品管理办法》、《重庆大学实验室剧毒化学品管理规定》等相关规定执行。

**第十六条** 生物实验室安全准入按《重庆大学实验室技术安全管理办法》规定执行。生物实验室工作人员在预知实验潜在危险的前提下，自愿从事实验室工作。必须遵守实验室的所有制度、规定和操作规程，必须经过安全教育和专业培训并考核合格，在独立工作之前必须针对实验内容完成上岗培训，达到合格标准，方可开始工作。

**第十七条** 生物实验室应依法制定合理、有效的措施对实验活动产生的废弃物进行处理，防止环境污染。对废弃物的处理按《重庆大学实验室废弃物管理办法》执行。

**第十八条** 生物实验室应当建立实验档案，记录实验室使用情况和安全监督情况等。

**第十九条** 生物实验室中如存在特殊的危险区，应清晰地标识和指示。

**第二十条** 生物实验室应建立相应事故的应急预案，包括环境污染应急预案、紧急撤离的行动计划等。对实验室安全事件、伤害事故、职业性疾病以及潜在危险等应及时向学校提交安全报告。

**第二十一条** 生物实验室的安全自查与检查工作按《重庆大学实验室技术安全管理办法》规定执行。学校对生物实验室的检查内容主要包括：

（一）具备有效的应急装备、防护装备、撤离通道及警报系统；

（二）一旦危险物品泄漏，有规范的控制程序及相应的物品保障；

（三）可燃易燃性、可传染性、放射性和有毒物质按照相关规定存放和管理；

（四）规范处理污染和废弃物；

（五）设施设备完善，工作人员熟知各项操作规程并处于良好的健康状态；

（六）定期检查对微生物菌（毒）株和细胞株等的运输、保存、使用、销毁情况。

## 第四章 病原微生物实验室的安全管理

**第二十二条** 实验室管理人员根据国务院卫生主管部门公布的人间传染病病原微生物名录及级别，确定本实验室能从事及拟从事的微生物研究范围，上报二级单位和实验室及设备管理处备案。

**第二十三条** 病原微生物实验室分为四个等级，BSL-1、BSL-2 实验室称为基础实验室，具有 BSL-3 防护水平的实验室称为生物安全防护实验室，达到 BSL-4 防护水平的实验室称为高度生物安全实验室。

**第二十四条** 实验室进行高致病性病原微生物实验活动时，应符合《卫生部高致病病原微生物实验室活动管理办法》的规定。高致病性病原微生物实验活动不得在 BSL-1、BSL-2 实验室中进行，必须按国家规定在 BSL-3、BSL-4 实验室中进行，BSL-3、BSL-4 实验室必须取得卫生部颁发的《高致病性病原微生物实验室资格证书》。

**第二十五条** 病原微生物的分类、管理、保藏、存储、后期处理工作，涉及病原微生物实验的感染控制工作，在病原微生物实验室工作的人员预防、建档等工作，病原微生物泄漏控制工作，相应等级生物实验室的设计，相应的法律责任等按照《病原微生物实验室生物安全管理条例》（国务院令第 424 号）严格执行。

**第二十六条** 必须建立实验档案，从事高致病性病原微生物相关实验活动的实验档案保存期限不得少于20年。

## 第五章 动物实验室的安全管理

**第二十七条** 实验动物，是指经人工饲养、繁育，对其携带的微生物及寄生虫实行控制，遗传背景明确或者来源清楚，应用于科学研究、教学、生产和鉴定以及其他科学实验的动物。

**第二十八条** 动物实验室分为四个等级，分别为ABSL-1、ABSL-2、ABSL-3、ABSL-4，其实验室设立按照《实验室生物安全通用要求(GB19489－2008)》(中华人民共和国国家质量监督检验检疫总局、中国国家标准化管理委员会发布)中相关规定严格执行。

**第二十九条** 我校实验动物的管理工作，应加强规划，统一管理，合理分工，资源共享；从事动物实验工作的单位和个人，应维护动物福利，保障生物安全，防止环境污染。

**第三十条** 开展实验动物相关工作，必须办理相应的许可证，包括：实验动物生产许可证、实验动物使用许可证、实验动物从业人员上岗证、动物实验技术人员资格认可证等。

**第三十一条** 我校从事动物实验及其相关研究的二级单位应当具备以下条件：

(一)完善的实验动物质量管理制度和标准操作规程；

(二)相应的防护措施，保证从业人员的健康与安全，组织从业人员每年进行身体检查，及时调整健康状况不宜从事实验动物工作的人员。

**第三十二条** 动物实验设计要按照替代、减少和优化的原则进行，并应使用正确的方法处理实验动物。

**第三十三条** 动物实验环境设施要符合相应实验动物的等级标准，使用合格的饲料、笼具、垫料等用品；涉及放射性和感染性等有特殊要求的实验，应按照有关规定执行。

**第三十四条** 进行动物实验应根据实验目的，使用相应等级标准的实验动物及饲料、用品、用具。不同品种、不同等级和互有干扰的动物实验，不得在同一实验间进行。

**第三十五条** 凡用于病原体感染、化学有毒物质或放射性实验的实验动物，必须在特殊的设施内进行饲养，并按照生物安全等级和相关规定分类管理。

**第三十六条** 对必须进行预防接种的实验动物，应当根据实验要求或《家畜家禽防疫条例》的有关规定，进行预防接种。

**第三十七条** 从事动物实验的单位和个人应按照国家有关规定做好实验动物的防疫免疫工作，防止病情疫情的发生和蔓延。

**第三十八条** 从事动物实验的单位和个人应在实验动物患病死亡时，及时查明原因，妥善处理，并记录在案。

**第三十九条** 从事动物实验的单位和个人必须对实验动物尸体和废弃物进行无害化处理，不得随意丢弃，严格按照《重庆大学实验室废弃物管理办法》相关规定执行。

**第四十条** 实验动物发生疫情时，应当按照国务院《重大动物疫情应急条例》规定办理。

**第四十一条** 落实实验室设施及环境的清洁卫生和消毒灭菌制度，采取措施使设施内物品、空气等达到洁净或无菌程度。防止昆虫、野鼠等动物进入实验室或实验室动物外逃，严防疾病传入动物饲养设施，杜绝人畜共患病发生。

**第四十二条** 从事实验动物工作的人员必须树立疾病预防及控制意识，定期进行健康检查，平时不得与家养动物接触。

## 第六章 基因(基因工程)实验室的安全管理

**第四十三条** 依据《农业转基因生物安全评价管理办法》(2001年1月农业部令第8号),按照潜在危险程度,将基因工程工作分为四个安全等级,由4种转基因生物安全等级和3种基因操作等级组合构成:

(一)安全等级Ⅰ,该类基因工程工作对人类健康和生态环境尚不存在危险;

(二)安全等级Ⅱ,该类基因工程工作对人类健康和生态环境具有低度危险;

(三)安全等级Ⅲ,该类基因工程工作对人类健康和生态环境具有中度危险;

(四)安全等级Ⅳ,该类基因工程工作对人类健康和生态环境具有高度危险。

**第四十四条** 涉及基因(基因工程)实验的实验室按照安全等级采取相应的控制措施:

(一)安全等级Ⅰ控制措施

对实验室和操作的要求同一般生物学实验室。

(二)安全等级Ⅱ控制措施

1.实验室要求

除同安全等级Ⅰ的实验室要求外,还要求安装超净工作台、配备消毒设施和处理废弃物的高压灭菌设备。

2.操作要求

除同安全等级Ⅰ的操作要求外,还要求:在操作过程中尽可能避免气溶胶的产生;在实验室划定的区域内进行操作;废弃物暂存在具有特殊标志的防渗漏、防破碎的容器内,并进行灭活处理;基因操作时应穿工作服,离开实验室前必须将工作服等放在实验室内;防止与实验无关的一切生物如昆虫和啮齿类动物进入实验室;如发生有害目的基因、载体、转基因生物等逃逸、扩散事故,应立即采取应急措施;动物用转基因微生物的实验室安全控制措施,还应符合兽用生物制品的有关规定。

(三)安全等级Ⅲ控制措施

1.实验室要求

除同安全等级Ⅱ的实验室要求外,还要求:实验室应设立在隔离区内并有明显警示标志,进入操作间应通过专门的更衣室,室内设有沐浴设施,操作间门口还应装自动门和风淋;实验室内部的墙壁、地板、天花板应光洁、防水、防漏、防腐蚀;窗户密封;配有高温高压灭菌设施;操作间应装有负压循环净化设施和污水处理设备。

2.操作要求

除同安全等级Ⅱ的操作外,还要求:进入实验室必须由实验室主任批准;进入实验室前必须在更衣室内换工作服、戴手套等保护用具;离开实验室前必须沐浴;离开实验室不准穿工作服,工作服必须经过高压灭菌后清洗;工作台用过后马上清洗消毒;转移材料用的器皿必须是双层、不破碎和密封的;使用过的器皿、用具,移送出实验室前必须经过高压灭菌处理;用于基因操作的一切生物材料应由专人管理并贮存在特定的容器或设施内。

(四)安全等级Ⅳ控制措施

除严格执行安全等级Ⅲ的控制措施外,对其试验条件和设施以及试验材料的处理应有更严格的要求。安全控制措施应经学校实验室技术安全办公室审核同意后向国家转基因生物安全管理委员会报告,经批准后按其要求严格执行。

**第四十五条** 从事基因工程实验研究，应对 DNA 供体、载体、宿主及遗传工程体进行安全性评价。安全性评价重点是目的基因、载体、宿主和遗传工程体的致病性、致癌性、抗药性、转移性和生态环境效应，以及确定生物控制和物理控制等级。

**第四十六条** 从事遗传工程体释放的实验，应对遗传工程体的安全性、释放目的、释放地区的生态环境、释放方式、监测方法和控制措施进行评价，确定释放工作的安全等级。

**第四十七条** 从事基因工程工作的单位应编制遗传工程体的贮存目录清单，以备核查。

**第四十八条** 从事基因工程研究和实验工作的单位和个人必须认真做好安全监督记录。安全监督记录保存期不得少于 10 年。

## 第七章 生物实验室应急预案

**第四十九条** 应急工作原则

（一）以人为本：凡出现有可能影响人员身体健康、甚至引起人员残疾和死亡的实验动物、微生物等引起的突发事件征兆时，应及时采取人员避险措施；突发事件发生后，应在避免事件扩大的前提下，优先开展抢救人员的应急处置行动，同时关注救援人员自身的安全防护。

（二）预防为主：建立实验动物、微生物等引起的突发事件预警和风险防范体系，强化监控和监督管理，及时消除隐患。

（三）分级负责：在学校实验室技术安全工作委员会的统一领导下，实行分级管理，各二级单位应结合实际情况制定应急预案，各职能部门分工负责，相互协作。

**第五十条** 根据工作需要，各二级单位生物实验室应配备相应的应急处理装备和物资，主要包括：

（一）应急设施：防护、排污和抢险救援器材，救治设备等。

（二）装备物资：手套、防护装、实验用鞋、口罩、帽子、面罩、应急药品、疫苗等防护和急救用品；生物安全柜、高压蒸汽灭菌锅、一次性接种环、螺口瓶、样本及废弃物运送容器、运输工具等安全设备。

**第五十一条** 实验动物、微生物等引起的突发事件报告程序与处理按《重庆大学实验室技术安全管理办法》执行。

## 第八章 附 则

**第五十二条** 因违规出现责任事故，责任事故单位及责任人应受到行政处罚或承担相应的法律责任。

**第五十三条** 本细则自发布之日起施行，由学校授权实验室技术安全办公室负责解释。

# 江南大学实验动物管理办法

江大校办〔2012〕28号

## 第一章 总 则

**第一条** 为加强我校实验动物管理,保证实验动物和动物实验的质量及生物安全,根据《实验动物管理条例》(中华人民共和国国家科学技术委员会令第2号)、《实验动物质量管理办法》(国科发财字〔1997〕593号)、《江苏省实验动物管理办法》(江苏省人民政府令第45号)等法律、法规和标准,结合我校实际,制定本办法。

**第二条** 本办法适用于我校从事与实验动物有关工作的各单位和在本校进行的动物实验。

**第三条** 本办法所称实验动物,是指经人工饲养、繁育,对其携带的微生物及寄生虫实行控制,遗传背景明确或来源清楚,应用于科学研究、教学、生产和检定,以及其他科学实验的动物。

**第四条** 我校执行国家实验动物使用许可证制度,实验动物的质量监控执行国家标准;国家尚未制定标准的,执行行业标准;国家、行业均未制定标准的,执行地方标准。

**第五条** 我校实验动物的管理工作,应加强规划,统一管理,合理分工,资源共享。从事动物实验工作的单位和个人,应维护动物福利,保障生物安全,防止环境污染。

**第六条** 学校设立实验动物管理与动物福利伦理委员会(以下简称动管会),由分管校领导、有关职能部门、实验单位负责人和专家组成,负责统一管理学校的实验动物工作,具体包括监督管理实验动物及其相关产品的质量,组织相关从业人员的岗位培训,维护动物福利,保障生物安全,防止环境污染,对动物实验进行伦理审查等。动管会办公室设在实验室与设备管理处。

## 第二章 实验动物的使用

**第七条** 使用实验动物从事教学、科研工作的单位,需提前向动管会办公室提交使用计划,并按照使用许可证准许的范围,使用合格的实验动物。实验动物应来源于学校实验动物中心或国家认可的实验动物生产单位,并具备实验动物合格证。

**第八条** 动物实验设计要按照替代、减少和优化的原则进行,并使用正确的方法处理实验动物。

**第九条** 动物实验环境设施要符合相应实验动物的等级标准,使用合格的饲料、笼具、垫料等用品;涉及放射性和感染性等有特殊要求的实验,应按照有关规定执行。

**第十条** 我校所有的实验动物必须在学校实验动物中心内进行集中饲养,相关动物实验也必须在实验动物中心内进行，其他任何实验室均不得饲养实验动物或进行动物实验。

**第十一条**　进行动物实验应根据实验目的，使用相应等级标准的实验动物及饲料、用品、用具。不同品种、不同等级或互有干扰的动物实验，不得在同一实验间进行。

**第十二条**　不同品种、品系、性别和等级的实验动物，不得在同一笼具内混合装运。

**第十三条**　应按照实验动物生产许可证和实验动物使用许可证的许可范围进行相关产品保种、繁育、生产。

**第十四条**　实验动物的进口与出口，以及使用野生动物，必须按照国家有关规定办理相应手续。

## 第三章　实验动物生物安全管理

**第十五条**　开展实验动物相关工作，实行许可证制度，许可证包括实验动物生产许可证、实验动物使用许可证、实验动物从业人员上岗证、动物实验技术人员资格认可证等。

**第十六条**　从事实验动物饲育和动物实验的单位必须建立相关的管理制度及操作规程，加强安全管理，防止发生实验动物安全事故。

**第十七条**　实验动物必须来源于具有《实验动物生产许可证》的单位，并附有动物质量合格证明书。不得向无《实验动物生产许可证》的单位或个人购买实验动物。

**第十八条**　从国内其他单位引入的实验动物，必须附有饲养单位签发的质量合格证书和当地政府相关部门出具的运输检疫报告，经隔离检疫合格后，方可接收；从国外进口实验动物，必须按照《中华人民共和国进境动植物检疫审批管理办法》相关规定进行；不得从疫区引进动物。

需要引进野生动物时，应当遵守《中华人民共和国野生动物保护法》，由引进单位在原地进行检疫，确认无人畜共患病，并取得当地卫生防疫部门的证明后方可引进。

**第十九条**　动物实验必须在具有《实验动物使用许可证》的设施中进行。原则上不允许在无《实验动物使用许可证》的设施内擅自饲养动物或进行动物实验，确有教学和科研工作特殊要求的，必须向动管会提出申请，经审批许可后，方可在规定地点、规定时限内进行饲养和实验。

**第二十条**　禁止进行高致病性病原微生物的动物实验。欲从事涉及低致病性病原微生物动物实验的，须通过实验室与设备管理处向农业主管部门备案。

**第二十一条**　凡用于病原体感染、化学有毒物质或放射性实验的实验动物，必须在特殊的设施内进行饲养，并按照生物安全等级和相关规定分类管理。

**第二十二条**　对必须进行预防接种的实验动物，应当根据实验要求或《家畜家禽防疫条例》有关规定，进行预防接种。

**第二十三条**　落实实验室设施及环境的清洁卫生和消毒灭菌制度，控制设施内的物品、空气等，使其达到洁净或无菌程度。防止昆虫、野鼠等动物进入实验室或实验室动物外逃，严防疾病传入动物饲养设施，杜绝人畜共患病的发生。

**第二十四条**　实验动物饲育工作部门必须根据遗传学、微生物学、营养学，以及饲育环境方面的国家标准和要求，定期对实验动物进行质量检测，各项操作和监控过程的数据应有完整、准确的记录，并建立统计汇报制度。

**第二十五条**　从事实验动物工作的人员必须树立疾病预防及控制意识，定期进行健康检查，平时不得与家养动物接触。对患有传染性疾病或其他不适宜从事实验动物工作的人员，应及时调换其工作岗位。

**第二十六条** 实验动物设施内产生的废弃物需经无害化处理后方可排出，任何单位和个人不得随意丢弃实验后或正常死亡的动物尸体。实验动物尸体必须先就地进行无害化处理（如高温高压灭菌），再包装好贴上标签后自行送至实验动物中心暂存，随后送有资质的公司进行处理。

**第二十七条** 从事基因修饰实验动物研究、饲育和应用等工作，必须严格遵照国家《基因工程安全管理办法》等有关规定。

**第二十八条** 实验动物异常死亡，应及时查明原因，妥善处理，并做好记录。

**第二十九条** 发生实验动物突发事件时，启动《江南大学实验室安全事故应急处理方案》，将事故危害降到最低水平。

## 第四章 实验动物的防疫

**第三十条** 从事动物实验的单位和个人应按照国家和江苏省的有关规定做好实验动物的防疫免疫工作，防止病情疫情的发生和蔓延。

**第三十一条** 从事动物实验的单位和个人应在实验动物患病死亡时，及时查明原因，妥善处理，并记录在案。

**第三十二条** 从事动物实验的单位和个人必须对实验动物尸体和废弃物进行无害化处理，不得随意丢弃。

**第三十三条** 实验动物发生疫情时，应当按照国家和江苏省有关规定进行处理。

## 第五章 从事实验动物工作的单位和人员

**第三十四条** 我校从事动物实验及相关研究的单位应当具备以下条件：

（一）完善的实验动物质量管理制度和标准操作规程；

（二）符合国家标准的实验动物相关设施及实验动物饲料、垫料和饮水等；

（三）相应的防护措施，保证从业人员的健康与安全，组织从业人员每年进行身体检查，及时调整健康状况不宜从事实验动物工作的人员。

**第三十五条** 我校从事动物实验及相关研究的工作人员，应遵守实验动物的各项管理规定，须经过实验动物专业培训并取得《江苏省实验动物从业人员岗位证书》。未经培训或考核不合格的，不得上岗。

## 第六章 附 则

**第三十六条** 对违反国家、省、市相关法规或本办法的行为，依照相关规定追究当事人责任。

**第三十七条** 本办法自二〇一二年十月一日起施行，由实验室与设备管理处负责解释。

# 浙江中医药大学实验动物工作管理办法(试行)

浙中大发〔2010〕13号

## 第一章 总 则

**第一条** 为加强实验动物和动物实验工作的管理,保证实验动物和动物实验的质量,适应学校教学科学研究发展的需要,根据国家有关法律、法规,结合本校实际情况,制定本办法。

**第二条** 实验动物是学校教学科研的重要基础条件。本办法所称实验动物,是指经人工饲养、繁育,对其携带的微生物及寄生虫实行控制,遗传背景明确或者来源清楚的,应用于学校教学科研的动物。

**第三条** 动物实验是学校教学科研的重要手段。本办法所称动物实验,是指以实验动物为材料或对象进行教学实验和科学研究等活动。

**第四条** 本办法适用于学校从事教学、科研使用实验动物和进行动物实验活动的各学院(所、部、中心)、直属附属医院及下属的教研室、研究室、课题组和个人。国家法律、法规另有规定的,按照有关规定办理。

**第五条** 为加强全校实验动物工作的协调管理,成立浙江中医药大学实验动物管理委员会,由主管科研工作的校长、相关部门主要负责人和专业人员组成,负责全校的实验动物和动物实验工作的协调管理及重大问题的决策和技术指导工作。

**第六条** 科研处为实验动物和动物实验管理的主管部门,动物实验研究中心为实验动物和动物实验工作的业务部门。本科生教学使用实验动物由教务处负责,研究生教学使用实验动物由研究生处负责,科研使用实验动物由课题(项目)组长负责,研究生学位论文课题使用实验动物由研究生指导老师负责。

## 第二章 教学实验动物的管理

**第七条** 本科生、研究生的教学用实验动物必须向持有实验动物生产许可证的单位购买,由动物实验研究中心统一采购,统一供应,任何部门和个人均不得无证饲育。

**第八条** 本科生、研究生教学使用的实验动物,由各教研室根据教学计划及实验课内容,填写下一学期的教学实验动物请购单,经教研室负责人签字,本科生教学报学院(所、部、中心)、研究生教学报研究生处,主管教学负责人审批同意,送至动物实验研究中心,动物实验研究中心负责做好教学实验动物的采购供应工作。

**第九条** 本科生、研究生教学实验后的实验动物必须处死,授课教师应负责安排将动物尸体及时送回动物实验研究中心，统一进行无害化处理。送回的动物尸体量应与领发的动物量相一致，原则上教学实验后的实验动物不得用于其他实验。

## 第三章 科研动物实验的管理

**第十条** 科研使用实验动物应当根据实验目的使用相应的合格实验动物，并向持有实验动物生产许可证的生产单位购买，所购动物必须持有生产单位提供的动物质量合格证，并标明实验动物品种品系、级别、性别、规格、数量和出售日期、生产单位质量负责人签章。

**第十一条** 科研动物实验必须在持有实验动物使用许可证的动物实验设施中进行。同一实验室不得同时进行不同品种、不同等级和互有干扰的动物实验，不同等级的动物实验需在相应等级的动物实验室的环境设施中进行。

**第十二条** 科研课题申报、验收和科研成果评定，应当把应用合格实验动物和取得使用许可证动物实验设施作为基本条件；使用不合格的实验动物或未取得实验动物使用许可证的设施，所进行的动物实验结果不予承认。

**第十三条** 为合理安排学校的科研动物实验饲养工作，保障科研活动的顺利进行，所有科研人员进行动物实验均需提前进行动物实验饲养的申请和预约，一般要求小动物至少提前 2 周预约，大动物至少提前 8 周预约，申请预约单必须经由课题组长或研究生指导老师签字同意，若课题组预约的动物实验时间有冲突，同等条件下国家重大项目、重点课题优先安排。

**第十四条** 申请预约必须按要求认真填写动物实验信息，签订动物实验协议书，动物实验研究中心根据课题组的预约时间和实验要求，安排实验动物的采购和饲养工作。由科研人员自购实验动物的，在填写动物实验信息表时须注明来源，购入时须随带实验动物质量合格证，并按相应等级的要求包装和运输，方可进入动物实验饲养区。

**第十五条** 课题组在实验过程中需增加实验动物的数量，须由课题组长或实验负责人提前提出申请，并填写科研实验动物请购单，根据实际情况予以安排。课题组如需更改预约时间或延长动物实验饲养时间，需提前申请更改，否则将取消预约。对未经预约的，一般不予安排动物实验饲养，如遇特殊情况，在不影响已预约的课题组的动物实验饲养情况下，根据实际情况安排。

**第十六条** 科研实验后的动物必须进行合理处理，填写实验动物去向表，实验后的动物尸体和废弃物应及时冷藏，由总务处负责无害化处理。

## 第四章 从事实验动物和动物实验人员的管理

**第十七条** 从事实验动物和动物实验的技术人员须遵守实验动物和动物实验的各项管理规定。动物实验人员要尊重生命，科学、合理、仁道地使用实验动物，遵守替代、减少、优化的“3R”原则，做好实验设计，对实验动物必须爱护，不得戏弄或虐待。

**第十八条** 从事实验动物和动物实验的技术人员须持有实验动物从业人员上岗证或相关实验动物和动物实验的培训证书，未取得上岗证或未经培训的人员不得从事实验动物饲养和动物实验以及相关工作。

## 第五章　实验动物使用许可证申请与管理

**第十九条**　动物实验研究中心为学校实验动物使用许可证申领的主要部门，负责动物实验室的运行维护管理和定期的检测，并接受浙江省实验动物管理委员会办公室和浙江省实验动物质量检测站的检测监督检查，负责许可证的年检、复检等工作的实施。

**第二十条**　因研究项目（课题）的特殊性或仪器设备的局限性，须在特定实验室进行动物实验的，该实验室所在部门应向学校提出并经学校实验动物管理委员会的审议同意，向浙江省实验动物管理委员会办公室申领实验动物使用许可证。

**第二十一条**　申领实验动物使用许可证的实验室或项目（课题）组必须按国家标准实验动物设施建筑技术规范，使用独立通风笼具（IVC）、隔离器、层流架等，按相关实验动物饲养规范进行管理，并接受相应的检测监督检查和进行年检、复检等工作。实验动物使用许可证不得转借、转让、出租给他人使用，不得代售无许可证单位生产的动物及相关产品。

**第二十二条**　申报项目（课题）需开具动物实验设施使用许可证的，许可使用内容必须与项目申请书相一致；申请学科、实验室等须出具实验动物使用许可证复印件，复印件须盖章并注明用途。

**第二十三条**　项目（课题）的结题、验收和成果申报需开具动物实验条件证明书的，必须按实际使用的实验动物和动物实验内容出具，并注明项目（课题）名称、使用者、动物等级、品种品系、性别、数量和实验时间，证明书不得重复开具。

**第二十四条**　具有实验动物使用许可证的部门在接受其他单位和部门委托的动物实验时，双方应签署协议书，实验动物使用许可证复印件必须与协议书一并使用，方可作为实验结论合法性的有效文件。

**第二十五条**　本办法由科研处、动物实验研究中心负责解释。

**第二十六条**　本办法自公布之日起开始执行。

# 华东师范大学人体实验伦理委员会章程(试行)

华师设〔2013〕4号

**第一条** 为规范涉及人体的科学研究和相关技术的应用,保护人的生命和健康,维护人的尊严,尊重和保护人类受试者的合法权益,根据国际和平公约"工业指导-E6规范的临床试验统一规定(ICHGCP guide line E6)"、《赫尔辛基宣言》(2002年版)、卫生部《涉及人的生物医学研究伦理审查办法(试行)》,以及《华东师范大学学术伦理与法律委员会章程》等相关规定及与有关国际组织签署的协议,学校决定设立人体实验伦理委员会(简称伦理委员会),并制定本章程。

**第二条** 本章程旨在引导和促进生物学科、医学、心理学科、体育学科、教育学科等涉及人体的研究,在符合科学标准和伦理原则的前提下健康、有序地发展,并保护研究中受试对象的安全、权利和福祉。

**第三条** 本章程适用于华东师范大学(简称本校)范围内任何类型的涉及人体的研究项目的伦理审查。凡是符合以下条件之一或部分涉及此类研究的项目均在审查之列:

1.由本校承担的项目;

2.任何利用本校的财产或设施实施或指导进行的科学研究;

3.本校师生员工或代理人在其他地方开展的、与其在本校职责相关的研究;

4.涉及使用本校非公共信息用以确定或联系涉及人体研究的受试者或潜在的受试者的科学研究。

在本校以外的其他地方开展的涉及人体的研究项目的伦理审查申请,由伦理委员会根据实际情况决定是否受理。

**第四条** 伦理委员会负责本校人体实验伦理审查的协调管理工作。

伦理委员会参照国际通行的伦理基本原则,结合我国基本国情和学校具体情况,对本校有关项目的研究人员在涉及人体的科学研究的伦理和程序性上进行指导并给予帮助,使其遵守国家有关规定及有关国际组织颁布的指导规程,并在符合伦理规范的前提下提供适合政府机构、基金会和工商业界对本校涉及人体生命科学研究持续进行支持的必要条件。

**第五条** 伦理委员会组成人员包括从事生命科学和生物技术、医学、心理学、体育学、教育学、社会伦理和法律工作的专家和社会人士。委员会设主任委员一名。

伦理委员会组成人员由学校聘任,任期两年,可连任。为保持工作的连续性,委员每次换届人数一般不超过三分之一。

在对具体研究项目进行伦理审查时,可以根据实际需要邀请特聘专家参加项目伦理审查。

**第六条** 伦理委员会的职责是审查研究方案,维护和保护受试者的尊严和权益,确保研究不会将受试者暴露于不合理的危险之中,同时组织开展相关伦理培训。涉及人体科学研究的伦理审查应遵循如下原则：

1. 尊重和保障受试者自主决定同意或者不同意受试的权利，严格履行知情同意程序，不得使用欺骗、利诱、胁迫等不正当手段使受试者同意受试，允许受试者在任何阶段退出受试。

2. 在诸如社会心理学等领域的某些研究中，如为了获得受试者的真实反应而需要对实验目的等细节进行适当省略或模糊化处理的，伦理委员会根据实际情况需另对如下三个方面进行审查：

(1)此类处理是否为研究所必须；

(2)是否能确保此类处理无害，且无碍于受试者对整个实验的理解；

(3)研究收益是否远大于这种处理可能给受试者带来的潜在损失。

涉及此类处理的项目中，只有通过上述三项审查并最终被伦理委员会批准的项目，才能实施。

3. 对受试者的安全、健康和权益的考虑必须高于对科学和社会利益的考虑，力求使受试者最大程度受益和尽可能避免伤害。

4. 减轻或者免除受试者在受试过程中因受益而承担的经济负担。

5. 尊重和保护受试者的隐私，如实将涉及受试者隐私的资料储存和使用情况及保密措施告知受试者，不得将涉及受试者隐私的资料和情况向无关的第三者或者传播媒体透露。

6. 确保受试者因受试受到损伤时及时得到免费治疗并得到相应的赔偿。

7. 对于丧失或者缺乏能力维护自身权力和利益的受试者(脆弱人群)，包括儿童、孕妇、智力低下者、精神病人、囚犯以及经济条件差和文化程度很低者，应当予以特别保护。

**第七条**　伦理委员会审阅和监督任何类型的涉及人体的研究项目，行使下列职权：

1. 要求研究人员提供实验步骤和知情同意文件，并对审查材料整理归档。

2. 对研究项目做出批准、不批准或者修改后再审查的决定。

3. 使用任何必要的方式对审批通过项目的开展进行监测，包括按规定定期复审，以及对审批通过项目的实验步骤和知情同意程序的执行、实施中的变化或负面事件进行核查。

4. 对已审批通过的研究项目，在运行过程中出现未曾预料的危及受试者的因素，或严重、持续地与任何一条政府法规或者伦理委员会的要求或决定发生冲突，有权要求该项目暂停或终止。一旦发现有违反伦理原则的人体实验研究，有权向政府主管部门举证，并请求予以制止。

5. 审阅和监督用作治疗严重或致命疾病的试验用品(试验药品、生物体和器械)的使用情况。

6. 在必要的时候进行审计。

**第八条**　所有涉及人的研究项目在项目开始前均须提出伦理审查申请。申请伦理审查时，应向伦理委员会提交下列材料：

1. 人体实验伦理审查申请表；

2. 研究计划或相关实验方案；

3. 受试者知情同意书；

4. 需由研究对象填写的表格和问卷；

5. 对研究对象因参加研究而给予的任何补偿的说明；

6. 遵守人体实验伦理原则的声明；

7. 伦理审查委员会要求补充的其他文件。

项目申请者需先在学校设备与实验室管理平台网上备案，提交电子版申请材料接受形式审查，得到形式审查反馈意见后将申请者签字盖章的书面材料提交给相应的项目审查委员。

**第九条** 对于送审的项目，伦理委员会应在收到材料一周内提出形式审查意见，对完成形式审查的项目在三周内做出伦理审查决定。

**第十条** 伦理委员会的工作会议由主任召集。项目审查工作由主任或由主任委托的项目审查负责人主持，伦理委员会委员须严肃、认真、公正地对送审材料进行审查，并做出客观的评审决定。

**第十一条** 伦理委员会所作出的伦理审查决定须经三分之二以上委员同意；决定由委员会主任签发后向研究项目负责人通报，同时报设备处备案。

**第十二条** 学校和其他项目涉及单位的负责人有权对上述决定作出回应。单位负责人如果确认某项目不符合学校（或有关单位）的规章制度，则可以单位的名义对已获批准的项目予以否决、暂停或终止。凡伦理委员会已作出否决、暂停或终止某项目的决定，则单位不能推翻伦理员会的决定，再批准该项目实施。

**第十三条** 申请项目经伦理委员会审查同意后，在实施过程中进行修改或者条件发生变化时，应报伦理委员会审查批准。在实施过程中发生严重不良反应或者不良事件的，应及时向伦理委员会报告。

**第十四条** 伦理委员会委员与送审项目发生利益冲突时应该回避。

对送审项目资料和有关文件，伦理委员会成员负有保密责任，未经书面许可不得引用、泄漏有关信息。

**第十五条** 研究人员发生违反伦理原则的行为，学校有权公开批评，并给予相应处罚。对已经获得奖励的，应取消其资格；视情节轻重，可以终止科研项目的实施；触犯国家法律的，移交司法机关处理。

**第十六条** 对不遵守本章程规定或不能胜任审查工作的委员，由伦理委员会三分之二以上委员通过提出解聘动议，报请学校予以辞聘。

**第十七条** 伦理委员会的日常工作经费由学校提供。研究项目的伦理审查费用由送审方承担。

**第十八条** 研究项目未获得伦理委员会审查批准的，不得开展项目研究工作。

**第十九条** 本章程解释权归伦理委员会。

**第二十条** 本章程自颁布之日起实施。

# 华东师范大学实验动物管理委员会章程

华师设〔2010〕1号

## 第一章 总 则

**第一条** 为了加强我校实验动物管理工作，依据《上海市实验动物管理办法》（上海市人民政府第54号令）及有关法规，结合我校实际情况制定本章程。

**第二条** 华东师范大学实验动物管理委员会（简称“管委会”）贯彻执行《上海市实验动物管理办法》及有关法规、标准。

**第三条** 管委会的任务是对全校的实验动物管理工作进行监督、检查和技术指导，促进各单位动物实验设施条件建设符合国家标准，提高实验动物管理和动物实验技术水平。

## 第二章 组织机构

**第四条** 管委会由分管校领导、国有资产管理处、科技处、设备处、后勤管理处、保卫处等职能部门领导，及拥有实验动物工作条件的相关单位人员组成。管委会下设秘书处，挂靠设备处。管委会设主任委员一人，委员若干人，秘书一人。

**第五条** 管委会每届任期4年，根据工作需要和人员变动情况进行调整。

**第六条** 主任委员主持管委会的工作。校实验动物中心负责全校实验动物日常管理工作，承办管委会交办的工作。

**第七条** 管委会下设实验动物伦理委员会。

## 第三章 职 责

**第八条** 贯彻执行国家实验动物法律、法规、标准；建立健全我校实验动物管理规章制度。

**第九条** 根据我校教学和科研等工作的需要，制定实验动物工作规划、设计及实施方案。

**第十条** 监督、检查、指导各实验动物单位实验动物工作，协调解决有关问题。

**第十一条** 对实验动物和动物实验质量控制工作、实验动物设施建设及实验动物管理等的重大事项进行调研、审议，为校领导提供决策依据。

**第十二条** 促进实验动物工作人员队伍建设；指导实验动物从业人员的业务培训；加强实验动物工作经验交流，提高实验动物从业人员的业务水平。

**第十三条** 定期召开委员会会议，讨论和审议我校实验动物工作事宜，并及时向校领导汇报实验动物工作。

**第十四条** 负责向校领导提交工作总结、工作计划。

## 第四章 附 则

**第十五条** 本章程由校设备处负责解释。

**第十六条** 本章程自公布之日起实行。

# 浙江大学实验动物福利伦理审查委员会章程(试行稿)

浙大设发〔2014〕8号

## 第一章 总 则

**第一条** 根据国家《实验动物管理条例》(中华人民共和国国家科学技术委员会第2号令,1988)、《实验动物质量管理办法》(国家科技部、国家技术监督局,1997)、《关于善待实验动物的指导性意见》(国家科技部,2006)、《医学实验动物管理实施细则》(卫生部第55号令,1998)、《浙江省实验动物管理办法》(浙江省人民政府令第263号,2009)等法律法规,为了规范我校实验动物与动物实验的管理,加强教学科研管理工作的有序性,保护动物实验研究者及实验动物的合法权益,使动物实验研究符合科学和动物伦理规范,特成立浙江大学实验动物福利伦理审查委员会(以下简称委员会),并制定本章程。

**第二条** 本章程适用于本校从事实验动物的饲养、运输和实验动物相关教学、科研等部门和个人。国家法律、法规另有规定的,按照有关规定办理。

**第三条** 本委员会负责本校实验动物福利和伦理审查的协调与管理工作。任何其他部门不得代替伦理委员会的职责。

## 第二章 组织机构

**第四条** 本委员会由浙江大学实验动物管理委员会领导。

**第五条** 本委员会由一定数量的专业和非专业人员组成,设主任1名、常务副主任1名、秘书1名。委员会实行任期制,每届任期四年,可以连任。为保证工作的连续性,委员会每次换届人员不超过成员数的三分之一。

**第六条** 由学校实验动物管理委员会负责委员会的聘任、解聘和委员补充。所有委员要承诺维护实验动物的福利和伦理。委员会应制定章程和审查、监督、例会、报告等制度、规范工作纪律、落实专业培训计划等。

**第七条** 委员会设立办公室,以负责日常事务和文件档案的保管。办公室挂靠在浙江大学实验动物中心。

## 第三章 委员会职责

**第八条** 全面了解及掌握国家和地方实验动物管理政策法规和质量标准;监督检查学校教研过程中实验动物的合理使用;定期组织相关从业人员进行国家政策、法规和实验动物福利伦理的宣传及实验动物技术的培训。

**第九条** 审查和监督本校开展的有关实验动物的研究、繁育、饲养、生产、经营、运输，以及各类动物实验的设计、实施过程是否符合动物福利和伦理原则。

**第十条** 审查、批准学校动物实验方案，审查学校科研成果中有关动物实验的内容。

**第十一条** 检查并制止违背实验动物福利或伦理的行为。

**第十二条** 组织、讨论决定学校教学科研工作中动物实验遇到的重大事项。

**第十三条** 委员会全体成员原则上每年召开 2 次会议，议程包括：提交上年度实验动物管理及福利伦理审查工作总结及下年度的工作要点；对本期新申报涉及实验动物项目的管理及福利伦理申请进行集中审查。如遇特殊情况可由主任临时召集会议。

## 第四章　实验动物福利伦理审查原则

**第十四条** 有关实验动物的研究以及各类动物实验的设计、实施过程应符合动物福利和伦理原则。

**第十五条** 所有涉及动物实验的计划、方案、项目等都必须进行福利伦理审查。

**第十六条** 各类动物实验都应获得委员会的批准方可开始，并接受日常的监督检查。

**第十七条** 审查应依据实验动物福利伦理审查的基本原则，兼顾动物福利和动物实验者利益，在综合评估动物所受的伤害和使用动物的必要性基础上进行科学审查，并出具福利伦理审查报告。

**第十八条** 坚持动物保护原则：审查我校动物实验项目的必要性，禁止无意义滥用、滥杀实验动物；禁止没有科学意义或不必要的动物实验，优化动物实验方案，减少不必要的动物使用数量；在不影响实验结果的科学性、可比性情况下，采取动物替代方法（使用低等级替代高等级动物、用非脊椎动物替代脊椎动物、用组织细胞替代整体动物、用人工合成材料、计算机模拟等动物实验方法替代动物实验）。

**第十九条** 坚持动物福利原则：保证实验动物饲养过程中和运输过程中享有最基本的权利，免受饥渴，享有生活舒适自由，享有良好的饲养和标准化的生活环境，各类实验动物管理要符合该类实验动物的操作技术规程。

**第二十条** 坚持动物伦理原则：应充分考虑动物的利益，善待动物，防止或减少动物的应激、痛苦和伤害，制止针对动物的野蛮行为，采取痛苦最少的方法处置动物；实验动物项目要保证从业人员的安全；动物实验方法和目的需符合人类的道德伦理标准和国际惯例。

**第二十一条** 综合性科学评估原则：

1. 公正性：委员会的审查工作应保持独立、公开、公平、公正、科学、民主、透明，不受政治、商业和自身利益的影响。

2. 必要性：各类实验动物的饲养、应用或处置必须要有充分的理由。

3. 利益平衡性：在全面、客观地评估动物所受的伤害和应用者由此可能获取的利益基础上，兼顾动物利益和人类利益。

4. 可行性：实验设计、实验技术方法及用于本实验的动物数量是否合理可行。

## 第五章 实验动物福利伦理审查程序

**第二十二条** 实验动物福利伦理审查基本内容：申请实验动物福利伦理审查，应向伦理委员会提交正式申请书。申请书应包括以下内容：

1. 实验动物或动物实验项目名称及实验设计方案概述。

2. 项目负责人、执行人的姓名、专业背景简历。实验动物或动物实验岗位证书编号，环境设施许可证号。

3. 项目的意义、必要性；项目中有关实验动物的用途、饲养管理或实验处置方法；预期出现的对动物的伤害、处死动物的方法；详细描述项目进行中设计动物福利和伦理问题等。

4. 遵守实验动物福利伦理原则的声明。

5. 伦理委员会要求补充的其他文件。

**第二十三条** 委员会的审查程序：项目负责人提出有关实验动物项目审查的申请，委员会秘书受理有关实验动物项目审查的申请。审查程序按下列规定执行：

1. 新上项目和有争议的项目，由秘书将待审材料先发给所有委员，准备妥当后择期召开伦理委员会会议，参加审议会议的委员人数不得少于委员总数的2/3。申请者可以申请现场答疑，并可以提请对项目保密或审查公正性不利的委员回避。委员会应尽量采用协商一致的方法做出决议，如无法协商一致，应根据少数服从多数的原则，做出福利伦理审查决议，由主任委员签发。

2. 遇到紧急(时间紧)项目，经主任委员批准启动紧急审查程序：常务副主任委员和3名及以上委员审查，形成审查决议，由常务副主任委员签发；如遇争议不能形成审查决议时，由主任委员决定是否需要召开委员会会议进行审查。

3. 经过审查的常规项目再次申请，可由常务副主任直接签发。

**第二十四条** 变动与异议：

1. 如实验方案出现重大变动时，项目负责人要重新提出审查申请，按以上程序进行审查。

2. 对实验动物福利伦理审查决议有异议时，申请者或被检查者可以补充新材料或改进后申请复审，或向委员会申诉。

**第二十五条** 委员会对批准的动物实验项目应进行日常的福利伦理监督检查，发现问题时应明确提出整改意见，情节严重者应立即做出暂停实验动物项目的决议。

**第二十六条** 项目结束时，项目负责人应向委员会提交该项目福利伦理终结审查申请，接受项目的伦理终结审查。对于连续项目，每三年进行一次终结审查。

**第二十七条** 有下列情况之一的，不能通过学校福利伦理委员会的审查：

1. 申请者的实验动物相关项目不接受或逃避福利伦理审查的。

2. 不提供足够举证或申报审查的材料不全或不真实的。

3. 缺少保证实验动物福利的措施、缺少项目实施过程中对动物伤害的必要保护、缺少使用实验动物必要性理由的阐述。

4. 从事直接接触实验动物的生产、运输、研究和使用的人员未经过专业培训或明显违反实验动物福利伦理原则要求的。

5. 实验动物的生产、运输、实验环境达不到相应等级的实验动物环境设施国家标准的；

实验动物的饲料、笼具、垫料不合格的。

6.实验动物保种、繁殖、生产、供应、运输和经营中缺少维护动物福利、规范从业人员道德伦理行为的操作规程，或不按规范的操作规程进行的；虐待实验动物，造成实验动物不应有的应激、疾病和死亡的。

7.没有体现相关实验动物福利伦理使用原则；动物实验项目的设计或实施不科学；没有利用已有的数据对实验设计方案和实验指标进行优化，没有科学选用实验动物种类及品系、造模方式或动物模型以提高实验的成功率；没有采用可以充分利用动物的组织器官或用较少的动物获得更多的试验数据的方法；没有体现减少和替代实验动物使用的原则。

8.动物实验项目的设计或实施中没有体现善待动物、关注动物生命，没有通过改进和完善实验程序，减轻或减少动物的疼痛和痛苦，减少动物不必要的处死和处死的数量。在处死动物方法上，没有选择更有效的减少或缩短动物痛苦的方法。

9.活体解剖动物或手术时不采取麻醉方法的；对实验动物的生和死处理采取违反道德伦理的、使用一些极端的手段或会引起社会广泛伦理争议的动物实验。

10.动物实验的方法和目的不符合我国传统的道德伦理标准或国际惯例或属于国家明令禁止的各类动物实验；动物实验目的、结果与当代社会的期望、与科学的道德伦理相违背的。

11.对人类或任何动物均无实际利益并导致实验动物极端痛苦的各种动物实验。

12.对有关实验动物新技术的使用缺少道德伦理控制的，违背人类传统生殖伦理，把动物细胞导入人类胚胎或把人类细胞导入动物胚胎中培育杂交动物的各类实验；以及对人类尊严的亵渎、可能引发社会巨大的伦理冲突的其他动物实验。

13.严重违反实验动物福利伦理审查原则的其他行为的。

**第二十八条** 审查决议一式二份，课题组、办公室各存档一份。

## 第六章 附 则

**第二十九条** 委员会秘书负责档案管理工作，所有文件在项目结束后应至少保留5年。国家另有规定的，按照规定办理。

**第三十条** 对严重违反实验动物福利伦理审查制度的部门和个人，委员会将作出限期整改决定，并作为警示信息记录到信用信息管理系统，同时予以公示。

**第三十一条** 在浙江大学实验动物中心大楼周围树立动物纪念碑，以铭记实验动物为人类健康、为生物医学科学发展所做出的贡献。

**第三十二条** 本办法自2015年1月1日起实施，由浙江大学实验动物管理委员会及实验动物福利伦理审查委员会负责解释。

# 第五编

# 辐射安全与特种设备

# 清华大学辐射安全与防护管理办法

清校发〔2016〕27号

## 第一章 总 则

**第一条** 为加强辐射安全与防护管理，促进学校教学科研工作，依据《中华人民共和国放射性污染防治法》、《中华人民共和国职业病危害防治法》以及环保、公安、卫生和安监等部门的有关规定，结合学校实际，制定本办法。

**第二条** 本办法适用于我校校内有关生产、销售、使用放射性同位素与射线装置场所的管理以及对从事上述相关工作人员的辐射安全与防护管理。

**第三条** 辐射安全与防护管理坚持预防为主、防治结合、严格管理、安全第一的原则。

## 第二章 组织机构

**第四条** 辐射安全与防护管理工作实行校、院(系)、实验室三级管理。

**第五条** 学校设辐射安全与防护管理领导小组，由主管副校长、实验室与设备处负责人、保卫处负责人组成。

**第六条** 辐射防护办公室作为学校辐射安全与防护管理领导小组的办事机构，归口负责全校辐射安全管理工作。

**第七条** 各相关院系、机构(以下简称"院系")设辐射安全与防护管理工作小组，由分管副院长(副主任)、辐射安全管理人员、辐射实验室主任和实验室辐射安全员组成。分管副院长(副主任)需要在实验室与设备处备案。

院系党政负责人为本单位辐射安全第一责任人，对本单位辐射安全工作负领导责任，并负责组建本单位辐射安全管理队伍。

**第八条** 相关院系须明确专人负责辐射安全管理，协助分管副院长(副主任)做好本单位辐射安全管理日常工作。

**第九条** 各相关实验室主任为本实验室辐射安全负责人，并负责指定专人担任本实验室辐射安全管理员，开展日常工作。

**第十条** 各级辐射安全管理人员对本级辐射安全负有检查、监督和管理的责任。各相关实验室教师、实验技术人员负有开展安全教育、进行安全管理和紧急处理安全事故的责任。

## 第三章　辐射实验室管理

**第十一条**　新建、改建、扩建的放射性同位素和射线装置实验室，须依法履行环境影响评价和职业卫生评价等手续，获批后方可施工。竣工后须经审管部门验收通过、取得批复并办理《辐射安全许可证》，方可正式投入使用。

**第十二条**　各相关实验室须结合自身实际情况，制定辐射安全管理规定、操作规程和辐射事故应急措施等规章制度，并将制度上墙。各相关实验室门口、设备表面须设电离辐射警告标识。

**第十三条**　各相关实验室须配备相应的辐射监测仪器，制定监测计划，定期或根据需要及时测量记录实验室内部及周围环境剂量。工作人员工作时按要求佩戴个人剂量报警仪。所有监测仪器须依法校验，保证正常工作。

**第十四条**　使用和存放放射性同位素的实验室须采用视频监控、红外入侵报警、保险柜、防盗门和防盗窗等技防措施，确保符合公安部门关于放射性物品库的全部要求。射线装置工作场所应根据实际情况进行实体屏蔽防护，设置安全联锁。

## 第四章　放射性同位素和射线装置购买

**第十五条**　放射性同位素购买程序

(一)院系向辐射防护办公室提出购买申请，填写《放射性同位素购置申请表》。

(二)经辐射防护办公室同意后，申请购买院系及时依法进行环境影响评价、职业卫生评价等相关工作。

(三)辐射防护办公室负责就购买申请及相关材料进行审核，核对无误后向北京市环保局提出购买申请。

(四)申请获批后，购买院系须持经北京市环保局批复的《放射性同位素转让审批表》及《辐射安全许可证》复印件向供货方订购，所订购放射性同位素不得超出批准范围。

**第十六条**　射线装置购买程序

(一)院系首先向辐射防护办公室提出购买申请，填写《射线装置购置申请表》。

(二)经辐射防护办公室同意后，申请购买院系及时依法进行环境影响评价、职业卫生评价等相关工作。

(三)辐射防护办公室负责就购买申请及相关材料进行审核，符合要求者同意其按许可范围购买射线装置。

(四)辐射防护办公室同意后，申请购买院系填写《设备购置审批表》，在审批表中如实勾选辐射设备，进入设备购置流程，实施采购。

**第十七条**　院系所订购放射性同位素或射线装置到货后，须经辐射防护办公室向环保监管部分登记备案后方可使用。

## 第五章　放射性同位素和射线装置使用管理

**第十八条**　放射性同位素应当单独存放，不得与易燃、易爆、腐蚀性物品等放在一起，其贮存场所应当采取有效的防火、防盗、防射线泄露的安全防护措施，并指定专人负责保管。建立放射性同位素和射线装置的管理台账、使用记录，领用放射性同位素和射线装置实行使用登记及书面记录制度。

**第十九条** 放射性同位素保管实行双人双锁制度，严防个人独自获取放射性同位素。

**第二十条** 除专门装置、教学实验装置等外，零散使用的放射源须在实验结束后收回保险柜内存放，严防丢失。

**第二十一条** 定期或根据需要及时对放射性同位素和射线装置的防护情况进行检测，未达到国家要求的须停止使用。

**第二十二条** 使用放射性同位素的，每次实验结束，须对工作场所和人员进行辐射剂量测量，并作必要记录。

**第二十三条** 放射性同位素和射线装置移动到校外工作场所使用，须满足国家相关要求，移出前须向辐射防护办公室报备。

## 第六章 放射性废物(源)和射线装置的处置

**第二十四条** 放射性废物(源)须严加管理，不得作为普通废物处理，不得擅自处置。

**第二十五条** 放射性废物(源)产生院系须向辐射防护办公室提交放射性废物(源)处理申请，由辐射防护办公室以书面形式向北京市环保局提出申请，同时委托有资质的监测单位对废物(源)包装容器进行监测，满足放射性废物(源)运输标准要求后，送北京市城市放射性废物库封存。

**第二十六条** 射线装置处置前，须破坏其高压发生器、确保不能出束后方可进行处置，并拍摄照片留存备案。

**第二十七条** 放射性废物(源)处置的全部费用由放射性废物(源)产生院系负责。

## 第七章 辐射工作人员管理

**第二十八条** 我校师生员工从事辐射工作须同时具备如下条件：

(一)年满 18 周岁；

(二)体检结果符合辐射工作的职业要求；

(三)经过辐射防护知识和相关法律法规培训且考核合格。

**第二十九条** 新上岗辐射工作人员须填写《辐射工作人员登记表》，报辐射防护办公室登记备案，由辐射防护办公室安排到有放射性体检资格的医院体检，体检合格者经培训考核取得《辐射安全与防护培训合格证》后方可上岗工作。

**第三十条** 用人单位要在辐射工作人员上岗前应向其说明工作风险、安全注意事项、职业病防护以及应急救治措施等内容，并为其建立健康监护档案。

**第三十一条** 辐射工作人员在岗期间，享有每 2 年参加一次健康复检的权利，每 4 年须参加一次辐射安全与防护知识复训。未参加复检和复训，或复检和复训不合格的辐射工作人员，不得继续从事辐射工作。

**第三十二条** 辐射工作人员离岗须到辐射防护办公室办理相应手续，交回个人剂量计并做离岗体检。未办理离岗相关手续者相关责任自行承担。

**第三十三条** 在校生参加辐射工作实行教师负责制。由教师(具有辐射工作人员资格)指导和监督完成辐射工作者可按公众进行管理;独立从事辐射工作者按辐射工作人员进行管理,由教师(具有辐射工作人员资格)提出申请并监督其取得上岗资格后,方可从事辐射工作。

**第三十四条** 校外有资质人员在校从事辐射工作,须经相关院系提出书面申请,经辐射防护办公室审核同意后方可开展工作。

**第三十五条** 校内辐射工作人员在校外从事辐射工作,须取得对方单位同意,并报辐射防护办公室备案。

**第三十六条** 辐射工作人员须正确佩带个人剂量计,接受个人剂量监督,妥善保管个人剂量计,不得丢失。

**第三十七条** 每年4月、7月、10月、次年1月对个人剂量计各测量1次。各院系辐射安全管理专职人员负责收发,在测量月15日前将个人剂量计交辐射防护办公室。

## 第八章 营养保健和疗养

**第三十八条** 辐射工作人员所在院系负责向辐射工作人员发放营养保健费作为特殊岗位津贴。

**第三十九条** 教职工系列辐射工作人员发放放射性类营养保健费,由所在院系向辐射防护办公室提出申请,经辐射防护办公室审核后统一发放。学生系列放射性类营养保健费发放由所在院系审批,其等级与指导教师相同,审批结果和营养保健费发放统计报表报辐射防护办公室备案。

**第四十条** 营养保健费发放程序

(一)院系发放辐射工作人员营养保健费,须严格执行辐射防护办公室批准级别,并经院系负责人审核,方可请款和报销。在财务处报销需加盖“辐射防护专用章”。

(二)院系辐射工作人员营养保健费发放表须于每季度结束后10天内交辐射防护办公室备案。辐射防护办公室负责监督、检查。

(三)辐射工作人员变更、岗位调整须及时向辐射防护办公室申请变更。相应复审工作每年进行一次。

(四)辐射工作人员遗漏申报营养保健者,只能补报一个月的营养保健费。

**第四十一条** 学校建立辐射工作人员疗养制度。

**第四十二条** 需要疗养的辐射工作人员,由其本人向所在院系提出书面申请,经单位相关负责人批准同意后报辐射防护办公室。

**第四十三条** 辐射防护办公室按规定安排辐射工作人员“定期”或“随时”疗养。遇辐射事故或受到应急照射、超剂量照射的辐射工作人员,辐射防护办公室须及时安排其疗养。

**第四十四条** 辐射工作人员疗养期间享受出差待遇,相应经费由所在院系解决。辐射工作人员疗养经费报销,相关申请材料须加盖“辐射防护专用章”。

## 第九章 辐射事故管理

**第四十五条** 发生辐射事故,事故单位须及时向辐射防护办公室报告并立即启动应急预案，采取妥善措施减小和控制事故危害影响，并接受监督部门处理。

**第四十六条** 发生放射性同位素(源)失控事故，事故单位须立即报告辐射防护办公室，辐射防护办公室须在2小时内上报北京市环保局、北京市公安局并密切配合查找、侦破，尽快追回丢失的放射性同位素(源)。

**第四十七条** 发生人员误照射辐射事故，须立即切断辐射源照射途径，首先考虑人员生命安全，迅速安置受照人员就医，组织控制区内人员撤离，并及时控制事故影响，防止事故扩大蔓延。

**第四十八条** 发生工作场所、地面、设备放射性污染事故，须首先确定污染的核素、范围、水平，并尽快采取相应去污染措施。

发生放射性气体、气溶胶或粉尘污染事故，须根据监测数据大小采取相应通风、换气、过滤等净化措施。

**第四十九条** 违反本办法及相关规定造成辐射事故者，学校给予相应处理，触犯法律者移交司法机关处理。

## 第十章 附 则

**第五十条** 本办法由辐射防护办公室负责解释。

**第五十一条** 本办法自公布之日起施行，原2005年4月1日经学校实验室工作委员会2004—2005学年度第4次会议通过的《清华大学放射防护管理办法》同时废止。

# 四川大学放射安全管理办法

川大实〔2014〕4号

## 总　则

**第一条**　为了加强对四川大学放射性同位素与射线装置安全和防护管理，保障从事放射工作的人员及公众的健康和安全，保护环境，根据《放射性同位素与射线装置安全和防护条例》（国务院令第449号）等相关法律法规，结合学校实际，制定本办法。

**第二条**　凡在四川大学所属工作场所内使用放射性同位素和射线装置的单位和个人，都应当遵守本办法。

本办法所称放射性同位素包括放射源和非密封放射性物质。

本办法所称射线装置，是指各类X线机、加速器、中子发生器以及含密封源的装置。

**第三条**　各放射工作单位必须按照国家相关法律法规以及本办法加强管理，落实责任，做到无被盗、无丢失、无违章、无事故、保安全。

## 组织和职责

**第四条**　四川大学实验室安全与环保领导小组为学校放射安全管理领导机构，实验室及设备管理处为归口管理部门，代表学校负责相关日常管理工作。

**第五条**　放射安全工作坚持“安全第一，预防为主”“谁主管谁负责”的原则。各放射工作单位必须对本单位的放射性同位素、射线装置的安全和防护工作负责，并依法对其造成放射性危害承担责任。

**第六条**　各放射工作单位必须建立专门的安全和防护管理组织，配备具体的专（兼）职管理人员；负责对放射工作人员进行安全防护知识的教育培训。

**第七条**　各放射工作单位必须建立健全并落实相应规章制度、安全操作规程。

**第八条**　各放射工作单位必须配备必要的安全防护设施、设备和个人防护用品。

## 辐射安全许可证

**第九条**　依照国家法规，放射性同位素与射线装置的使用单位必须取得《辐射安全许可证》后方具有从事放射性活动的资格。四川大学《辐射安全许可证》的使用、管理由实验室及设备管理处负责。

**第十条**　各放射工作单位从事的相关活动仅限于四川大学《辐射安全许可证》所规定的种类和范围，不得越界。

## 工作人员的管理

**第十一条** 从事放射性同位素、射线装置工作的人员必须接受由环保部门定期组织的放射安全和防护知识教育培训，经考核合格方可上岗。

**第十二条** 放射工作人员必须符合国家的相关职业健康标准，操作中自觉佩戴个人剂量计，接受个人剂量监测、健康检查和健康监护。个人剂量计必须每季度送检一次，健康检查每两年一次，具体由实验室及设备管理处组织。

个人剂量监测异常的，必须查明原因，立即整改并出具书面报告。对健康检查不宜继续从事放射工作的人员，由用人单位负责调整岗位，妥善安置。

放射工作人员脱离放射工作时，应进行离岗前的职业健康检查。

**第十三条** 放射工作人员必须具有安全和环保意识，遵守放射安全与防护的法规制度，严格按技术规程规范操作，并负有对其指导的学生进行安全培训的责任。

**第十四条** 各放射工作单位必须及时将放射工作人员的增减变动报实验室及设备管理处备案。

## 工作场所的管理

**第十五条** 各放射工作单位必须依照国家有关规定和安全防护标准，在使用、贮存放射性同位素和射线装置的场所及其入口处设置明显的放射性警示标志，配备必要的防盗、防火、防泄漏等安全防护设施，设置必要的防护安全联锁、报警装置和工作信号。

严禁任何无关人员进入放射场所。

**第十六条** 射线装置的使用场所必须具有防止误操作、防止相关人员和公众受到意外照射的安全安全措施。

**第十七条** 各放射工作单位必须将有关规章制度和安全操作规程张贴于实验室的醒目部位。

**第十八条** 各放射工作单位从事的放射性活动，必须在环保部门核准的放射场所范围内进行。未经环保部门审批，严禁擅自超范围从事放射性活动。

**第十九条** 各放射工作单位必须每个月对放射场所的安全和防护状况进行一次自检或评估，发现安全隐患，必须及时予以消除；每年度的 12 月 31 日前向学校递交本单位放射安全与防护状况的自检评估报告。

场所的年度数据监测由实验室及设备管理处依法规组织进行。

**第二十条** 产生放射性污染的放射性同位素的贮存、使用场所以及产生放射性污染的射线装置及其工作场所在终结运行后必须依法实施退役。未经退役，严禁擅自将放射场所改作他用。

**第二十一条** 凡新建、改建或扩建放射场所，必须报实验室及设备管理处审核，依法编制核技术利用项目环境影响文件并提交省市环保部门进行审批和验收。

## 放射性同位素和射线装置的管理

**第二十二条** 各放射工作单位在实施放射性同位素或射线装置的转入转出、升级改造前，必须事先向实验室及设备管理处提出申请，报经环保部门审批同意后方可实施。

对擅自转入转出、升级改造放射性同位素或射线装置的行为，将按国家相关法律法规及学校有关规定进行处罚。

**第二十三条**　放射性同位素在转入转出时，必须妥善包装并使用专用运输工具，严禁擅自随身携带至公共交通工具或公共场所。

**第二十四条**　放射性同位素、射线装置因期满终止或确定不再继续使用需要报废时，必须及时向实验室及设备管理处申报，依法办理送贮、注销等手续。

对擅自处置、报废放射性同位素或射线装置的行为，将按国家相关法律法规及学校有关规定进行处罚。

**第二十五条**　放射性同位素、射线装置必须指定专(兼)职人员负责具体管理。

放射性同位素必须单独存放，不得与易燃、易爆或腐蚀性物品一起混放，贮存场所必须具有防火、防水、防盗、防丢失、防破坏、防射线泄漏的安全措施。

放射性同位素必须实行双人保管、双人领取、双人使用、双人双锁、双人记账的“五双”管理制度。

**第二十六条**　使用放射性同位素或射线装置的单位，必须按要求认真填写使用记录。

**第二十七条**　各放射工作单位必须建立本单位放射性同位素或射线装置的管理台账(含基本信息、库存信息、进出记录和使用记录等)，实行动态管理，定期检查，做到账物相符。

**第二十八条**　各放射工作单位必须每个月对放射性同位素或射线装置的安全和防护状况进行一次自检或评估，发现安全隐患，必须及时予以消除；每年度由实验室及设备管理处按法规组织进行年度监测。

## 放射性废物的处理

**第二十九条**　各放射工作单位产生的放射性废物必须按类别、时间分类分装，暂存于独立空间，必须由有资质的处置机构进行统一处理，严禁随意、擅自处置放射性废物。

## 事故的应急处置

**第三十条**　各放射工作单位必须制定放射事故应急处置预案，一旦发生放射事故，必须在第一时间向保卫处、实验室及设备管理处和学校报告，并立即启动相关应急预案，尽最大努力减少或消除事故的危害、控制事故的影响。

事故的经过和处置情况必须详细记录并存档备查。

## 事故责任的处理

**第三十一条**　对放射意外事故的处理，依照国家相关法律法规和学校规章制度，根据事故后果的严重程度及情节轻重进行。

对构成犯罪的，由司法机关依法追究其刑事责任。

## 附　则

**第三十二条**　本办法自公布之日起施行。

**第三十三条**　本办法由实验室及设备管理处负责解释。

# 华中科技大学实验室放射性同位素与射线装置安全管理细则

校设〔2016〕5号

## 第一章　总　则

**第一条**　为规范和加强放射性同位素与射线装置安全管理，保证教学、科研等活动中师生人身和学校财产安全，依据《中华人民共和国放射性污染防治法》《放射性同位素与射线装置安全和防护条例》《放射性同位素与射线装置安全许可管理办法》等法律法规及《华中科技大学实验室技术安全管理规定》，结合我校实际，制定本细则。

**第二条**　本细则所称放射性同位素包括放射源和非密封放射性物质。

**第三条**　放射性同位素与射线装置的安全管理实行学校、院（系）、实验室三级管理体制，各级职责按《华中科技大学实验室技术安全管理规定》执行。学校建立放射性同位素与射线装置安全管理督查机制。

## 第二章　院（系）安全管理队伍及要求

**第四条**　院（系）分管领导负责本单位的实验室安全工作，并根据工作需要指派具有相应安全专业知识与管理能力的在职人员作为安全管理员，协助做好本单位放射性同位素与射线装置的申购审核备案和存放与使用监管、辐射工作人员管理、日常检查、安全防护等各项工作的规范化管理。

**第五条**　实验室（含科研课题组）负责人负责本实验室的实验技术安全管理工作，包括组织制定并张贴本实验室放射性同位素与射线装置的安全管理制度、操作规程和应急措施，配备必要的安全防护设施，管理本实验室辐射工作人员与辐射工作场所，放射性同位素和射线装置的购买、存放、使用、处置和台账记录，以及本实验室的日常安全检查等。

**第七条**　依照国家相关法律法规，对辐射工作实行环境保护主管部门许可登记制度。

实验室与设备管理处负责统一办理学校《辐射安全许可证》。

**第八条**　使用放射性同位素与射线装置进行教学、科研活动的单位须取得环境保护主管部门的许可。

（一）实验室申请。实验室填写《华中科技大学辐射工作申请表》，经院（系）安全管理员和分管领导分别审核后，报实验室与设备管理处审核。

（二）环境影响评价。实验室与设备管理处审核通过后，实验室编制核技术应用项目环境影响评价文件，由实验室与设备管理处组织报环境保护主管部门审批。获批后，实验室方可开展放射性同位素和射线装置的购置工作。

（三）竣工验收。辐射工作场所正式投入使用前，实验室编制核技术应用项目竣工环境保护验收文件，由实验室与设备管理处组织报环境保护主管部门审批，取得许可后方可启用。

## 第四章　工作人员管理

**第九条**　辐射工作人员（包括放射性同位素与射线装置的操作人员和管理人员）应参加环境保护主管部门组织的辐射安全与防护知识的培训和考核，并取得合格证书（每四年接受再培训）。

**第十条**　放射性同位素与射线装置的操作人员（须年满18周岁）上岗前应填写《华中科技大学辐射工作人员登记表》，经所在实验室负责人、院（系）安全管理员和分管领导分别审核后，报实验室与设备管理处审批。

**第十一条**　放射性同位素与射线装置的操作人员应熟悉辐射防护知识、遵守国家相关法律法规，并遵守以下规定：

（一）参加环境保护主管部门组织的辐射安全与防护知识的培训并取得合格证书（有效期为4年）；

（二）定期到指定医疗单位进行职业健康检查（两次检查的时间间隔不超过2年）；

（三）工作期间正确佩带个人剂量计，每季度接受个人剂量监测。

**第十二条**　院（系）和实验室应建立本单位和实验室辐射工作人员培训、个人剂量监测和职业健康档案。

个人剂量监测和职业健康档案应保存至辐射工作人员年满七十五周岁，或者停止辐射工作三十年。

## 第五章　工作场所管理

**第十三条**　院（系）和实验室应配备与辐射类型和辐射水平相适应的防护用品和监测仪器，并定期组织对辐射工作场所、放射性同位素及射线装置进行安全监测与检查，对发现的安全隐患及时整改并做好记录。

**第十四条**　实验室应在放射性同位素贮存与使用场所安装监控装置，并采取有效的防火、防水、防盗、防丢失、防破坏、防射线泄漏等安全防护措施。

**第十五条**　实验室应在使用、贮存放射性同位素与射线装置的场所设置明显的警示标志，其入口处应按照国家有关安全和防护标准的要求，设置安全和防护设施以及必要的防护安全联锁、报警装置或工作信号。

实验室应在射线装置的调试和使用场所，采取具有防止误操作、防止工作人员和公众受到意外照射的安全措施。

**第十六条**　实验室应根据辐射工作的内容，制定放射性同位素和射线装置安全管理制度与操作规程，并在醒目位置予以张贴。

**第十七条**　实验室应按辐射工作场所级别严格控制放射性同位素和射线装置的使用类别及操作量，确保辐射安全，严禁以任何理由在非辐射工作场所开展辐射工作。

**第十八条**　辐射工作场所改变工作性质不再用于辐射工作时，须履行退役申请程序。

（一）实验室填写《华中科技大学辐射工作场所退役申请表》，经院（系）安全管理员和分管领导分别审核后，向实验室与设备管理处提交审核。

（二）实验室与设备管理处审核通过后，委托专业机构对可能产生放射性污染的场所进行污染检测，检测合格后，该场所方可装修、拆迁或改作他用。

（三）使用Ⅰ类、Ⅱ类、Ⅲ类放射源的场所，使用甲级、乙级非密封放射性物质的场所，以及终止运行后产生放射性污染的射线装置，还应在实施退役前报环境保护主管部门审批。

## 第六章　放射性同位素和射线装置管理

**第十九条**　放射性同位素与射线装置的申购程序

（一）实验室填写《华中科技大学放射性同位素与射线装置申购表》。

（二）院（系）安全管理员和分管领导分别审核后，报实验室与设备管理处审核。

（三）射线装置和豁免水平以下的放射性同位素，实验室与设备管理处审核通过后，实验室依照国家相关法律法规和学校采购规定实施采购。

豁免水平以上的放射性同位素，实验室与设备管理处审核通过后，由实验室与设备管理处报环境保护主管部门审批。实验室凭环境保护主管部门的批复实施采购。

**第二十条**　实验室在校内调拨、转让放射性同位素和射线装置以及自制射线装置，须依照放射性同位素与射线装置的申购程序办理相关手续。

**第二十一条**　放射性同位素应严格按照国家相关法律法规进行运输。

**第二十二条**　放射性同位素与射线装置的入库与备案

（一）实验室应在到货当日，根据《华中科技大学放射性同位素与射线装置申购表》、采购合同等核查放射性同位素和射线装置的到货情况，将其立即存放于专用储存柜内或专用场所，并在放射性同位素的包装容器和射线装置上设置明显的放射性标识和中文警示说明，建立相应的台账。

（二）院（系）安全管理员核查放射性同位素和射线装置的存放条件及安全措施后在《华中科技大学放射性同位素与射线装置申购表》上签署意见并将复印件存档，建立本单位放射性同位素与射线装置登记台账。

（三）实验室于放射性同位素到货或射线装置安装完成后3个工作日内持《华中科技大学放射性同位素与射线装置申购表》、放射性同位素证书或射线装置仪器说明书到实验室与设备管理处办理备案手续。

**第二十三条**　实验室应按国家相关法律法规及学校规定，建立健全放射性同位素保管、领用和消耗的登记制度，加强放射性同位素及放射性废物管理，并执行以下规定：

（一）放射性同位素和被污染的放射性物品应单独存放，不得与易燃、易爆、腐蚀性物品等一起存放。

（二）放射性同位素应贮存在专用储存柜内并做到双人双锁、双人收发。

（三）根据放射性同位素潜在危害的大小，建立多重防护和安全措施，对可移动的放射性同位素每周进行盘存，确保其处于指定的位置，具有可靠的安全保障。

（四）领取、使用、归还放射性同位素时须同时做好登记、检查工作。

当日领取的放射源应当日归还；未使用完的非密封放射性物质应当日归还并交回放射性废物。

**第二十四条** 实验室应对射线装置及其安全防护系统和安全警示装置进行定期维护保养，并做好记录。

**第二十五条** 开展辐射工作时，操作人员应严格按照操作规程操作，确保安全，并做好使用记录，需特别注意的是：

（一）在辐射工作场所内，须正确佩戴个人剂量计，并穿戴和采取与辐射工作种类及安全等级相匹配的防护用品和安全措施；

（二）在放射性同位素、辐照装置等强辐射工作场所内，除执行本条第一款的要求外，还应携带报警式剂量计；

（三）操作人员结束工作离开非密封放射性物质工作场所前，应按要求进行个人体表、衣物及防护用品的放射性表面污染检测，发现污染时要及时处理，做好记录存档。

## 第七章 放射性废源废物处置

**第二十六条** 放射性废源废物的处置

（一）实验室填写《华中科技大学放射性同位素与射线装置处置申请表》，院（系）安全管理员和分管领导分别审核后，报实验室与设备管理处审核。

（二）实验室与设备管理处审核通过后，处置工作按以下规定执行：

放射性废源废物和废射线装置中的放射源，由实验室与设备管理处委托专业机构处置；

不含放射源的射线装置的报废处置按学校设备报废相关规定执行；

（三）属学校固定资产的放射性废源废物，在进行处置前须按学校固定资产报废程序办理报废手续。

**第二十七条** 放射性同位素实验等产生的放射性废物（包括同位素包装容器）不得作为普通垃圾擅自处置。

## 第八章 安全应急措施和事故处理

**第二十八条** 院（系）和实验室应认真落实《华中科技大学实验室安全检查实施细则》，及时发现并消除安全隐患，最大限度地预防安全事故的发生。

**第二十九条** 院（系）成立实验室安全事故应急救援组织，成员由本单位负责人以及具有相应安全专业知识的专家和安全管理员组成。院（系）实验室安全事故应急救援组织成员名单和有效的联系方式应张贴在本单位醒目的位置，并报实验室与设备管理处备案。

**第三十条** 院（系）应根据本单位放射性同位素和射线装置的类别与性质，确定各区域的安全等级，有针对性地制定本单位的辐射事故应急救援预案，并报实验室与设备管理处备案。

**第三十一条** 院（系）应根据本单位放射性同位素和射线装置的类别与性质，配备相应的应急救援器材和设备，并进行定期检测和维护，保证其运行状态良好。

**第三十二条** 院（系）实验室安全事故应急救援组织应每年至少组织一次本单位人员的辐射安全事故应急救援预案的学习和演练，并于每年十二月底前，将学习和演练记录上报至实验室与设备管理处备案。

**第三十三条** 发生辐射安全事故时，事故发生单位应按《华中科技大学大学实验室技术安全管理规定》中第十一条规定，立即启动辐射安全事故应急救援预案，采取有效的应急措施，同时报告学校相关部门，不得瞒报、谎报或延报。

**第三十四条** 事故的发生经过和处理情况应详细记录并存档备案。

**第三十五条** 对造成辐射事故的责任单位和个人，依照国家相关法规和学校有关规定进行处理。

## 第九章 附 则

**第三十六条** 本细则中涉及的申购表、台账等，均须按照实验室与设备管理处规定的格式填写。

**第三十七条** 本细则中涉及的培训均须按《华中科技大学实验室安全管理培训记录表》填写培训记录，并于每年十二月下旬将本单位所有的培训记录及相关图文资料报实验室与设备管理处备案。

**第三十八条** 校医院的放射性同位素和射线装置安全管理参照本细则执行，其使用放射性同位素和射线装置进行放射诊疗活动前还应向卫生主管部门提出建设项目卫生审查和竣工卫生验收申请并取得放射源诊疗技术和医用辐射机构许可。

**第三十九条** 本细则中下列用语的含义：

放射性同位素：是指某种发生放射性衰变的元素中具有相同原子序数但质量不同的核素。

放射源：是指除研究堆和动力堆核燃料循环范畴的材料以外，永久密封在容器中或者有严密包层并呈固态的放射性材料；

非密封放射性物质：是指非永久密封在包壳里或者紧密地固结在覆盖层里的放射性物质。

射线装置：是指 X 线机、加速器、中子发生器及含放射源的装置。

辐射事故：是指放射源丢失、被盗、失控，或者放射性同位素和射线装置失控导致人员受到意外的异常照射。

**第四十条** 本细则未尽事宜，以上级规定为准。

**第四十一条** 本细则自发布之日起施行，由实验室与设备管理处负责解释。

# 清华大学特种设备安全管理办法

清校发〔2007〕7 号

## 第一章 总 则

**第一条** 由于教学、科研、生产和生活的需要，学校拥有相当数量的各类特种设备。为防止和减少事故的发生，保障学校师生员工安全和国家财产不受损失，创造良好的办学条件，依据国务院《特种设备安全监察条例》和国家质量监督检验检疫总局《关于实施〈特种设备安全监察条例〉若干问题的意见》(国质检法〔2003〕206 号)和《关于印发〈锅炉压力容器使用登记管理办法〉的通知》(国质检锅〔2003〕207 号)的文件精神，结合学校具体情况，制定本办法。

**第二条** 特种设备是国家以行政法规的形式认定的仪器设备，包括设备部件及配套装置。我校现有的设备中属于特种设备的有 6 种，包括：锅炉、压力容器、压力管道、起重机械、电梯、厂内机动车。每种设备都有一定条件加以限定，具体限定范围如下：

(一)锅炉

1. 承压蒸汽锅炉，其容积≥30L。

2. 承压热水锅炉，其出口水压≥0.1MPa(表压)，额定功率≥0.1MW。

(二)压力容器

1. 压力容器要同时满足三个条件，即：最高工作压力≥0.1MPa(表压)，压力与容积的乘积≥2.5MPa・L，介质为气体、液化气体或最高工作温度≥标准沸点的液体。

2. 压力气瓶要同时满足三个条件，即：公称工作压力≥0.2MPa(表压)，压力与容积的乘积≥1.0MPa・L，介质为气体、液化气体或标准沸点≤60℃的液体。

(三)压力管道

压力管道要同时满足三个条件，即：公称直径>25mm，最高工作压力≥0.1Mpa(表压)，介质为气体、液化气体、蒸汽或者可燃、易爆、有毒、有腐蚀性、最高工作温度≥标准沸点的液体。

(四)起重机械

1. 额定起重量≥0.5 吨，提升高度≥2 米的移动式升降机。

2. 额定起重量≥1 吨，提升高度≥2 米的固定式起重机和承重形式固定的电动葫芦等。

(五)电梯

载人或载货电梯，自动扶梯等。

(六)厂内机动车

限于在学校内部(含校内货场、作业区、施工现场等)行驶及作业的机动车辆，例如：铲车、叉车、汽车起重机、翻斗车、电瓶车等。

## 第二章 特种设备的购置、安装、注册登记及报废与产权转移

**第三条** 购置特种设备时，应进行认真的市场调研，选择由国家认定的具有特种设备生产资质的厂家生产的设备。必要时，也可向质量技术监督检验部门进行咨询，在其指导下选择适当的厂家。使用单位不得自行设计、制造和使用自制的特种设备，也不得对原有的特种设备擅自进行改造或维修。

从国外购买的特种设备，入关时要主动办理好检验、检疫手续，对不符合国家规定要求的特种设备要坚决退货。

购买快开门压力容器时，应选购带有安全联锁装置的设备。

**第四条** 特种设备购置后，按要求办理安装申报手续。特种设备应由制造该设备的厂家负责安装和调试，不得自行安装使用。如因特殊情况，制造该设备的厂家不能负责安装和调试时，应选择经制造单位委托或同意的具有经国家认定的专业施工资质的单位负责安装和调试。施工单位在验收合格后尽快将技术资料移交使用单位存档。

电梯的安装和调试必须由制造该设备的厂家负责，如有特殊情况，要向质量技术监督局报告，在其指导下进行安装和调试。新建楼房落成后，建设部门向使用单位移交时，要将电梯的随机资料与维保合同及“北京市特种设备登记卡”和“检验报告”一并移交使用单位保管，由使用单位建立特种设备技术档案。移交工作完成后，由使用单位将“北京市特种设备登记卡”的复印件报实验室与设备处技术安全办公室备案。

在有爆炸危险的场合所使用的特种设备，其安装和使用条件要符合防爆安全的技术要求。

**第五条** 特种设备安装和调试完毕，安装单位自检合格后，由使用单位提出申请，学校到海淀区质量技术监督局办理注册登记手续和取得特种设备使用登记证。

凡未按要求办理注册登记手续，未取得特种设备使用登记证的特种设备，不得擅自使用。

使用地点不在学校本部的设备，应主动到当地主管部门办理相关手续。

**第六条** 因工作需要须租赁特种设备时，可向有租赁业务又是国家认定的具有特种设备生产资质的厂家签约租赁。租赁的特种设备及其安全管理事宜，由出租方负责，也要服从学校的管理。

**第七条** 特种设备的报废和产权转移

（一）特种设备使用年限到期或检验判废及因其他原因无法再正常使用的设备，应立即停止使用并向实验室与设备处技术安全办公室提出校内报废申请，然后到质量技术监督局办理注销手续。

（二）产权需要发生转移的特种设备，应向实验室与设备处技术安全办公室申报，然后到质量技术监督局办理相关手续。

## 第三章 特种设备的管理和使用人员的培训

**第八条** 各单位的技术安全工作人员也是特种设备的安全管理人员，负责本单位特种

设备的安全管理事宜。

**第九条**　特种设备购置后，要有专人负责管理，职责明确。设备负责人要认真清理、登记并保管随机文件和资料，建立设备的技术档案，及时办理好国有资产入账手续；组织设备的安装、维护和保养，组织进行日常检查及定期检验，针对所负责的特种设备的情况制定出相应的规章制度等。遵守国家和学校的各项规定和要求，进行规范化的管理，做到安全使用。

院（系）特种设备管理干部，每年向学校申报一次本单位特种设备增减变动情况。

**第十条**　特种设备专职操作人员，必须通过北京市质量技术监督局认可的培训、考核，取得特种设备作业人员资格证书后方可从事相应的工作。在作业中应当严格执行特种设备的操作规程和有关的安全制度。

## 第四章　建立特种设备管理的规章制度与技术档案

**第十一条**　建立特种设备的规章制度：

（一）安全使用操作规程；

（二）事故应急措施和救援预案。

**第十二条**　特种设备均应建立技术档案，基本内容包括：

（一）档案文件清单；

（二）设备及部件出厂时的随机技术文件；

（三）安装、维护、大修、改造的合同书及技术资料；

（四）登记卡、特种设备使用登记证、检验报告书、安全使用操作规程；

（五）运行记录、日常检查记录；

（六）故障及事故记录、紧急情况救援预案；

（七）操作人员情况登记。

**第十三条**　特种设备技术档案的管理采用校、院（系）两级管理的办法。院（系）保管特种设备技术档案原件，由院（系）特种设备安全管理人员负责。学校保管特种设备登记卡复印件，由实验室与设备处技术安全办公室负责。特种设备技术档案的建立要及时，特种设备的使用单位发生变化时，应及时向新单位移交技术档案。

## 第五章　定期检验与检查

**第十四条**　在用特种设备，必须坚持对其技术安全性能进行定期检验。

定期检验工作由实验室与设备处技术安全办公室组织，特种设备检测所检验并出具检验报告书。检验结果在校内公布。

电梯的定期检验工作，由使用单位与维保单位一起在做好维修保养的基础上每年接受特种设备检测所定期检验，使电梯处于正常、完好的可用状态。

**第十五条**　因工作变化，须停用一年以上的特种设备，要到质量技术监督局办理停用手续。特种设备在停用期间可不进行定期检验。

**第十六条**　停用一年以上或发生过事故的特种设备以及遇到自然灾害并可能影响安全技术性能的特种设备，在使用前都要进行全面的检查和维护保养，施工单位自检合格，经特种设备检验所验收检验合格，重新取得特种设备使用登记证后方可使用。

**第十七条** 特种设备的委托维保、大修和改造应委托原制造单位负责，如遇特殊情况也可选择具有资质的单位施工，并签订施工合同。竣工后经施工单位自检合格，使用单位提出验收检验申请，学校请特种设备检测所来校进行验收检验。检验合格后到质量技术监督局办理特种设备使用登记证事宜。

**第十八条** 对在用特种设备进行安全检查，是保证特种设备安全使用的有效手段。检查工作要形成制度，认真执行。学校每年检查（或抽查）一次，院（系）每学期检查一次，实验室每月检查一次，特种设备使用人员在使用前后要进行检查。

（一）学校检查（或抽查）内容：

1. 特种设备安全操作规程的制定和执行情况；

2. 特种设备负责人和使用人员落实情况；

3. 特种设备建账情况；

4. 特种设备技术档案建立情况。

（二）特种设备负责人和使用人员安全检查内容：

1. 设备及其部件的性状完好情况；

2. 保护装置的完整可用和校准情况；

3. 噪声、磨损、异常振动等运行状况。

## 第六章　压力气瓶

**第十九条** 因教学、科研需要使用盛装有毒有害、易燃易爆气体压力气瓶的单位，要向实验室与设备处技术安全办公室提出申请，批准后才能使用。

**第二十条** 需要使用压力气瓶的单位应到国家认定的具有压力气瓶充装和租赁资质的单位租用压力气瓶和充装相应介质，校内任何单位不得使用自行购置的压力气瓶，也不允许自行充装任何介质。

**第二十一条** 根据《气瓶安全监察规定》（国家质量监督检验检疫总局〔2003〕第46号令）的要求，气瓶充装单位全面负责所提供气瓶的安全，气瓶的定期检验、报废、销毁等事宜均由气瓶充装单位安排进行。

**第二十二条** 压力气瓶在使用过程中，要有专人负责，要有防止倾倒的措施，要避免碰撞、烘烤和曝晒，受射线辐照易发生化学反应介质的压力气瓶应远离放射源或采取屏蔽措施。

**第二十三条** 学校内任何单位不得对压力气瓶进行焊接或改造；不得更改气瓶的钢印或颜色标记；不得使用已报废的气瓶；气瓶内的残液不能自行处理；气瓶内的介质不能向其他容器充装。

**第二十四条** 易燃、易爆或有毒介质的压力气瓶，使用时要安放在室外。

**第二十五条** 易燃和助燃气瓶要保持距离，分开存放。

**第二十六条** 需要同时使用大量气瓶的单位，要设置符合要求的集中存放室。根据气瓶介质情况采取必要的防火、防爆、防电打火（包括静电）、防毒、防辐射等措施。

## 第七章 事故处理

**第二十七条** 在用特种设备一旦发生事故，要立即采取救援措施，保护现场，及时向学校报告。凡可能自行扑救的，应立即组织扑救，边扑救边报告。如情况紧急，也可先报警，然后再向学校报告。

**第二十八条** 事故发生后，要及时查明原因，吸取教训，消除隐患。对事故的发生原因、经验教训、处理结果要有书面记载并作为正式文件进入特种设备技术档案。

**第二十九条** 对违反操作规程，造成安全事故者将按事故情节轻重给予相应处罚。

## 第八章 四种禁用的特种设备

**第三十条** 禁止使用以下四种特种设备：

(一)未经检验、未办理注册登记和特种设备使用登记证的特种设备；

(二)已报废的特种设备；

(三)经检验被判定不合格的特种设备；

(四)已发生故障而未排除的特种设备。

## 第九章 附 则

**第三十一条** 本办法自公布之日起生效，由实验室与设备处负责解释。

# 华中科技大学实验室特种设备安全管理细则

校设〔2016〕7号

## 第一章 总 则

**第一条** 为了规范实验室特种设备的安全管理，保障师生员工人身和财产安全，依据《中华人民共和国特种设备安全法》《特种设备安全监察条例》《气瓶安全监察规程》《华中科技大学实验室技术安全管理规定》等制度，结合我校实际，制定本细则。

**第二条** 本细则所称特种设备是指实验室内对人身和财产安全有较大危险的锅炉、压力容器(含气瓶)、压力管道、起重机械、场(厂)内专用机动车辆，以及适用《中华人民共和国特种设备安全法》的其他特种设备。

**第三条** 特种设备安全管理实行校、院(系)、实验室三级管理体制，各级职责按《华中科技大学实验室技术安全管理规定》执行。学校建立特种设备安全管理督查机制。

## 第二章 院(系)安全管理队伍及要求

**第四条** 院(系)分管领导负责本单位的实验室安全工作，并根据工作需要指派具有相应安全专业知识与管理能力的在职人员作为安全管理员，协助做好本单位特种设备的申购审核、注册登记、备案建档、人员资质、定期检验、日常检查、安全防护、报废处置等各项工作的规范管理。

**第五条** 实验室(含科研课题组)负责人负责本实验室的技术安全管理工作，包括组织制定并张贴本实验室特种设备的安全操作规程和应急措施，配备必要的安全防护设施，督促作业人员安全规范操作，管理本实验室特种设备的申购、注册、备案、建档、使用、处置及日常检查记录等。

**第六条** 院(系)和实验室应定期对特种设备管理人员和作业人员进行培训，督促其完成本单位特种设备的操作日志，信息登记、统计、上报等工作。

## 第三章 购置与安装

**第七条** 特种设备(气瓶除外)申购，按如下程序办理：

(一)实验室填写《华中科技大学特种设备申购审批表》(以下简称《申购审批表》)，并落实设备管理人员和安装使用场所；

(二)实验室所在院(系)的安全管理员和分管领导分别审核《申购审批表》；

（三）审核同意后，院（系）将《申购审批表》报实验室与设备管理处审批；

（四）审批同意后，实验室可依国家相关法律法规和学校相关采购规定实施采购。

**第八条**　实验室所选购的特种设备必须是由国家认可相应资质的制造商生产并经监督检验合格的产品。

实验室不得自行设计、制造和使用自制的特种设备。

**第九条**　特种设备安装（含改造、维修）审批按以下流程办理：

（一）实验室填写《特种设备登记表》和《开工告知书》，并与设备质量证明书、监督检验证书等资料一并提交院（系）；

（二）院（系）安全管理员和分管领导分别审核《特种设备登记表》等资料；

（三）院（系）将审核后的《特种设备登记表》等资料报送实验室与设备管理处；

（四）实验室与设备管理处负责向辖区质量监督机构申请办理特种设备的安装审批手续。

**第十条**　特种设备的安装调试应由制造商或经制造商委托的具有国家认可资质的单位实施。实验室应与安装调试单位签订特种设备安装调试安全责任书（含安全负责人、施工安全规范、安全防护措施、安全责任范围等）。

特种设备的安装调试过程应符合安全生产规程要求。

## 第四章　注册、备案与建档

**第十一条**　特种设备的注册登记。特种设备安装自检合格后，实验室与设备管理处组织向特种设备安全监督机构申请检验，实验室需报送如下资料：

（一）特种设备管理人员和作业人员名录或《特种设备作业人员证》原件；

（二）特种设备安全管理制度等。

经检验合格，在投入使用前或投入使用后 30 日内，实验室须向特种设备安全监督机构办理注册登记手续，取得特种设备使用登记证。

实验室应将特种设备的检验合格证置于该设备显眼的位置。

凡未取得特种设备使用登记证的特种设备，不得擅自使用。

**第十二条**　特种设备备案

（一）特种设备注册登记后 7 日内，实验室须向院（系）提交特种设备（含转入）的注册编号并提供相应设备检验合格证、使用登记证、检验报告及作业人员资格证书的复印件备案；

（二）院（系）每月上旬将上月的特种设备变更台账及备案复印件报送实验室与设备管理处。

**第十三条**　特种设备建档。对购置或转入的特种设备，实验室应及时建立技术档案，内容包括：随机技术文件，安装、维护、大修、改造合同书及技术资料，使用登记证、检验报告，管理制度、操作规程及应急预案，运行检查记录，管理人员和作业人员资格证书等。

技术档案的原件由实验室负责保管，院（系）和实验室与设备管理处仅保存备案材料的复印件。当特种设备的产权发生变化时，其技术档案随同该特种设备一并转移。

## 第五章 人员资质管理

**第十四条** 特种设备管理人员和作业人员须经特种设备安全监督机构考核合格，取得《特种设备作业人员证》后方可从事相应的工作。在作业中应严格执行相应的操作规程和安全制度。

《特种设备作业人员证》每4年复审一次。持证人员应在复审期届满3个月前，向发证部门提出复审申请。

## 第六章 日常使用与定期检验

**第十五条** 实验室应对特种设备进行经常性检查和日常维护保养，并作记录，有作业操作的需填写操作日志。日常保养包括对安全附件、安全保护装置、测量控制装置及有关附属仪器仪表进行定期校对和检验，其中压力表每半年校验一次，安全阀每一年校验一次。

**第十六条** 实验室应严格执行特种设备定期检验规定，在定期检验合格有效期届满前30日向特种设备安全监督机构提出定期检验申请。

定期检验合格后7日内，实验室须向院(系)提交特种设备的检验合格证、使用登记证及检验报告的复印件备案。

未经定期检验、超出定期检验合格有效期或者定期检验不合格的特种设备，不得继续使用。

**第十七条** 特种设备出现故障或者发生异常情况，实验室应及时记录并委托具有维修资质的维保单位对其进行全面检查。在故障排除并确保消除安全隐患后，方可重新投入使用。

**第十八条** 特种设备有维修、改造、停用和重新启用等情形时，实验室须提出申请，经院(系)安全管理员和分管领导分别审核、审批后报实验室与设备管理处备案，具体程序为：

(一)特种设备维修、改造的，实验室填写《开工告知书》，在实验室与设备管理处报辖区质量监督机构批准后方能实施；

(二)特种设备停用的，实验室填写《特种设备报停备案表》，由实验室与设备管理处报特种设备安全监督机构备案；

(三)特种设备再度启用的，由实验室与设备管理处组织向特种设备安全监督机构申请检验，经检验合格、重新取得使用登记证后方可投入使用。实验室须在7日内将重新登记后的检验合格证、使用登记证及检验报告的复印件提交院(系)备案。

## 第七章 产权转移与报废处置

**第十九条** 特种设备的产权转移，按如下程序办理：

(一)实验室填写《特种设备产权单位、使用单位名称更改通知单》(以下简称《更改通知单》)；

(二)院(系)安全管理员和分管领导分别审核《更改通知单》；

(三)审核通过后，院(系)将《更改通知单》报实验室与设备管理处审批；

（四）审批同意后，实验室向转移单位移交设备及其技术档案；

（五）设备移交完毕，实验室与设备管理处向特种设备安全监督机构申请办理产权转移手续。

**第二十条**　特种设备报废处置。因使用年限到期、检验判废或其他原因无法正常使用的特种设备可办理报废申请，报废程序如下：

（一）实验室填写《特种设备报废备案表》；

（二）院（系）安全管理员和分管领导分别审核《特种设备报废备案表》；

（三）审核通过后，院（系）将《特种设备报废备案表》报实验室与设备管理处审批；

（四）审批同意后，实验室与设备管理处向特种设备安全监督机构办理注销手续；

（五）属固定资产的，其报废按学校设备固定资产报废程序办理。

## 第八章　气瓶管理

**第二十一条**　实验室购置或租赁气瓶前需落实管理人员和存放使用场所，并向院（系）提出购置或租赁申请，经院（系）安全管理员和分管领导分别审核、审批后方能实施。

**第二十二条**　实验室应到国家认可的具有压力气瓶充装和租赁资质的单位购置或租用压力气瓶，并向院（系）提交气瓶充装单位资质的复印件备案。

**第二十三条**　实验室租赁气瓶的定期检验、报废等事宜由气瓶出租单位负责。实验室购置气瓶的安全及其定期检验、报废等事宜由实验室负责，属固定资产的，其报废按学校设备固定资产报废程序办理。

**第二十四条**　实验室须建立气瓶台账，并将气瓶的台账信息（含气体名称、组分、容积、责任人及租赁单位名称）报送院（系）。

院（系）每月上旬将上月气瓶台账变更信息和新增气瓶租赁单位资质的复印件报实验室与设备管理处备案。

**第二十五条**　气瓶更换时，实验室应确认气瓶在其定期检验有效使用期限内，气瓶颜色、制造和检验钢印标志等应符合国家相关规定。

**第二十六条**　气瓶及其管线在使用时需挂标识牌，标识信息至少应包括气体名称、组分、充装时间及管理人员。

气瓶气体的使用要求按《华中科技大学危险化学品安全管理细则》执行。

## 第九章　安全应急措施和事故处理

**第二十七条**　院（系）和实验室应认真落实《华中科技大学实验室安全检查实施细则》，及时发现并消除安全隐患，最大限度预防安全事故的发生。

**第二十八条**　院（系）应根据本单位特种设备种类及特性、存放场所与环境等，划定安全区域、确定区域的安全等级，有针对性地制订本单位特种设备事故应急救援预案，并报实验室与设备管理处备案。

**第二十九条**　院（系）成立实验室事故应急救援小组，组长为本单位负责人，成员由具有相应安全专业知识的专家和安全管理员组成。院（系）事故应急救援小组成员名单和有效的联系方式应张贴在本单位醒目的位置，并报实验室与设备管理处备案。

**第三十条** 院(系)事故应急救援小组应每年至少组织一次本单位人员的应急救援预案的学习和演练,并于每年十二月底前,将学习和演练记录上报至实验室与设备管理处备案。

**第三十一条** 发生特种设备事故(包括泄漏、燃烧、爆炸、吊物坠落等)时,事故发生单位应按《华中科技大学大学实验室技术安全管理规定》中第十一条规定,立即启动特种设备事故应急救援预案,采取有效的应急措施,同时报告学校相关部门,不得瞒报、谎报或延报。

**第三十二条** 事故的发生经过和处理情况应详细记录并存档备案。

**第三十三条** 对造成特种设备事故的责任单位和个人,依照国家相关法规和学校有关规定进行处理。

## 第十章 附 则

**第三十四条** 本细则中涉及的《特种设备目录》详见实验室与设备管理处网站下载中心。

**第三十五条** 本细则中涉及的培训均需按《华中科技大学实验室安全管理培训记录表》填写培训记录,并于每年十二月下旬将本单位所有的培训记录及相关图文资料报实验室与设备管理处备案。

**第三十六条** 本细则中涉及的《华中科技大学特种设备申购审批表》须按照实验室与设备管理处规定的格式填写。

**第三十七条** 本细则中未尽事宜,以上级规定为准。

**第三十八条** 本细则自发布之日起施行,由实验室与设备管理处负责解释。

# 哈尔滨工程大学特种设备管理办法(试行)

校资管字〔2009〕11 号

## 第一章　总　则

**第一条**　随着学校的迅速发展以及教学、科研、生产和生活的需要,我校现已拥有相当数量的各类特种设备。为管好用好特种设备,防止和减少事故的发生,依据国家《特种设备安全监察条例》、《关于实施〈特种设备安全监察条例〉若干问题的意见》(国质检法〔2003〕206 号)等文件精神,结合学校实际情况,制定本办法。

**第二条**　特种设备是国家以行政法规的形式认定的仪器设备,包括设备部件及配套装置。我校现有的主要特种设备为锅炉、压力容器(含气瓶)、压力管道、起重机械、电梯等,根据国家相关规定的界定范围为:

(一)锅炉

1. 承压蒸汽锅炉,其容积≥30L。

2. 承压热水锅炉,其出口水压≥0.1MPa(表压),额定功率≥0.1MW。

(二)压力容器(含气瓶)

1. 压力容器要同时满足 3 个条件,即:最高工作压力≥0.1MPa(表压),压力与容积的乘积≥2.5MPa·L,介质为气体、液化气体或最高工作温度≥标准沸点的液体。

2. 压力气瓶要同时满足 3 个条件,即:公称工作压力≥0.2MPa(表压),压力与容积的乘积≥1.0MPa·L,介质为气体、液化气体或标准沸点≤60℃的液体。

(三)压力管道

压力管道要同时满足 3 个条件,即:公称直径>25mm,最高工作压力≥0.1MPa(表压),介质为气体、液化气体、蒸汽或者可燃、易爆、有毒、有腐蚀性、最高工作温度≥标准沸点的液体。

(四)起重机械

1. 额定起重量≥0.5 吨,提升高度≥2 米的移动式升降机。

2. 额定起重量≥1 吨,提升高度≥2 米的固定式起重机和承重形式固定的电动葫芦等。

(五)电梯

载人或载货电梯,自动扶梯等。

**第三条**　学校各部门均应按照国家法规和上级部门相关规定,管理和使用特种设备。实验室与资产管理处是学校设备和技术安全工作的归口管理部门,负责组织制定我校特种设备相关管理制度,检查和监督各项管理制度落实情况。特种设备管理制度的落实和日常管理工作由设备所属(或负有使用管理责任)的处级单位负责。

## 第二章 特种设备的购置、安装及报废

**第四条** 购置特种设备前，应履行论证、审批手续；购置时，应进行认真的市场调研，选择由国家认定的具有特种设备生产资质厂家生产的设备。不得自行设计、制造和使用自制的特种设备，也不得对原有特种设备擅自进行改造或维修。从国外购买特种设备，入关时要主动办理好检验、检疫手续，对不符合国家规定要求的特种设备要坚决退货。购买快开门压力容器时，应选购带有安全联锁装置的设备。

**第五条** 特种设备购置后，应按要求办理安装申报手续。特种设备应由制造该设备的厂家负责安装和调试，不得自行安装使用。如因特殊情况，制造该设备的厂家不能负责安装和调试时，应选择经制造单位委托或同意的具有经国家认定的专业施工资质的单位负责安装和调试。施工单位在验收合格后尽快将技术资料移交使用单位存档。

**第六条** 电梯的安装和调试必须由制造该设备的厂家负责，如有特殊情况，要向质量技术监督局报告，在其指导下进行安装和调试。新建楼房落成后，建设部门向使用单位移交时，要将电梯的随机资料与维保合同及《哈尔滨市特种设备登记卡》和《检验报告》一并移交使用单位保管，由使用单位建立特种设备技术档案。移交工作完成后，由使用单位将《哈尔滨市特种设备登记卡》的复印件报实验室与资产管理处备案。

**第七条** 特种设备安装和调试完毕，安装单位自检合格后，由使用单位负责到哈尔滨市质量技术监督局办理注册登记手续和取得特种设备使用登记证，并将相关手续原件按学校规定存入设备档案，复印件报实验室与资产管理处备案。凡未按要求办理注册登记手续，未取得特种设备使用登记证的特种设备，不得擅自使用。

**第八条** 因工作需要需租赁特种设备时，必须向有租赁业务且是国家认定的具有特种设备生产资质的厂家签约租赁。租赁的特种设备其安全管理事宜，由出租方负责，同时要服从学校的统一管理。

**第九条** 特种设备的报废和产权转移

(一)特种设备使用年限到期、检验报废，或因其他原因无法再正常使用，应立即停止使用并向实验室与资产管理处提出校内报废申请，并到质量技术监督局办理注销手续。

(二)产权需要发生转移的特种设备，应向实验室与资产管理处申报，并到质量技术监督局办理相关手续。

**第十条** 特种设备增减变动情况，由相关处级单位在每年3月份向实验室与资产管理处统一申报1次。

## 第三章 特种设备的管理和人员培训

**第十一条** 特种设备购置后，各相关处级要配有专人负责管理和操作，并明确职责。特种设备管理人员的主要职责是：认真清理、登记随机文件和资料，按学校规定建立和保管设备技术档案；组织设备的安装、维护和保养，进行日常检查及定期检验；针对所负责特种设备的技术要求，制定相应规章制度和操作规程；在日常管理和使用中，遵守国家和学校的各项规定和要求，做到规范管理，安全使用。

**第十二条** 特种设备操作人员必须通过法定部门认可的培训、考核，取得特种设备作业

人员资格证书后方可从事相应工作，并在作业中严格执行特种设备的操作规程和有关技术安全管理制度。

**第十三条**　由相关处级单位根据上级要求组织本单位特种设备操作人员参加相应培训、考核，以及资格证书的定期审核，并将特种设备操作人员名单及变动情况及时报实验室与资产管理处备案。

## 第四章　特种设备管理制度和技术档案的建立

**第十四条**　相关处级单位的特种设备管理制度应包括：

(一)安全使用操作规程；

(二)事故应急措施和救援预案。

**第十五条**　特种设备应按每机 1 档的要求建立技术档案，主要内容包括：

(一)档案文件清单；

(二)设备及部件出厂时的随机技术文件；

(三)安装、维护、大修、改造的合同书及技术资料；

(四)登记卡、特种设备使用登记证、检验报告书、安全使用操作规程；

(五)运行记录、日常检查记录；

(六)故障及事故记录、紧急情况救援预案；

(七)操作人员情况登记。

**第十六条**　特种设备技术档案的管理采用校、处两级管理的办法。技术档案原件存入学校档案馆，相关处级单位保管必要的复印件。特种设备技术档案的建立和更新由相关处级单位指定的特种设备管理人员负责。

## 第五章　特种设备的检验与检查

**第十七条**　在用特种设备，必须对其技术安全性能进行定期检验。国家有明确规定的，由相关处级单位与维保单位在共同做好维修保养的基础上接受法定检测部门的定期检验，并取得合格手续；无明确规定及对口管理的，由相关处级单位组织专家进行定期检验，以确保该特种设备处于正常、完好的可用状态。实验室与资产管理处负责上述检验情况的检查和督促，并有权对未定期接受检验的特种设备提出停用要求。

**第十八条**　因工作需要，需停用 1 年以上的特种设备，要到质量技术监督局办理停用手续。特种设备在停用期间可不进行定期检验。

**第十九条**　停用 1 年以上或发生过事故重新修复的特种设备，在使用前均要进行全面检查和维护保养，自检合格并经法定检验部门检验合格，重新取得特种设备使用登记证后方可使用。

**第二十条**　特种设备的委托维保、大修和改造应委托原制造单位负责，如遇特殊情况也可选择具有资质的单位进行，并签订合同。竣工后经施工单位自检合格，使用单位报请特种设备检测所进行验收检验，并办理特种设备使用登记证。

**第二十一条**　禁止使用以下 4 种特种设备：

(一)未经检验、未办理注册登记和特种设备使用登记证的特种设备；

（二）已报废的特种设备；

（三）经检验被判定不合格的特种设备；

（四）已发生故障而未排除的特种设备。

**第二十二条** 锅炉和压力容器（含气瓶）的使用与管理，要严格遵守国质监局《关于印发〈锅炉压力容器使用登记管理办法〉的通知》（国质检锅〔2003〕207）和《气瓶安全监察规定》（国质检〔2003〕第46号令）的要求，以及上级相关文件精神。

**第二十三条** 学校对特种设备的安全检查要求为：实验室与资产管理处每年组织检查（或抽查）1次，各相关处级单位每学期检查1次，实验室（或具体使用部门）每月检查1次，特种设备使用人员在使用前后均要进行检查。

（一）实验室与资产管理处组织检查（或抽查）内容为：

1.特种设备安全操作规程的制定和执行情况；

2.特种设备负责人和使用人员落实情况；

3.特种设备建账情况；

4.特种设备技术档案建立情况；

5.人员培训及执证上岗情况；

6.特种设备定期检验情况。

（二）特种设备负责人和使用人员安全检查内容为：

1.设备及其部件的性状完好情况；

2.保护装置的完整可用和校准情况；

3.噪声、磨损、异常振动等运行状况。

## 第六章 事故处理

**第二十四条** 在用特种设备一旦发生事故，要立即启动事故应急措施和救援预案，保护现场，及时向学校报告；凡可能自行救援的，应立即组织救援，边救援边报告；如情况紧急，也可先报警，然后再向学校报告。

**第二十五条** 事故发生后，要及时查明原因，吸取教训，消除隐患。对事故的发生原因、经验教训、处理结果要有书面记载并作为正式文件纳入特种设备技术档案。

**第二十六条** 由于违反管理制度或操作规程酿成事故，学校将视事故情节以责进行相应经济或行政处罚，触犯国家法律的移交司法机关处理。

## 第七章 附 则

**第二十七条** 本办法自公布之日起施行，由实验室与资产管理处负责解释。

# 第六编

# 环境保护与废弃物处置

# 南京理工大学特种设备与特种作业人员安全管理办法

南理工资〔2008〕650 号

## 第一章 总 则

**第一条** 为了确保学校特种设备的安全运行、加强特种作业人员安全管理，有效防范事故发生，保障师生员工生命及学校财产安全，促进教学、科研工作正常开展，根据国家相关法规，本着“谁使用谁负责”的原则，结合学校实际情况，特制定本办法。

**第二条** 特种设备是指国家认定的，因设备本身和外在因素的影响容易发生事故，并且一旦发生事故会造成人身伤亡及重大经济损失的危险性较大的设备，包括锅炉、压力容器(含气瓶)、压力管道、电梯、起重机械，以及铲车、电瓶车等厂内车辆等。

特种作业人员指直接从事特种作业的人员及相关管理人员，包括电工、焊接工、切割工、电梯工和行、吊车司机及厂内车辆驾驶员、锅炉司炉工、锅炉水处理工、压力容器操作人员等及其相关管理人员。

**第三条** 本办法适用于学校特种设备的购置、安装、使用、维修、检验、日常维护保养、改造、报停、报废，以及特种作业人员的培训、考核、复审等。

## 第二章 相关单位管理职责

**第四条** 国有资产与实验室管理处(以下简称国资处)负责全校特种设备和特种作业人员安全管理工作，使用单位配合做好相关工作。

**第五条** 国资处管理职责：

(一)贯彻执行国家及地方政府有关特种设备管理的政策、法规、标准、文件等要求；

(二)组织编写、修订学校特种设备与特种作业人员安全管理规章制度；

(三)建立特种设备与特种作业人员的管理资料档案，做好对外注册登记、报停、报废、年审等相关工作；

(四)组织特种作业人员按规定参加培训；

(五)组织调查和处理学校特种设备安全事故，建立事故档案，并按规定统计上报。

**第六条** 使用单位管理职责：

(一)各院(系)、机关部、处、直附属等二级使用单位(以下称使用单位)对所属特种设备及特种作业人员负管理责任。按规定对所用特种设备进行定期检查和检验，确保其安全运行；

(二)组织编写、修订本单位特种设备安全技术操作规程，经单位领导审批并报主管部门备案后组织实施；

（三）使用单位在购置、安装、使用、报废等过程中应建立完备的安全技术资料档案（档案资料内容详见附件）；配合国资处做好特种设备的对外注册登记、报停、报废、年审等相关工作；

（四）要求特种作业人员按规定参加培训；

（五）组织对所属特种设备的安全检查及事故隐患的整改。特种设备出现安全事故，应立即采取妥善措施处置并报告学校有关部门，配合做好事故的调查、处理工作；

（六）经营性单位承担所属特种设备的日常维护保养费、年度检测费、维修费、改造费及特种作业人员的培训费等费用。

## 第三章 特种设备购置

**第七条** 学校所属单位需要购置特种设备时，须到国资处办理审批手续。在购买特种设备之前，应当进行可行性论证、审批，并落实合适的使用地点。在正式签订合同前，应持采购申请表、设计单位及生产单位许可证书复印件到国资处备案。

**第八条** 特种设备开箱验收时，须具备购置、验收阶段安全技术档案资料（见附件第一条 4—8 项）。

## 第四章 特种设备安装及注册

**第九条** 特种设备的安装必须由具备资质的单位进行。在安装新购置锅炉、电梯、起重机械、压力容器、压力管道等特种设备之前，特种设备申购单位要督促安装单位持安装阶段安全技术档案资料（见附件第一条 9－12 项）到国资处备案，重要特种设备必须书面报告市特种设备安全监督管理部门，确认后方可施工。

**第十条** 安装结束后，施工单位应依照安全技术规范的要求，对所安装的特种设备进行校验和调试，并且向具有特种设备检测检验资格的机构申请检验。检验合格后，特种设备所属单位按要求及时提供相关的资料，由国资处到市特种设备安全监督管理部门登记注册，并且将安全合格标志固定在特种设备显著位置，方可投入正式使用。

## 第五章 特种设备使用

**第十一条** 使用单位的主要负责人应对本单位特种设备的安全使用负责。

**第十二条** 使用单位要严格执行有关安全生产的法律、行政法规。做好以岗位责任制为核心的各项工作，包括制订特种设备安全使用和运行的管理制度、特种设备事故应急措施、安全技术档案管理、安全操作常规检查、维护保养、定期检验等，保证特种设备的安全使用。

**第十三条** 使用单位要建立使用阶段完备的特种设备安全技术档案（见附件第二条）。

**第十四条** 使用单位要对在用特种设备进行日常维护保养，做出详实记录，所属部门每月检查一次，学校每学期检查（或抽查）1～2 次，使用人员在使用前后要进行检查。

（一）学校检查（或抽查）内容：

1.特种设备安全操作规程的制定和执行情况;

2.特种设备负责人和使用人员落实情况;

3.特种设备建账情况;

4.特种设备技术档案建立情况。

(二)特种设备负责人和使用人员安全检查内容:

1.设备及其部件的完好情况;

2.保护装置的检测校验情况;

3.噪声、磨损、异常振动等运行状况。

**第十五条** 使用单位要严格执行特种设备安全技术性能定期检验制度。检验周期为:锅炉一年;电梯一年;起重机械二年;铲车、电瓶车等厂内车辆一年;压力容器根据核定的安全状况分别为一、三、六年;压力管道、各类气瓶应按相应的安全监察规程要求的定期检验周期执行。

**第十六条** 特种设备委托维护保养或维修,在签订合同前,应先将维护保养、维修所需安全技术资料(见附件中第三条)报国资处审查。经审核同意后,签署合同。

**第十七条** 特种设备如需改造,应持改造阶段安全技术资料(见附件第四条)到国资处审核、备案。

**第十八条** 特种设备改造、维修竣工后经检验合格,使用单位要及时将施工单位移交的改造、维修的原始资料及特种设备监督检验机构出具的检验报告等,存入该特种设备的安全技术档案。

**第十九条** 以下五种特种设备属于禁用之列:

(一)未经检验、未办理"注册登记"和"特种设备使用登记证"的特种设备。

(二)已超过检验日期或已报废的特种设备。

(三)已在质量技术监督局办理停用手续的特种设备。

(四)经检验被判定不合格的特种设备。

(五)已发生故障而未排除的特种设备。

## 第六章 特种设备的停用或报废

**第二十条** 特种设备因使用年限到期或检验判废及因其他原因需要报废、产权转移或停用时,使用单位应当及时向国资处提出书面申请,提供相关资料,由国资处统一到市特种设备安全监督管理部门办理注销、产权转移或停用手续。注销的特种设备须办理报废手续交国资处回收处理,停用的特种设备再次使用前,使用单位须重新办理申请及检验手续。

## 第七章 特种作业人员管理

**第二十一条** 特种作业人员应当按照国家有关规定,经安全技术培训部门考核合格,取得国家统一格式的特种作业人员证书,方可从事相应的作业或者管理工作。

**第二十二条** 特种设备使用单位,应当根据特种设备的使用状况,配备专(兼)职安全管理人员。特种设备安全管理人员要对特种设备使用状况进行经常性检查,发现问题要立即处理;情况紧急时,可以决定停止使用特种设备,并且立即向本单位有关负责人及国资处报告。

**第二十三条**　特种作业人员资格证书要按规定审验，逾期不审的自动失效，继续从事特种设备操作或管理工作视为无证上岗。

**第二十四条**　离开特种作业操作岗位达六个月以上的特种作业人员，要重新进行实际操作考核，经发证机关确认合格后方可上岗作业。

**第二十五条**　凡学校特种作业人员，在初、复审合格后，要在 7 日内到国资处办理登记手续。特种作业人员应保持相对稳定，如需调动，应征得本单位安全负责人同意。调离本工种或者因健康原因不能继续从事的，应当办理本岗位的移交手续并告知国资处。

## 第八章　奖　惩

**第二十六条**　学校对特种设备购置、安装、使用、维修、改造、日常维护保养、报废以及特种作业人员实行严格、规范地安全管理，采取有效措施避免事故发生或减少损失。根据《南京理工大学安全生产监督管理暂行办法》对表现突出的单位与个人予以表彰和奖励，对违反本办法的行为或由于违章而发生事故的进行处罚。

## 第九章　附　则

**第二十七条**　特种设备包括其附属的安全附件、安全保护装置和安全保护装置相关的设施。特种设备的具体限定范围及内容如下：

（一）锅炉

1. 承压蒸汽锅炉，其容积≥30L。

2. 承压热水锅炉，其出口水压≥0.1MPa（表压），额定功率≥0.1MW。

3. 有机热载体锅炉。

（二）压力容器

1. 压力容器要同时满足三个条件，即：最高工作压力≥0.1MPa（表压），压力与容积的乘积≥2.5MPa·L，介质为气体、液化气体和最高工作温度≥标准沸点的液体。

2. 压力气瓶要同时满足三个条件，即：公称工作压力≥0.2MPa（表压），压力与容积的乘积≥1.0MPa·L，介质为气体、液化气体和标准沸点≤60℃的液体。

（三）压力管道

压力管道要同时满足三个条件，即：公称直径＞25mm，最高工作压力≥0.1MPa（表压），介质为气体、液化气体、蒸气或者可燃、易爆、有毒、有腐蚀性、最高工作温度≥标准沸点的液体。

（四）起重机械

1. 额定起重量≥0.5 吨，提升高度≥2 米的移动式升降机。

2. 额定起重量≥1 吨，提升高度≥2 米的固定式起重机。

（五）电梯

载人或载货电梯，自动扶梯等。

（六）厂内机动车

限于在学校内部（含校内货场、作业区、施工现场等）行驶及作业的机动车辆，例如：铲车、叉车、汽车起重机、翻斗车、电瓶车等。

**第二十八条**　本办法自 2008 年 12 月 5 日起施行。

**第二十九条**　本办法由国有资产与实验室管理处解释。

附件：

# 特种设备安全技术档案

## 一、申请购置、安装、验收特种设备需提供的安全技术资料

1. 南京理工大学仪器设备采购申请表

2. 设计单位许可证书复印件

3. 生产单位许可证书复印件

4. 符合规范的技术图纸（设计总图上印有设计、校核、审核人员的签字和设计技术负责人的批准签字）

5. 产品质量合格证书及产品铭牌的拓印件

6. 产品安全质量监督检验证书

7. 安装、使用、维修说明书

8. 其他有关资料

注：境外制造的特种设备，须具备符合我国有关特种设备的法律、行政法规、规定、强制性标准及技术规程要求的有关证明资料。

9. 安装单位许可证书复印件

10. 安装施工方案

11. 安全保障体系（含施工安全负责人、安全员、特种设备安装人员名单及许可证书复印件）

12. 委托单位与安装单位签订的安全责任书

13. 市技术监督局检验所的检测检验报告

## 二、特种设备日常使用安全技术档案资料

1. 日常使用记录

2. 定期检验证明和定期自行检查的记录

3. 特种设备及其安全附件、安全保护装置、测量调控装置及有关附属仪器仪表的日常维护保养记录

## 三、特种设备的维护保养、维修安全技术档案资料

1. 维护保养、维修单位许可证书复印件

2. 维护保养、维修合同文本内容

3. 维护保养、维修作业人员许可证书复印件

4. 特种设备运行故障和事故记录及维修记录等

## 四、特种设备改造安全技术档案资料

1. 改造申请单

2. 改造施工单位许可证书复印件

3. 安全保障体系（含施工安全负责人、安全员、特种设备作业人员名单及许可证书复印件）

4. 改造施工技术方案及合同文本

5. 使用单位与改造施工单位签订的安全责任书

6. 市技术监督局检验所的检测检验报告

# 北京科技大学实验室高压釜安全管理规定

校资发〔2013〕1号

为加强学校实验室内高压釜的安全管理，有效防范事故发生，促进教学、科研工作正常开展，依据《特种设备安全监察条例》（国务院第373号令）和国家质量监督检验检疫总局《固定式压力容器安全技术监察规程》（TSGR0004—2009）等文件精神，结合我校具体情况，特制订本规定。

**第一条**　本规定属《北京科技大学特种设备安全管理办法（试行）》（校发〔2012〕3号）文件的附加规定，高压釜的安全管理须遵照文件中有关压力容器的管理办法执行。

**第二条**　本规定适用于高温高压、磁力驱动、电磁搅拌、机械搅拌、无搅拌等各类高压釜，其中工作压力大于或等于10MPa小于100MPa的属高压，工作压力大于等于100MPa的属超高压。

**第三条**　超高压釜使用地点一律不准设在校园楼房内，高压釜使用地点原则上不得进入楼房使用。对于已经进入楼房使用的高压釜，负责人要与直接管理单位（学院、研究院、重点实验室）、监管单位（资产管理处）签订《实验室高压釜使用安全管理协议书》。

**第四条**　使用单位必须为每台高压釜建立设备档案和技术资料，包括压力容器使用登记证、合格证、质量证明书、登记卡片、使用和检验记录簿等，以备待查。

**第五条**　使用单位必须制定高压釜安全管理制度和应急预案，要有专人负责安全管理工作，规章要上墙。

**第六条**　使用单位要对高压釜操作人员进行培训和安全教育，工作过程中须严格按设计中的工艺条件进行操作，严禁违反安全技术操作规程，尤其是超温、超压运行。

**第七条**　要严格执行高压釜的定期检验计划，做到定时、定点、定线的检查，结果须记入运行日志内。

**第八条**　对于盛装易燃、有毒和窒息性介质的高压釜，使用后必须采取置换、中和、消毒、清洗等特殊措施，以确保安全。

**第九条**　高压釜发生意外情况时，要立即采取相应的应急处理措施，并立即向学院（研究院、重点实验室）、保卫保密处、资产管理处或公安机关报告。

**第十条**　本办法自发布之日起实施，由资产管理处负责解释。

**附件**

## 实验室高压釜使用安全管理协议书

依据国家《特种设备安全监察条例》、《固定式压力容器安全技术监察规程》及我校发[2012]3号文件《北京科技大学特种设备安全管理办法（试行）》的有关规定，切实加强实验室内高压釜的安全管理，避免和减少安全事故的发生，自觉遵守国家、北京市及学校的管理规定，经协商签订“实验室高压釜使用安全管理协议书”（以下简称《协议书》）。本协议书适用于与我校实验室高压釜安全管理相关的具体情况。

**一、高压釜使用负责人的责任和义务**

1. 制定高压釜安全操作规程，并张贴于显眼位置。
2. 对作业人员进行必要的培训和安全教育，培训教育时间、内容等要有记录，以备核查。
3. 为高压釜建立设备档案和技术资料。
4. 做好高压釜的定期检验工作，并准确记录。
5. 制定及时有效的应急处理措施，确保作业人员能够掌握，防止事故扩大。

**二、高压釜直接管理单位的责任和义务**

1. 根据实际情况落实每台高压釜的安全使用规定，做到制度上墙。
2. 定期或不定期组织对高压釜的安全检查。
3. 对高压釜工作人员进行必要的安全教育。
4. 组织进行高压釜安全事故的处理。

**三、高压釜监管单位的责任和义务**

1. 制定高压釜安全管理相关规定及办法，落实责任制。
2. 定期或不定期进行安全检查。
3. 为高压釜的登记、维修改造、报废、作业人员的资格审查提供协助和相关服务。
4. 建立事故应急预案，协助直接管理单位进行事故处理。
5. 对高压釜使用过程中的违规现象进行监督和处罚。

**四、补充条款**

使用负责人、直接管理单位、监管单位如需另行注明事项可在补充条款中说明。补充条款如下：

本协议书一式三份，签字(盖章)后生效，使用负责人、直接管理单位、监管单位各保存一份。

使用负责人(签字)： 年 月 日

直接管理单位(章)：

负责人： 年 月 日

监管单位(章)：

负责人： 年 月 日

# 南京理工大学环境保护与工业卫生管理规定

南理工资〔2008〕650 号

## 第一章　总　则

**第一条**　根据《中华人民共和国环境保护法》、《国务院关于落实科学发展观加强环境保护的决定》，结合我校实际，制订本制度。

**第二条**　本制度只适用于本校所属各单位。

**第三条**　各单位和个人都必须认真贯彻执行“全面规划、合理布局、综合利用、化害为利、依靠群众、大家动手、保护环境、造福人民”的环境保护工作方针。

**第四条**　认真贯彻“谁污染谁治理”的原则，一切新建、改建、扩建和挖潜、革新、改造工程项目中，必须贯彻执行防治污染设施与主体工程同时设计、同时施工、同时投入生产和使用的原则(简称三同时)。

**第五条**　一切单位和个人都有保护环境的义务，并且有权对污染和破坏环境的单位和个人进行监督、检举和控告。对监督、检举、控告者不得打击报复，并给予适当奖励。

## 第二章　学校环保机构职责

**第六条**　学校设立环保机构——国有资产与实验室管理处环保技安科，由一名副校长分管技安环保工作。各院(系)、部、处、所、办、厂对环保工作均应负有责任，应设有熟悉业务的专职(或兼职)环保员，形成全校环境管理体系。

**第七条**　各级领导环保工作职责

(一)分管副校长职责

1. 对学校环保工作负领导责任。

2. 负责建立健全学校环境管理体系和相应的机构，落实各单位应负的环保职责。

(二)国有资产与实验室管理处处长职责

1. 贯彻执行国家和地方的环保方针、政策、法令和规定，组织制订本单位环境保护管理制度和实施细则。

2. 在新建、改建、扩建工程和技术改造项目中，按照“三同时”的原则，负责组织环保项目的申报、审查、实施和竣工验收。

(三)技安环保科科长职责

1. 在主管校、处长领导下，组织编制环保治理计划，监督、检查实施情况。

2. 制订本校有关环保的规章制度和实施细则，并监督执行，有权制止一切违章行为。

3.参与新、改、扩建工程的环评工作和环保措施的审定、竣工验收，把好“三同时”关。

4.负责组织本校污染源调查，并定期进行检查。

5.负责年终环保工作总结，并提出下年度工作要点，向上级主管部门报告。

6.组织污染事故的调查、处理和报告。

7.对认真做好环境保护工作的单位和个人，提出表扬和奖励。

(四)技安环保科环保员职责

1.宣传贯彻国家的环保方针、政策和法令，并监督检查执行情况。

2.协助各级领导拟定环保措施计划，监督、检查，按期实施。

3.监督检查污染物排放是否符合国家规定，对违反规定的要给予制止。

4.监督检查环保治理工程的实施进度、质量及竣工验收工作。

5.认真填报环保年终统计表，建立环境保护档案。

6.负责年终环保工作总结，协助领导对认真做好环境保护工作的单位和个人提出表扬和奖励。

7.及时反映职工对环保工作的意见和要求，并努力做好环保工作，使校园环境更幽美怡人。

## 第三章 各类主要污染物排放标准

**第八条** 为贯彻执行环境保护工作方针，尽量减少废气、废水、废渣对大气、水源和土壤的污染，保障人民身体健康，为子孙后代造福，结合我校具体情况，参照执行国家部分排放标准如下：

(一)废气

我校主要是锅炉烟尘污染大气(见表1)，其他化学实验排放的有害气体，气量小，标准不列出。

**表1 各类区域锅炉烟尘排放标准**

| 区域类别 | 适用地区 | 标准值 | |
|---|---|---|---|
| | | 最大容许烟尘浓度(毫克/标准立方米) | 最大容许林格曼黑度(级) |
| 1 | 自然保护区、风景游览区、疗养地名胜古迹区、重要建筑物周围。 | 200 | 1 |
| 2 | 市区、郊区、工业区县以上城镇 | 400 | 1 |
| 3 | 其他地区 | 600 | 2 |

注：本标准适用于生产、采暖、生活用锅炉，不适用于电站锅炉。

(二)废水

1.能在环境或动植物体内蓄积对人体健康产生长远硬性的有害物质有5种，排放标准列表2，其长远影响小于前5种有害物质，排放标准列表3。

**表2 工业废水第一类污染物最高容许排放浓度**

| 序号 | 有害物质名称 | 最高容许排放浓度(毫克/升) |
|---|---|---|
| 1 | 汞及其无机化合物 | 0.05(按Hg计) |
| 2 | 镉及其机化合物 | 0.1(按Cd计) |
| 3 | 六价铬化合物 | 0.5(按$Cr^{6+}$计) |
| 4 | 砷及其无机化合物 | 0.5(按As计) |
| 5 | 铅及其无机化合物 | 1.0(按Pb计) |

**表 3　工业废水第二类污染物最高允许排放浓度**

| 序号 | 有害物质或项目名称 | 最高允许排放浓度 |
|---|---|---|
| 1 | pH 值 | 6～9 |
| 2 | 悬浮物(水力排灰,洗煤水,水力冲渣,尾矿水) | 500mL |
| 3 | 生化需氧量(五天 20 摄氏度) | 60mg/L |
| 4 | 化学耗氧量(重铬酸钾法) | 100mg/L(1) |
| 5 | 硫化物 | 1mg/L |
| 6 | 挥发性酚 | 0.5mg/L |
| 7 | 氰化物(以游离氰根计) | 0.5mg/L |
| 8 | 有机磷 | 0.5mg/L |
| 9 | 石油类 | 10mg/L |
| 10 | 铜及其化合物 | 1mg/L(按 Cu 计) |
| 11 | 锌及其化合物 | 5mg/L(按 Zn 计) |
| 12 | 氟及其化合物 | 10mg/L(按 F 计) |
| 13 | 硝基苯类 | 5mg/L |
| 14 | 苯胺类 | 3mg/L |

注:1.造纸、制革、脱脂小于 300mg/l;2.医院污水排放标准。

经消毒处理后,达到下列标准:

连续三次各取样 500mL 进行检验不得检出肠道致病菌和结核杆菌;总大肠菌群数每升不得大于 500 个。

(三)废渣

工业废渣是一种自然资源,要想方设法利用,开辟新的原料来源。我校锅炉排出的废渣必须综合利用,不得任意丢弃,要有防止扬散、流失等措施。

含有可溶性剧毒废渣(过期的有毒化学药品)禁止直接埋入地下或排入地面水体。设计此类废渣堆埋时,必须有防水,防渗漏或防扬散的措施。

(四)噪声

工业企业的生产车间和作业场所的工作地点的噪声标准为 85dB(A),现有工企业经努力暂时达不到标准时,可适当放宽,但不得超过 90dB(A)。对每天接触噪声不到八小时的工种,根据企业种类和条件,噪声标准可按表 4、5 相应放宽。对产生噪声的生产过程和设备,要采用新技术、新工艺、新设备、新材料及机械化、自动化、密闭化措施,用低噪声的设备和工艺代替强噪声的设备和工艺,从声源上根治噪声。

**表 4　工厂、车间环境允许噪声标准(听力保护标准)**

| 每个工作日接触噪声时间(小时) | 等效声效级/dB(A) | |
|---|---|---|
| | 现有企业 | 新改建企业 |
| 8 | 90 | 85 |
| 4 | 93 | 88 |
| 2 | 96 | 91 |
| 1 | 99 | 94 |

* 最高不得超过 115dB(A)。

表 5 城市区域环境噪声标准

| 适用区域 | 允许噪声[dB(A)] | |
|---|---|---|
| | 昼间 6:00—20:00 | 夜间 22:00—6:00 |
| 1.特别安静区(医院、疗养院、高级宾馆等) | 45 | 35 |
| 2.安静区(机关、学校、居民区) | 50 | 40 |
| 3.一类混合区(小商店、手工作坊与居民混合区) | 55 | 45 |
| 4.二类混合区、商业中心区 | 60 | 50 |
| 5.工业集中区 | 65 | 55 |
| 6.交通干线道路两侧 | 70 | 55 |

## 第四章 工业卫生管理

**第九条** 贯彻执行“预防为主,防治结合”的方针,加强宣传教育,加强对防尘防毒工作的管理,提高全校师生员工对防尘防毒的认识。

**第十条** 加强对防尘防毒的监督检查工作,与医院、工会密切配合,建立检查制度,建立年终总结制度和档案制度。

**第十条** 加强对从事有毒有害作业人员劳动保护检查,防护用品必须配齐,否则不准上岗操作。

**第十二条** 执行对有毒有害作业的工作人员进行就业前、定期的健康检查制度,建立健康档案,做到无病防治,有病早治,并按规定轮换工作人员。

**第十三条** 对剧毒物品严加管理,密封完备,防止在储存和运输过程中散漏,对放射性物质、电磁波辐射等,必须按国家有关规定严加防护和管理。

**第十四条** 通风装置和取暖设备,必须有专职或者兼职人员管理,并且应该定期检修和清扫,遇到损坏应该立即修理。

**第十五条** 禁止在有粉尘或者散放有毒气体的工作场所用餐和饮水。学校要保证生活用水和实验、科研用水、贮水池和水管都应该妥善管理,定期清洗,保证饮水不受污染。

## 第五章 附 则

**第十六条** 对违反上述规定的个人和单位,视情节轻重给予批评教育和处罚。

**第十七条** 本规定自 2008 年 12 月 5 日起施行。原颁布施行的《环境保护与工业卫生管理制度》同时废止。

**第十八条** 本规定由国有资产与实验室管理处解释。

# 中山大学危险化学废物管理办法

中大设备〔2015〕1号

## 第一章 总 则

**第一条** 为了加强实验室危险化学废物的管理，保障师生员工的人身安全和财产安全，保护环境，根据《危险化学品安全管理条例》(国务院令第591号)、《废弃危险化学品污染环境防治办法》(国家环境保护总局令第27号)等国家和地方相关法律法规，结合我校实际，制定本办法。

**第二条** 本办法所称"危险化学废物"，是指淘汰、伪劣、过期、失效的危险化学品和实验过程中产生的含有对人体健康和环境安全有害化学成分的废液体和废固体，以及化学废物的盛装容器和受其污染的包装物。按安全特性分类，包括普通危险化学废物、剧毒化学废物、易燃易爆化学废物等。

**第三条** 凡在学校教学、科研等活动中涉及危险化学废物的单位和个人，均适用本办法。

**第四条** 学校提倡开展微型化、无害化绿色实验，尽量减少危险化学品、特别是剧毒化学品的使用量和危险化学废物的产生量。

## 第二章 管理职责

**第五条** 学校危险化学废物管理工作遵循"专人管理、分类收集、安全存放、定期回收、统一处置"的原则。

**第六条** 设备与实验室管理处(以下简称"设备处")是学校危险化学废物管理的职能部门，主要职责是：

(一)组织制定学校相关管理规章制度和事故应急预案，开展相关宣传、教育和培训工作。

(二)指导和监督相关单位和实验室开展危险化学废物的分级、分类、收集和存放等工作。

(三)组织开展全校危险化学废物的回收工作，并委托有资质的专业机构进行处置。

**第七条** 产生危险化学废物的各二级单位(以下简称"各单位")是危险化学废物管理的主体责任单位，主要职责是：

(一)落实安全责任制，指定一名单位领导负责本单位危险化学废物的管理工作；单位下属各实验室也应指定掌握化学品安全知识并接受过专门培训的人员，负责危险化学废物的分级、分类、收集和存放等工作。

(二)组织制定本单位相关管理制度和事故应急预案，建立相关信息登记档案。

(三)组织开展本单位相关宣传、教育和培训工作，强化师生的安全与环保意识，提高相关人员的工作技能和水平。

## 第三章 收集和回收管理

**第八条** 产生危险化学废物的实验室负责做好废物收集和暂存的具体工作，实验室所在单位应做好监督管理工作，相关要求如下：

(一)危险化学废物应按安全特性分类收集和存放，并在容器外注明危险性。剧毒化学废物、易燃易爆化学废物必须单独收集和妥善存放，不得混入普通危险化学废物中。

（二）不得将含有下列成分的化学废液相互混装收集：

1. 氧化剂、还原剂与有机物；

2. 氰化物、硫化物、次氯酸盐与酸；

3. 盐酸、氢氟酸等挥发性酸与不挥发性酸；

4. 浓硫酸、磺酸、羟基酸、聚磷酸等酸类与其他的酸；

5. 铵盐、挥发性胺与碱；

6. 含卤素的有机物与其他液体；

7. 其他化学性质相抵触、灭火方法相抵触和互相作用的化学品。

（三）危险化学废物的盛装容器应完好牢固，封口紧密，无破损、倾斜、倒置和渗漏等现象，确保不会发生废物将容器溶解、腐蚀等异常现象。容器外应有明显清晰的标识，准确标明废物的名称、成分、规格、形态、数量、危险性等，外文标识的应加注中文注释。回收危险化学废物时，如发现盛装容器或标识不符合规定要求，工作人员应当拒收。

（四）严禁将未经无害化处理、可能污染环境的危险化学废物直接排入下水道，或当成一般生活垃圾随意弃置或堆放填埋。

（五）严禁将危险化学废物与一般生活垃圾、生物性废物、医疗废物或放射性废物等混装贮存和回收。

**第九条** 设备处定期组织开展普通危险化学废物的回收工作，基本程序如下：

（一）存放有普通危险化学废物的实验室应提前填写废物清单，标明实验室名称、联系人和联系电话，经实验室负责人签字确认后报送学校危险品仓库。

（二）危险品仓库工作人员将废物清单交由与学校签约的校外废物回收处置专业机构进行审核。

（三）各实验室提前按规定要求将普通危险化学废物包装好，并将通过审核的废物清单粘贴在盛装容器或包装物上。

（四）各实验室按约定时间将普通危险化学废物集中至回收地点，并派专人到现场向回收工作人员清点移交。清单未经审核或未按要求粘贴清单的危险化学废物，回收工作人员应当拒收。

**第十条** 剧毒化学废物、易燃易爆化学废物的回收工作可根据需要随时进行。废物产生单位应单独列清单提前报送设备处审核，并由两名工作人员运送至学校危险品仓库贮存，由设备处负责委托有资质的专业机构进行规范处置。

## 第四章 事故处理

**第十一条** 发生危险化学废物污染事故时，事故单位应立即启动应急预案，采取有效措施消除或减轻对人员的伤害和对环境的污染，并报告设备处、保卫处等职能部门协助处置，由学校按相关规定和程序报告政府主管部门。

**第十二条** 事故处理完毕后，相关单位应及时查清原因，总结教训，及时整改和消除隐患，避免类似事故再次发生。事故调查报告及处理结果应公开通报。

**第十三条** 对违反本办法规定造成危险化学废物污染事故的单位和个人，视情节和后果轻重给予相应处罚；构成违法的，由有关部门依法追究其法律责任。

## 第五章 附 则

**第十四条** 本办法自2015年4月10日起施行，由设备与实验室管理处负责解释。未尽事宜，按国家和地方相关法律法规执行。

# 武汉大学实验废弃物处置管理办法

武大设字〔2014〕2 号

## 第一章　总则

**第一条**　为防止实验室产生的废弃物因处置不当污染校园环境，危害师生健康，根据《固体废物污染环境防治法》（主席令第 31 号）、《废弃危险化学品污染环境防治办法》（国家环境保护总局第 21 号令）、《危险化学品安全管理条例》（国务院令第 591 号）、《放射性废物安全管理条例》（国务院令第 612 号）等有关法律、法规，制定本办法。

**第二条**　本办法所称实验废弃物，是指在实验过程中因使用危险化学品、放射性同位素和射线装置及从事生物学、医学实验活动中所产生的一切废弃物。

**第三条**　实验废弃物的处置实行"源头分类，桶装收集、专人管理、定时清运、集中处置"的模式，按照实验室、学院、武汉大学危险废物中转站三级进行管理。

## 第二章　实验废弃物的分类

**第四条**　实验废弃物根据来源和性质不同，分为以下几类：危险废物、放射性废物及一般实验废物。

危险废物：是指具有腐蚀性、毒性、易燃性、反应性或者感染性等一种或者几种危险特性的废弃物；不排除具有危险特性，可能对环境或者人体健康造成有害影响的废弃物。

放射性废物：是指废旧的放射性同位素或含放射源装置、射线装置，以及因使用放射性同位素实验而产生的废弃物等。

一般实验废物：是指上述未涉及的使用一般化学试剂、实验耗材而产生的实验废弃物。

**第五条**　危险废物根据其危害性质分为危险化学品废物和医学生物废物。

危险化学品废物：是指具有各种毒性、腐蚀性、易燃性、易爆性和化学反应性的化学废物。

根据其形态和危害性可以分为一般有机化学废液、含卤有机化学废液、无机化学废液、固体化学废物、剧毒化学废液和固体剧毒废物。

医学生物废物：是指在从事生物化学实验、病原微生物实验及其他医学实验过程中产生的具有感染性的动物尸体、人体解剖废弃物、血液、病理组织、病原微生物的培养基和培养液、菌种保存液以及实验过程所使用的耗材、器皿和产生的废弃物等。医学生物废物按照《武汉大学危险废物目录》（见附录）中的医疗废物类别处置。

## 第三章　实验废弃物的收集与存放

**第六条**　实验废弃物存储容器规格。

由学校组织统一定制和发放实验废弃物收集容器。存放固体废弃物的容器为有盖垃圾桶;盛装液体废弃物的容器为盛装原试剂的试剂瓶或塑料方桶;盛装放射性同位素废弃物的容器为含铅金属桶;盛装医疗废物锐器的为长方形方盒。

存放固体废弃物的收集桶以不同颜色区分并印有相应提示标识:绿色收集桶存放一般实验废物,黄色收集桶用于存放医学生物废物并印有医疗废物标识,红色收集桶用于存放危险化学品废物并印有危险化学品废物标识。

**第七条**　实验废弃物液体的收集和存放。

危险废物液体原则上应先倒入原有试剂瓶,多余的倒入相应分类垃圾桶中,同时应填写《危险废物/放射性废物登记单》(以下简称《登记单》),登记单上注明主要成分、数量、收集日期、实验室管理员姓名、负责人姓名及实验室名称以及废物类别。

再次倒入其他废物液体前,应仔细核对该桶上登记单的主要成分并在《登记单》上增加新的收集日期和主要成分等,应避免不同属性化学试剂发生异常反应(如产生有毒挥发性气体、剧烈放热等),否则应单独存放于新的收集桶中。

各类实验废弃物液体不得混放,剧毒化学废液和放射性废物液体严格遵照“五双”执行,存放至有保险柜的地方专人保管。

危险废液应在实验室中统一收集至桶满后(须保留 10%的空间)封存并填写存储日期。为避免有毒溶液泼洒、溅射或不同性质试剂间的反应,不得在转移到学院临时存放点及危险废物中转站时将垃圾桶内废液合并。

**第八条**　实验废弃物固体的收集和存放。

危险化学固体废物的收集与存放:危险化学固体废物主要是化学实验所产生的反应产物及吸附了危险化学物质的其他固体,实验管理员填写《登记单》,存放于相应垃圾桶中。

危险化学品容器的收集与存放是指盛装危险化学品的废弃容器和受危险化学品污染的包装物,此类废弃物也列入危险废物。危险试剂容器应优先盛放原化学试剂废液,空置容器内不得含任何残液并旋紧塞子,受污染的废弃包装物经折叠装入收集箱中。

医学生物废物的收集与存放医学生物废物应进行高压灭菌或消毒药水 24 小时灭菌处理后才能移出实验室。尖锐性器械用专用方盒盛放并经消毒药水浸泡灭菌;培养基、培养液、菌种、体液和实验耗材等需高压灭菌;动物尸体、人体解剖废弃物、病理组织切片等经消毒药水浸泡灭菌。

医学生物学废物应有专门的暂存点,培养基、培养液、菌种、体液和实验耗材等废弃物放入 4℃低温冰箱,动物尸体、人体解剖废弃物、病理组织切片、体液等存入－20℃冰箱。实验室管理人员填写《登记单》。

废弃放射源的收集与存放废旧放射源和含源装置在申请处置之前,由涉源单位指定专人保管,不得随意堆放、掩埋、丢弃。

## 第四章　实验废弃物的登记与转运

**第九条**　实验室应指定专人负责实验废弃物的收集、分类、登记和转运。

危险废物液体按照一般有机物废液、含卤有机物废液、无机物废液、剧毒化学废液等四类装入原试剂瓶或专用垃圾桶中，并粘贴分类标签、危险废物标识以及“登记单”，同时由实验室管理人员填写危险废物登记台账。

放射性同位素实验只能在已通过环保部门环境影响评估的同位素室内进行，所产生的放射性废物存放于同位素室内专用存放点，放射性废物液体存放于专用铅桶中，粘贴分类标签、辐射危险标识及“登记单”，同时填写放射性废物登记台账。

危险废弃物的转运由实验室管理人员填写《武汉大学危险废物/放射性废物转移联单》（以下简称“转移联单”），随“转移联单”运送到学院指定危险废物集中点。

放射性废物由同位素室管理人员填写“转移联单”，将放射性废物直接运送到武汉大学危险废物中转站。

**第十条**　学院指定专人负责全院实验废弃物的收集、登记和转运。

收取危险废物时，学院管理人员需核对“转移联单”和“登记单”上信息、提示标识以及垃圾桶外包装，对信息不完整、分类不清晰、没有封存、包装破损、存在安全隐患的危险废物不予收取。

学院管理人员将各实验室危险废物分类堆放，填写危险废物登记台账并对实验室提交的转移联单签署接收意见。

学院负责人应保证危险废物的转运过程的安全，转运前检查垃圾桶的密封性，注意运输工具的安全，防止危险废物破损、泄漏或泼洒。

**第十一条**　危险废物中转站由专人负责危险废物的收集、登记和转运。

中转站管理人员收取“转移联单”，核对“登记单”信息，对信息不完整、分类不清晰、没有封存、包装破损、存在安全隐患的危险废物不予收取；称取危险废物或放射性废物重量，填写《危险废物/放射性废物记录单》（简称“记录单”），签署“转移联单”接受意见，返还“转移联单”一二联和“记录单”附联，更换垃圾桶。根据危险废物的种类和属性，将危险废物分区域存放，填写危险废物中转站危险废物登记台账。

危险废物中转站管理员应确保危险废物在中转站中存放安全及其消防安全。

## 第五章　实验废弃物的处置

**第十二条**　一般实验废物的处置。

由各学院统一收集后，定期请相关单位进行处置。

**第十三条**　危险废物的处置。

由学校委托持有危险废物经营许可证的单位对全校实验室危险化学品废物进行处置。

产生危险废物的学院每年1月份根据本院前一年度危险废物的种类和数量，填写本年度危险废物管理计划书并交实验室与设备管理处汇总；学校定期组织对有资质的危险废物处置单位招标，确定中标单位并签署《危险废物处置协议》，按照武汉市环保局危险废物转移的规定，办理相关手续和危险废物转移联单。

**第十四条** 放射性危险废物的处置。

购置放射源的院系应与放射源转让单位签署废旧放射源返回协议，进口放射源还应取得国外出口方负责回收的承诺文件副本，交实验室与设备管理处存档。废旧放射源的转出应填写放射源/射线装置报废申请表，提交实验室与设备管理处审核，根据协议返回原转入单位或出口单位。无法交回生产单位或出口单位的，应交送有资质的废旧放射源贮存单位，同时向湖北省环境保护厅提交放射源转出备案。

射线装置和含源装置的报废，应向实验室与设备管理处提交放射源/射线装置报废申请表，由专业人员对高压射线部位进行拆卸，同时对该设备活动场所进行放射性检测，并报湖北省环境保护厅核销。

放射性同位素废物，半衰期低于三个月的封存在铅皮垃圾桶中10个以上半衰期，经环保部门检测达到解控水平以下的可按照普通危险废物处置；半衰期超过三个月的应委托有资质的放射性废物回收公司处置。

## 第六章 实验废弃物处置经费

**第十五条** 危险废物的处置经费。

各学院在本单位财务预算中设立专项经费，用于危险废物处置。根据学校与危险废物处置公司签署协议后产生的实际费用，由学校、学院共同承担，其中学校占30%，学院占70%。

**第十六条** 放射性废物的处置经费。

根据国家有关规定，新购置放射源必须与放射源转让单位签订废旧放射源返回协议。放射性废物的处置经费由学校、学院共同承担，其中学校占30%，学院占70%。

## 第七章 附 则

**第十七条** 产生危险废物和放射性废物的各学院及实验室，应当制定危险废物或放射性废物意外事故防范措施和应急预案，并向实验室与设备管理处及有关部门备案。

**第十八条** 各单位应根据本办法，结合实际情况另行制定相应的实施细则或管理规定。学校实验室废弃物的收集和处置程序以本办法为准，凡本办法未尽事项，按国家有关法律法规执行。

**第十九条** 实验室与设备管理处协同学校环境保护办公室等相关职能部门对产生危险废物和放射性废物的院系定期抽查。

**第二十条** 本办法自公布之日起施行，由实验室与设备管理处负责解释。

附件：武汉大学危险废物目录（略）

# 重庆大学实验室废弃物管理办法

重大校〔2012〕392 号

## 第一章　总　则

**第一条**　为规范和加强我校实验室废弃物管理工作，防止实验室废弃物污染危害环境，维护校园环境和公共安全，保障我校师生员工的身体健康，根据《中华人民共和国固体废物污染环境防治法》、《废弃危险化学品污染环境防治办法》等有关法律、法规，制定本办法。

**第二条**　全校师生员工必须树立环境保护意识，倡导有利于环境保护的实验方式，尽量避免或减少实验室废弃物的产生，对可重复利用的实验室废弃物进行充分回收与合理利用。

**第三条**　校内产生实验室废弃物的实验室和相关人员，都应遵守本办法。任何单位或者个人对于违反本办法的行为都有权举报。

## 第二章　实验室废弃物分类

**第四条**　实验室废弃物包括实验室危险废弃物和实验室一般废弃物。

实验室危险废弃物指的是由实验室产生的具有以下情形之一的废弃物：

（一）具有腐蚀性、毒性、易燃性、反应性或者感染性等一种或者几种危险特性的；

（二）不排除具有危险特性，可能对环境或者人体健康造成有害影响，需要按照危险废物进行管理的。

实验室一般废弃物指的是实验室产生的除危险废弃物以外的其他废弃物。

**第五条**　实验室危险废弃物必须根据本办法进行分类收集、存放和处理；实验室一般废弃物按环卫部门的要求定点存放，定期清理。

**第六条**　根据实验室危险废弃物的性质和特点，可分为以下几类：

（一）化学危险废弃物：剧毒化学品及不明物、高危化学品、一般化学品、一般化学废液、被化学品污染的固体废物；

（二）生物危险废弃物：经有害生物、化学毒品及放射性污染的实验动物尸体、肢体和组织；未经有害生物、化学毒品及放射品及放射性污染的实验动物尸体、肢体和组织；生物实验器材与耗材；其他生物废液；

（三）电离辐射危险废弃物：放射源、放射性废弃物、废弃放射性装置；

（四）其他危险废弃物。

## 第三章 管理机构与职责

**第七条** 实验室废弃物的管理实行学校、二级单位和实验室三级管理体制。

**第八条** 实验室技术安全办公室是实验室废弃物的校级管理部门，其主要职责是：

（一）贯彻执行国家有关的方针、政策和法令、法规，结合本校实际情况制定并组织落实实验室废弃物管理的规章制度；

（二）负责产生实验室危险废弃物的实验室建设项目和实验项目的安全准入；

（三）组织建立全校实验室危险废弃物的收集、存放和处理体系；

（四）监督、检查全校实验室危险废弃物的收集、存放和处理；

（五）协调处理实验室危险废弃物管理过程中出现的问题，重大事项报实验室技术安全工作委员会决策。

**第九条** 二级单位应指定专人负责本单位实验室危险废弃物的管理工作，二级单位的主要职责是：

（一）贯彻执行国家和学校的有关规定，组织本单位实验室制定并落实相关责任制度、实验室危险废弃物收集存放与处理规程、事故预防措施、事故应急预案等管理制度；

（二）组织本单位实验室落实实验室危险废弃物收集、存放场地和相应设施；

（三）组织本单位实验室按规范要求完成实验室危险废弃物的收集、存放和处理；

（四）监督、检查本单位实验室危险废弃物的收集、存放和处理，发现问题及时组织整改。

**第十条** 实验室应指定专人负责本实验室危险废弃物的管理工作，实验室的主要职责是：

（一）贯彻执行国家和学校的有关规定，制定并组织落实本实验室的相关责任制度、实验室危险废弃物收集存放与处理规程、事故预防措施、事故应急预案等管理制度；

（二）建立本实验室危险废弃物的收集、存放场地和相应设施；

（三）按规范要求完成实验室危险废弃物的收集、存放和处理工作；

（四）检查本实验室危险废弃物的收集、存放和处理，发现问题及时整改。

## 第四章 实验室废弃物的收集与存放

**第十一条** 二级单位和实验室不得将危险废弃物（含沾染危险废物的实验用具）混入生活垃圾和其他一般废物中存放；不得将化学危险废弃物、放射性废弃物及实验动物尸体等混合收集、存放、处理；严禁随意倾倒、堆放、丢弃、遗撒实验室废弃物。

**第十二条** 实验室危险废弃物必须分类收集与存放：

（一）化学危险废弃物

1.化学废液按化学品性质和化学品的危险程度分类进行收集，使用专用废液桶盛装，不能把不同类别或会发生异常反应的危险废弃物混放，化学废液收集时，必须进行相容性测试；废液桶上须贴标签，并做好相应记录。

2.固体废弃物和瓶装废弃物和一般化学品先用专用塑料袋收集，再使用储物箱统一存放，储物箱上须贴标签，并做好相应记录。

3.剧毒化学品管理实行“五双”制度，即双人保管、双锁、双账、双人领取、双人使用为核心的安全管理制度;剧毒废液和废弃物要明确标示,并严格按《重庆大学实验室剧毒化学品管理规定》收集和存放。

4. 一般化学品须在原瓶内存放,保持原有标签,必要时注明是废弃化学品。

5. 一般化学废液通常分为一般有机物废液和无机物废液,应预先了解废液来源,分别收集和存放,不清楚废液来源和性质时禁止混放;废液桶上应有明确标识。

(二)生物危险废弃物

1. 未经有害生物、化学毒品及放射性污染的实验动物尸体、肢体和组织须用专用塑料密封袋密封,再放置专用冰室或冰箱冷冻保存,并做好相应记录。

2. 经有害生物、化学毒品及放射性污染的实验动物尸体、肢体和组织须先进行消毒灭菌的废物,再用专用塑料密封袋密封,贴上有害生物废弃物标志,放置专用冰室或冰箱冷冻保存,并做好相应记录。

3. 生物实验器材与耗材:塑料制品应用特制的耐高压超薄塑料容器收集,定期灭菌后进行回收处理;废弃的锐器(针头,小刀、金属和玻璃等)应使用专用容器分类收集,统一回收处理。

4. 其他生物废液,能进行消毒灭菌处理的,处理后确保无危害后按生活垃圾处理;若不能进行消毒灭菌处理的,则用专用塑料袋分类收集,贴上有害生物废弃物标志,放置专用冰室或冰箱冷冻保存,并做好相应记录。

(三)电离辐射危险废弃物

1. 放射性废源、废液和废射线装置应该按国家有关标准做好分类、记录和标识,内容包括:种类、核素名称等。

2. 废放射源:单独收集,按国家环保局的相关要求密封收集,进行屏蔽和隔离处理;存放地点有明显辐射警示标志,防火防盗,专人保管。

3. 放射性废弃物:

(1)长半衰期放射性废弃物和经环保部门检测认定为解控水平以上的短半衰期放射性废弃物,须经所在单位辐射防护小组审核并向环保部门递交处理申请,按照环保部门的要求进行处理。

(2)经环保部门检测认定为解控水平以下的短半衰期放射性废弃物,可按一般废弃物处理。

(3)液态放射性废弃物须经同环保部门聘请的专业人员进行固化后再进行处理。

(4)废弃放射装置:在报废前须经环保部门核准,请专业人员取出放射源,再同放射性废弃物的处理方式处理。

**第十三条** 在具备危险废弃物处置资质的单位收集处理之前,二级单位和实验室务必保管好实验室危险废弃物,按以下要求存放:

(一)原则上要求二级单位对实验室危险废弃物进行集中存放管理,保障临时存放设施的安全条件,保持通风,远离火源,避免高温、日晒、雨淋,避免不相容性危险废弃物近距离存放;对不具备集中存放条件的二级单位,由实验室负责将实验室危险废弃物临时存放于实验室内合适位置,不得存放于实验室楼道和学生实验的公共区间。

(二)在常温常压下易燃、易爆及产生有毒气体的危险废弃物,由实验室负责进行必要的预处理,使之稳定后方能进行一般存放,并按要求做好记录。

(三)盛装液体危险废弃物的容器内须保留足够的空间,确保容器内的液体不能超过容器容积的75%。

（四）生物专用冰室或冰箱，不得放置其他物品，避免发生交叉感染。

## 第五章 实验室废弃物处理

**第十四条** 对实验过程中产生的有毒有害废气，二级单位和实验室应根据其特性、产生量以及环保要求制定并实施相应处理措施，确认其有害物质浓度达到或低于国家要求的安全排放标准后才能排入大气。

**第十五条** 必须由具备相应处置资质的单位对实验室危险废弃物进行处理。

**第十六条** 在具备危险废弃物处置资质的单位回收处理之前，二级单位和实验室必须采取有效措施，防止废弃物的扩散、流失、渗漏或者产生交叉污染。

**第十七条** 二级单位和实验室在实验室危险废弃物转移交接时，相关人员必须在场，并做好交接记录，填写危险废弃物转移联单，记录交相关单位存档。

**第十八条** 实验室危险废弃物处理费用由学校和二级单位共同承担。对于产生实验室危险废弃物的项目，二级单位可收取一定的处理费用。

## 第六章 其他相关事项

**第十九条** 收集、存放和处理实验室危险废弃物过程中受污染的场地、设施、设备、容器、包装物及其他物品，必须经过消除污染的处理，方可继续使用。

**第二十条** 对收集、存放和处理实验室危险废弃物的检查、整改、事故处理和责任追究按《重庆大学实验室技术安全管理办法》中相关条款执行。

## 第七章 附 则

**第二十一条** 本办法未尽事宜，按国家有关法律法规执行。

**第二十二条** 本办法自发布之日起施行，由学校授权实验室技术安全办公室负责解释。

# 第七编

# 其 他

# 浙江大学消防安全管理规定

浙大发保〔2012〕1号

## 第一章　总　则

**第一条**　为了加强和规范学校消防安全管理,预防和减少火灾危害,保障师生员工生命财产和学校财产安全,根据《中华人民共和国消防法》、《高等学校消防安全管理规定》、《机关、团体、企业、事业单位消防安全管理规定》和《浙江省消防条例》等法律、法规和规章,结合我校实际,制定本规定。

**第二条**　校内各单位的消防安全管理,适用本规定。

驻校内其他单位的消防安全管理,按照本规定的有关规定执行。

**第三条**　各单位应当遵守消防法律、法规和规章,贯彻预防为主、防消结合的方针,履行消防安全职责,保障消防安全。

**第四条**　各单位应当按照"谁主管,谁负责"、"谁使用,谁负责"的原则,落实逐级消防安全责任制和岗位消防安全责任制,明确逐级和岗位消防安全职责,确定各级、各岗位消防安全责任人,实行消防安全责任追究制。

**第五条**　各单位应当开展消防安全教育和培训,加强消防演练,提高师生员工的消防安全意识和自救逃生技能。

**第六条**　各单位和师生员工应当依法履行保护消防设施、预防火灾、报告火警和扑救初起火灾等维护消防安全的义务。

## 第二章　消防安全责任

**第七条**　学校法定代表人是学校消防安全责任人,全面负责学校消防安全工作,履行下列消防安全职责:

(一)贯彻落实消防法律、法规和规章,批准实施消防安全责任制、消防安全管理制度;

(二)批准消防安全年度工作计划、年度经费预算,定期召开学校消防安全工作会议;

(三)提供消防安全经费保障和组织保障;

(四)督促开展消防安全检查和重大火灾隐患整改,及时处理涉及消防安全的重大问题;

(五)依法建立志愿消防队等多种形式的消防组织,开展群众性自防自救工作;

(六)与各单位负责人签订消防安全责任书(《浙江大学校园综合治理责任书》);

(七)组织制定灭火和应急疏散预案;

(八)促进消防科学研究和技术创新;

(九)法律、法规和规章规定的其他消防安全职责。

**第八条** 分管学校消防安全的校领导是学校消防安全管理人，协助学校法定代表人负责消防安全工作，履行下列消防安全职责：

（一）组织制定消防安全管理制度，组织、实施和协调校内各单位的消防安全工作；

（二）组织制定消防安全年度工作计划；

（三）审核消防安全工作年度经费预算；

（四）组织实施消防安全检查和火灾隐患整改；

（五）督促落实消防设施、器材的维护、维修及检测，确保其完好有效，确保疏散通道、安全出口、消防车通道畅通；

（六）组织管理志愿消防队等消防组织；

（七）组织开展师生员工消防知识、技能的宣传教育和培训，组织灭火和应急疏散预案的实施和演练；

（八）协助学校消防安全责任人做好其他消防安全工作。

其他校领导在分管工作范围内对消防工作负有领导、监督、检查、教育和管理职责。

**第九条** 学校设立防火委员会，负责组织、实施和协调校内各单位的消防安全工作，对学校消防工作中的重大问题进行研究、讨论，并做出决策。防火委员会下设防火委员会办公室，办公室设在安全保卫处。

**第十条** 学校安全保卫处负责学校日常消防安全工作，履行下列消防安全职责：

（一）拟订消防安全年度工作计划、年度经费预算，拟订消防安全责任制、灭火和应急疏散预案等消防安全管理制度，并报学校消防安全责任人批准后实施；

（二）监督检查校内各单位消防安全责任制的落实情况；

（三）监督检查消防设施、设备、器材的使用与管理以及消防基础设施的运转，定期组织检验、检测和维修；

（四）确定消防安全重点单位（部位）并监督指导做好消防安全工作；

（五）监督检查有关单位做好易燃易爆等危险品的储存、使用和管理工作，审批校内各单位动用明火作业；

（六）开展消防安全教育培训，组织消防演练，普及消防知识，提高师生员工的消防安全意识、扑救初起火灾和自救逃生技能；

（七）定期对志愿消防队等消防组织进行消防知识和灭火技能培训；

（八）推进消防安全技术防范工作，做好技术防范人员上岗培训工作；

（九）受理学校和各单位及驻校内其他单位在校内新建、扩建、改建及装饰装修工程和公众聚集场所投入使用、营业前消防行政许可或者备案手续的备案审查工作，督促并协助其向公安机关消防机构进行申报，协助公安机关消防机构进行建设工程消防设计审核、消防验收或者备案以及公众聚集场所投入使用、营业前的消防安全检查工作；

（十）建立健全学校消防工作档案及消防安全隐患台账；

（十一）按照工作要求上报有关信息数据；

（十二）协助公安机关消防机构调查处理火灾事故，协助有关部门做好火灾事故处理及善后工作。

**第十一条** 学校各单位行政主要负责人是本单位消防安全责任人，负责本单位的消防安全工作；各单位分管消防安全的负责人为消防安全管理人，协助消防安全责任人负责本单位的消防安全工作。

驻校内其他单位的主要负责人是该单位消防安全责任人，全面负责本单位的消防安全工作。

学校各单位和驻校内其他单位应当履行下列消防安全职责：

（一）落实学校的消防安全管理规定，结合本单位实际制定并落实消防安全制度和消防安全操作规程；

（二）建立消防安全责任考核、奖惩制度；

（三）开展经常性的消防安全教育、培训及演练；

（四）定期进行防火检查，做好检查记录，及时消除火灾隐患；

（五）按规定配置的消防设施、器材要指定专人维护管理，确保其完好有效；

（六）按规定设置的安全疏散指示标志和应急照明设施要确保其完好有效，并保证疏散通道、安全出口畅通；

（七）配备消防控制室消防值班人员，监督检查值班人员工作情况；

（八）新建、扩建、改建及装饰装修工程报安全保卫处备案；

（九）按照规定的程序与措施处置火灾事故；

（十）与物业服务企业签订服务合同时应有明确的消防安全责任约定；

（十一）学校规定的其他消防安全职责。

**第十二条** 除本规定第十一条外，学生宿舍管理部门还应当履行下列安全管理职责：

（一）建立由学生参加的志愿消防组织，定期进行消防演练；

（二）加强学生宿舍用火、用电安全教育与检查；

（三）加强夜间防火巡查，发现火灾立即组织扑救和疏散学生。

**第十三条** 物业服务企业应当在其管理区域内依照服务合同履行相应的消防安全职责。

物业服务企业对占用、堵塞、封闭疏散通道、安全出口、消防车通道和消防登高场地的行为，应当予以劝阻、制止；对不听劝阻、制止的，应当及时向学校安全保卫处、公安机关消防机构或者公安派出所报告。

## 第三章 消防安全管理

**第十四条** 下列单位（部位）是学校消防安全重点单位（部位）：

（一）学生宿舍、食堂（餐厅）、教学楼、校医院、体育场（馆）、会堂（会议中心）、超市（商场）、宾馆（招待所）、托儿所、幼儿园以及其他文体活动、公共娱乐等人员密集场所；

（二）网络、广播电台、电视台等传媒部门和驻校内邮政、通信、金融等部门；

（三）车库、油库等部位；

（四）图书馆、展览馆、档案馆、博物馆、文物古建筑等；

（五）供水、供电、供气、供热等系统；

（六）易燃易爆等危险化学物品的生产、充装、储存、供应、使用部门；

（七）实验室、计算机房、电化教学中心和承担国家重点科研项目或配备有先进精密仪器设备的部位，监控中心、消防控制中心；

（八）保密要害部门及部位；

（九）高层建筑及地下室、半地下室；

（十）建设工程的施工现场以及有人员居住的临时性建筑；

（十一）其他发生火灾可能性较大以及一旦发生火灾可能造成重大人身伤亡或者财产损失的单位（部位）。

消防安全重点单位（部位）的主管部门，应当按照有关法律法规和本规定履行消防安全管理职责，设置防火标志，加强消防安全管理。

**第十五条** 在校园内举办文艺、体育、集会、招生和就业咨询等大型活动和展览，主办单位和承办单位应当确定专人负责消防安全工作，明确并落实消防安全职责和措施，保证消防设施和消防器材配置齐全、完好有效，保证疏散通道、安全出口、疏散指示标志、应急照明和消防车通道符合消防技术标准和管理规定，制定灭火和应急疏散预案并组织演练，并经安全保卫处对活动现场检查合格后方可举办。

依法应当报请当地人民政府有关部门审批的，须经有关部门审核同意后方可举办。

**第十六条** 建筑物的消防安全由建筑物使用单位或管理单位负责。若有物业管理的，物业合同必须有消防管理责任的条款。

**第十七条** 消防控制室由建筑物使用单位或管理单位按照相关规定配备值班人员。建筑物属多家单位的，由占用面积最大的单位负责消防控制室的管理，产生的费用由各单位按使用面积分摊。消防控制室不得挪作他用。

**第十八条** 建筑物使用单位或管理单位应当保障疏散通道、安全出口、消防车通道畅通。消防设施、器材要指定专人负责管理、定期检查、登记造册、存档备查。

各建筑物的消防设施损坏需要维修的，由各使用单位或管理单位报安全保卫处维修，后勤管理处予以配合；消防设施的检测由安全保卫处负责。

各单位需添置、更换消防器材，应及时告知安全保卫处，由安全保卫处根据建筑物实际情况统一添置、更换或维修。

实行企业化管理和自负盈亏的单位的消防设施的检测和维修由单位自负，并须确保消防设施完好有效；所需消防器材等产品由安全保卫处统一配置，经费由单位自支。

**第十九条** 建筑物使用单位或管理单位应负责室内消火栓、自动灭火系统的日常检查，并每月对屋顶消火栓、末端试水装置进行放水及静压试验。

安全保卫处负责室外消火栓的日常检查，每月对室外消火栓出水及静压进行试验。

安全保卫处负责校园消防管网（含喷淋、消火栓、消防供水设施）的正常使用，后勤管理处负责维修和维护。

**第二十条** 基本建设处负责新建和扩建建筑物消防安全标志的设置、消防设施的建造和消防器材的配置，并确保消防设施和器材完好有效，且在规定的质保期内。

后勤管理处负责改建（含室内装修、用途变更）建筑物消防安全标志的设置、消防设施的建造和消防器材的配置，并确保消防设施和器材完好有效，且在规定的质保期内。

**第二十一条** 各单位进行新建、改建、扩建、装修、装饰等活动，应确定一名安全负责人，严格执行消防法规和国家工程建设消防技术标准，并依法办理建设工程消防设计审核、消防验收或者备案手续。学校各项工程和驻校内各单位在校内的各项工程消防设施的招标和验收，应当报请安全保卫处参加方可进行。

施工单位负责施工现场的消防安全，严格按设计图纸施工，并接受安全保卫处的监督、检查。竣工后，建筑工程中与消防有关的图纸、资料、文件等报安全保卫处备案。

**第二十二条** 地下室、半地下室和用于生产、经营、储存易燃易爆、有毒有害等危险物品场所的建筑不得用作学生宿舍。

生产、经营、储存其他物品的场所与学生宿舍等居住场所设置在同一建筑物内的，应当符合国家工程建设消防技术标准。

学生宿舍、教室和礼堂等人员密集场所，禁止违规使用大功率电器，在门窗、阳台等部位不得设置影响逃生和灭火救援的障碍物。

**第二十三条** 利用地下空间开设公共活动场所，应当符合国家有关规定，并报安全保卫处备案。

**第二十四条** 各单位购买、储存、使用和销毁易燃易爆等危险品，应当按照国家有关规定严格管理，规范操作，并制定应急处置预案和防范措施。

各单位对管理和操作易燃易爆等危险品的人员，上岗前必须进行培训，持证上岗。

**第二十五条** 各单位应对动用明火实行严格的消防安全管理。禁止在具有火灾、爆炸危险的场所吸烟、使用明火；因特殊原因确需进行电、气焊等明火作业的，动火单位和人员应当向安全保卫处申办审批手续，落实现场监管人，采取相应的消防安全措施。作业人员应当遵守消防安全规定。

**第二十六条** 学校内出租房屋的，当事人应当签订房屋租赁合同，明确消防安全责任。出租方负责对出租房屋的消防安全管理。学校授权的管理单位应加强对校内出租房屋的监督检查。

外来务工人员的消防安全管理由用人单位负责。

**第二十七条** 发生火灾时，相关单位应当及时报警并立即启动应急预案，迅速扑救初起火灾，及时疏散人员。

事故单位应当在火灾事故发生后及时向学校党委办公室、校长办公室、安全保卫处等有关部门报告。

学校应当在火灾事故发生后两个小时内向省教育厅报告；发生较大以上火灾，应同时报教育部。

火灾扑灭后，事故单位应保护现场并接受事故调查，协助公安机关消防机构或安全保卫处调查火灾原因、统计火灾损失。未经公安机关消防机构或安全保卫处同意，任何人不得擅自清理火灾现场。

**第二十八条** 学校及消防安全重点单位应建立健全消防档案。

消防档案应全面反映消防安全和消防安全管理情况，并根据情况变化及时更新。

## 第四章 消防安全检查和整改

**第二十九条** 学校防火委员会每季度至少进行一次消防安全检查。检查的主要内容包括：

（一）消防安全宣传教育及培训情况；

（二）消防安全制度及责任制落实情况；

（三）消防安全工作档案建立健全情况；

（四）单位防火检查及每日防火巡查落实及记录情况；

（五）火灾隐患和隐患整改及防范措施落实情况；

（六）消防设施、器材设置及完好有效情况；

（七）灭火和应急疏散预案的制定和组织消防演练情况；

（八）其他需要检查的内容。

**第三十条** 消防安全检查应填写检查记录，检查人员、被检查单位负责人或者相关人员应在检查记录上签名；发现火灾隐患的应及时填发《校园安全隐患限期整改通知书》。

**第三十一条** 各单位每月至少进行一次消防安全检查。检查的主要内容包括：

（一）火灾隐患和隐患整改情况以及防范措施的落实情况；

（二）疏散通道、疏散指示标志、应急照明和安全出口情况；

（三）消防车通道、消防水源情况；

（四）消防设施、器材配置及有效情况；

（五）消防安全标志设置及其完好、有效情况；

（六）用火、用电有无违章情况；

（七）重点工种人员以及其他员工消防知识掌握情况；

（八）消防安全重点单位（部位）管理情况；

（九）易燃易爆危险物品和场所防火防爆措施落实情况以及其他重要物资防火安全情况；

（十）消防（控制室）值班情况和设施、设备运行、记录情况；

（十一）防火巡查落实及记录情况；

（十二）其他需要检查的内容。

消防安全检查应当填写检查记录。检查人员和被检查单位负责人应当在检查记录上签名。

**第三十二条** 消防安全重点单位（部位）应当进行每日防火巡查，并确定巡查的人员、内容、部位和频次。其他单位可以根据需要组织防火巡查。巡查内容主要包括：

（一）用火、用电有无违章情况；

（二）安全出口、疏散通道是否畅通，安全疏散指示标志、应急照明是否完好；

（三）消防设施、器材和消防安全标志是否在位、完整；

（四）常闭式防火门是否处于关闭状态，防火卷帘下是否堆放物品影响使用；

（五）消防安全重点单位（部位）的人员在岗情况；

（六）其他消防安全情况。

对校医院、学生宿舍、公共教室、实验室、文物古建筑等场所应加强夜间防火巡查。

防火巡查人员应及时纠正消防违章行为，妥善处置火灾隐患，无法当场处置的，应立即报告。发现初起火灾应立即报警、通知人员疏散、及时扑救。

防火巡查应填写巡查记录，巡查人员及其主管人员应在巡查记录上签名。

**第三十三条** 对下列违反消防安全规定的行为，检查、巡查人员应责成有关人员改正并督促落实：

（一）消防设施、器材或消防安全标志的配置、设置不符合国家标准、行业标准，或未保持完好有效的；

（二）损坏、挪用或擅自拆除、停用消防设施和器材的；

（三）占用、堵塞、封闭消防通道和安全出口的；

（四）埋压、圈占、遮挡消火栓或占用防火间距的；

（五）占用、堵塞、封闭消防车通道，妨碍消防车通行的；

（六）人员密集场所在门窗上设置影响逃生和灭火救援障碍物的；

（七）常闭式防火门处于开启状态，防火卷帘下堆放物品影响使用的；

（八）违章进入易燃易爆危险物品生产、储存等场所的；

（九）违章使用明火作业或在具有火灾、爆炸危险的场所吸烟、使用明火等违反禁令行为的；

（十）消防设施管理、值班人员和防火巡查人员脱岗的；

（十一）对火灾隐患经公安机关消防机构通知后不及时采取措施消除的；

（十二）其他违反消防安全管理规定的行为。

**第三十四条** 各单位对教育行政主管部门和公安机关消防机构、公安派出所以及学校安全保卫处提出的各类火灾隐患，应及时予以核查、消除。

对公安机关消防机构、公安派出所以及学校安全保卫处责令限期改正的火灾隐患，有关责任单位应在规定的期限内整改。

**第三十五条** 对不能及时消除的火灾隐患，有关责任单位应当及时向安全保卫处及相关单位的消防安全责任人或者消防安全工作主管领导报告，提出整改方案，确定整改措施、期限以及负责整改的部门、人员，并落实整改资金。

火灾隐患尚未消除的，有关责任单位应落实防范措施，保障消防安全。对于随时可能引发火灾或一旦发生火灾将严重危及人身安全的危险部位，应停止使用或停业整改。

**第三十六条** 对于因城市规划布局等外部因素造成的重大火灾隐患，学校应当及时向上级主管部门或者当地人民政府报告。

**第三十七条** 火灾隐患整改完毕，有关责任单位应将整改情况记录报送相应的消防安全责任人或消防安全工作主管领导签字确认，并报送学校安全保卫处存档备查。

## 第五章 消防安全教育和培训

**第三十八条** 各单位应当将师生员工的消防安全教育和培训纳入本单位消防安全年度工作计划。

消防安全宣传教育和培训的主要内容包括：

（一）国家消防工作方针、政策，消防法律、法规；

（二）本单位、本岗位的火灾危险性，火灾预防知识和措施；

（三）有关消防设施的性能、灭火器材的使用方法；

（四）报火警、扑救初起火灾和自救互救技能；

（五）组织、引导在场人员疏散的方法。

**第三十九条** 各学院（系）和有关单位应当采取下列措施对学生进行消防安全教育，使其了解防火、灭火知识，掌握报警、扑救初起火灾和自救、逃生方法。

（一）开展学生自救、逃生等防火安全常识的模拟演练，每学年至少组织一次学生消防演练；

（二）根据消防安全教育的需要，将消防安全知识纳入教学和培训内容；

（三）对每届新生进行不低于4学时的消防安全教育和培训；

（四）对进入实验室的学生进行必要的安全技能和操作规程培训；

（五）每学年至少举办一次消防安全专题讲座，并在校园网络、广播、校内报刊开设消防安全教育栏目。

**第四十条**　各单位应组织新上岗和进入新岗位的员工进行上岗前的消防安全培训。

消防安全重点单位（部位）对员工每年至少进行一次消防安全培训。

**第四十一条**　下列人员应依法接受消防安全培训：

（一）学校及各单位的消防安全责任人、消防安全管理人；

（二）专职消防管理人员、学生宿舍管理人员；

（三）消防控制室值班、操作人员；

（四）其他依照规定应当接受消防安全培训的人员。

消防控制室值班、操作人员必须持证上岗。

## 第六章　灭火、应急疏散预案和演练

**第四十二条**　学校及各单位、消防安全重点单位（部位）应制定相应的灭火和应急疏散预案，建立应急反应和处置机制，为火灾扑救和应急救援工作提供人员、装备等保障。

灭火和应急疏散预案应包括以下内容：

（一）组织机构：指挥协调组、灭火行动组、通讯联络组、疏散引导组、安全防护救护组；

（二）报警和接警处置程序；

（三）应急疏散的组织程序和措施；

（四）扑救初起火灾的程序和措施；

（五）通讯联络、安全防护救护的程序和措施；

（六）其他需要明确的内容。

**第四十三条**　各类实验室应有针对性地制定突发事件应急处置预案，并将应急处置预案涉及的生物、化学及易燃易爆物品的种类、性质、数量、危险性和应对措施及处置药品的名称、产地和储备等内容报学校实验室与设备管理处及安全保卫处备案。

**第四十四条**　消防安全重点单位应按照灭火和应急疏散预案每半年至少组织一次消防演练，并结合实际，不断完善预案。

消防演练应当设置明显标识并事先告知演练范围内的人员，避免意外事故发生。

## 第七章　消防经费

**第四十五条**　学校应将消防经费纳入年度经费预算，保证消防经费投入，保障消防工作的需要。

**第四十六条**　日常消防经费应用于校内灭火器材的配置、维修、更新，灭火和应急疏散预案的备用设施、材料以及消防宣传教育、培训等，保证消防工作正常开展。

**第四十七条**　学校安排专项经费，用于整改火灾隐患，维修、检测、改造消防专用给水管网、消防专用供水系统、灭火系统、自动报警系统、防排烟系统、消防通信系统、消防监控系统等消防设施。

**第四十八条**　消防经费使用坚持专款专用、统筹兼顾、保证重点、勤俭节约的原则。

任何单位和个人不得挤占、挪用消防经费。

**第四十九条**　学校消防安全管理实行安全风险抵押金制度。被学校确定为消防安全重点的各单位每年依据上一年度消防安全状况向学校交纳当年消防安全风险抵押金10000元。若年度内未发生任何火灾事故，年终予以返还或滚存到下一年度。若年度内发生火灾事故，该单位交纳的风险抵押金将不予返还，并进行相应的责任追究。

## 第八章 奖 惩

**第五十条** 学校及各单位应将消防安全工作纳入日常评估考核内容，对在消防安全工作中成绩突出的单位和个人给予表彰奖励。

**第五十一条** 对未依法履行消防安全职责、违反学校消防安全制度，或擅自挪用、损坏、破坏消防器材和设施等违反消防安全管理规定的相关单位，学校应责令其限期整改，并对该单位的消防安全责任人、管理人和直接责任人予以赔偿损失、书面检查、通报批评、诫勉谈话、行政处分等方式的责任追究。

涉及民事损失、损害的，有关责任单位和责任人应承担民事责任。

**第五十二条** 对未依法履行消防安全职责、违反学校消防安全制度，发生火灾事故的，按照《浙江大学消防安全责任追究实施办法（试行）》（浙大发保〔2009〕1号）追究相关责任人的责任。

涉及民事损失、损害的，除按照《浙江大学消防安全责任追究实施办法（试行）》追究相关责任人的责任外，有关责任单位和责任人还要承担相应民事责任。

涉嫌犯罪的，依法移送司法机关追究刑事责任。

## 第九章 附 则

**第五十三条** 本规定未尽事项，按国家有关法律、法规、规章执行。本规定条款如与国家新颁布的法律、法规、规章相抵触，按国家新颁布的法律、法规、规章执行。

**第五十四条** 本规定所称的各单位，包括各学部、学院（系）、党政各部门、各校区管委会、直属各单位及其他各独立机构。

**第五十五条** 本规定所称的消防设施，是指火灾自动报警系统、自动灭火系统、消火栓系统、防烟排烟系统以及应急广播和应急照明、安全疏散设施等。

**第五十六条** 本规定由学校防火委员会负责解释。

**第五十七条** 本规定经校务会议讨论通过，自公布之日起施行，《浙江大学消防安全管理规定》（浙大发保〔2010〕1号）同时废止。

# 青岛科技大学实验室消防安全实施细则

青科大字〔2013〕180号

## 第一章 总 则

为了加强和规范实验室的消防安全管理，预防和减少火灾危害，保障师生员工生命和学校财产安全，根据《中华人民共和国消防法》、《高等学校消防安全管理规定》、《青岛科技大学消防安全管理办法》及学校实验室安全规定、化学危险品管理使用条例、实验室危险废弃物处置管理办法等相关办法，制订本细则。

**第一条** 本细则适用于各级、各类教学实验室、科研实验室(所)。

**第二条** 实验设备处统一管理教学实验室和科研实验室的消防安全工作，协助保卫处做好实验室消防安全教育、管理、监督、考核等工作。

**第三条** 实验设备处协助保卫处，采取定期检查和暗访的形式，对各单位消防安全工作及消防设施进行检查，对存在的隐患和问题尽快予以通报，及时与相关部门沟通，配合各单位搞好整改工作。

## 第二章 实验室所在二级单位消防安全职责

**第四条** 各级各类教学、科研实验室均属校、院(部)二级管理。本着“谁主管，谁负责”的原则，学院(部)、研究所主要负责人是本单位消防安全责任人，全面负责消防安全工作。将消防安全工作纳入年度考核。

**第五条** 各实验室的日常消防安全工作，由实验室所在二级单位负责。

**第六条** 实验室所在二级单位在组织和管理实验室消防安全工作中，必须履行下列职责：

(一)贯彻预防为主、防消结合的方针，建立本单位实验室安全责任体系，建立健全实验室消防安全管理制度、安全操作规程和消防安全责任制，制定本单位的实验室安全工作计划并组织实施，筹集资金，加大对实验室安全设施建设与改造工作的投入。确定一名领导全面负责消防安全管理，并确定每个实验室的消防负责人，由其具体负责所在实验室的消防工作。

(二)各单位实验室类型众多、情况各异，应结合本单位实际制定消防安全制度、突发事故应急预案和实验操作规程。在保卫处指导下定期对师生员工进行消防宣传教育，经常组织教师和学生进行消防安全培训，培养其报警、自防、自我逃生和扑救初级火灾的能力。

(三)按消防要求配置相应数量和类型的灭火器材，设置明显标志，并便于取用。

(四)保障疏散通道、安全出口畅通，不得随意堆放杂物。

（五）实行每日防火巡查，及时发现和消除火灾隐患。

（六）一旦发生火灾，要及时报警，立即启动消防预案，同时组织实验室工作人员进行扑救，疏散在场人员；在场人员应听从指挥，并积极参加有组织的灭火工作。

## 第三章　实验室消防安全职责

**第七条**　各实验室消防负责人应切实履行和承担消防安全责任，认真执行有关规定和制度，切实加强本实验室的消防安全管理，组织落实防火措施和实验安全操作规程，确保本室的消防安全。

各实验室防火负责人负责保管本室灭火器材，定期检查消防器材及实验室周围的消防设施，发现问题及时报保卫处维修、更换和增补，确保完好可用。

**第八条**　实验室应当有针对性地制定突发事件应急处置预案，并将应急处置预案涉及的电气、生物、化学及易燃易爆物品的种类、性质、数量、危险性和应对措施及处置药品的名称、产地和储备等内容报学校消防机构备案。

**第九条**　实验过程中必须遵守下列安全规定：

（一）实验人员要严格执行“实验室十不准”即：不准吸烟；不准乱放杂物；不准实验时人员脱岗；不准堵塞安全通道；不准违章使用电热器；不准违章私拉乱接电线；不准违反操作规程；不准将消防器材挪作他用；不准违规存放易燃药品、物品；不准做饭、住宿。

（二）实验人员必须熟知“四懂四会”即：懂本岗位火灾危险性、懂预防措施、懂扑救方法、懂逃生的方法；会报警、会使用灭火器材、会处理险肇事故、会逃生。

（三）所有参加实验人员，必须严格执行实验室安全操作规程，要随时检查实验仪器设备、电路、水、气及管道等设施有无损坏和异常现象，并做好安全检查记录。

（四）实验课程必须按照教学大纲的要求进行，学生必须在实验课教师的指导下进行实验。科研实验必须在教师指导下，按照预定实验计划和操作规程进行。

（五）实验严禁使用和擅自动用明火；严禁携带火源、火种进入实验室。

确需动用明火的实验，或实验室内需要动用电气焊等明火施工或维修的，事先必须到保卫处办理动火证，批准后方可使用，并严格执行相关规定。

（六）实验室的建设、改扩建、装修，内部水电气线路、电气设备和空调的安装，首先应考虑安全和节能环保，必须按照《青岛科技大学大学实验室环境改造管理规定》，经实验设备处、后勤处、保卫处批准后方可施工。工程完成后须经保卫处消防安全评估合格后方可使用，改造后图纸交后勤处备案。

实验室内部改造及维修和消防器材增补费用，教学实验室由教学经费支出，科研实验室由各自科研经费支出或由学校其他经费支出。

（七）实验室购买、储存、使用易燃易爆、有毒等危险品（包括承揽外单位科研任务），应当按照国家和学校有关规定严格管理、规范操作，要严格领取手续，及时登记，做到用多少领多少，不得超量领取，并建立严格的领用、保管、使用、回收制度，必须严格按性质与类别贴标签，不准混存混放，特别对有毒物品要集中存放或指定两人以上保管。并制定应急处置预案和防范措施。对管理和操作易燃易爆等危险品的人员，上岗前必须进行培训，持证上岗。

（八）严格执行《青岛科技大学实验室危险废弃物处置管理办法》，对在实验过程中产生的化学废弃物（废液、试剂瓶、包装物等）和剩余的药品、试剂等，严禁随意抛弃和往下水道里倾倒，应贴好标签并按照物性和类别进行分类存放，由学校集中回收，统一按国家规定处理。

（九）实验室所用的各种气体钢瓶要远离火源，应放置在空气流通的地方，氢、氧、乙炔钢瓶不能混放一起。使用放射性物品，必须严格执行国家和学校有关放射防护规定。

（十）使用的大功率电加热器等用电设备，周围不得放置易燃可燃物品；对冰箱、高温加热、高压、高辐射、高速运动等有潜在危险的仪器设备尤其要加强管理；对精密仪器、大功率仪器设备、使用强电的仪器设备要保证接地安全，并做到人走断电；恒温箱、电冰箱内禁止存放互相抵触的物品和闪点低的易燃液体。对服役时间较长的设备以及具有潜在安全隐患的设备应及时报废，消除安全隐患。

（十一）实验室内应使用空气开关并配备必要的漏电保护器；电气设备应配备足够的用电功率和电线，不得超负荷用电；对电线老化等隐患要定期检查并及时排除。实验室固定电源插座未经允许不得拆装、改线，不得乱接、乱拉电线，不得使用闸刀开关、木质配电板和花线。杜绝自来水龙头打开而无人监管的现象，要定期检查上下水管路、化学冷却冷凝系统的橡胶管等，避免发生因管路老化、堵塞等情况所造成的安全事故。

（十二）任何与实验室无关的人员，不得随意进入实验室，不准在实验室内从事与实验无关的其他活动。

（十三）实验结束后，应对各种实验器具、设备和物品进行整理，打扫室内卫生，并进行全面仔细的安全检查，清除易燃物，切断气源、电源和火源，关好门窗，确认安全后方可离开。

## 第四章　罚　则

**第十条**　违反本规定，有下列行为之一的单位和个人，按《青岛科技大学消防安全管理办法》予以处罚：

（一）火灾危险性较大的实验，无人现场监护的；

（二）学生在没有指导教师在场的情况下，擅自做实验的，或学生在实验过程中，指导教师擅离职守的；

（三）在实验室内吸烟，擅自动用明火的，或携带火源、火种进入实验室的；

（四）违反消防安全规定和实验室安全操作规程，或者因工作失误、渎职，引起火灾火险，尚未造成严重损失的；

（五）未经许可，私自改建、扩建、搭建实验室的；

（六）其他违反学校各项消防安全管理规定，应该处罚的行为。

**第十一条**　对违反本规定的，由保卫处责成相关单位及个人限期整改，逾期不改正或整改后达不到规定要求的，按《青岛科技大学消防安全管理办法》有关规定处罚。

**第十二条**　对违反本规定，情节严重的单位和个人，由公安消防机构处罚。对给予拘留处罚的，由公安机关裁决。构成犯罪的，依法追究刑事责任。

## 第五章　附　则

**第十三条**　本规定具体应用中的问题，由实验设备处负责解释；消防安全整改通知由保卫处下达；处罚条例按《青岛科技大学消防安全管理办法》执行，由保卫处负责解释。

**第十四条**　本细则自公布之日起施行。

# 大连理工大学职业卫生管理办法

大工校发〔2013〕55号

## 第一章 总 则

**第一条** 为了预防、控制和消除职业危害，维护教职工职业健康，促进学校的和谐发展，使教学科研环境符合国家职业卫生标准和要求，根据《中华人民共和国职业病防治法》，结合我校实际情况，特制定本管理办法。

**第二条** 职业卫生工作，既是一项工作任务和基本要求，也是社会文明和技术进步的标志。主要涵盖了以下几个概念：

职业病——是指劳动者在工作及其他职业活动中，因接触职业危害因素而引起的，并列入国家公布的职业病范围的疾病。

职业危害——是指存在于工作场所或者接触特定职业相伴随，对从事该职业活动的劳动者可能造成健康损害或者影响的各种危害。

职业禁忌症——是指从事特定职业或者接触特定职业危害因素时，比一般职业人群更易遭受职业危害和易患职业病，或者可能导致原有自身疾病病情加重。或者在从事作业过程中，可能导致对他人健康构成危险的特殊生理或病理状态。

有害作业——是指在施工生产环境和过程中存在的可能影响身体健康的因素（包括化学因素、物理因素和生物因素等）。

**第三条** 各单位应建立和完善职业卫生的监控保障体系，层层落实责任制。遵循"安全第一，预防为主"的方针，提高职业卫生意识，消除各类职业危害隐患，保障教职工职业卫生健康。

## 第二章 职业卫生组织机构与职责

**第四条** 学校安全管理委员会是学校最高职业卫生管理机构，主管副校长作为最高管理者代表学校负责对全校职业卫生工作实施管理。

**第五条** 各单位必须有一名领导分工负责安全环保职业卫生工作，各实验室、中心等基层部门的负责人是安全环保职业卫生工作的直接责任人，具体负责本部门日常安全环保职业卫生管理工作。

**第六条** 相关职责

1. 职业病防治实行民主管理和群众监督相结合。

2. 学校安委会负责职业危害因素的辨识、评价、制定职业危害防治措施，开展职业病防治的宣传、教育，负责职业病的统计、报告和档案管理工作。

3.学校人事处和各级用人单位负责对职业病患者调换工作岗位,安排休养。

4.各教学科研单位负责职业病防治措施的实施,对职业病防治设备进行经常检查、维护和定期检测,保持正常运转,并按规定发给员工符合质量要求的个人卫生防护用品。

5.教职员工在教学科研过程中,应严格遵守职业病防治管理制度和职业安全卫生操作规程,并享有获得职业病预防、保健、治疗和康复的权利。

## 第三章 职业卫生管理

**第七条** 积极做好工作场所的卫生防护工作,使工作场所符合下列职业卫生要求:

1.职业病危害因素的强度或者浓度符合国家职业卫生标准;

2.有与职业病危害防护相适应的设施;

3.生产布局合理,符合有害与无害作业分开的原则;

4.有配套的更衣间、洗浴间、孕妇休息间等卫生设施;

5.设备、工具、用具等设施符合保护劳动者生理、心理健康的要求;

6.法律、行政法规和国务院卫生行政部门关于保护劳动者健康的其他要求。

**第八条** 学校实验室、研究所等涉及新建、改建、扩建建设项目和技术改造、引进项目时,应当向当地卫生行政部门提交职业病危害预评价报告并经卫生行政部门审核、通过验收。

**第九条** 对从事放射、高毒等作业的特殊管理

放射、高毒职业病危害作业是极易发生重大职业病危害事故和严重职业病的主要作业。

特殊管理包括对作业场所和作业人员的特殊管理。如作业场所的隔离、生产设备管道化、密闭化和操作自动化,作业场所设置特殊职业病防护设备,包括自动报警装置、防护安全连锁反应系统和工作信号,配备应急救援设施、医疗急救用品等。

特殊管理措施还包括对这类作业实施特殊的监管手段。如实施许可制度,即作业许可和人员资格许可。作业许可是指用人单位从事放射、高毒等、职业病危害作业,必须符合国家有关的特殊卫生规定和要求,取得卫生许可后,方可从事该项作业。人员资格许可是指从事放射、高毒等特殊职业的人员,也包括这类作业的管理人员必须通过职业健康检查和培训,身体状况符合要求并掌握特殊职业危害防护知识,取得特殊职业病危害作业资格后方可上岗;管理人员也必须通过专业培训,取得特殊职业病危害作业职业卫生管理资格后方可从事相应的管理工作。

**第十条** 职业病危害公告告知和工作场所危害警示及报警装置的设置

产生职业病危害的相关单位应当在醒目位置设置公告栏,公布职业病防治的规章制度、操作规程、职业病危害事故应急救援措施和工作场所职业病危害因素检测结果。

对产生严重职业病危害作业岗位,应当在其醒目位置,设置警示标识和中文警示说明。

对可能发生急性损伤的有毒、有害工作场所,各有关单位应当设置报警装置,配置现场急救用品、冲洗设备、应急撤离通道和必要的泄险区。

**第十一条** 对可能产生职业病危害的化学品、放射性同位素、含有放射性物质材料的,应当提供中文说明书。说明书应当载明产品特性、主要配方、存在的有害因素;可能产生的后果、安全使用注意事项、职业病防护以及应急救援措施等内容。贮存上述材料的场所应当在规定的部位设置危险物品标识或者放射性警示标识。

**第十二条** 各教学科研单位应对涉及接触职业病危害岗位人员进行上岗前和经常性的职业安全卫生和职业病防治的宣传教育和培训。培训对象包括：用人单位的负责人、劳动者。职业卫生培训的方式有：用人单位负责人的职业卫生培训、用人单位对劳动者进行的上岗前职业卫生培训和在岗期间的定期职业卫生培训。其内容和目的是普及职业卫生知识。

**第十三条** 各单位应提供和配备符合国家标准或行业标准的劳动防护用品，教育和督促相关人员按规定正确使用劳防用品，禁止劳防用品经费移作他用。对接触职业病危害的人员应按规定发放营养保健津贴。

**第十四条** 建立、健全工作场所职业病危害因素监测及检测评价制度，各教学科研单位必须采取综合的防治措施，应在可能发生急性职业中毒和职业病的有害作业场所，配备医疗急救药品和急救设施。由学校每年定期向取得省级卫生行政部门资质认证的职业卫生技术服务机构申请检测、评价。

**第十五条** 建立职业健康监护制度，使本单位的职业健康监护工作严格按规范管理，使其制度化，内容包括：上岗前、在岗期间、离岗时的健康体检和职业健康监护档案。学校每年定期组织对各有关单位接触职业病危害的人员进行上岗前、在岗期间、离岗时的职业健康检查，并及时将检查出的非正常结果告知劳动者本人。

**第十六条** 职业病报告制度

对发现疑似职业病的非急性职业病或急性职业病紧急救治后的患者应根据《职业病防治法》规定及时转诊到取得职业病诊断资质的医疗卫生机构明确诊断，对确认的非急性职业病患者如尘肺、慢性职业病和其他慢性职业病，应及时按卫生行政主管部门规定的程序逐级上报。各单位不得安排有职业禁忌的员工从事与禁忌相关的有害作业。

**第十七条** 急性职业中毒和其他急性职业病诊治终结，疑有后遗症或者慢性职业病的，应当由市级职业病诊断鉴定组织予以确认。当学校安委会接到市职业病诊断鉴定组织的结论定为职业病后，填写职业病登记表，按国家有关规定进行职业病报告。

**第十八条** 各单位应建立、健全职业病危害事故应急救援预案，明确包括救援组织、机构和人员职责、应急措施、人员撤离路线和疏散方法、财产保护对策、事故报告途径和方式、预警设施、应急防护用品及使用指南、医疗救护等内容。

**第十九条** 本管理办法由校安全管理委员会负责解释，自 2013 年 5 月 1 日起正式实施。

# 宁波大学实验场所个体防护装备管理办法

宁大政〔2012〕79号

## 第一章 总 则

**第一条** 为了保护我校教职工及学生在教学、科研实验、实习活动(以下统称实验)中的安全与健康,加强个体防护装备配备及使用管理,根据国家有关规定和标准,结合我校实际,特制定本管理办法。

**第二条** 为了减少实验安全事故的发生,各级负责人应首先采取工程控制、管理控制和行为控制等各种安全预防措施消除、减少、控制实验场所内的风险。个体防护装备是实验人员为防御物理、化学、生物等外界因素伤害所穿戴、配备和使用的各种防护品的总称,是在采取各种措施还不能杜绝和消除安全事故发生的可能性时保护实验人员人身安全的最后屏障。

**第三条** 本办法适用于我校各级各类实验室、实习场所(含野外实习场所,以下统称实验场所)配备和使用个体防护装备的管理工作。

## 第二章 职责与分工

**第四条** 设备与实验室管理处是我校实验场所个体防护装备的归口管理部门,负责本校实验场所个体防护装备的计划审核、经费预算、采购发放以及全校各单位使用管理工作的监督检查。

**第五条** 校内各学院及相关二级单位(以下统称学院)负责学院内各实验场所个体防护装备的计划审核、经费落实、领用发放以及日常使用管理的监督检查。

**第六条** 实验场所负责人、科研项目负责人负责实验场所内和实验活动中风险识别与危害评估、个体防护装备配备方案的制定、日常使用与管理的督促检查等工作。

**第七条** 从事教学、科研实验以及实验指导工作的教师,从事实验技术与管理工作的实验场所工作人员,参与教学、科研实验的学生等实验人员在进行实验之前以及在实验过程中,要充分了解实验场所和实验活动中潜在的各种危险因素,必须按规定穿戴满足实验安全要求的个体防护装备。未穿戴或所配备的个体防护装备不能满足安全要求的实验人员,不得开展实验或应立即停止实验。

## 第三章 种类与配备规定

**第八条** 实验场所个体防护装备的门类品种繁多,按照其所涉及的防护部位,可分为头部防护装备、呼吸防护装备、眼面部防护装备、听力防护装备、手部防护装备、足部防护装备、躯体防护装备等7大类。

1.头部防护装备：头部防护装备是用来保护人体头部，使其免受冲击、刺穿、挤压、绞碾、擦伤和脏污等伤害的各种防护装备，包括工作帽、安全帽、安全头盔等。

2.呼吸防护装备：呼吸防护装备是防御缺氧空气和空气污染物进入呼吸道，从而保护呼吸系统免受伤害的防护装备，包括防尘口罩、空气呼吸器、防毒面具等。

3.眼面部防护装备：眼面部防护装备是防御电磁辐射、紫外线及有害光线、烟雾、化学物质、金属火花和飞屑、尘粒、抗机械和运动冲击等伤害眼睛、面部和颈部的防护装备，包括太阳镜、安全眼镜、护目镜和面罩等。

4.听力防护装备：听力防护装备是保护听觉、使人耳免受噪声过度刺激的防护装备，包括耳罩、耳塞等护耳器。

5.手部防护装备：手部防护装备是保护手部位免受伤害的防护装备，主要是各种防护手套。

6.足部防护装备：足部防护装备是保护穿用者的小腿及脚部免受物理、化学和生物等外界因素伤害的防护装备，主要是各种防护鞋、靴。

7.躯体防护装备：躯体防护装备是保护穿用者躯干部位免受物理、化学和生物等有害因素伤害的防护装备，主要是工作服和各种功能的防护服等。

**第九条** 各实验场所根据自身环境条件以及实验中涉及的危险因素，选择配备具备相应防护功能的个体防护装备。

**第十条** 我校实验场所个体防护装备分为专用防护装备和公用防护装备两大类，视实验人员不同的工作性质和实验场所环境条件合理配备。

专用防护装备是指直接发放到实验人员个体，由其自行管理、专属使用的个体防护装备。

公用防护装备是指由实验场所统一配备、统一管理，实验人员根据需要穿戴使用的个体防护装备。

**第十一条** 对于长期在特定的实验环境中工作，需要频繁穿戴使用某些种类的个体防护装备的实验人员，可给予配备相应种类的专用防护装备；其他实验人员，视工作性质和条件选择穿戴公用防护装备。

## 第四章 配备原则与程序

**第十二条** 个体防护装备的配备必须贯彻“安全第一、预防为主”的方针，依照有利于教学、科研工作，有利于实验安全的原则，达到有效防护的目的。

**第十三条** 个体防护装备在配备之前，必须由实验场所负责人组织人员对实验场所及某项具体实验活动进行危险因素识别和危害程度评估，在此基础上提出适用的个体防护装备配备计划。

**第十四条** 专业防护装备配备计划的主要内容包括配备人员名单，所涉及的危险因素和危害程度评估结果，拟配备的个体防护装备品名、型号规格、数量，经费预算以及落实情况等；公用防护装备配备计划的主要内容包括实验人员所涉及的危险因素和危害程度评估结果，拟配备的个体防护装备品名、型号规格、数量，经费预算以及落实情况等。

**第十五条** 实验场所负责人提出的个体防护装备配备计划，经学院和学校审核同意后，由设备与实验室管理处统一采购、发放到有关实验场所和实验人员个体。

**第十六条** 设备与实验室管理处应向专业经营单位或生产企业购买个体防护装备，所购买的个体防护装备须符合国家相关技术标准，具有产品合格证书。购买列入由国家安全生产监督管理总局确定并公布的目录的特种劳动防护用品，必须具有安全标志。

## 第五章 使用与管理

**第十七条** 各学院、实验场所应加强个体防护装备配备、使用的管理工作，建立管理台账。

**第十八条** 实验人员进入实验场所，必须按照规定穿戴适用的个体防护装备，实验期间有外来参观、学习及服务人员等也要按规定穿戴个体防护装备方可进入实验场所。

**第十九条** 在整个实验过程中，实验人员必须始终穿戴个体防护装备；离开实验场所之前，应脱下个体防护装备，并按要求做好消毒、清洁、保养工作。

**第二十条** 对于可能沾染上细菌、病毒等有害生物因子以及放射性、有毒有害等物质的个体防护装备，必须在脱下前或脱下后严格按要求进行消毒、灭菌、灭活等工作，使用专用的清洗设备单独清洗或委托有资质的专门清洗机构清洗，存放在规定的地方，不得将其带回宿舍、食堂等生活和公共场所，也不准由实验人员自行与其他衣物混放、清洗。

**第二十一条** 对使用方法比较复杂的个体防护装备，使用人员必须认真研读使用说明，实验场所负责人也要加强培训工作，使实验人员正确掌握其使用方法。

**第二十二条** 公用防护装备及特种劳动防护用品应有专人负责保管、检查、定期校验和维护，并做好相关的台账记录。

**第二十三条** 对于已不符合国家标准或行业标准，与所从事的实验工作类型不匹配，在使用或保管贮存期内遭到损坏或超过有效使用期限，经定期检验和抽查未达到安全保护有关的标准或规程所规定的功能指标等符合报废条件的个体防护装备，各单位应及时报废、更换。

## 第六章 经 费

**第二十四条** 实验场所配备可重复使用的个体防护装备所需经费，根据实验人员的身份、实验室和实验性质从相应的渠道列支。

1.从事教学实验相关工作的教职工配备专用防护装备、教学实验室配备公用防护装备，从学校和学院的事业经费、实验经费中列支；

2.学会因教学实验需要配备专用防护装备，由学校、学院及学生本人共同承担相关费用；

3.从事科研实验相关工作的教职工和学生配备专用防护装备、科研实验场所配备公用防护装备，从科研经费中列支。

**第二十五条** 实验场所配备非一次性使用的个体防护装备，学校根据具体情况给予最高不超过总费用50%的经费补助，由设备与实验室管理处根据学院领用个体防护装备的实际情况，直接将补助经费划入各学院在学校材料仓库的账户中。

**第二十六条** 实验场所配备一次性使用的个体防护装备(如一次性防护手套、防护口罩、防护衣等)所需经费,根据实验性质,从学院教学实验经费或科研经费中列支,学校不予经费补助。

## 第六章 监督与检查

**第二十七条** 给实验人员配备个体防护装备是实验场所安全管理的一项辅助保护措施,各单位要严格按照国家有关规定以及本办法做好配备和管理工作,做到"应配尽配,使用规范,管理到位";同时,要严格控制配备的范围、品种、数量,不得任意扩大或缩小发放范围、提高或降低发放标准。

**第二十八条** 配备个体防护装备不是生活福利待遇,必须统一发放实物,不得以发放防护用品的名义变相作为福利发放其他物资或折合成现金发放。

**第二十九条** 各学院和实验场所要重视个体防护装备配备、使用和管理工作,加强对实验人员的教育、培训和督促检查,确保个体防护装备在保障实验人员安全与健康中发挥有效作用。

**第三十条** 学校将通过日常检查、接受投诉举报等多种途径加强对全校各单位和相关人员配备、使用及管理个体防护装备工作的监督检查。对于不遵守本办法规定的单位和个人,将予以批评教育,责令其限期改正;对于拒不改正,或因未按规定配备、穿戴个体防护装备而造成人身伤害等严重后果的,将追究相关责任人的行政责任,甚至刑事责任。

## 第八章 附 则

**第三十一条** 本办法经第149次校长办公会议审定,自发布之日起施行,由设备与实验室管理处负责解释。

# 浙江大学实验室冰箱安全管理规定

## 浙大设发〔2015〕5 号

根据《浙江大学实验室安全管理办法》(浙大发设〔2010〕5 号)和《浙江大学实验室安全责任追究办法(试行)》(浙大发设〔2010〕6 号)等文件精神,为加强实验室冰箱的安全使用与管理,促进学校创建一流大学和打造平安校园,特制定本规定。

**第一条** 实验室内使用的冰箱通常分为:机械温控有霜冰箱、机械温控无霜冰箱、电子温控有霜冰箱、电子温控无霜冰箱、防爆冰箱等五大类。冰箱使用年限一般为 12 年。

超过使用年限或虽在使用年限内但已无法正常工作的冰箱应及时作报废处理。

对超过使用年限但状态良好确需继续使用的冰箱,使用单位必须每年对其工作状态进行确认(见附表 1、附表 2),最多可延长 4 年,之后必须作报废处理。

**第二条** 实验室内不具防爆性能的冰箱不得用于储藏易燃易爆物品。实验室内如有不属学校固定资产的冰箱(捐赠或未达到固定资产金额)的,必须先确认其工作状态良好(填写附表 1),并向实验室与设备管理处备案后方可使用。

**第三条** 冰箱应放置在通风良好处,保证一定的散热空间;不得在其周围放置纸箱、泡沫箱、气体钢瓶等易燃易爆物品。

**第四条** 储存物品应根据性质、用途等分类整齐摆放,标识清晰完整,空间不得过挤过满;做好冰箱内储藏物品的防泄漏、固定等工作。

**第五条** 对于存放易燃、易爆化学物品的冰箱必须为防爆冰箱或经过防爆改造(拆除照明灯)的电子温控有霜型冰箱(无风扇),其他冰箱一律不得存放易燃、易爆等化学物品。

**第六条** 存放剧毒化学品或高致病性生物制剂的冰箱应采取固定措施,并严格执行“双人双锁”制度。

**第七条** 实验室内使用的冰箱不得用于存放食品、饮料和个人私用药品。

**第八条** 实验人员应加强冰箱的日常管理,冰箱内物品应定期清理,经常进行化霜处理及安全状况检查,以确保冰箱处于良好的工作状态,发现问题应及时维修。

**第九条** 对于违反本规定的,学校将依据《浙江大学实验室安全责任追究办法(试行)》进行处理。

**第十条** 本规定自 2015 年 9 月 25 日起施行,原浙大设发〔2007〕5 号文同时废止。

**第十一条** 本规定由学校实验室与设备管理处负责解释。

附表:1. 浙江大学冰箱工作状态确认表

2. 浙江大学院(系)实验室冰箱工作状况确认汇总表

**附表 1**

## 浙江大学冰箱工作状态确认表

| 院系单位 | | 研究所/实验室 | |
|---|---|---|---|
| 设备名称 | | 生产厂家 | |
| 设备编号 | | 增置日期 | |
| 型号规格 | | 类型 | |
| 储藏类别 | | 是否已改造 | |
| 使用人 | | 联系电话 | |
| 存放地点 | | | |
| 冰箱状态确认/建议 | | | |
| 确认人 | | 联系电话 | |
| 使用人意见 | 签名：<br>日期： | 研究所/实验室意见 | 签名：<br>日期： |

注：①“类型、改造”的类型指：机械有霜、机械无霜、电子有霜、电子无霜、防爆，其中机械有霜冰箱和电子有霜冰箱必须注明是否已进行改造；②“储藏类别”指：易燃易爆化学品、其他物品；③“设备状态”指：正常(可继续使用)、需维修、须报废；④“确认人”应是校内人员，一般为使用人；⑤不属学校固定资产的冰箱，填报时设备编号可空白，备案后由实验室与设备管理处给予编号；⑥如果超过规定年限，但不愿做状态确认，将作强制报废处理。

**附表 2**

## 浙江大学实验室冰箱工作状况确认汇总表

学院(系)(公章)：________ 表格汇总人：________ 日期：________

| 序 | 设备编号 | 型号规格 | 储藏类别 | 类型、改造 | 生产厂家 | 增置日期 | 使用人 | 存放地点 | 设备状态 | 确认人 | 设备处意见 |
|---|---|---|---|---|---|---|---|---|---|---|---|
| | | | | | | | | | | | |
| | | | | | | | | | | | |
| | | | | | | | | | | | |
| | | | | | | | | | | | |
| | | | | | | | | | | | |
| | | | | | | | | | | | |
| | | | | | | | | | | | |
| | | | | | | | | | | | |
| | | | | | | | | | | | |
| | | | | | | | | | | | |
| | | | | | | | | | | | |
| | | | | | | | | | | | |

注：①“储藏类别”指：易燃易爆化学品、其他物品；②“类型、改造”的类型指：机械有霜、机械无霜、电子有霜、电子无霜、防爆，其中机械有霜冰箱和电子有霜冰箱必须注明是否已进行改造；③“设备状态”指：正常(可继续使用)、需维修、须报废；④“确认人”应是校内人员，一般为使用人；⑤不属学校固定资产的冰箱，填报时设备编号可空白，备案后由实验室与设备管理处给予编号；⑥如果超过规定年限，但不愿做状态确认，将强制报废处理。

# 浙江大学实验室常用加热设备安全管理规定

浙大设发〔2015〕6 号

根据《浙江大学消防安全管理规定》(浙大发保〔2012〕1 号)、《浙江大学消防安全责任追究实施办法(试行)》(浙大发保〔2009〕1 号)、《浙江大学实验室安全管理办法》(浙大发设〔2010〕5 号)和《浙江大学实验室安全责任追究办法》(浙大发设〔2010〕6 号)等文件精神,为加强实验室常用加热设备的安全使用与管理,促进学校创一流建设和打造平安校园,特制定本规定。

## 第一章 总 则

**第一条** 实验室常用加热设备包括:烘箱、箱式电阻炉(马弗炉)、高温管式炉、培养箱、电炉、电磁炉、微波炉、电吹风、热风枪、电烙铁及油浴、沙浴、金属浴、水浴等浴锅。

**第二条** 各学院(系)、直属单位及实验人员需提高实验室安全意识,加强加热设备的使用与管理,定期检查加热设备的安全状况,杜绝违规操作。

## 第二章 烘箱、马弗炉、高温管式炉的安全使用与管理

**第三条** 烘箱、马弗炉、高温管式炉等加热设备应放置在通风干燥处,周围不得存放易燃易爆化学品、气体钢瓶和纸板、泡沫、塑料等易燃物品。同时在烘箱、马弗炉、高温管式炉等旁张贴醒目的警示标识。

**第四条** 使用烘箱、马弗炉、高温管式炉的单位必须制定安全操作规程,并张贴上墙。同时,严格按照操作规程正确使用。

**第五条** 烘箱、马弗炉、高温管式炉等运行期间,须加强观察(一般需每 10～15 分钟观察 1 次)。如因特殊情况确需开机过夜,须先向导师和院系报备,并做好必要的安全防范与应急处置措施。

**第六条** 烘箱内不得用塑料筐等易燃容器盛放待烘烤的实验物品,应采用搪瓷、不锈钢、玻璃、陶瓷等材料制作的容器盛放。烘箱内不得加热易燃易爆试剂,特殊情况确需加热时,必须做好安全防范措施,并向导师和院系报备。

**第七条** 烘箱、马弗炉、高温管式炉等使用完毕,应切断电源、拔出电源插头,并确认其冷却至安全温度才能离开。

## 第三章 明火电炉的安全使用与管理

**第八条** 凡涉及化学试剂的实验室原则上不得使用明火电炉,建议使用密封电炉、电磁

炉、加热套(碗、板)、水浴锅、油浴锅、沙浴锅、金属浴锅等加热设备。

**第九条** 如确实因科研、教学特殊需要,无法使用其他加热设备替代明火电炉的,必须在使用场所配备灭火器、沙桶等灭火设施,隔离易燃易爆物品,并填写《浙江大学明火电炉使用审批表》(附表 1),报实验室与设备管理处审核批准,取得"明火电炉使用许可证"后,方可在规定的范围内使用。

**第十条** 实验室不得无证使用明火电炉。

## 第四章 加热浴锅的安全使用

**第十一条** 使用油浴锅、沙浴锅、金属浴锅、水浴锅等加热设备前,应先加入适量的加热介质才能通电。

**第十二条** 在加热浴锅周边醒目位置张贴高温警示标识,并有必要的防护措施。

**第十三条** 加热浴锅运行时,禁止触摸内胆、板盖等部件,防止被烫伤。禁止向油浴锅、沙浴锅、金属浴锅等加入水、易燃易爆液体。

**第十四条** 加热浴锅使用完毕,应立即切断电源,拔掉电源插头。

## 第五章 其他加热设备的安全使用

**第十五条** 用电磁炉加热液体时,液体不可加得太满,以免液体沸腾外溢,损坏电磁炉。同时注意观察,避免干烧损坏。不要触摸电磁炉的灶面,防止烫伤。

**第十六条** 通电的电烙铁不使用时,应摆放在合适的烙铁架上,防止烙铁头引燃物品或受到碰撞而损坏。

**第十七条** 电磁炉、电烙铁、电吹风、热风枪、微波炉等加热设备使用完毕,应立即切断电源,拔掉电源插头。

**第十八条** 不得将刚使用完毕的电吹风、热风枪、电烙铁等收纳起来。

## 第六章 加热设备的报废

**第十九条** 烘箱、马弗炉、高温管式炉等加热设备的使用年限一般为 12 年。超过使用年限或虽在使用年限内但已无法正常工作的加热设备应及时作报废处理。

**第二十条** 对超过使用年限但状态良好确需继续使用的烘箱、马弗炉、高温管式炉等加热设备,使用单位必须每年对其工作状态进行确认(见附表 2、附表 3),最多可延长 4 年,之后必须作报废处理。

## 第七章 附 则

**第二十一条** 对于违反本规定或因管理不善、违规操作等造成安全事故的,学校将依据《浙江大学实验室安全责任追究办法(试行)》进行处理。

**第二十二条** 本规定自 2015 年 9 月 25 日起施行,原发《浙江大学实验室烘箱、电阻炉等安全管理规定》(浙大发设〔2007〕6 号)、《浙江大学实验室明火电炉使用管理办法》(浙大发设〔2009〕1号)同时废止。

**第二十三条**　本规定由学校实验室与设备管理处负责解释。

附表:1.浙江大学明火电炉使用审批表

2.浙江大学加热设备状态确认表

3.浙江大学院系加热设备状态确认汇总表

**附表1**

## 浙江大学明火电炉使用审批表

编号:

| 学院(系) | | 实验室(研究所) | |
|---|---|---|---|
| 申请人(教师) | | 联系电话/手机 | |
| 实验室负责人 | | 联系电话/手机 | |
| 使用场所(校区、楼号、房间号) | | 使用场所是否有易燃易爆物品 | |
| 申请使用明火电炉数量 | | 功率(W) | |
| 使用场所的安全防护措施(电炉周边无易燃易爆物品) | | | |
| 申请理由(须说明必要性和不可替代) | 申请人签名:　　　　日　期: | | |
| 实验室(所)意见 | 负责人(公章):　　　　日　期: | | |
| 学院(系)意见 | 负责人(公章):　　　　日　期: | | |
| 实验室与设备管理处意见 | 负责人:　　　　日　期: | | |

注:报实验室与设备管理处批准后,返回学院(系)复印件1份。

附表 2

## 浙江大学实验室加热设备工作状况确认表

| 院系单位 | | 研究所/实验室 | |
|---|---|---|---|
| 设备名称 | | 生产厂家 | |
| 设备编号 | | 增置日期 | |
| 型号 | | 功率(kW) | |
| 最高温度 | | 气氛 | |
| 使用人 | | 存放地点 | |
| 加热设备状态确认/建议 | | | |
| 确认人 | | 联系电话 | |
| 使用人意见 | 签名：<br>日期： | 研究所/实验室意见 | 签名：<br>日期： |

注:①“加热设备”指:烘箱、马弗炉、高温管式炉;②“气氛”指:真空、气氛(注明使用的气体);③“设备状态”指:正常(可继续使用)、需维修、须报废;④“确认人”应是校内人员,一般为使用人;⑤如果超过规定年限,但不愿做状态确认,将作强制报废处理。

附表 3

## 浙江大学院系实验室加热设备工作状况确认汇总表

学院(系)(公章):________ 表格汇总人:________ 日期:________

| 序 | 设备编号 | 设备名称 | 型号规格 | 单价(元) | 生产厂家 | 增置日期 | 使用人 | 存放地点 | 设备状态 | 确认人 | 设备处意见 |
|---|---|---|---|---|---|---|---|---|---|---|---|
| | | | | | | | | | | | |
| | | | | | | | | | | | |
| | | | | | | | | | | | |
| | | | | | | | | | | | |
| | | | | | | | | | | | |
| | | | | | | | | | | | |
| | | | | | | | | | | | |
| | | | | | | | | | | | |
| | | | | | | | | | | | |
| | | | | | | | | | | | |
| | | | | | | | | | | | |
| | | | | | | | | | | | |

注:①“设备状态”指:正常——可继续使用,不正常——须报废处理,需维修——小故障,短期可以修复。②“确认人”为校内人员,一般为使用人。③如果超过规定年限,但不愿做状态确认,将作强制报废处理。

# 江南大学实验室明火电炉管理暂行办法

## 江大校办〔2014〕20 号

为进一步加强实验室安全管理工作，规范我校明火电炉的安全管理，保障全校师生员工的人身和财产安全，维持正常的教学、科研秩序，根据《高等学校实验室工作规程》相关规定，结合我校实际情况制定本办法。

一、学校所有实验室原则上不得使用明火电炉，建议使用密封电炉、电陶炉、电磁炉、加热套等加热设备替代。

二、如确实因教学、科研需要使用明火电炉的，施行“实验室明火电炉许可证”制。使用人须填报《江南大学实验室明火电炉使用申请表》(附件 1)，明确明火电炉的主要用途和使用范围，由学院实验室主任和学院防火安全负责人(院长)审核，报实验室与设备管理处批准后使用。

三、所有获得许可证的明火电炉仅限在通过审批的用途、范围和区域内使用。获得许可证的申请人即为明火电炉管理的责任人。责任人需对明火电炉进行有效监管，严禁超用途、超范围、超区域使用明火电炉。明火电炉严禁出借。

四、“实验室明火电炉使用许可证”实行年检制，有效期为一年，到期后必须进行年检。年检的主要内容是检查电炉的安全状况和使用情况。年检未通过的将收回使用许可证和明火电炉。

五、明火电炉责任人必须对明火电炉进行定期检查，及时检修，确保使用安全。明火电炉使用过程中必须采取有效的防火、防爆、隔热处理等必要措施。明火电炉使用 2 米范围内，严禁堆放易燃易爆物品、气体钢瓶和易燃杂物，确保明火电炉的使用安全。

六、如发现责任人疏于管理，违犯本管理办法的，按照实验室安全责任事故处理。如因管理不善造成重大安全事故的，将依照国家法律、法规追究有关人员的责任。

七、实验室与设备管理处负责“江南大学明火电炉使用许可证”的发放和年检工作。

八、本办法由实验室与设备管理处负责解释。

附件 1

# 江南大学实验室明火电炉使用申请表

申请单位(公章):　　　　　　　　　　申请日期:

<table>
<tr><td rowspan="2">申请人</td><td>姓名</td><td></td><td>联系方式</td><td></td></tr>
<tr><td>实验室名称</td><td></td><td>使用区域(房间号)</td><td></td></tr>
<tr><td>主要用途</td><td colspan="4">申请理由、须说明必要性和不可替代以及涉及的实验项目</td></tr>
<tr><td colspan="2">实验室主任意见:<br><br>日　期:</td><td colspan="3">学院领导意见:<br><br>日　期:</td></tr>
<tr><td>实验室与设备管理处意见</td><td colspan="4">(公章)　　签字:　　日　期:</td></tr>
<tr><td>许可证编号与年检记录(实验室处填写)</td><td colspan="4"></td></tr>
</table>

# 四川大学从事有害健康工种人员营养保健发放实施办法

## 川大实〔2012〕15号

为保护从事有害健康工种人员身体健康，加强从事有害健康工种人员营养保健管理，根据《高等学校从事有害健康工种人员营养保健等级和标准的暂行规定》(教备局字〔1988〕008号)和《人事部、财政部、卫生部关于调整卫生防疫津贴标准的通知》(国人部发〔2004〕27号)等法律法规及规章制度，结合我校实际情况，特制定本办法。

**第一条** 有害健康工种是指有显著职业毒害、可能引起职业中毒并对营养有特殊需要的工种，其范围大致包括接触放射线类工作和接触化学、生物有毒有害物质及物理致害因素类工作两大类。

**第二条** 享受营养保健人员范围

1.从事相关文件中规定的有害健康工种的校内教职工。

2.参与实验或兼任教学实验辅导，接触有害健康物质连续工作3个月及其以上的在读研究生。

3.连续参与接触有害健康物质实验工作3个月及其以上的在读本科学生。

**第三条** 营养保健发放等级标准

1.接触放射性类工作人员营养保健分为特副、甲、乙、丙、丁五个等级。

2.接触化学、生物及物理致害类工作人员营养保健分为甲、乙、丙、丁四个等级。

3.按《人事部、财政部、卫生部关于调整卫生防疫津贴标准的通知》(国人部发〔2004〕27号)规定，营养保健发放标准为：特副11.00元/日，甲级9.00元/日，乙级7.00元/日，丙级5.00元/日，丁级3.00元/日。

4.按《高等学校从事有害健康工种人员营养保健等级和标准的暂行规定》(教备局字〔1988〕008号)规定，各相关单位根据实际情况确定本单位从事有害健康工种人员营养保健等级，并报实验室及设备管理处审核。

**第四条** 享受营养保健标准

1.从事放射线类工作人员按月享受营养保健：凡实际参加放射性工作每月在30小时及其以上者，可享受全月保健；30小时以下只能享受半月保健。

2.从事非放射线类有害工种者，按实际接触天数享受保健待遇：当月接触21天及其以上者可享受全月营养保健；不足21天的按实际天数发放。

3.在有害健康的环境中一天内工作超过4小时按一天计发，2到4小时按半天计发。

4.个别特殊情况(如放射性物质运输等)，可将月标准折算成按日计发保健费。

5.同时从事两种或两种以上可享受两类营养保健的工作时，只能享受其中一种。

**第五条** 营养保健申领

1.师生员工中享受营养保健的人员，应在所属院(室)及各有关部门考勤审核的基础上，按其实际的保健种类、等级，以实验室为单位填写《四川大学营养保健发放申请表》，由学院汇总后报实验室及设备管理处审核、签章，在相关经费中列支。

2.师生员工到外单位协作实习，凭该单位主管部门出具的接触有害健康物质品名、时间、人员的证明，经实验室及设备管理处审核，按相应标准享受营养保健。

**第六条** 营养保健经费来源

1.本科实验教学（包括毕业生论文设计）的师生在实验室及设备管理处相关经费中列支。

2.科学研究人员在各自的科研经费中列支。

3.研究生及指导老师从事实验时，其营养保健费由相关负责老师从相应经费中列支。

4.退休后由学院自行返聘的人员，由所在学院负责列支；属退休后由学校聘任从事本科实验教学的教职员工，其经费在实验室及设备管理处相关经费中列支。

5.校聘项目制教职员工从事本科实验教学的营养保健费，在实验室及设备管理处相关经费中列支。

**第七条** 本实施办法自发文之日起施行，由实验室及设备管理处负责解释。原《四川大学从事有害健康工种人员享受营养保健的实施办法》（川大设〔2002〕4号附件）同时废止。

# 北京化工大学营养保健费发放细则

北化大校办发〔2013〕28号

## 第一章 保健费发放等级和标准

**第一条** 保健费的发放等级

甲级

1. 长期从事强致癌物质研究和监测或经常使用上述物质的工作者；

2. 长期从事X射线研究工作或直接上机者，以及固定式γ辐射源活度在$3.7\times10^{11}$贝克(10居里)以上的专职操作人员；

3. 长期从事有机及高分子合成的研究和生产工作，在工作中经常使用多种剧毒、高毒化学药物，并接触上述物质的有毒气体或粉尘者。

乙级

1. 从事有机化学、高分子化学的教学实验工作，长期从事生物化学、无机化学、分析化学和物理化学(含催化化学及胶体化学)等的研究工作，在实验中经常接触剧毒、高毒化学药品者；

2. 长期从事砷、汞、铅、铬、锰、铍、镉、硒、氰、磷及其化合物等剧毒物质的分析工作，经常接触上述物质的有毒气体或粉尘；

3. 校级化学药品库化学药品和化工原料的保管、分装和发放工作者；

4. 专职玻璃吹制工、发生炉煤气生产工；

5. 研制调试有毒染料介质，激光器或平均功率大于50瓦的大功率激光器的工作人员；

6. 专职静电复印工。

丙级

1. 从事生物化学、无机化学、分析化学和物理化学(含催化化学及胶体化学)等的研究和教学实验工作，经常使用接触中、低毒化学药品者；

2. 平均功率小于50瓦的激光器的研制、调试工作人员；

3. 长期在大于90分贝(A)的噪音条件下工作(脉冲声除外)的人员；

4. 经常在38℃以上而热辐射强度达每分钟每平方厘米3卡以上的条件下工作的工种，如热处理及锻工等；

5. 接触矽尘作业的工种包括岩石标本的分割、磨片；石英喷砂；翻砂；水泥粉尘作业和专职砂轮切割及工具磨工等。

丁级

1. 长期在有毒有害物质污染严重的环境中工作的人员；

2. 校印刷厂直接接触冷铅的捡字工、排字工；

3.空调、冰箱等制冷设备的维修工。

**第二条** 保健费标准

参照中华人民共和国国家教育委员会1988年2月25日发的(88)教备局字008号文的有关规定及并考虑目前物价的实际水平,确定我校保健费等级标准如下:

保健费标准

| 保健费级别 | 甲 | 乙 | 丙 | 丁 |
|---|---|---|---|---|
| 金额(元/月) | 126 | 102 | 75 | 42 |

## 第二章 保健费发放范围

**第三条** 凡长期(一年以上)在有害健康环境中工作的本校职工、研究生、本科生、留学生均应按月享受保健福利。

**第四条** 短期在有害健康环境工作的人员(包括参加毕业环节的本科生)均可按实际工作时间享受保健福利;在有害健康的环境中每天工作超过四小时算一天,二至四小时算半天,21日为满月;每月工作18天以上可享受批准级别月金额的100%,18天以下者按天累计,每天可享受批准级别月金额的1/21。

**第五条** 对于进入有害健康环境下进行安装、维修的工作人员,可以按实际天数享受丙级保健福利。

**第六条** 我校到外单位实习、进修和协作人员如在有害健康的环境中工作,可凭接受单位证明享受保健福利。

**第七条** 凡从事有放射性危害工作(每月累积剂量当量大于0.3毫西沃/30毫雷姆)连续一年以上而调做非放射性工作的人员,可按原级别延发三个月保健费。

**第八条** 病假、事假、探亲假、离职学习,到非有害环境下讲课、学习和公差时,不能领取保健费。

## 第三章 保健费经费来源

**第九条** 凡经学校批准享受保健待遇者,分别按科研、合同、教学实验等持专项收支卡,由财务处按规定支付;科研人员由相关单位从科研经费中支出;合同人员由相关单位从其专项收支卡中支出;经学校确认的教学实验及行政机关人员的保健费由学校专项资金拨付,国资处负责审核及发放;各学院行政人员的保健费由学院院务会确定是否发放,资金由学院自筹解决,标准依据本细则。

## 第四章 保健费审批程序

**第十条** 新申请保健费的各类人员要填写《保健申请单》,明确工作岗位、健康危害、申请级别等内容,由实验室负责人/导师、学院行政副院长分别审核,国资处联合其他部门共同复核,对符合规定的,发放《保健费发放证》。

**第十一条** 经学校批准短期享受保健待遇者可按月/工作期限领取,长期享受者可按季/半年/年领取。领取时首先要填写《保健费领取单》(财务处作凭单用),该单要由实验室负责人/导师和学院行政副院长签字，使用学校经费发放的还须经国资处签字。最后，持《保健费发放证》、《保健费领取单》及相应的经费收支卡到财务处领取保健费。

## 第五章 附 则

**第十二条** 本细则由北京化工大学国有资产管理处负责解释。

**第十三条** 本细则自印发之日起施行。

# 北京化工大学实验室分类分级管理办法

北化大校办发〔2016〕8号

## 第一章　总　则

**第一条**　实验室安全管理的目的是预防事故的发生，控制和减少事故发生所带来的危害。为了将安全管理的重点从事后纠正逐步调整为事前预防，提高安全管理的有效性和针对性，提升安全管理的专业性和科学性，根据我校实验室实际情况，特制定本办法。

**第二条**　本办法中的"实验室"是指全校开展教学、科研活动的实验场所，学校所有院(系)所属实验室、国家(部)重点实验室均适用本办法。

**第三条**　本办法中所称的危险源是指可能导致人身伤害和(或)健康操作的根源、状态或行为，或其组合。危险源辨识指识别危险源的存在并确定其特性的过程。风险评价指对危险源导致的风险进行评价，对现有控制措施的充分性加以考虑以及对风险是否可接受予以确定的过程。

## 第二章　组织与领导

**第四条**　学校"实验室技术安全、环保管理领导小组"(下称"领导小组")负责全面指导实验室分类分级管理工作，包括对分类分级管理办法的审定和对执行情况的监督。

**第五条**　国资处负责制定实验室分类分级管理办法，实施对全校实验室进行安全风险等级评估，依据评估结果对实验室进行类别和级别的划分。

**第六条**　各学院负责督促所属实验室按照本办法要求进行自我危险源识别和风险评价，对不同风险级别的实验室制定相应的管理措施，加强对风险相对较高实验室的重点监控。

## 第三章　分类管理

**第七条**　实验室分类主要依据实验室中存在的危险源类别，根据我校教学科研特点，将全校实验室分为化学类、生物类、机电类、电子类、其他类5种形式。

(一)化学类实验室

化学类实验室包括从事有机化学、无机化学、分析化学、物理化学、生物化学、化学工程、环境工程、材料科学、生物工程、制药工程、能源工程等专业方向中较多涉及化学反应、化学试剂的实验室；这类实验中的危险源分为两类，一类是易燃、易爆、有毒化学药品可能带来的化学性危险源，另一类是设备设施缺陷和防护缺陷所带来的物理性危险源。实验室从事的实验研究中涉及的风险性大的因素，应明示于分类分级的标牌上，起到警示作用。

(二)生物类实验室

生物类实验室包括从事基因工程、微生物学等专业中较多涉及病毒等微生物研究和动物研究的实验室；这类实验室中细菌、病毒、真菌、寄生虫、基因、动物寄生微生物等为主要的危险源，这些危险源的释放、扩散可能引起实验室内和外部环境空气、水、物体表面的污染或人体感染，即可对实验室人员、内外部环境造成危害。

(三)机电类实验室

机电类实验室包括从事机械设计与制造、过程装备与控制、化工机械等专业方向中较多涉及传动、带压等机械设备的实验室；这类实验室的主要危险源包括机械设备与工具引起的绞、碾、碰、割、戳、切等伤害，如工具或刀具飞出伤人、切削伤人、手或身体被卷入、手或其他部位被刀具碰伤、被转动的机具缠压住等伤害。

(四)电子类实验室

电子类实验室包括计算机科学与技术、电子信息、通信工程、测控技术等专业方向中较多涉及的计算机、电路板等的实验室，也包括各专业设立的机房；这类实验室主要危险源是带电导体上的电能，如人员触电、电路短路、焊接灼伤等。

(五)其他类实验室

其他类实验室主要包括社科类、艺术类、体育类专业相关的实验室或实训室，危险源主要是少量的用电设备可能带来的用电安全风险。

**第八条** 在实验室分类管理的前提下，学校重点对化学类实验室实行分级管理，详见本办法第四章；在实验室分类管理的前提下，除化学类实验室以外的其他类型实验室应按照危险源特性进行自我危险源辨识和风险评价，并做出相应的安全控制方案，方案交由学院备案。学校和学院在实验室风险评价的基础上进行日常安全管理。

## 第四章 分级管理

**第九条** 化学类实验室内的危险源种类最多，安全事故发生的概率最大。通过对所从事的教学科研项目属性、所使用仪器设备种类、危险化学品和危险废物的品种与数量等关键因素的考察，实施实验室风险评价并实施等级分类。

**第十条** 化学类实验室风险评价指标主要包括：实验室所从事的教学科研项目的反应过程的风险，存放或使用危险化学品及产生危险废物产生的风险，实验室射线装置、钢瓶、压力容器、烘箱、马弗炉、冰箱等设备产生的风险。

**第十一条** 依据风险评价得分情况，对化学类实验室进行安全等级划分：

评分≥70的为化学类一级实验室，危险源最多，风险最大；

40≤评分＜70的为化学类二级实验室，危险源数量中等，风险程度中等；

评分＜40的为化学类三级实验室，危险源数量较少，风险程度较低。

**第十二条** 化学类实验室分级管理方式遵循以下原则：

(一)化学类一级实验室

1.在实验室外张贴一级危险级别警示；

2.实验室必须自行进行危险源辨识，并对不同的危险源制定防范措施和应急预案，完善实验室相关安全管理制度，报学院和国资处备案；

3.实验室必须制定符合实验室特点的安全培训内容和计划，并指定专人定期对相关人员进行安全教育；

4.实验室必须每天进行安全自查，并认真填写记录；

5.学院、学校管理部门至少每周对实验室进行一次检查。

（二）化学类二级实验室

1.在实验室外张贴二级危险级别警示；

2.实验室必须自行进行危险源辨识，并对不同的危险源制定防范措施和应急预案，完善实验室相关安全管理制度，报学院备案；

3.实验室必须制定安全培训计划，定期对相关人员进行安全教育；

4.实验室应每天进行安全自查，并认真填写记录；

5.学院、学校管理部门至少每两周对实验室进行一次检查。

（三）化学类三级实验室

1.在实验室外张贴三级危险级别警示；

2.实验室应对危险源进行辨识，必要时对不同的危险源制定防范措施和应急预案，应制定实验室相关安全管理制度；

3.实验室必须定期对相关人员进行安全教育；

4.实验室应每天进行安全自查并记录；

5.学院、学校管理部门至少每月对实验室进行一次检查。

## 第五章 监督实施

**第十三条** 当实验室的使用方向或研究内容等关键因素发生改变时，实验室应当重新进行危险源辨识和风险评价，并将结果及时向学院报备，学院应及时提示国资处进行风险级别的调整。

**第十四条** 国有资产管理处对实验室分类分级实行年检制度，每年末对于使用方向调整的实验室及时修正分类分级结果，以便准确地实施安全监管。

## 第六章 附 则

**第十五条** 本办法未尽事宜，按国家有关法律、标准执行。

**第十六条** 本办法由国资处负责解释，自发布之日起实施。

# 北京化工大学实验室安全钥匙管理制度

北化大校办发〔2015〕9 号

## 第一章　总　则

**第一条**　为了保证实验室安全，当实验室出现重大险情时能够及时、快速、准确地消除实验室安全事故，我校实行实验室“安全钥匙”制度。

**第二条**　本制度所指的“安全钥匙”是指学院所属房间所有安装锁具的内、外门、平时封闭通道门的金属钥匙及大门或通道门的电子钥匙(门禁卡)。“安全钥匙”的种类分为金属钥匙及电子钥匙。

**第三条**　本制度的适用范围包括三个校区各学院所属实验楼及实验室平房内所有通道、办公室、会议室、实验室等房门的备用钥匙。

## 第二章　“安全钥匙”的管理

**第四条**　“安全钥匙”应存放在专门制作的安全钥匙箱内，安全钥匙箱必须悬挂在有 24 小时专人值守的物业值班室或消防值班室。钥匙箱必须安装在显著位置，安装高度要在紧急情况下便于拿取安全钥匙。安全钥匙箱钥匙由专人妥善保管。

**第五条**　各学院有独立楼宇的，由学院根据楼宇值班情况安排“安全钥匙”位置，“安全钥匙”必须由国资处、保卫处、学院共同实施现场封存；综合性楼宇可根据实际情况确定由后勤物业中心或保卫处管理，“安全钥匙”由各学院收齐后，统一交到各楼宇的物业值班室或者消防值班室，在国资处、学院、保卫处(或保卫处与后勤集团物业中心)共同实施现场封存。

**第六条**　各学院负责收集本学院各实验室的安全钥匙，并按照实验楼、楼层、房间号做好标记。每层房间钥匙按一定顺序挂在统一的钥匙牌上，钥匙牌上贴统一标签，标签上应注明每把钥匙所对应的房间号。实验楼宇每层钥匙应单独封存于牛皮纸档案袋或类似单独包装中，包装开口处封闭，然后粘贴盖有国资处、保卫处公章的密封条。所有钥匙密封袋应放置在国资处指定的安全钥匙箱中，安全钥匙箱上锁后应交叉贴密封条，密封条应盖有国资处、保卫处公章。安全钥匙箱玻璃外侧粘贴“安全钥匙”位置排放表。

## 第三章　“安全钥匙”的启用

**第七条**　“安全钥匙”存放在物业值班室或消防值班室或各学院指定房间内，当且仅当实验室安全或消防需要时方可启用“安全钥匙”，即“安全钥匙”只能在应对防火、防盗、防水等紧急突发事故时使用，其他时间、其他情况下一律不得启用。

**第八条** 一旦发生安全事故，“安全钥匙”管理人员应首先向保卫处2110报警，之后开启安全钥匙箱。开启时按照安全钥匙箱玻璃门上粘贴的“安全钥匙”位置排放表只拿出封存事发房间钥匙的密封包装，开启后必须重新锁好安全钥匙箱（必要时锁好房间门）之后方能去事故现场。

**第九条** “安全钥匙”启用后，必须由原相关的管理单位同时在场实施重新封存，包括安全钥匙分包装的封存及安全钥匙箱的封存。

**第十条** “安全钥匙”使用后，安全钥匙的管理部门应及时做好“安全钥匙”的使用记录，开启“安全钥匙”的管理人员要在使用记录上签字备案。“安全钥匙”使用记录由“安全钥匙”专职管理部门备案保存。

## 第四章 “安全钥匙”的更换、补充

**第十一条** 凡由于新增、更换门/锁等原因需要更换或补充“安全钥匙”的实验室，必须及时将新钥匙交到本楼“安全钥匙”专职管理部门。“安全钥匙”管理部门应随时做好安全钥匙更换、补充记录，并备案保存。

**第十二条** “安全钥匙”专职管理部门接到更换、补充钥匙后，应及时通知国资处、保卫处等相关部门进行现场重新封存。

## 第五章 附 则

**第十三条** 如因未及时更换或补充“安全钥匙”造成安全事故不能及时扑救的，相应责任由所在实验室承担。

**第十四条** 本制度由国有资产管理处负责解释，自发布之日起生效。

# 北京化工大学实验室采购平台管理办法

北化大校办发〔2015〕10 号

## 第一章 总 则

**第一条** 为加强对实验室危险化学品的管理与监督，提高采购质量，降低采购成本，提高工作效率，结合我校建立的“采购平台”和实验室现实采购情况，特制定本办法。

**第二条** “采购平台”由国有资产管理处（以下简称国资处）负责建设与维护；各学院负责本单位危险化学品采购的监督管理工作，必要时对特殊事项进行审批；实验室负责人或项目负责人对本实验室的采购行为负管理责任。

## 第二章 采购平台供货商的招标

**第三条** 由国资处牵头组织，聘请有关专家，以《危险化学品安全管理条例》（国务院令〔2011〕第 591 号）等有关规定为基础，本着公开、公平、公正和诚信的原则，对拟进入采购平台的一般危险化学品供货商、生化试剂供货商、实验耗材供货商进行公开招标。

**第四条** 招标小组对拟进入采购平台的供货商进行严格的资质审查。审查内容包括：

1. 供货商注册资金；

2. 供货商营业执照、税务登记证、组织代码证等复印件；

3. 供货商危险化学品经营许可证复印件，以及危险货物道路运输许可证或与具有危险货物道路运输许可证单位签署的协议；

4. 供货商法人授权书以及法人、经办人身份证复印件；

5. 如产品为代理销售则需提供代理授权书；如产品为专利产品，则需提供专利产品证明复印件（自有品牌如有专利，可附相关证明）。

**第五条** 招标小组还须对拟进入采购平台的供货商进行服务能力的审查。审查内容包括：

1. 该公司经营项目清单（产品目录、价目表等资料）；

2. 经营相关业绩（近三年）、特别是与高校及研究院所的合同或服务协议；

3. 与我校实验室合作情况及能力；

4. 公司的服务承诺（包括供货质量、供货响应时间及售后服务等方面承诺）；

5. 公司产品价格折扣等优惠政策。

## 第三章　平台采购管理

**第六条**　实验室成员(包括通过审核加入实验室的其他老师和学生)应通过采购平台进行危险化学品的采购,生成的订单由实验室负责人(或授权管理员)进行审核。

**第七条**　实验室负责人(或者授权管理员)须对审核通过的采购订单进行全程监督和管理,与供货商保持顺畅沟通,督促供货商及时准确发货,检查收到货物的数量和质量,适时进行报销。

**第八条**　购买过程中如发生纠纷,国资处有责任协调购买方和供货商予以解决。如果确定是供货商的责任,应按照学校与供货商签订的合同相关条款进行退换货或退款处理;如果确定是实验室购买方的责任,则损失由实验室自行承担。

## 第四章　自采管理

**第九条**　实验室如需采购平台内不包含的危险化学品或者对采购有特殊要求时,可以采取自行采购的方式。购买方仅需登陆平台填写《自采申请表》后即可,填写内容包括:自采原因及情况说明、采购货品名称、数量、供货商名称等。

**第十条**　国资处根据申请原因进行审核,确因学校平台产品种类不全或规格质量不能满足实验室要求的,均予批准。如果自采的试剂和耗材属于平台能够完全满足且无特殊原因的,国资处将不予以审核通过。实验室仍执意自采的,后果由实验室负责人自行承担。

**第十一条**　实验室负责人(或授权管理员)必须提供真实的信息,并对后续的自采行为负责。

## 第五章　剧毒化学品、易制毒化学品的采购

**第十二条**　剧毒化学品、易制毒化学品的采购未纳入采购平台管理,购买时应根据《危险化学品管理条例》(国务院令〔2011〕第591号)、《易制毒化学品管理条例》(国务院令〔2005〕第445号)以及我校保卫处制订的《北京化工大学剧毒化学品审批程序》、《关于加强我校易制毒化学品安全管理有关规定的通知》执行。

## 第六章　附　则

**第十三条**　实验室有义务向国资处提供供货渠道信息,凡相关资质齐全、服务质量优良的供货商均可充实到学校平台中。

**第十四条**　本制度未尽事项,按国家有关法律法规执行。

**第十五条**　本规定由国资处负责解释,自发布之日起施行。

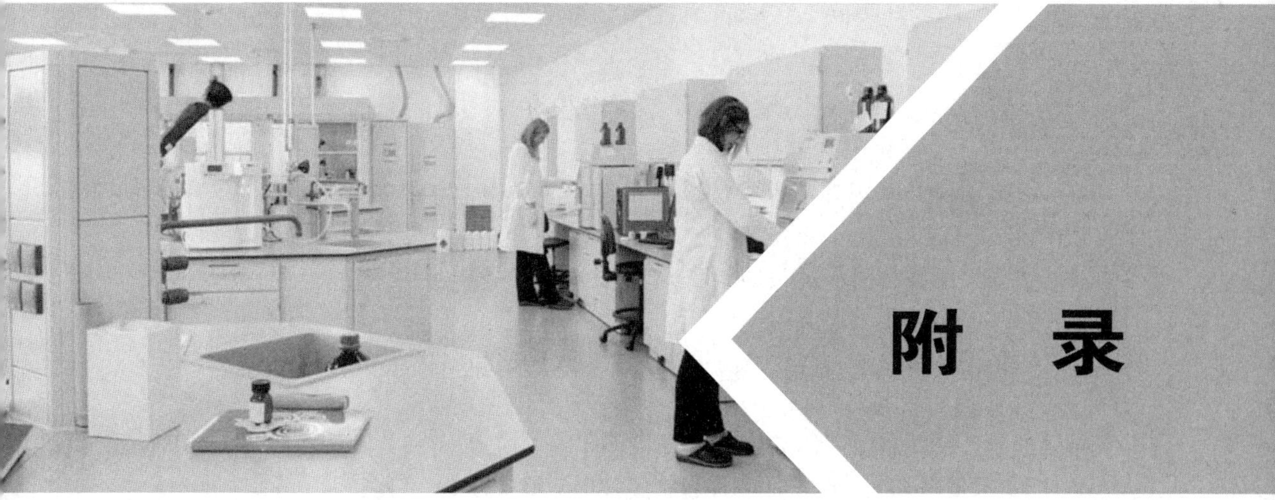

# 附录

附录 1

# 高等学校实验室安全相关法律法规名录

## 一、环境保护

1.《中华人民共和国环境保护法》(中华人民共和国主席令第 9 号,2014 年 4 月 24 日,2015 年 1 月 1 日起实施)

2.《中华人民共和国水污染防治法》(中华人民共和国主席令第 87 号,2008 年 2 月 28 日,2008 年 6 月 1 日起实施)

3.《中华人民共和国大气污染防治法》(中华人民共和国主席令第 31 号,2015 年 8 月 29 日,2016 年 1 月 1 日起实施)

4.《中华人民共和国固体废物污染环境防治法》(中华人民共和国主席令第 31 号,2004 年 12 月 29 日发布,2005 年 4 月 1 日起实施,2015 年 4 月 24 日修正)

5.《中华人民共和国环境影响评价法》(中华人民共和国主席令第 77 号,2002 年 10 月 28 日,2003 年 9 月 1 日起实施)

6.《中华人民共和国环境噪声污染防治法》(中华人民共和国主席令第 77 号,1996 年 10 月 29 日,1997 年 3 月 1 日起实施)

7.《建设项目环境保护管理条例》(中华人民共和国国务院令第 253 号,1998 年 11 月 29 日)

8.《环境行政处罚办法》(中华人民共和国环境保护部令第 8 号,2010 年 1 月 19 日,2010 年 3 月 1 日起实施)

9.《建设项目环境影响评价分类管理名录 2015》(中华人民共和国环境保护部令第 33 号,2015 年 4 月 9 日,2015 年 6 月 1 日起实施)

10.《关于加强高等学校实验室排污管理的通知》(教技[2005]3 号,教育部、国家环境保护总局,2005 年 7 月 26 日)

11.《关于加强实验室类污染环境监管的通知》(环办[2004]15 号,国家环境保护总局办公厅,2004 年 2 月 26 日)

## 二、消防安全

1.《高等学校消防安全管理规定》(中华人民共和国教育部、中华人民共和国公安部令第 28 号,2009 年 10 月 19 日,2010 年 1 月 1 日起实施)

2.《中华人民共和国消防法》(中华人民共和国主席令第 6 号,2008 年 10 月 28 日,2009

年 5 月 1 日起实施）

3.《机关、团体、企业、事业单位消防安全管理规定》（中华人民共和国公安部令第 61 号，2001 年 11 月 14 日，2002 年 5 月 1 日起实施）

## 三、化学安全

1.《首批重点监管的危险化学品安全措施和事故应急处置原则》（安监总厅管三〔2011〕142 号，国家安全生产监督管理总局办公厅，2011 年 7 月 1 日）

2.《危险化学品安全管理条例》（中华人民共和国国务院令第 591 号，2011 年 3 月 2 日，2011 年 12 月 1 日起实施）

3.《新化学物质环境管理办法》（中华人民共和国环境保护部第 7 号令，2010 年 1 月 19 日，2010 年 10 月 15 日起实施）

4.《危险化学品建设项目安全设施目录（试行）》（安监总危化[2007]225 号，国家安全生产监督管理总局，2007 年 11 月 10 日）

5.《危险化学品事故灾难应急预案》（国家安全生产监督管理总局，2006 年 10 月）

6.《危险化学品重大危险源监督管理暂行规定》（国家安全生产监督管理总局令第 40 号，2011 年 8 月 5 日，2011 年 12 月 1 日起实施）

7.《化学品物理危险性鉴定与分类管理办法》（国家安全生产监督管理总局令第 60 号，2013 年 7 月 10 日，2013 年 9 月 1 日起实施）

8.《危险化学品建设项目安全监督管理办法》（国家安全生产监督管理总局令第 45 号，2012 年 1 月 30 日，2012 年 4 月 1 日起实施，2015 年 5 月 27 日修正）

9.《危险化学品安全使用许可证实施办法》（国家安全生产监督管理总局令第 60 号，2012 年 11 月 16 日，2013 年 3 月 1 日起实施，2015 年 5 月 27 日修正）

10.《危险化学品建设项目安全许可实施办法》（国家安全生产监督管理总局令第 8 号，2006 年 9 月 2 日，2006 年 10 月 1 日起实施）

11.《危险化学品登记管理办法》（国家安全生产监督管理总局令第 53 号，2012 年 7 月 1 日，2012 年 8 月 1 日起实施）

12.《废弃危险化学品污染环境防治办法》（国家环境保护总局令第 27 号，2005 年 8 月 30 日，2005 年 10 月 1 日起实施）

13.《剧毒化学品购买和公路运输许可证管理办法》（中华人民共和国公安部令第 77 号，2005 年 4 月 21 日，2005 年 8 月 1 日起实施）

14.《使用有毒物品作业场所劳动保护条例》（中华人民共和国国务院令第 352 号，2002 年 5 月 12 日）

15.《民用爆炸物品安全管理条例》（中华人民共和国国务院令第 466 号，2006 年 5 月 10 日，2006 年 9 月 1 日起实施，2014 年 7 月 29 日修正）

16.《药品类易制毒化学品管理办法》（中华人民共和国卫生部令第 72 号，2010 年 3 月 18 日，2010 年 5 月 1 日起实施）

17.《易制毒化学品管理条例》（中华人民共和国国务院令第 445 号，2005 年 8 月 26 日，2005 年 11 月 1 日起实施）

18.《麻醉药品和精神药品管理条例》（中华人民共和国国务院令第 442 号，2005 年 8 月

3日,2005年11月1日起实施)

19.《医疗用毒性药品管理办法》(中华人民共和国国务院令第23号,1988年12月27日)

20.《易制爆危险化学品名录》(2011年版)(中华人民共和国公安部公告,2011年11月25日)

21.《国家危险废物名录》(中华人民共和国环境保护部、中华人民共和国国家发展和改革委员会令第1号,2008年6月6日)

22.《危险化学品目录(2015版)》(国家安全生产监督管理总局等十部门公告2015年第5号,2015年2月27日)

## 四、生物安全

1.《病原微生物实验室生物安全管理条例》(中华人民共和国国务院令第424号,2004年11月12日)

2.《实验动物管理条例》(中华人民共和国国家科学技术委员会令第2号,1988年11月14日,2013年7月18日修订)

3.《医疗废物管理条例》(中华人民共和国国务院令第380号,2003年6月16日)

4.《农业部重点实验室管理办法》(农科教发〔2010〕5号,中华人民共和国农业部,2010年9月27日)

5.《动物病原微生物菌(毒)种保藏管理办法》(中华人民共和国农业部令第16号,2008年11月26日,2009年1月1日起实施)

6.《病原微生物实验室生物安全环境管理办法》(国家环境保护总局令第32号,2006年3月8日,2006年5月1日起实施)

7.《实验动物许可证管理办法(试行)》(国科发财字〔2001〕545号,中华人民共和国科学技术部,2001年12月5日,2002年1月1日起实施)

8.《人间传染的病原微生物名录》(卫科教发〔2006〕15号,中华人民共和国卫生部,2006年1月11日)

9.《动物病原微生物分类名录》(中华人民共和国农业部令第53号,2005年5月24日)

## 五、特种设备

1.《中华人民共和国特种设备安全法》(中华人民共和国主席令第4号,2013年6月29日,2014年1月1日起实施)

2.《特种设备安全监察条例》(中华人民共和国国务院令第373号,2009年1月24日修订,2009年5月1日起实施)

3.《特种作业人员安全技术培训考核管理规定》(国家安全生产监督管理总局令第30号,2015年5月29日修订,2015年7月1日起实施)

4.《特种设备作业人员监督管理办法》(国家质量监督检验检疫总局令第140号,2011年5月3日,2011年7月1日起实施)

5.《气瓶安全监察规定》(中华人民共和国国家质量监督检验检疫总局令第46号,2003年4月24日,2015年8月25日修订)

6.《特种设备注册登记与使用管理规则》(质技监局锅发[2001]57 号,国家质量技术监督局质技监局,2001 年 4 月 9 日)

7.《气瓶安全监察规程》(质技监局锅发[2000]250 号,国家质量技术监督局质技监局,2000 年 12 月 31 日,2001 年 7 月 1 日生效)

## 六、辐射安全

1.《中华人民共和国放射性污染防治法》(中华人民共和国主席令第 6 号,2003 年 6 月 28 日,2003 年 10 月 1 日起实施)

2.《放射性同位素与射线装置安全和防护条例》(中华人民共和国国务院令第 449 号,2005 年 9 月 14 日,2005 年 12 月 1 日起实施)

3.《放射性物品运输安全管理条例》(中华人民共和国国务院令第 562 号,2009 年 9 月 14 日,2010 年 1 月 1 日起实施)

4.《放射性废物安全管理条例》(中华人民共和国国务院令第 612 号,2011 年 12 月 20 日,2012 年 3 月 1 日起实施)

5.《放射性同位素与射线装置安全和防护管理办法》(中华人民共和国环境保护部令第 18 号,2011 年 4 月 18 日,2011 年 5 月 1 日起实施)

6.《放射性物品运输安全许可管理办法》(中华人民共和国环境保护部令第 11 号,2010 年 9 月 25 日,2010 年 11 月 1 日起实施)

7.《放射性同位素与射线装置安全许可管理办法》(中华人民共和国国家环境保护总局令第 31 号,2008 年 12 月 6 日修订)

8.《放射工作人员职业健康管理办法》(中华人民共和国卫生部令第 55 号,2007 年 6 月 3 日,2007 年 11 月 1 日起实施)

9.《电磁辐射环境保护管理办法》(中华人民共和国国家环境保护总局令第 18 号,1997 年 3 月 25 日)

10.《城市放射性废物管理办法》(国家环境保护总局文件[87]环放字第 239 号,1987 年 7 月 16 日)

11.《建设项目环境影响评价分类管理名录》(中华人民共和国环境保护部令第 33 号,2015 年 4 月 9 日,2015 年 6 月 1 日起实施)

12.《射线装置分类办法》(国家环境保护总局公告 2006 年第 26 号,2006 年 5 月 30 日)

13.《放射源分类办法》(国家环境保护总局公告 2005 年第 62 号,2005 年 12 月 23 日)

14.《放射事故管理规定》(中华人民共和国卫生部、中华人民共和国公安部令第 16 号,2001 年 8 月 26 日)

15.《放射源编码规则》(环发[2004]118 号,国家环境保护总局,2004 年 8 月 24 日)

## 七、安全生产

1.《中华人民共和国安全生产法》(中华人民共和国主席令第 13 号,2014 年 8 月 31 日修正,2014 年 12 月 1 日起实施)

2.《生产安全事故报告和调查处理条例》(中华人民共和国国务院令第 493 号,2007 年 4

月 9 日,2007 年 6 月 1 日起实施)

3.《生产经营单位安全培训规定》(国家安全生产监督管理总局令第 3 号,2006 年 1 月 17 日,2006 年 3 月 1 日起实施,2015 年 5 月 19 日第二次修正)

4.《〈生产安全事故报告和调查处理条例〉罚款处罚暂行规定》(国家安全生产监督管理总局令第 13 号,2007 年 7 月 12 日,2015 年 4 月 2 日第二次修正)

5.《安全生产违法行为行政处罚办法》(国家安全生产监督管理总局令第 15 号,2007 年 11 月 30 日,2008 年 1 月 1 日起实施)

6.《安全生产事故隐患排查治理暂行规定》(国家安全生产监督管理总局令第 16 号,2007 年 12 月 28 日,2008 年 2 月 1 日起实施)

## 八、职业防护

1.《中华人民共和国职业病防治法》(中华人民共和国主席令第 52 号,2011 年 12 月 31 日)

2.《职业病诊断与鉴定管理办法》(中华人民共和国卫生部令第 91 号,2013 年 2 月 19 日,2013 年 4 月 10 日起实施)

3.《职业病危害项目申报管理办法》(国家安全生产监督管理总局令第 48 号,2012 年 4 月 27 日,2012 年 6 月 1 日起实施)

4.《国家职业卫生标准管理办法》(中华人民共和国卫生部令第 20 号,2002 年 2 月 28 日)

## 九、其　他

1.《中华人民共和国突发事件应对法》(中华人民共和国主席令第 69 号,2007 年 8 月 30 日,2007 年 11 月 1 日起实施)

2.《国务院办公厅关于加强基层应急队伍建设的意见》(国办发[2009]59 号,2009 年 10 月 18 日)

3.《学生伤害事故处理办法》(中华人民共和国教育部令第 12 号,2002 年 6 月 25 日,2002 年 9 月 1 日起实施,2010 年 12 月 13 日修改)

4.《高等学校实验室工作规程》(中华人民共和国国家教育委员会令第 20 号,1992 年 6 月 27 日)

附录 2

# 高等学校实验室安全相关标准名录

## 一、环境保护

1.《工作场所有害因素职业接触限值化学有害因素》(GBZ 2.1－2007)
2.《污水综合排放标准》(GB 8978－1996)
3.《大气污染物综合排放标准》(GB 16297－1996)
4.《危险废物贮存污染控制标准》(GB 18597－2001)(2013 年修订)
5.《危险废物鉴别标准 通则》(GB 5085.7－2007)
6.《危险废物鉴别标准 腐蚀性鉴别》(GB 5085.1－2007)
7.《危险废物鉴别标准 急性毒性初筛》(GB 5085.2－2007)
8.《危险废物鉴别标准 浸出毒性鉴别》(GB 5085.3－2007)
9.《危险废物鉴别标准 易燃性鉴别》(GB 5085.4－2007)
10.《危险废物鉴别标准 反应性鉴别》(GB 5085.5－2007)
11.《危险废物鉴别标准 毒性物质含量鉴别》(GB 5085.6－2007)

## 二、建筑与消防安全

1.《消防应急照明和疏散指示系统》(GB 17945－2010)
2.《火灾自动报警系统施工及验收规范》(GB 50166－2007)
3.《特种火灾探测器》(GB 15631－2008)
4.《建设设计防火规范》(GB 50016－2014)
5.《自动喷水灭火系统施工及验收规范》(GB 50261－2005)
6.《建筑灭火器配置设计规范》(GB 50140－2005)
7.《自动喷水灭火系统设计规范》(GB 50084－2001)(2005 年修订)
8.《火灾报警控制器》(GB 4717－2005)
9.《火灾声和/或光警报器标准》(GB 26851－2011)
10.《化工采暖通风与空气调节设计规范》(HG/T 20698－2009 )

## 三、化学安全

1.《危险化学品重大危险源辨识》(GB 18218－2009)
2.《化学品安全标签编写规定》(GB 15258－2009)
3.《化学品分类和危险性公示通则》(GB 13690－2009)

4.《化学品安全技术说明书内容和项目顺序》(GB/T 16483—2008)
5.《危险货物品名表》(GB 12268—2012)
6.《危险货物分类和品名编号》(GB 6944—2012)
7.《危险化学品从业单位安全标准化通用规范》(AQ 3013—2008)
8.《工作场所有害因素职业接触限值(化学有害因素)》(GBZ 2.1—2007)
9.《职业性接触毒物危害程度分级》(GBZ 230—2010)
10.《常用危险化学品贮存通则》(GB 15603—1995)
11.《毒害性商品储藏存养护技术条件》(GB 17916—1999)
12.《腐蚀性商品储存养护技术条件》(GB 17915—2013)
13.《易燃易爆性商品储存养护技术条件》(GB 17914—1999)
14.《常用危险化学品安全周知卡编制导则》(HG 23010—1997)

## 四、生物安全

1.《生物安全实验室建筑技术规范》(GB 50346—2011)
2.《实验室生物安全通用要求》(GB 19489—2008)
3.《实验动物环境及设施》(GB 14925—2010)

## 五、特种设备

1.《液化气体气瓶充装规定》(GB 14193—2009)
2.《溶解乙炔气瓶定期检验与评定》(GB 13076—2009)
3.《固定式压力容器安全技术监察规程》(TSG R0004—2009)
4.《高压无缝钢瓶定期检验与评定》(GJB 6542—2008)
5.《永久气体气瓶充装规定》(GB 14194—2006)
6.《气瓶颜色标志》(GB 7144—1999)
7.《钢质焊接气瓶定期检验与评定》(GB 13075—1999)
8.《永久气体气瓶充装站安全技术条件》(GB 17264—1998)
9.《气瓶警示标签》(GB 16804—2011)
10.《瓶装压缩气体分类》(GB 16163—1996)
11.《气瓶阀出气口连接型式和尺寸》(GB 15383—2011)
12.《大口径液氮容器》(GB 14174—1993)

## 六、辐射安全

1.《操作非密封源的辐射防护规定》(GB 11930—2010)
2.《$\gamma$ 辐照装置的辐射防护与安全规范》(GB 10252—2009)
3.《密封放射源 一般要求和分级》(GB 4075—2009)
4.《$\gamma$ 辐照装置设计建造和使用规范》(GB 17568—2008)
5.《放射性物质安全运输规程》(GB 11806—2004)

6.《电离辐射防护与辐射源安全基本标准》(GB 18871－2002)

7.《放射性废物管理规定》(GB 14500－2002)

8.《使用密封放射源的放射卫生防护要求》(GB 16354－1996)

9.《放射性废物分类标准》(GB 9133－1995)

10.《粒子加速器辐射防护规定》(GB 5172－1985)

11.《剧毒化学品、放射源存放场所治安防范要求》(GA 1002－2012)

12.《过量照射人员的医学检查与处理原则》(GBZ 215－2009)

13.《医用放射性废物管理卫生防护标准》(GBZ 133－2009)

14.《含密封源仪表的放射卫生防护要求》(GBZ 125－2009)

15.《γ射线探伤机》(GBT 14058－2008)

16.《辐射加工用电子加速器工程通用规范》(GBT 25306－2010)

17.《放射治疗机房辐射屏蔽规范第 1 部分:一般原则》(GBZT 201.1－2007)

18.《放射治疗机房的辐射屏蔽规范第 2 部分:电子直线加速器放射治疗机房》(GBZT 201.2－2011)

19.《密封放射源及密封 γ 放射源容器的放射卫生防护标准》(GBZ 114－2006)

20.《便携式 X 射线检查系统放射卫生防护标准》(GBZ 177－2006)

216.《γ射线工业 CT 放射卫生防护标准》(GBZ 175－2006)

22.《临床核医学放射卫生防护标准》(GBZ 120－2006)

23.《工业 X 射线探伤放射卫生防护标准》(GBZ 117－2006)

24.《工业伽马射线探伤放射防护标准》(GBZ 132－2008)

25.《医用 X 射线 CT 机房的辐射屏蔽规范》(GBZT 180－2006)

26.《放射性污染的物料解控和场址开放的基本要求》(GBZ 167－2005)

27.《医用 γ 射束远距治疗防护与安全标准》(GBZ 161－2004)

28.《γ射线和电子束辐照装置防护检测规范》(GBZ 141－2002)

29.《医用 X 射线治疗卫生防护标准》(GBZ 131－2002)

30.《医用 X 射线诊断卫生防护标准》(GBZ 130－2002)

31.《X 射线行李包检查系统卫生防护标准》(GBZ 127－2002)

32.《γ远距治疗室设计防护标准》(GBZT 152－2002)

33.《粒子加速器工程设施辐射防护设计规范》(EJ 346－1988)

## 七、其　他

1.《工作场所有害因素接触限值 第二部分 物理因素》(GBZ 2.2－2007)

2.《防止静电事故通用导则》(GB 12158－2006)

3.《科学实验室建筑设计规范》(JGJ 91－1993)

图书在版编目(CIP)数据

高等学校实验室安全制度选编 / 冯建跃主编. —杭州：浙江大学出版社，2016.10(2019.4 重印)
ISBN 978-7-308-16200-5

Ⅰ.①高… Ⅱ.①冯… Ⅲ.①高等学校—实验室管理—安全管理 Ⅳ.①G642.423

中国版本图书馆 CIP 数据核字(2016)第 214538 号

高等学校实验室安全制度选编
主　编　冯建跃
副主编　闻星火　郑春龙　高惠玲　朱育红　张银珠

---

责任编辑　石国华
责任校对　潘晶晶　秦　瑕　王安安
封面设计　刘依群
出版发行　浙江大学出版社
（杭州市天目山路 148 号　邮政编码 310007）
（网址：http://www.zjupress.com）
排　　版　杭州星云光电图文制作有限公司
印　　刷　杭州日报报业集团盛元印务有限公司
开　　本　787mm×1092mm　1/16
印　　张　21
字　　数　520 千
版 印 次　2016 年 10 月第 1 版　2019 年 4 月第 7 次印刷
书　　号　ISBN 978-7-308-16200-5
定　　价　68.00 元

---

GAODENG XUEXIAO SHIYANSHI
ANQUAN ZHIDU XUANBIAN

# 高等学校实验室安全制度选编

ISBN 978-7-308-16200-5

定价：68.00元